金融法学文库
刘志云 主编

本书系中央高校基本科研业务费专项资金资助项目（项目编号：20720191064）成果；国家社科基金重大专项（项目编号：20VHJ007）阶段性成果。

防范系统性金融风险的法律治理创新研究

刘志云 等 著

FINANCIAL LAW

法律出版社 | 北京

图书在版编目(CIP)数据

防范系统性金融风险的法律治理创新研究 / 刘志云等著. -- 北京 : 法律出版社, 2022
(金融法学文库)
ISBN 978-7-5197-7044-0

Ⅰ. ①防… Ⅱ. ①刘… Ⅲ. ①金融风险防范-金融法-研究-中国 Ⅳ. ①D922.280.4

中国版本图书馆 CIP 数据核字(2022)第 156054 号

防范系统性金融风险的法律治理创新研究
FANGFAN XITONGXING JINRONG FENGXIAN DE FALÜ ZHILI CHUANGXIN YANJIU

刘志云 等 著

责任编辑 屈 瑶 刘梦瑀
装帧设计 臧晓飞

出版发行 法律出版社
编辑统筹 学术·对外出版分社
责任校对 杨锦华 王语童
责任印制 陶 松
经 销 新华书店

开本 710 毫米×1000 毫米 1/16
印张 24.5 字数 358 千
版本 2022 年 10 月第 1 版
印次 2022 年 10 月第 1 次印刷
印刷 三河市龙大印装有限公司

地址:北京市丰台区莲花池西里 7 号(100073)
网址:www.lawpress.com.cn
投稿邮箱:info@lawpress.com.cn
举报盗版邮箱:jbwq@lawpress.com.cn

销售电话:010-83938349
客服电话:010-83938350
咨询电话:010-63939796

书号:ISBN 978-7-5197-7044-0
定价:99.00 元

凡购买本社图书,如有印装错误,我社负责退换。电话:010-83938349

作者简介与分工

刘志云　法学博士，厦门大学法学院教授、博士生导师，金融法研究中心主任。主持本书依托的课题的项目策划、申请、分工、协作。对本书的贡献是依据申请书的研究目标与任务主持本书的写作策划、框架设计、章节整合以及分工协调、校对、排版等工作，撰写了本书的“导论”部分，并对本书各个章节的观点提出进行了策划。

温长庆　法学博士，中南财经政法大学法学院副教授。对本书第一章、第三章进行了详细撰写与论证。

刘　辉　法学博士，湖南大学法学院副教授、硕士生导师。对本书第二章进行了详细撰写与论证。

史欣媛　法学博士，厦门大学法学院助理教授、硕士生导师。对本书第五章进行了详细撰写与论证。

杨彦龙　厦门大学法学院博士研究生。对本书第四章进行了详细撰写与论证。

栗胜男　厦门大学法学院博士研究生。协助课题书撰写与申报，对本书的若干部分进行了补充撰写或修改，协助全书的文字梳理、引用文献核对、书面校对。

总　序

金融作为现代经济的核心，具有优化资源配置、调节经济运行之功效，其资本运作的良善甚至关乎社会稳定的实现。基于此，金融业的发展成为各国政府关注的重中之重，而通过制度供给促进金融业的良好发展也成为普遍并可行的路径。在此背景下，金融法研究趁势而起，成为“近世之显学”。其兴起虽晚，却生机勃勃，在深入汲取相关部门法的理论积淀的同时，也广泛容纳各种跨学科知识与方法，并探求自身内省之品格，最终成就了如今这个底蕴深厚、逻辑自洽的新兴学科体系。

我国金融法的产生和发展伴随着改革开放的推进，经济体制的转型，以及中国金融法治变迁之现实。虽然西方先验逻辑提供的立法技术素不匮乏，但我们真正要面对的，是如何让成熟的技术契合本国的现实国情，发挥其应有的功效。内生金融交易秩序的制度根基的缺乏，曾使中国金融法治在本土化复归的路途中一再迷失。同时，全球化的推进，又要求我国必须及时完成经济转型，早日实现我国金融市场与国际金融市场的有效对接，这更加剧了国内金融法制的发展困境。对于从事金融法研究的学者而言，任重而道远。当然，恰逢这一转型之历史路口的吾辈，能直面历史之转折，兢兢业业，矢志科研；鉴前世之兴衰，考当今之得失；博观而约取，厚积而薄发。从另一个视角观之，这也是一种幸运。

“千淘万漉虽辛苦，吹尽狂沙始到金。”厦门大学法学院是全国较早开展金融法教学和科研的单位之一。早在2005年，厦门大学法学院便开始挂靠其他专业博士点招收“金融法”方向的博士研究生；2006年，厦门大学在获得法学一级学科硕士、博士学位授予权的基础上，设立经济法博士点，金融法学研究方向成为主要招生方向之一；2010年12月，厦门大学法学院正式成立金融法研究中心。近年来，厦门大学金融法研究中心的学术团队承担了大量国家级与省部级科研项目，并相继出版与发表了大量学术专著与专业论文，在国内开始产生一定的影响力。而今，厦门大学金融法研究中心日益壮大，已经形成一支“老中青结合”的优秀学术团队，并成为我国金融法高层次专门人才的重要培养基地之一。

“非学无以广才，非志无以成学。”为进一步推动厦门大学金融法研究中心的学科建设以及促进国内金融法研究的繁荣发展，2014年，我们决定编辑出版连续性的“厦门大学金融法学文库”，期以“前沿意识、精品理念”为指导，以系列学术专著、译著的形式，集中展现我国金融法领域的专题研究成果，促进学术繁荣和理论争鸣。“盖文章，经国之大业，不朽之盛事。年寿有时而尽，荣乐止乎其身，二者必至之常期，未若文章之无穷。是以古之作者，寄身于翰墨，见意于篇籍，不假良史之名，不托飞驰之势，而声名自传于后。”诚如斯言，我们期以本文库作为思想传播之媒介，学术交流之平台，博学审问，慎思笃行，自由争辩，自察自省，通过严肃认真的学术讨论和学术批评，推动金融法研究的不断创新。

在法律出版社的支持下，2016年伊始，“厦门大学金融法学文库”正式更名为包容性更大的“金融法学文库”。本文库稿件来源不限于厦门大学金融法研究中心的学者、校友，而以最大的诚意广泛征集海内外金融法专著、译著。当然，我们亦知，就整个金融法学研究而言，本文库仅为沧海一粟。庙廊之才，非一木之枝，希望能与学界同人相濡相闻，砥砺共进。

是为序。

刘志云
2016年7月22日

目录

导　论

一、研究背景

经过几十年的高速发展,我国金融体制改革以及法治建设取得了重大成就。但是,在既有金融体制积累的问题以及国内外不利的宏观经济形势的影响下,当前中国金融市场陷入一定的发展困境。一方面,在货币市场,金融资源效率低下与错配严重,“金融脱实”现象明显,银行的不良贷款率飞涨,问题金融机构逐渐增多,居民负债杠杆率迅速攀升;另一方面,在资本市场,证券交易乱象、资产泡沫、债务违约现象“黑天鹅”与“灰犀牛”事件时有发生。实际上,在经历了长期的经济稳定与繁荣后,中国金融市场面对高企的债务杠杆已陷入一个漫长的“去杠杆”周期,内部隐藏的各种隐患随时可能引发系统性金融风险,整个市场将面临“明斯基时刻”(Minsky Moment)①。

基于以上背景,自2016年4月国务院办公厅印发《互联网金融风险专项整治工作实施方案》,启动互联网金融整治工作以来,国务院与相关金融监管部门针对金融市场各个领域展开了轰轰烈烈的治理工作。无论是货币市场,还是资本市场,都进入了持续的“强监管年”。随着金融市场的潜在危机逐渐浮出水面,金融市场治理深度以及强度不断加大,顶层政策设计也从党的十八大报告所强调的“深化金融体制改革”过渡到党的十九大报告中所明确的“深化金融体制改革与健全金融监管体系并重”,而“守住不发生系统性金融风险的底线”是当前金融市场治理的最大任务。在2017年10月召开的党的十九大上,以及2018年3月全国“两会”期间,时任中国人民银行行长的周小川同志反复警告,要重点防范“明斯基时刻”可能出现的剧烈调整,才能“守住不发生系统性风险的底线”,由此引发全国理论与实务部门对相关问题严重性的关注与讨论。同时,相应的机构改革工作也同步进行。2017年11月,国务院金融稳定发展委员会正式成立;2018年4月,中国银监会与中国保监会正式合并为中国银行保险监督管理委员会。金融市场治理更加深化,涉及更多金融领域的整治方案以及相关的规章制度密集出台,金融市场不断调整。

实际上,金融市场的发展总是与治理相伴而生。金融问题存在的根源之一,便是传统法律治理方式无法适应金融创新,货币政策与监管目标互相冲突,传统的“微观管控”模式和现代金融市场稳定所需要的微观审慎监管与宏观审慎监管协调兼顾、日趋复杂化的金融风险之间不相匹配。而创新金融市场法律治理的体系,是“坚持法治国家、法治政府、法治社会一体建

---

① 明斯基时刻(Minsky Moment)是指美国经济学家海曼·明斯基(Hyman Minsky)所描述的时刻,即资产价格崩溃的时刻。明斯基教授提出的“金融不稳定假说”认为,经济扩张时期,繁荣的本身蕴含着不稳定;在经济稳定增长期,风险更高的投资融资和庞氏融资比例加大,金融创新层出不穷,债务不断增加,杠杆比率不断上升,金融体系貌似繁荣却日益脆弱,进而从内部滋生爆发金融危机和陷入漫长去杠杆化周期的风险。对明斯基教授的学说与观点的详细解读,可参见[美]L.兰德尔·雷:《下一场全球金融危机的到来:明斯基与金融不稳定》,张田、张晓东等译,中信出版社2016年版。

设,实现科学立法、严格执法、公正司法、全民守法,促进国家治理体系和治理能力现代化”的重要组成部分。

无疑,防范系统性金融风险的法律治理创新是一个庞大的系统工程。从涉及的法域来说,其不仅是金融调控法与金融监管法的创新,也涉及相关的金融商品和服务法、金融行政法与金融刑法的创新,并囊括了金融消费者保护、金融基础设施完善、信息数据治理、多元化纠纷解决机制、金融司法等诸多热点问题领域;从涉及的环节来看,这不仅需要金融市场法律治理的理念创新,还需要实现从法律治理的模式、治理手段、治理措施到治理效果评估机制等环节的创新。如此庞大的系统工程需要科学的理论指导,以更好地实现金融创新与风险防范并重之目标,本成果正是对此的探索。

二、国内外相关研究的学术史梳理及研究动态

(一)国外相关研究的学术史梳理及研究动态

2021 年 6 月 23 日,课题组以“金融市场”和“治理”或“法律治理”或“治理创新”(“financial market” & “governance” or “legal governance” or “administrative innovation”)作为关键词选择“题名”(title),检索到 6 篇相关文献;以“金融”和“治理”或“法律治理”或“治理创新”(“financial” & “governance” or “legal governance” or “administrative innovation”)作为关键词选择“题名”(title),检索到 184 篇相关文献。

以上搜索结果表明,国外关于“防范系统性金融风险的法律治理创新”的主题研究,集中在对金融市场的治理方面。从整体上看,这些研究呈现如下特点:第一,既有成果大多将 2008 年爆发的国际金融危机与公司治理相连接。多数观点认为公司是否“善治”与危机有着重要联系(Nicholas Calcina Howson;Richard Lieberman;Lynne L. Dallas),并从财务制度与标准(William W. Bratton)、董事会结构与职责(Claire A. Hill、Brett H. McDonnell)、金融企业高管薪酬(Emilios Avgouleas、Jay Cullen)、信息透明度(Henry T. C. Hu)等角度深入分析。第二,一些成果趋向于对弱者(消

费者、第三世界国家等)权益保护的关注,倡导金融公平、平等(Chantal Thomas,1999)。第三,一些成果开始关注系统性金融风险(B. Salman Banaei,2007),一些文献甚至以公共治理理论为基点提出全球金融治理框架,呼吁设置一个全球性的金融治理协调机制(Robert F. Weber,2010;Larry Cata Backer,2011;Cheng-Yun Tsang,2018)。

(二)国内相关研究的学术史梳理及研究动态

2021年6月23日,课题组在“中国知网”(CNKI数据库)以“金融市场治理”“金融市场法律治理”“金融市场治理创新”“系统性金融风险治理”为关键词选择“篇名”搜索,得到文献数量分别为8篇、0篇、0篇、1篇。同时,通过国内各大图书馆搜索到16部涉及“金融治理”的学术专著,主要是论述“民间金融治理”“互联网金融治理”“全球金融治理”等问题,尚未发现针对“系统性金融风险治理”展开研究的著作。

梳理后我们发现,既有文献大多是针对金融市场风险把控的监管体制、技术性手段等问题进行直接性探讨(朱慈蕴;邢会强;冯果)。虽然也会有一些文献提及“平等”“公正”等,但显然并非基于中国金融市场的最新情势。以“守住不发生系统性金融风险的底线”为背景分析法律治理创新的研究目前仍然处于空白状态。

三、本书的研究对象与总体框架、重点难点、主要目标

(一)本书的研究对象与总体框架

本书围绕“防范系统性金融风险的法律治理创新”问题展开深入研究。具体研究对象包括:“当前中国金融市场的系统性风险与法律治理创新问题的提出”“防范系统性金融风险的法律治理的理念创新”“防范系统性金融风险的法律治理的模式与手段创新”“防范系统性金融风险的法律治理的规范配置创新”“防范系统性金融风险的法律治理创新效果评估机制的建设”。以上构成本书的五个章节,共同组成一个问题清楚、主线明确、逻辑自洽的研究体系。

本书的总体框架结构如图 0－1 所示：

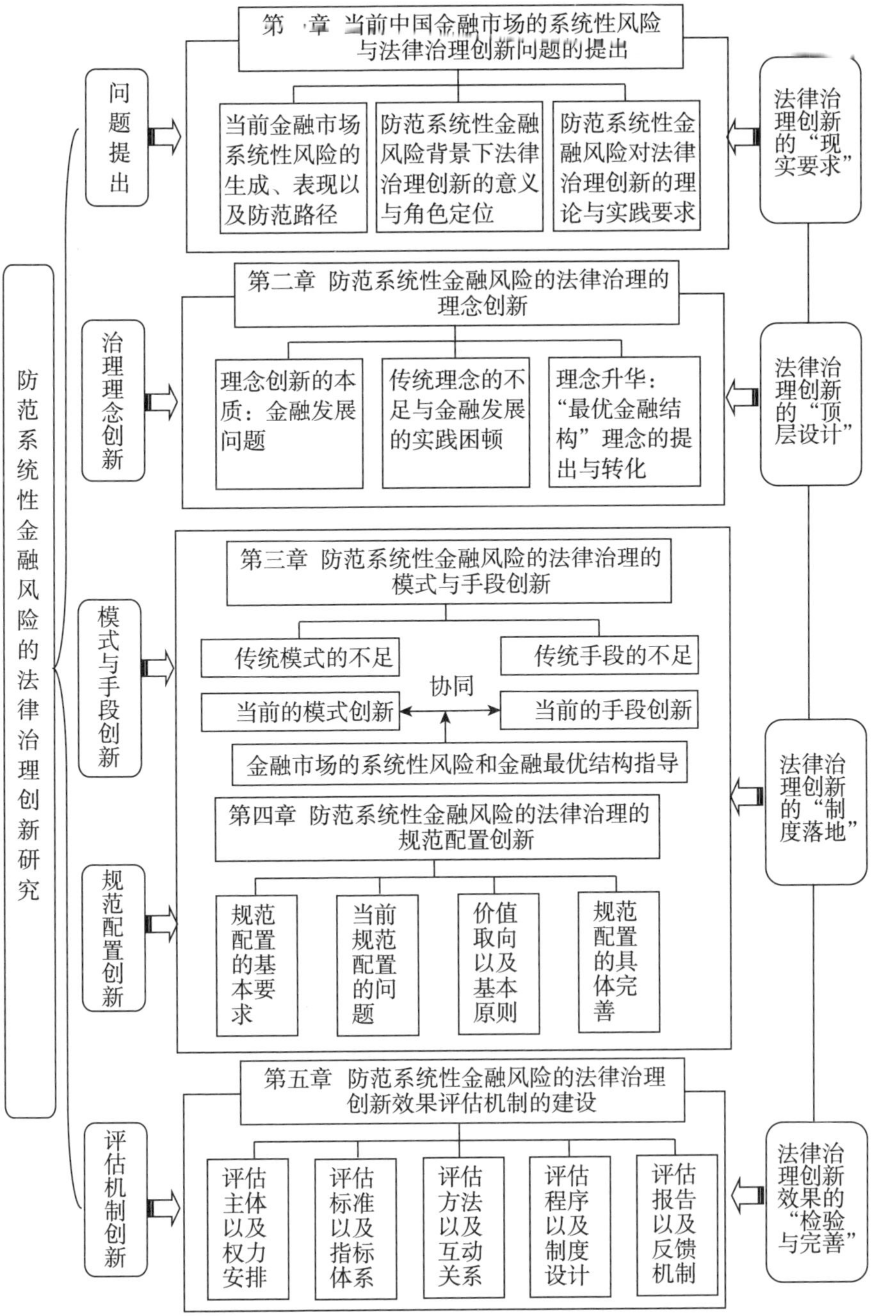

图 0－1　本书总体框架结构

（二）各章概要与重点

1. 当前中国金融市场的系统性风险与法律治理创新问题的提出。经历长时间的高速增长后，中国金融市场面对高企的债务杠杆陷入漫长“去杠杆”周期，“守住不发生系统性金融风险的底线”成为党的十九大报告指出的金融市场治理的最大任务。本章重点：中国金融市场系统性风险的生成与表现；防范系统性金融风险的路径选择；对作为系统性金融风险防范主要手段的法律治理的角色定位；金融市场系统性风险防范对法律治理提出的创新要求；等等。

2. 防范系统性金融风险的法律治理的理念创新。以“管控”为基本特征的金融市场法律治理的传统理念已经与金融市场发展本身产生根本性矛盾，选择新的治理理念势在必行。本章重点：如何面对中国金融市场的系统性风险问题，反思和评判法律治理传统理念存在的主要缺陷以及改进思路；如何理解中国金融市场法律治理的理念转换的必要性、紧迫性及其现实性；“最优金融结构理念”生成的逻辑进路以及如何转化成全新的金融市场法律治理理念；等等。

3. 防范系统性金融风险的法律治理的模式与手段创新。当前中国金融市场系统性风险的生成暴露出法律治理传统模式与手段的不足。鉴于此，必须以“最优金融结构理念”为指导，深入研究新形势下金融市场法律治理的模式创新以及手段创新等问题，同时必须构建出治理模式与治理手段之间的协同机制。本章重点：如何面对中国金融市场系统性风险防范与健康发展的需求，对法律治理的传统模式和手段的不足进行深度解构；如何以“最优金融结构理念”为指导，改变金融市场法律治理的传统模式，重塑金融市场立法、执法和司法体系的统一和协调；改变传统部门法的实施机制，从统一的金融市场法律治理的理论体系和制度体系的视角来恰当处理和对待金融市场结构、金融发展以及防范金融风险之间的关系；走出国家中心主义治理观的窠臼，建立符合金融发展的软硬法协同治理机制与能够互动的协同模式；等等。

4. 防范系统性金融风险的法律治理的规范配置创新。中国金融市场系统性风险防范与健康发展之目标对法律治理所提出的治理理念、治理模式与治理手段的创新要求的具体落地，需要通过法律治理的规范体系创新来实现。由此，必须通过法社会学、法金融学和计量法学等多元化的研究方法,对中国金融市场法律治理的现行规范体系之利弊作出合理甄别,并提出一整套旨在优化规范体系的可行方案。本章重点:现行规范体系中的价值取向、基本原则、不同性质的规范配置以及具体的规范或制度的设计存在何种问题;新治理理念、治理模式与治理手段对规范体系的创新提出了哪些要求;如何重塑金融市场法律治理规范体系的价值取向、基本原则,以及如何优化不同属性的规范之间的配置与完善具体的制度规范;如何在不同属性与领域的制度或规范之间建立互动机制,使之产生最大化的协同效果;等等。

5. 防范系统性金融风险的法律治理创新的效果评估机制建设。本章将引入评估学、管理学、社会学等社会科学领域的评估原理、考核思想及量化技术,设计出一整套科学的效果评估机制,检验法律治理创新的实际效果。其重大意义在于通过效果评估机制,检验法律治理创新是否科学、合理及高效,并通过反馈程序与互动机制提出对法律治理创新的修正方案,以满足更高的创新要求并收获更好的创新效果。本章重点:如何界定新形势下中国金融市场法律治理创新的效果评估机制的内涵、意义与模式;如何在新治理理念引领下选择金融市场法律治理创新效果的评估主体及进行权力安排,设计合理的效果评估标准及指标体系、评估方法、检验机制、效果评估程序与制度设计,以及如何设计科学的效果评估报告模板与反馈机制;等等。

四、本书的研究目标与基本思路

(一)本书的研究目标

在"管控"的传统理念下,中国金融市场长期以来采取的主要是由国家与政府"自上而下"依赖"硬法"进行管理的法律治理模式。刚性治理和管制性立法虽然具有规则简单、应用性强的优点,但无法适应当下竞争性金融和服务性金融的需要,因此产生了管制失灵、规制成本高昂和监管效率低下的问题。面对去杠杆周期的"明斯基时刻",中国金融市场进入全面整治时期。为了实现金融治理常态化与法治化,必须探寻法律治理的新路径。

金融市场法律治理的创新水平、创新程度和创新效果十分重要,它与金融业的健康发展、宏观经济增长乃至社会公平息息相关。科学合理的法律治理创新会促进金融市场结构的优化,推动经济高质量增长。本成果的研究目标正是为防范系统性金融风险的法律治理创新提供理论支持,在"守住不发生系统性金融风险底线”的同时,促进国家金融治理体系与治理能力的现代化。

(二)本书的研究思路

本成果的研究思路是:首先深入分析中国金融市场系统性风险的生成、表现以及防范的路径选择,明确法律治理创新在风险防范中的重要意义。立足于此,面对中国金融市场系统性风险防范与健康发展对法律治理创新的要求,以法律治理创新的科学性、有效性及合理性为价值依归,对法律治理理念、治理模式与手段、规范体系及效果评估机制的创新问题进行深入研究,为防范系统性金融风险而进行的法律治理创新的具体实践提供理论支持。

五、本书的学术价值和应用价值

(一)本书的学术价值

对国内外既有研究成果的梳理表明,目前以“防范系统性金融风险的法律治理创新”为主题的直接研究成果尚未出现,本书的学术价值凸显。一方面,本书将探寻对传统金融治理理论扬弃与超越的新法律治理理论。传统的金融治理理论偏好“管控”,不符合“治理”之要义以及当前金融市场的发展形势与内在规律,必须从国家金融发展的战略目标、金融市场的价值取向、金融市场主体的市场需求三个方面出发,为金融市场法律治理创新提供一种崭新的价值体系和指导理论。另一方面,本书将根据“守住不发生系统性金融风险的底线”的要求,将新的法律治理理论以及具有可操作性的治理模式与手段、具体规范与行为准则紧密对接,融入相关的具体法律法规体系,提升金融市场法律治理的水平。

(二)本书的应用价值

针对当前中国金融市场与国民经济发展的新形势,坚持“深化金融体制改革”与“健全金融监管体系”两条路径并举,深入研究金融市场法律治理体系创新问题,给予法律治理实践理论支持,从而“守住不发生系统性金融风险的底线”,促进金融市场健康稳定发展,正是本课题的应用价值所在。为此,本书既要做到新的理论指引与操作性强的法律治理体系创新紧密对接,也要从评估主体和权力安排、评估标准和指标体系、评估方法和互动关系、评估程序及制度设计等方面入手,构建出一套科学的金融市场法律治理创新的效果评估机制。

第一章　当前中国金融市场的系统性风险与法律治理创新问题的提出

当前,中国经济发展已经进入新常态,已从高速增长转为中高速增长。在打好防范化解重大风险攻坚战的重要目标下,经济发展的结构失衡、传统优势产业的产能过剩、房地产价格高企、互联网金融乱象、“影子银行”风险等一系列系统性风险的萌芽因素将是长期面对的问题。金融是组织实体经济运转、分配资源和促进资本流通的基础性工具,而金融风险往往是系统性风险的主要形态或者等质性表现。党的十八大以来,党中央与国务院多次在重要部署决策中强调要把防控金融风险放在更加重要的位置,要不断提高金融业的竞争能力、抗风险能力和可持续发展能力,坚决守住不发生系统性金融风险的底线。在国家治理体系和治理能力现代化要求下,法治既是社会风险治理的基础性工具,也是创新各种风险治理方法和工具的思维底线。但凡改革,都必须立法先行、于法有据,金融市场的系统性风险治理也不例外。从金融市场的主体规制、金融交易与创新活动的行为规制、金融市场的竞争秩序规制、金融消费者的保护,到财政政策与货币政策等政策体系的贯通,都必须在法治的轨道内实现法律治理的创新。在这种背景下，中国金融市场的法律治理创新将在防范化解系统性金融风险的重大攻坚战中，扮演着越来越重要的角色。

第一节 当前金融市场系统性风险的生成、表现以及防范路径

系统性金融风险的生成大致遵循市场复杂的周期性规律，但通常也会因为复杂多变的诱因呈现不确定状态。随着金融市场全球化的逐步加深，系统性金融风险的生成机制也更加复杂。但是，研究表明，不同时期不同的业态市场和区域市场所发生的系统性金融风险的表现具有趋同性，大致呈现出从“太大而不能倒”到“太关联而不能倒”的发展趋势。[①] 就如监管法治与自由竞争的充分配合是市场经济发展必须遵循的基本法则一般，中国金融市场系统性风险的防范路径是一个以治理和规制为导向的复杂系统性工程，而由“政策主治”到“法律主治”的法治化改革是探索我国当前金融市场系统性风险防范路径的关键任务。

一、我国当前金融市场系统性风险的生成

要了解我国当前金融市场系统性风险的生成，首先必须分析系统性金融风险概念。实际上，系统性金融风险是个复杂多变的概念，国内外理论界和实务界对此至今都没有一个统一的定义。实际上，其作为一个“可以感知却难以定义的概念”而存在。但对于其特征以及可能导致的后果，实务界和理论界却有较为一致的认知和判断。在实践领域，中国人民银行原行长周小川认为，系统性金融风险有导致金融危机的可能，会在市场上引发剧烈的连锁反应，使经济和就业遭受重大冲击。[②] 美联储前主席本·伯南克(Ben Bernanke)认为，系统性金融风险会威胁整个金融体系以及宏观经济。[③]

---

① 参见杨子晖、周颖刚：《全球系统性金融风险溢出与外部冲击》，载《中国社会科学》2018年第12期。

② 参见周小川：《建立符合国情的金融宏观调控体系》，载《中国金融》2011年第13期。

③ *Board of Governors of the Federal Reserve System*, Annual Report(2011).

代表发达国家阵营的十国集团(G10)报告认为,系统性金融风险是单个冲击事件导致部分金融体系信心崩溃,经济损失或不确定性增加,甚至对实体经济造成严重危害的风险。[①] 在理论界,美国著名经济学家海曼·明斯基(Hyman Minsky)认为,系统性金融风险将导致金融市场信息中断,融资、清算、支付结算、金融资源配置等金融功能的丧失。[②] 另一美国经济学家布鲁斯·考夫曼(Bruce E. Kaufman)认为,系统性金融风险是能够通过单个事件影响一系列的机构和市场,引起传导效应,导致损失扩散的风险。[③] 另外,一些经济学家从风险传染性这一核心特征出发给出两种有代表性的观点:一种观点认为系统性金融风险是一系列(或某个)事件影响到公众对于整个金融系统的信心;[④]另一种观点认为一个系统性事件将对大量的金融机构或者金融市场产生明显的冲击,严重损害了金融系统的正常运行,进而妨碍经济增长,导致福利损失。[⑤]

综上可见,系统性金融风险具有危及面广、危害性大、传导性强的后果或特征。现阶段,我国金融市场的系统性风险正在不断积累,经济增长速度由高速增长转向中高速增长导致金融市场的脆弱性加强,对系统性风险的承载力度逐渐减弱。系统性金融风险的诱因机制呈现复杂性和多面性,按照财政部财政科学研究所课题组对系统性金融风险的解读,其既可以由宏观层面的金融风险引起,也可以由微观层面的金融风险引起。[⑥] 系统性金融风险的生成一般是复杂的诱因机制共同作用的结果,而其诱因机制形成是因为不同金融市场的结构性的个性特征和系统性的共性特征。我国当前的金融市场

---

① 参见靳凤菊:《对系统性金融风险的认识》,载《中国金融》2018 年第 22 期。

② See Minsky H., *The Financial Instability Hypothesis: A Restatement*, Thames Paperson Political Economy(1978).

③ See Kaufman G., *Bank Failures, Systemic Risk and Bank Regulation*, Cato Journal, Vol. 6, No. 1, p. 17 – 45(1996).

④ See M. Billio et al., *Econometric Measures of Connectedness and Systemic Risk in the Finance and Insurance Sectors*, Journal of Financial Economics, Vol. 104, No. 3, p. 535 – 559 (2012).

⑤ See O. De Bandt & P. Hartmann, *Systemic Risk: A Survey*, ECB Working Paper, No. 35 (2000).

⑥ 参见财政部财政科学研究所课题组、刘尚希:《防范宏观金融风险的财政对策》,载《经济研究参考》2006 年第 27 期。

具有相应的独特性,表现为间接融资市场发达而直接融资市场羸弱、金融基础设施薄弱、政策体系庞杂等特征。概括起来,从市场、制度、经济行为、经济周期四个方面进行系统观测,可以有效总结系统性金融风险的成因。

第一,市场结构性缺陷所导致的金融脆弱性。金融市场是对应实体经济的虚拟经济市场,由此决定了金融市场的功能是为实体经济提供资源和交易驱动,金融的"脱实向虚"是金融市场结构性缺陷的根源,金融市场脱离实体经济基本面是生成系统性金融风险的关键原因。实际上,金融市场在实践中往往通过数据、合约、复杂的交易产品等呈现,因而也是一个不完全的信息市场。其中,事前的信息不对称容易导致逆向选择,造成"柠檬市场效应"①。事后的信息不对称容易引发投机者的道德风险,逐渐放大市场的杠杆泡沫。信息经济学上将这两种信息不对称现象称为金融市场的脆弱之源。金融的脆弱性可以从高杠杆经营、金融领域的风险积聚等不同层面理解。关于金融脆弱性的起因,理论界已经有相当丰富的研究成果,大致有四种代表性观点,包括金融体系本身的内生脆弱性、经济周期引发金融脆弱性、金融体系中的信息不对称引发金融脆弱性、金融自由化加剧金融脆弱性。② 另外,国内多数学者认为金融脆弱性是基于以上多种原因。③ 无疑,金融的脆弱性决定了系统性金融风险发生的频率和处置的难度。

第二,经济和金融周期性波动引发系统性金融风险。最早使用"债务-紧缩"理论解释经济周期变动的美国经济学家欧文·费雪(Irving Fisher)提出,经济中有两个因素相互作用、彼此增强,导致经济由繁荣走向衰退,这两个因素就是过度负债与通货紧缩。④ 在凯恩斯经济干预主义提出之后,经济周期理论的研究不断更新换代,DSGE 模型成为目前宏观经济学界分

---

① "柠檬市场效应"指的是在买卖双方对商品质量的信息不对称,即在买方不了解商品质量信息的情况下,买方只愿意用平均价格来购买商品,这样就变成好的商品因为价格高于平均价格而遭受淘汰,劣等品反而优势显现,逐渐占领市场,最后导致市场中都是劣等品。

② 参见滑冬玲:《发达国家、发展中国家和转轨国家金融脆弱性成因对比:基于制度视角的分析》,载《管理评论》2014 年第 8 期。

③ 参见巩云华、张若望:《发展中国家的金融脆弱性及其防范》,载《国家行政学院学报》2009 年第 6 期;刘湘勤、陈建华:《金融监管中的激励冲突、金融企业家行为与金融脆弱性》,载《上海金融》2010 年第 8 期。

④ See Irving Fisher, *The Debt-Deflation Theory of Great Depressions*, Econometrica: Journal of the Econometric Society, Vol. 1, p. 337-357 (1933).

析经济周期理论的主流方法。2008 年国际金融危机后,学界对金融与实体经济关系的关注愈发加大,并形成了两种常见的分析机制,分别是金融加速器机制和银行融资机制。[①] 前者是指周期内的负向冲击通过经济体系内企业资产负债表路径不断被放大,进而加速实体企业的破产;后者是指周期内的负向冲击直接影响银行的流动性,紧缩的流动性减少了银行可贷资金,进而影响整体经济的活跃程度。另外,国际清算银行(BIS)货币和经济部主任博里奥指出,金融周期比传统经济周期更长,波动幅度更大,系统性金融危机往往发生在金融周期接近高峰的时候。[②] 通常,在缺乏逆经济周期的宏观调控政策的情况下,经济和金融周期性波动引发系统性金融风险的可能性更加明显。

第三,制度不健全和监管漏洞引发系统性金融风险。制度不健全和监管漏洞是形成系统性金融风险的主要外部因素。其中包括制度不健全、政策错误和监管不作为三个方面。制度不健全容易产生监管真空或监管漏洞。例如,2015 年中国股灾的发生就是因为违规资金入市、场外融资市场、结构化产品杠杆率等领域的监管漏洞,这是对中国资本市场的一次重创。监管政策错误是指监管者制定出的错误政策,或者监管者的错误执行造成的监管失败。实践经验表明,错误的货币政策容易使市场主体对经济产生错误的预期,导致资产错配、期限错配、权益错配的现象不断加剧,杠杆率和资产价格泡沫在错误政策下不断积累,最终造成系统性金融风险。监管不作为,是指金融市场监管者怠于履行监管职责,致使大量违法行为得不到惩处,已经发生的个别风险事件和区域性风险得不到及时处置,最终演化为系统性的金融风险。

第四,市场主体的非理性经济行为得不到及时矫正,问题长期积累并最终引发系统性金融风险。在行为经济学视角下,交易活动中市场主体的非理性行为往往多于理性行为,尤其是不成熟的非机构投资者表现得比较明显。中国金融市场成熟度还不够,以股票市场为例,散户投资者所占的比例

---

① 参见周炎、陈昆亭:《金融经济周期理论研究动态》,载《经济学动态》2014 年第 7 期。

② See Borio C., *The Financial Cycle and Macroeconomics: What have We Learnt?*, BIS Working Paper, p. 395(2012).

非常高,投资者情绪在市场波动中表现得比较明显。有研究者认为,市场的不完全信息以及信息的滞后性加剧了市场参与者的“羊群行为”,进而导致整个市场的不理性。[①] 在古典哲学立场上,自然人理性行为的假设在诱惑以及机会主义的面前并不总是成立的,非经济因素对决策者的影响不应当被忽视。在整个市场处于非理性状态时,金融产品的价格就会严重偏离其实际价值,某一部门领域的价格泡沫发生破裂时,由于市场具有传导性,继而引发系统性金融风险。

从以上四个方面的分析可知,系统性金融风险是在市场、制度、经济行为、经济周期多方面共同作用下形成的,多种诱因之间不存在明显的界限。对此,我们认为,可以进一步抽象出理论解释模型,以资产、债务、现金流作为一个运行中的金融体系的三个核心要素进行动态模拟。一方面,建立于市场制度体系的融资机制为交易主体提供了债务加杠杆的自由,债务的扩大催生了资产的价格泡沫,而现金流的充裕程度不因市场的扩张随之增加,金融机构因个体财务健康状况呈现现金流充裕度的个性化特征。在非理性经济行为影响下,当债务杠杆的增长超过了现金流、债务、资产三者之间周期性运转的可承受度,此时就会增加个体债务的偿付风险,进而由其现金流端主动性地引发机构的破产危机,受制于“太大而不能倒”和“太关联而不能倒”的市场网络约束,最终爆发系统性金融风险。另一方面,通过债务放大效应被动性地增加价格泡沫的资产端,由于部门市场或者行业理性的回归,市场主体将整体抱团杀低估值以实现风险挤出,此时便容易发生局部市场风险,如股灾、银行间市场危机、房地产市场危机等,受制于交易、资本、机构的跨市场关联的影响,进而爆发系统性金融风险。整体观之,不管是从现金流端或者债务端主动引发的系统性危机,还是从资产端被动引发的跨市场传导的系统性危机,虽然本身难以被定义或者描述,但其生成机制显然具有相应的规律可循。

二、我国当前金融市场系统性风险的表现

为应对2008年由美国次级抵押贷款支持证券的泡沫风险引发的全球

---

① See Banerjee. A. ,*A Simple Model of Herd Behavior*,Quarterly Journal of Economics,Vol. 107,p. 797 – 817(1992).

金融危机,中国政府积极采取了强有力的逆周期调控政策,果断推出了四万亿的经济刺激计划。此后,受欧洲主权债务危机、日本长期量化宽松政策等国际市场局部风险的影响,复杂的国际经济环境对国内市场的金融风险治理造成潜在的压力。当四万亿投资刺激计划余波未了时,中国经济已自2012年起进入了新常态。面对结构调整的阵痛期、经济增长速度换挡期和前期刺激政策消化期的"三期叠加",实体经济不活跃尤其是小微企业融资难、融资贵的问题长期得不到解决。另外,财政收入增速下降但支出持续扩大导致地方政府债务激增,互联网金融等新金融业态与金融创新活动引发市场乱象,人民币汇率调控难度加大,以及2020年年初因新冠肺炎疫情引发全球经济衰退,我国当前金融市场的系统性风险正在不同的领域以不同的形式呈现。我们认为,大致可以从以下八个方面解读中国系统性金融风险的具体表现。

(一)金融市场基础设施不健全

金融市场基础设施不健全,导致金融市场难以对市场风险及时地识别和应对。金融市场基础设施是金融市场不可或缺的稳定性工具,已经成为理论界和实务界的共识。由支付、清算、交易场域或平台、信用征集与公示系统、数据平台、金融科技测试与监管科技、沙盒监管、风险或危机处置系统等构成的金融市场基础设施,对市场运行的基础服务、系统性风险管理、监管辅助以及推动金融市场对外开放与金融营商环境的改善等关键性作用日益受到各国监管当局的重视。例如,在金融危机中,以统一、净额为特征的中央对手方结算机制对于监测和防范过于繁荣的场外衍生品交易市场风险所能起到的效果警醒了各国监管当局。

显然,金融市场基础设施已经成为现代金融治理和推动金融现代化的重要内容。我国当前金融市场基础设施建设还很薄弱,多层次资本市场还不完善、注册制改革刚刚起步、场外非标准化产品交易市场缺乏配套的监管、统一的数据平台有待构建、金融科技测试与监管科技的运用还不完善等,这些问题都需要进一步解决。金融市场基础设施的漏洞为系统性金融风险的生成和传导创造了条件。换言之,金融市场基础设施不健全是系统性金融风险的具体表现之一。

(二)实体经济低迷引发的非金融企业债务违约风险

金融市场的发展始终是为了服务实体经济,在实体经济低迷限制了金融市场发展空间的同时,实体企业过高的债务杠杆也容易引发金融市场的系统性风险。随着供给侧结构性改革的深入实施,我国实体经济市场中的产能过剩造成的市场要素错配和资源浪费问题虽然得到了一定程度的解决,但在经济下行压力下维持企业的生产经营使得市场主体的债务高杠杆迟迟难以下降。实践中,除了超日债、上海华信、神雾环保、凯迪生态、丹东港集团、海航等大量的公司债违约事件外,2020 年下半年也相继发生了永城煤电、华晨汽车、紫光集团等企业信用债违约事件。债券市场打破刚性兑付以来,中国非金融企业的债务违约风险已经成为系统性风险的重要诱因。

另外,鉴于我国长期依赖间接融资的特殊市场环境,大量的企业尤其是信用条件不足的中小企业依赖银行贷款和民间借贷生存,“以新债养旧债”的融资方式使杠杆率逐渐攀升。近年来,债券市场“违约潮”现象已经引起了监管部门的高度重视,银行存量信贷资产的不良率也明显攀升,由非金融企业债务违约风险向金融市场系统性风险传导的表现日益显著。

(三)融资结构失衡导致的银行部门风险

据中国人民银行的数据,截至 2019 年年末,我国统计社会融资规模存量有 251.31 万亿元,其中包括各类贷款在内的间接融资占总社会融资规模的比例高达 87.7%,另外包括非金融企业境内股票和企业债券在内的直接融资占比为 12.3%。① 其中,在 2019 年 8 月,我国中小企业通过银行间接融资的比重高达 82%,②另外的 18% 也涵盖大量通过民间借贷市场且未纳入社会融资规模统计范围的间接融资。社会融资结构中间接融资比重过大,无法发挥直接融资转移和消散风险的功能,导致金融风险积聚到银行部门。自 2008 年国际金融危机以来,受到我国强劲的反危机调控政策和房地

---

① 参见《央行:2019 年末社会融资规模存量为 251.31 万亿元》,载新浪财经 2020 年 1 月 16 日,载 https://baijiahao.baidu.com/s?id=1655867885107844678&wfr=spider&for=pc。

② 该数据由国务院发展研究中心产业经济研究部部长赵昌文在 2019 年 11 月 25 日“2019 资本市场服务中小企业国际研讨会”上指出。参见《中小企业融资超八成依赖银行,深交所主办国际研讨会齐论提高直融比重》,载第一财经 2019 年 11 月 25 日,yicai.com/news/100414865.html。

产市场爆发式增长的影响，我国银行系统整个资产体系急剧膨胀，在监管部门的要求下由表外转表内后，银行部门的杠杆率也快速攀升。与此同时，受实体企业偿债能力下降的影响，逐渐增长的信贷资产不良率加重了银行部门的系统性风险。此外，近些年，“影子银行”的迅猛发展所积聚的系统性风险引起了监管部门的高度重视。“影子银行”业务与银行业资产体系有深度的关联，“影子银行”风险的爆发将直接转化为银行部门的不良资产，对系统性金融安全构成重大威胁。

（四）财政收入下降速度超过预算支出增速带来的地方政府债务风险

财政收入下降速度快与预算支出不断扩大之间的矛盾加剧了地方政府债务风险。近些年，我国财政收入增速维持在个位数，且呈现逐年下降的趋势，显著低于同期经济增长速度。然而，在全面深化改革、脱贫攻坚战、环境保护攻坚战等的压力下，财政预算支出的增速远超财政收入的增速。中央政府预设的安全赤字率由原来的3.0%到2020年提高至3.6%以上，地方政府显性和隐性债务已经达到相当大的规模。2014年修正的《预算法》赋予了地方政府发债权，增加了地方政府债务扩张的渠道。根据2020年政府工作报告，2020年预计全年减税降费额度超过2.5万亿元，拟安排地方政府专项债券3.75万亿元，相比2019年增加1.6万亿元。[①] 根据金融风险理论，地方政府债务风险可以通过内部因素和外部因素触发系统性金融风险。对内部因素而言，除了因信息不对称和资产价格非市场化波动而导致的金融脆弱性外，地方政府过度发行的债券主要面向金融机构，两者之间存在深度的业务关联和风险关联，地方债挤占信贷规模，不仅造成资源错配，也容易触发系统性金融风险。[②] 对外部因素而言，地方政府部门不断增加的投资支出使地方政府债务呈现顺周期特征。在中央政府隐性担保下，商业银行通过大量认购地方政府债务将该风险转化为金融风险，使商业银行成为地方政府债务扩张风险的最终载体。理论上，当其风险到达临界值时就容

---

① 详见2020年第十三届全国人民代表大会第三次会议《政府工作报告》。

② See Oet. M. V. ,T. Bianco,D. Gramlich & J. Stephen, *SAFE: An Early Warning System for Systemic Banking Risk*, Journal of Banking and Finance, Vol. 37, No. 11, p. 4510 – 4533(2013).

易触发系统性金融风险。①

（五）房地产市场大规模挤占社会融资所形成泡沫风险的金融化

房地产价格的泡沫风险使大量的社会融资在房地产市场空转，已经成为触发系统性金融风险的重要隐患。在特殊的土地供给制度和商业房地产开发模式下，我国的房地产市场已经发展成为最大的实体经济市场，也是最大的大宗商品投资市场。国际金融危机后，在宽松政策的强力刺激、融资渠道的软约束、城镇人口激增的基本面支撑、地方政府对房地产价格的隐性担保等作用下，一轮又一轮的货币政策扩张助推了房价螺旋式上升。繁荣的房地产市场和高企的房价占用了大量的社会融资，地方商业银行、信托机构等信贷融资服务商长期依赖房地产市场生存，企业和居民存量资金"脱实向虚"的趋势明显，大量的社会资本在房地产市场空转进一步反向助推了资产价格泡沫。② 由于不动产在现有的融资体系中一直是最普遍的担保品，房地产也就成为开启资本加杠杆流程最常见的标的资产，由此导致房地产价格风险演化为金融风险。社会融资资源的大比例配置使得房地产市场风险和金融风险深度绑定，当前中国房地产价格的泡沫风险已经成为触发系统性金融风险的重要隐患。

（六）互联网金融的野蛮生长和运动式监管所积聚的系统性金融风险

随着互联网技术的广泛应用，"互联网＋金融"或者"金融的互联网化"已经成为金融市场现代化改革的代名词。以"蚂蚁金服"推出的非银行第三方移动支付（支付宝）对传统银联市场的迅速侵蚀为序幕，互联网金融在监管空白的环境下经历了一轮野蛮生长期。以 P2P 公司"e 租宝"暴雷事件为开端，互联网金融风险引起了监管当局的高度重视。自 2016 年我国开始互联网金融风险专项整治工作以来，非银行第三方支付通过建规立制和牌照管理得到了有序规范，而 P2P 网络借贷平台在全国范围内逐渐清盘或转型，但网络私募股权众筹还处于无序发展状态。此外，正在快速发展的区块链金融、数字货币、智能投顾、开放银行等新兴市场已经具有相当大的规

① 参见毛锐、刘楠楠、刘蓉：《地方政府债务扩张与系统性金融风险的触发机制》，载《中国工业经济》2018 年第 4 期。

② 参见徐荣等：《我国房地产价格波动对系统性金融风险影响的动态机制研究——基于有向无环图的分析》，载《南方经济》2017 年第 11 期。

模，在对应的监管规则还不够明确的条件下，其积聚的系统性金融风险正逐渐在金融消费者保护、技术风险、数据信息风险等端口显露出来。

互联网金融不是传统金融业的替代品，而是在互联网环境下金融市场的进化发展。互联网金融不但涵盖传统意义上的金融风险，也包括基于技术依赖性产生的技术风险。面对互联网金融日新月异的创新及其对传统金融监管模式的挑战，实践中，每当一项重大金融创新出现并开始野蛮生长，现行体制下的监管直至系统性金融风险的苗头已经开始显现时才开始大规模、无差别地清理整顿。对此，事后反思可以发现，这不仅没有真正解决作为风险源头的互联网金融创新的监管问题，也将相应金融市场的矛盾转化为社会矛盾，在扼杀金融创新和监管改革需求的同时，导致了金融资源的错配和限制了金融市场的功能。换言之，作为系统性金融风险根源之一的互联网金融创新的发展和规制问题在我国当前还没找到有效的应对方案。

（七）主权货币风险

主权货币风险是金融市场系统性金融风险的重要组成部分。中国现行的汇率制度是有管理的双向浮动汇率制度，人民币汇率波动的弹性正在逐步扩大。2008 年国际金融危机至 2015 年“8 · 11 汇改”期间，在美国缓慢的经济复苏进程中美国联储委员会持续执行量化宽松政策，基于中国经济强劲增长的良好预期，人民币汇率一直处于升高状态。2015 年“8 · 11 汇改”时中国人民银行宣布实行新的人民币对美元汇率中间价报价机制一度引起了市场的剧烈波动，央行将当日人民币对美元汇率的中间价直接下调了 1136 个基点（Basis Point，BP）。受美国经济开始强劲复苏和 2015 年 12 月 16 日美联储开启加息周期的影响，美元持续走强。而在此期间，中国经济增长速度开始放缓，走弱的实体经济增加了国际市场对人民币对美元汇率的贬值预期，随后人民币开始了加速贬值的进程，人民币对美元汇率中间价轻松突破了 7 的关口。另外，中国外汇储备在 2014 年 6 月 1 日达到最高峰后，由高速增长急转下跌，并于近些年在 3 万亿美元体量左右维持平稳波动状态，但是其整体走跌趋势没有改变。2020 年以来，受新冠肺炎疫情全球大流行的影响，美国经济发生了前所未有的短期萎缩现象，人民币对美元汇率出现了一个较长的升值周期。其中，2020 年一整年离岸人民币对美元汇率上涨接近 7%，但这并未改变汇率市场的不确定性给境内金融市场造成的隐性威胁。

央行对人民币汇率中间价定价机制进行过多次调整，引入了市场供需的价格组成和“一篮子”货币汇率变动的锚定。央行在试行“逆周期因子”对汇率进行有限的可操作计价约束并积累一定经验之后，趁着美元在国际市场上表现疲软的机遇，2020 年 10 月 27 日开始果断将其踢出定价机制，这进一步推进了人民币汇率的市场化和国际化进程。然而，随着美国大选结束后拜登新政府的建立，国际金融巨头大摩、高盛、摩根大通等外汇市场上的领导者持续降低对美元看空的预期。对这种现象，早先就有学者指出，这只是美国政治周期对人民币汇率通过资本流动和政策调控传导形成的短期直接影响，并且这种影响也是周期性的，但这种短期的小幅周期并未改变人民币汇率的远期走势。① 实际上，持续扩大的人民币汇率波动弹性不仅未曾改变，且将继续增加短周期的不确定性，在无法清楚掌握中国金融市场及实体经济对汇率波动弹性的可承受限度的条件下，汇率市场扩大的不稳定性始终是系统性金融风险的重要来源之一。

（八）类似新冠肺炎疫情的重大突发公共事件引发的系统性金融风险

类似新冠肺炎疫情的重大突发公共事件导致的突发性影响经济发展的负面事件，可能引发系统性金融风险。类似于新冠肺炎疫情的自然灾害、事故灾害、公共卫生事件等重大突发公共事件严重威胁着世界各国社会经济的稳定，突发性危机的紧迫性和不确定性给全球经济的发展带来了极大的挑战。重大突发公共事件在对受其影响的地区造成重大生命财产威胁的同时，也对经济运行体系产生了严重冲击，大幅度双向挤压市场的需求端和供给端，导致财政收入锐减和支出压力扩大。2020 年新冠肺炎疫情对我国乃至全球经济产生的持续性负面影响，加剧了宏观经济内外部环境的不确定性。疫情引发的生产生活停滞经由产业链、供应链和资金链传导至资本市场，使全球金融市场发生了大幅震荡。面对新冠肺炎疫情带来的恐慌，全球资本市场发生了联动震荡，我国上海证券综合指数跌幅在 2020 年 2 月 3 日一度扩大到 7.72%，A 股市场上有超过 3000 只股票触发跌停。随着 2020

① 参见朱孟楠、赵茜、王宇光：《人民币汇率变动的政治诱因——基于美国政治周期外溢效应的考察》，载《管理世界》2015 年第 4 期。

年 3 月疫情在全球范围暴发,包括巴西、加拿大、韩国等在内的多国股市在交易中触发"熔断"。其中,美国标普500 指数更是创纪录地在10 天内发生4 次"熔断"。有研究证明,新冠肺炎疫情对股票市场造成冲击后,可能产生"过度反应"的现象,具体表现为在短期内更容易出现较大幅度的异常震荡,进而加剧金融市场的脆弱性。更值得关注的是,金融机构或市场之间原有的相互关联性在危机后容易出现突变,使原有的隐藏风险在关联传导过程中集中爆发,从而加大了系统性金融风险防控的难度。[①] 类似新冠肺炎疫情的重大突发公共事件造成的经济活动停滞和经济短期下行压力,将极可能以资本市场激烈震荡等"黑天鹅"事件为表现引发系统性金融风险,并使得经济增长速度迅速大幅放缓,甚至造成经济大萧条的局面。

三、我国当前金融市场系统性风险的防范路径

一般而言,金融市场系统性风险防范路径的研究存在微观和宏观两个不同的视角,前者立足于微观的金融机构层面对系统性风险进行测度和防控,后者立足于宏观的政府与市场层面对系统性风险进行测度和防控。

(一)微观层面的系统性金融风险防范路径

随着系统性金融风险防范理念从"太大而不能倒"向"太关联而不能倒"转变,[②]站在金融市场微观主体角度,金融机构的系统性风险主要包括两个方面,分别是风险贡献(风险输出)和风险敞口(风险感染),这两方面的风险传导方向恰好相反,前者评估的是哪些机构陷入困境对整个金融系统来说足够危险,后者评估的是危机发生时哪些机构将受到严重威胁。[③]其中,对于前者的系统性金融风险的防范所要解决的是系统重要性问题,而后者的风险防范所要解决的则是系统脆弱性问题。两者对应不同的治理目标和政策工具。

---

① 参见杨子晖、陈雨恬、张平淼:《重大突发公共事件下的宏观经济冲击、金融风险传导与治理应对》,载《管理世界》2020 年第 5 期。

② 参见杨子晖、周颖刚:《全球系统性金融风险溢出与外部冲击》,载《中国社会科学》2018 年第 12 期。

③ 参见李政、涂晓枫、卜林:《金融机构系统性风险:重要性与脆弱性》,载《财经研究》2019 年第 2 期。

理论上，无论是系统重要性还是系统脆弱性，微观层面的系统性金融风险防范路径设计的前提是针对微观主体系统性风险进行有效测度。实践中，系统性金融风险虽然客观存在，但想对它进行准确测量和预估几乎是不可能的。① 对此，计量经济学/计量金融学界经过长期的努力，创设了测度系统性金融风险的各种模型和工具。② 通过计量评估甄别不同金融机构之间的系统重要性和脆弱性差异，由此设计出不同的系统性金融风险防范路径。

具体而言，微观层面的系统性金融风险防范在测度机构之间的系统重要性和脆弱性差异后，遵循三条基本的治理思路：一是强化分类监管。监管当局应当根据金融机构在系统重要性和脆弱性方面的差异实行分类监管，根据不同机构的系统重要性和脆弱性的主要影响因素，制定有针对性的监管目标和选择对应的监管工具，以此提高监管和风险治理的科学性和有效性。二是聚焦监管关注点和强化有针对性的监管目标。对于系统重要性较高而脆弱性较低的金融机构，监管的关注点和监管目标应当聚焦在降低这些机构的风险外溢能力和网络关联水平，强化对系统重要性金融机构的监管。对于系统重要性较低而脆弱性较高的金融机构，监管的关注点和监管目标应当聚焦于增强该类机构经营的稳健性和抗风险能力，强化机构的微观审慎监管。三是加强重点机构的监管。监管部门应当重点关注系统重要性和脆弱性都比较高的金融机构，并加大监管资源的倾斜。对该类机构的全面监管，是防范化解系统性风险和维护国家金融安全稳定的关键所在。

（二）宏观层面的系统性金融风险防范路径

宏观层面的系统性金融风险防范路径的研究视角是从政府和市场两方面对系统性风险进行测度和防控。现代金融市场是建立在政府外部监管和市场自治协同作用基础上的，两者不可偏颇，而系统性金融风险的发生既可以源于政府失灵，也可以源于市场失灵。在对系统性金融风险治理这一总目标下，政府始终承担的是外部监管职能，而市场发挥的则是自律功能。市

---

① See Steven L. Schwarcz, *Regulating Complexity in Financial Markets*, Washington University Law Review, Vol. 87, No. 2, p. 211 – 265 (2009).

② 参见杜冠德、胡志浩：《系统性金融风险度量：一个文献综述》，载《金融与经济》2019 年第 2 期。

场的脆弱性和市场主体的非理性是系统性金融风险的重要诱因,对此,需要政府监管来弥补。制度不健全和监管漏洞是现代金融危机发生的主要原因,在超过市场系统自身对风险消化的可承受限度后,基于正常经济周期的波动引发系统性金融风险。因此,政府层面系统性金融风险防范路径的设计应当按照政府规制的经济原理和治理逻辑,市场层面的系统性金融风险防范应当遵循市场经济的基本规律。另外,政府和市场层面的系统性金融风险的测度比微观层面的金融机构系统性金融风险的测度更加复杂和难以把握,计量经济学(计量金融学)界通常利用杠杆率、金融压力指数、风险指数、动态随机一般均衡模型(DSGE)等工具进行风险评估。一般情况下,宏观层面的系统性金融风险测度服务于实证研究和决策实践。其防范路径设计应当回归制度的建构和完善。

1. 政府层面的系统性金融风险防范路径

政府层面的系统性金融风险防范路径主要有三大组成部分,包括由货币政策和宏观审慎政策组成的央行"双支柱"调控框架、由中央和地方双层配套的财政政策、由"一委一行两会"组成的金融监管制度框架。

首先,央行"双支柱"调控框架是防范系统性金融风险的基础性制度。国际金融危机爆发以来,金融稳定和系统性金融风险防范在中央银行政策目标中的重要性逐步得到强化。国家金融经济体系中,货币稳定和金融稳定两大协同目标对于系统性金融风险防范的重要性日益凸显。党的十九大报告强调,健全货币政策和宏观审慎政策"双支柱"调控框架,深化利率和汇率市场化改革,完善金融监管体制。提出宏观审慎政策并将其职能赋予央行,是我国系统性金融风险防范制度改革所迈出的关键一步。自 2008 年国际金融危机爆发后,宏观审慎政策是防范和化解系统性金融风险不可或缺的制度内容已经达成了广泛的共识。2016 年中国人民银行推出宏观审慎评估体系(MPA),弥补了之前以货币政策和微观审慎政策为主的监管框架的空白。稳健的货币政策为供给侧结构性改革等宏观审慎政策的实施创造了良好的货币金融环境,而宏观审慎政策为稳健货币政策和政策传导提供了有力支持。因此,货币政策与宏观审慎政策"双支柱"框架的协调机制显著增强了金融宏观调控的前瞻性和有效性,能够较好地维护金融稳定。

其次,积极有为的财政政策对于促进经济发展和疏解系统性金融风险能够起到稳定器的作用。财政政策是对市场干预最直接和最灵活,也是最有效率的工具。国家作为金融市场中最大的资源调配主体,灵活运用国债、国库券、地方政府债券、固定资产投资、税费调整、产业政策等工具,尤其是利用国有资本和在市场中占支配地位的国有企业能够对市场结构调整、产能优化、债务杠杆优化起到直接的作用。此外,在新市场财政学的“市场平台观”的视角下,政策收支和国库现金管理活动也能够对市场流通中的货币量M2起到直接调控作用,并由此形成财政—央行“双主体”的货币调控框架。[①] 在2015年启动的供给侧结构性改革历程中,由中央和地方双层配套的财政政策对防范和化解系统性金融风险发挥了积极的作用。在积极有为的财政政策调控下,实体经济基本面的稳定向好为金融市场的安全与稳定提供了有力支撑。

最后,由“一委一行两会”组成的金融市场微观审慎监管和行为监管框架是防范系统性金融风险的常规制度。我国的分业监管框架经过改革后形成了“一委一行两会”的监管格局。其中,国务院金融稳定发展委员会旨在落实央行的宏观审慎职能、加强金融监管协调以及补齐监管短板,但其至今依然是个既没有法定授权也没有具体执行机构的虚位机构。中国人民银行执行货币政策和宏观审慎的职能,中国银行保险监督管理委员会和中国证券监督管理委员会各自执行分业市场的机构监管和行为监管职能。健全的“一委一行两会”外部监管体系是克服金融市场的脆弱性和矫正市场主体的非理性行为的基础性制度,在配合宏观审慎监管的基础上,充分发挥了堵住系统性金融风险生成的功能,有效维护了金融市场的安全和稳定。

2. 市场层面的系统性金融风险防范路径

市场层面的系统性金融风险防范路径在制度建设上主要包括三大组成部分,分别是信息披露、机构内部治理和合规经营。金融市场是系统性金融风险形成和蔓延的基本载体,与实体经济具有对应发展的关系。因此,系统性金融风险防范的切入点应当是金融市场。理论上,任何风险的形成和消解都是通过市场的调整完成的。本文从市场的结构和运行逻辑出发,系统

---

① 参见李俊生、姚东旻、李浩阳:《财政的货币效应——新市场财政学框架下的财政—央行“双主体”货币调控机制》,载《管理世界》2020年第6期。

捋清市场层面的系统性风险防范路径。

首先,信息披露是解决金融市场信息不完全和不对称,克服金融脆弱性的重要手段。一般而言,金融市场是由资金的融入方和资金的供应方加上数个自由的资产交易场域组成的金融资源调配市场。信息的生产、收集和分配形塑了金融市场资源配置的各种模式。信息是金融市场最重要的资源。就信息经济学视角而言,信息也是一种财产,代表了资源分配的基本规律。现代金融市场的维系和发展完全建立在信息披露基础上,根据有效市场假说,市场发挥资源配置作用的前提是信息足够透明,劣币和良币能够在同等的条件和环境下实现有效的竞争性选出和选入。但是,金融市场信息的不完全和不对称是自由市场的固有特点,也是决定金融脆弱性的原因之一。系统性金融风险的发生往往伴随信息机制的失灵,柠檬市场和良币挤出不但影响了市场正常的价格和价值秩序,也扰乱了正常的信用分配体系。鉴于此,信息披露制度是金融市场风险治理的基础工程,市场信息的透明度建设是评价金融市场安全和稳定的重要标准。

其次,机构内部治理是有效抑制系统重要性金融机构的风险贡献(风险输出)和弥补系统脆弱性金融机构的风险敞口(风险感染)的重要手段。机构内部治理对金融机构而言具有特殊性,主要表现为充斥着立法或监管规则上的强制性规则,也即内部治理的外部化特征比较明显。大金融时代的市场经济具有明显的资本泛化特征,有学者认为,防范中国金融市场系统性风险的制度路径必须坚持公司治理和金融监管并重。其中,公司治理是本,金融监管是标,只有在完善公司治理基础上加强金融监管才能对系统性金融风险实现标本兼治。① 金融机构的主要经营活动是资本运营,高风险和机会主义特征对机构治理提出了较高的要求。现代金融市场的系统性金融风险兼具"太大而不能倒"和"太关联而不能倒"的特征,"不能倒"意味着机构治理的稳健性,而其中治理的起点就是具有系统重要性或者系统脆弱性的个体机构。因此,完善金融机构内部治理结构是在市场层面防范和化解系统性金融风险的重要路径。

最后,合规经营是市场经济环境下现代企业经营的生命线。对金融机

---

① 参见范健:《资本泛滥时期的公司治理与金融监管》,载《法学杂志》2019 年第 2 期。

构而言,合规风险与金融风险往往具有替代性意义。企业合规重要性在营商环境法治化背景下得以凸显,合规经营是金融机构日常运营的基本要求。合规因应的是外部规则的监管,然而,成熟市场经济阶段的合规理念更偏向于一种机构自治,是金融机构主动将外部监管规则进行内部化的市场自我规训的表现。在完善的外部监管规则的假设条件下,监管执法的有效性反映在合规经营水平的评价上。此时,系统性金融风险的产生和蔓延的源头就是合规经营水平不达标。具体而言,不论是宏观审慎监管政策的具体落实,还是微观审慎政策和行为监管政策的具体执行,其工作都是从对金融机构的合规执法开始。因此,合规经营不仅是金融机构免受系统性风险侵扰的"护城河",也是金融市场防范和化解系统性金融风险的具体实践方案。

第二节 防范系统性金融风险背景下法律治理创新的意义与角色定位

防范和化解重大风险是党的十九大报告提出的三大攻坚战之一,而金融风险是重大风险的核心内容。习近平总书记在2017年第五次全国金融工作会议上强调:"要以强化金融监管为重点,以防范系统性金融风险为底线,加快相关法律法规建设……"①法治是治国理政的基本方略,重大风险的防范和治理也应当保持在法治的轨道上运行,系统性金融风险的法律治理不但是国家金融市场治理现代化的基本要求,也是国家金融市场营商环境法治化始终坚持的改革方向。

一、防范系统性金融风险背景下法律治理创新的意义

防范系统性金融风险背景下,法律治理的创新与强化金融监管是一脉相承的,监管法治是市场治理现代化视域下金融监管的应有之义。党中央提出"以强化金融监管为重心"的前提条件是监管有法可依、依法监管和以

---

① 参见许志峰、吴秋余、欧阳洁:《金融工作会,释放哪些信号》,载《人民日报》2017年7月16日,第2版。

法律治理驱动的监管治理。加快金融市场的相关法律法规建设,筑牢系统性金融风险的防线,对于我国金融安全和金融稳定的现代化治理具有重要意义。具体来说,防范系统性金融风险背景下法律治理创新的意义主要表现在四个方面,包括金融市场治理现代化的法治原则、可预期性和稳定性、监管标准与力度的统一和损害最小化。

第一,落实金融市场治理现代化的法治原则。国家治理现代化是党中央在新的社会矛盾环境下为应对社会治理的各种新问题和新挑战提出的重要命题,我国对金融市场治理的能力和水平应当与大国金融的地位相匹配。法治原则要求有法可依和执法必严,对应到监管语境而言,即完善的监管立法和监管的有效性。完善的监管立法是指监管规则的制定必须科学、公开和民主,从法律、行政法规到监管部门的部门规章及规范性文件,织密监管网络,既要克服不同监管规则之间的冲突和重叠,也要堵住规则中的漏洞。对于监管部门的立法授权,既要满足职权分明的基本要求,也要合理构建相应的协调机制。监管的有效性是指监管者依据监管规则独立行使监管执法权,并对监管对象实现有效监管。监管的有效性的基本要求包括监管部门的独立性、克服监管腐败、避免监管俘获、制约监管不作为以及严厉的监管问责。监管的有效性作为现代监管治理理念的科学表达,是监管法治原则在监管实践运行中的升华。

第二,实现系统性金融风险防范和治理的可预期性与稳定性。法治思维意味着治理工具的透明和公开,监管立法的公开透明加强了被监管对象和其他市场参与者对监管结果的可预见性,有利于维护市场长期交易结构的稳定。在日常监管活动中,及时掌握监管立法动向对于金融创新和金融发展而言至关重要。通过民主公开的监管立法,市场上的金融创新者能够与监管方充分互动,使金融机构能够快速、准确、充分获取各种监管信息以及重要的监管立法动向,尤其是增强对来自监管部门的监管信息和监管动向的敏感度,有利于最大限度地维护各类市场参与者的信赖利益,[①]促进金融交易秩序的稳定性。系统性金融风险防范和治理方式的法定化对于被监

① 参见席月明:《我国金融监管方式的法定化及其合理匹配》,载王晓晔、邱本主编:《经济法学的新发展》,中国社会科学出版社2008年版,第360~381页。

管对象而言具有重要意义,面对不确定的系统性金融风险及其不确定性的产生与蔓延,防范和治理的确定性规则为金融市场参与者尤其是金融创新主体划定了明确的行为边界,也为监管者与被监管对象创造了有效的沟通语境,增加了金融创新和金融发展的稳定性。从境外监管实践的经验来看,任何一个金融市场发达的国家都有相应发达的监管法治水平。概言之,系统性金融风险防范和治理方式的法治化有利于促进金融市场及各类市场参与者的可预期性和稳定性。

第三,实现监管标准和力度的统一。监管的标准和力度的统一是法律治理的重要特点。在我国,不仅有金融分业市场的差异,也有地方金融发展水平及监管水平的差异,甚至监管机构的监管执法素养的差异。在这种背景下,容易形成金融市场的区域性竞争,而金融风险则容易在不同区域风险敞口中形成"风险洼地积累",进而区域性金融风险通过关联交易和网络市场转化为系统性风险。全国统一口径的监管立法、监管执法和监管司法有利于填补不同区域的风险敏感度差异,抑制金融风险的区域性集中,增加对整体风险的可承受度。在不同分业市场之间的跨市场套利是我国当前系统性金融风险积聚的重要隐患,跨市场套利引发的市场操纵案是监管制度上的漏洞,对不同关联市场套利空间施以统一规制力度,有利于防范因为跨市场资源流动引发的风险集中,加强金融市场的稳定性和安全性。

第四,实现损害的最小化。系统性金融风险的法律治理强调对治理对象的公平对待和治理利益的公平分配,由此基于治理目标的考虑,稳定且体现大众利益的监管立法能够做到对市场和市场参与者损害的最小化。金融创新与基于防范系统性风险目标的金融监管往往存在紧张的对立关系,监管对于市场交易和市场秩序能够进行重要的利益调配。一方面,保护和维系市场主体的利益朝着顺周期的方向发展;另一方面,努力压制和减损市场逆周期风险积聚形成的非常规利益分享。换言之,监管在维系金融市场稳健发展的同时,也在一定程度上减损有风险积聚偏向的收益,尤其是存在系统性风险偏向的非常规收益。在促进金融市场效益提升和减损系统性风险收益的两端,金融监管的法治化不仅能很好地平衡相关利益的"一增一减",也能把相应的利益减损严格限定在风险收益的范围内,实现对市场和相关市场参与者损害的最小化。

一、防范系统性金融风险背景下法律治理创新的角色定位

防范系统性金融风险的核心主题是监管，监管的法治化是我国防范和化解重大风险攻坚战的主要手段。根据党的十八届四中全会的决策路线，全面依法治国作为国家治理的基本方略，金融市场系统性风险的防范和治理必须沿着法治的轨道运行。防范系统性金融风险的基础性手段和工具应当重点突出对相关法律、行政法规的完善，加强金融司法对金融市场秩序的监督和辅助作用，强化依法行政语境下政府监管的法治化和规范化。总体而言，防范系统性金融风险背景下法律治理创新的角色定位主要体现在法律主治、立法先行和金融司法的全面监督三个方面。

第一，防范系统性金融风险应当重点突出以法律治理为主的定位。关于重大风险的治理历来存在"政策主治"和"法律主治"孰优孰劣的争议，争议的背后代表着不同治理理念的价值取向。政策与法律之间的关系是一个纠结在传统性与现代性、工具主义与治理理性之间的复杂性问题，而理论界的主流始终坚持对政策增长和法律空洞化现象的批判立场。政策主治是计划经济时代的产物，受益于政策的灵活性，计划经济时期在政府主导经济调控过程中政策发挥了重要作用。[①] 但是，现代市场经济的本质是法治经济，法律治理已经成为我国市场经济制度建设中的主导性角色。金融市场是市场经济的高级组成部分，系统性金融风险的防范和治理应当重点突出法律主治的定位。金融市场的监管规则中充斥着大量的政策文件，这些政策文件不但修改频率高，而且体系混乱，强调法律治理意味着不仅要提高监管规则的效力等级，也要求监管者的监管决策不能朝令夕改，不能随意或选择性实施监管行动，对于监管错位或者监管不作为也应当承担相应的法律责任。系统性金融风险的防范和治理是一项持续性的日常监管行为，风险积聚和治理的常态化要求监管具备稳定性和有效性，而法律主治回应了这一要求。相较于系统性金融风险的政策主治，法律主治重点突出监管机构的职权法

---

① 参见邢会强：《政策增长与法律空洞化——以经济法为例的观察》，载《法制与社会发展》2012 年第 3 期。

定,执法行为的程序法定,监管许可、监管处罚和监管强制的内容法定,以及监管部门制规权的法律保留。另外,法律主治不等于否定政策的作用,金融市场快速发展和高频率创新必然要求保留具有灵活、及时特征的政策适用空间。系统性金融风险的防范和治理背景下,法律主治和政策治理并不矛盾,两者有相应的功能分工和主辅区分。对于金融市场监管的基础性问题,诸如分业领域的基础性制度、监管职能配置、市场交易所应遵循的基本规则等内容应当通过法律、行政法规、部门规章解决,而对于法律的授权性事项、基础性制度下的细化规则、因市场发展变化需要的变通性规则、作为行业发展需要的产业政策等内容,可以通过监管部门的规范性文件、指导意见、暂行规定等政策文件解决。基于国家金融监管的前瞻性和对市场变化的及时回应的要求,在保障监管有效性的基础上,法律保留事项之外的领域都可以通过政策治理解决,而一旦发现政策增长引发监管不足或监管漏洞问题时,立法者应当及时展开对法律的修补工作,以此实现法律主治的功能定位。

第二,防范系统性金融风险的制度改革应当重点强调立法先行。我国金融市场制度改革与防范化解系统性金融风险的目标是一脉相承的,金融风险的积累也是驱动金融市场制度完善的重要动力。党的十八届四中全会通过的《中共中央关于全面推进依法治国若干重大问题的决定》指出,但凡重大改革都要于法有据、立法先行,在关键领域通过立法活动达成共识后再进一步推进全面深化的改革,关键环节的制度安排应当通过立法方式逐步走向成熟、定型。[①] 我国金融市场的改革已经进入"深水区",央行货币政策与宏观审慎政策"双支柱"调控框架、地方政府债券市场的建设、证券市场新股发行的注册制、大资管市场的统一监管、多层次资本市场建设等刚刚起步,相关的制度构建还很不成熟,对此,对改革的进一步推进尤其是关键制度的完善应当通过立法来破除相关障碍和达成共识。系统性金融风险的防范和治理是一套庞大的制度体系,这一套制度的主体框架构建、主要内容变动、主要内容增长等都需要先通过立法。2017 年 7 月召开的第五次中央金

① 参见陈金钊:《"重大改革都要于法有据"的意义阐释》,载《甘肃理论学刊》2014 年第 5 期。

融工作会议的决策部署“以防范系统性金融风险为底线,加快相关法律法规建设”,[①]指明落实防范系统性金融风险的发展底线的工作方式是加快相关法律法规建设,先通过立法解决监管制度构建的基本问题。然而,在系统性金融风险防范和治理实践工作中,我国对立法先行的治理理念的贯彻还远远不够。以互联网金融风险专项整治为例,互联网金融在监管空白的情况下经历了一轮野蛮生长,已经积聚到相当程度的系统性金融风险引起了国家的高度重视,互联网金融风险专项整治工作始于2016年国务院办公厅印发的《互联网金融风险专项整治工作实施方案》,整个互联网金融运动式监管过程都是在政策作用下完成的,至今也未见相应的立法给予明确。立法先行的治理理念在整个专项治理过程中似乎被监管当局忘却。实际上,从以“专项整治”的名义开展治理开始,风险治理工作就已经背离了防范和化解系统性金融风险的制度改革应当强调立法先行的定位。金融监管制度改革立法先行的硬性条件就是立法者要对市场的变化及时地做出回应或者前瞻性安排,而这种回应性或者前瞻性立法工作方式是指应当制定出相应的制度。

第三,防范系统性金融风险在完善监管制度的同时,也应当兼顾金融司法的全面监督作用。金融司法的基础是发达的金融立法。金融法作为一门具有较强应用性的法学学科,天生具有贴近市场、立足实践的内在品性,始终将促进金融业或金融市场的发展作为自身知识转型和制度进化的助推剂。系统性金融风险的防范和治理离不开作为金融法最终执行和发展机制的金融司法。在我国“强行政、弱司法”的特殊体制环境下,金融立法的剩余立法权配置过度依赖行政主导模式,而金融司法依附于金融行政执法的权力配置格局生成,弱势的司法权在介入金融市场治理时难以有积极主动的姿态,由此金融司法在金融创新纠纷的现有规则之外的制度创设方面必然趋于谨慎甚至保守,以至于法院在推动金融法制变迁方面显得乏善可陈。理论上,金融司法对金融发展及金融法发展的意义主要体现在:(1)随着金融纠纷的日趋增长,司法介入金融纠纷能够有效弥补市场机制的不足,在事

---

① 参见许志峰、吴秋余、欧阳洁:《金融工作会,释放哪些信号》,载《人民日报》2017年7月16日,第2版。

实上起到配置相应金融法律资源(如权力、权利、义务、责任等内容)的功能;(2)法院在一定程度上充当了宏观经济的"审查者"、微观经济的"矫正器"和制度经济的"助推器",通过司法审查、法律解释和司法决策能够对金融制度的变迁起到重要的推动作用;(3)法院对金融市场的产权保护起到定分止争的效果;(4)司法介入金融市场能够及时把各类有效的金融政策转化为金融立法,提高政策规范的位阶和效力;(5)法院能够对承担金融监管执法职能的行政机关起到很好的监督作用,进而影响到金融市场主体的利益调整。① 由此可见,通过创造性司法活动可以扩展出广阔的金融创新制度空间。中国金融市场的发展历程就是一个不断"试错"的制度变迁过程,但这种"试错"不仅是针对金融立法和金融执法而言,对于金融司法同样意义重大。更新金融司法的审查理念,重塑金融创新活动的司法审查标准,赋予最高人民法院通过司法解释、会议纪要、指导性案例、公报案例等方式行使金融创新的剩余立法权,同时赋予地方法院审理金融创新纠纷的"试错权",是金融司法全面监督金融市场和发展金融法的重要途径。② 对防范和化解系统性金融风险具有高度治理功能的金融司法是在金融立法和金融执法之外的重要补充。

第三节 防范系统性金融风险对法律治理创新的理论与实践要求

系统性金融风险的法律治理创新是一套复杂的理论体系和制度体系,其不仅在规则治理思维方面有所体现,还针对金融市场的高频率变化和创新提出了制度治理的创新要求。法律之治的本质既是规则之治,也是经验之治,系统性金融风险的法律治理创新建立于金融市场的风险治理实践基础上,是对我国改革开放以来金融市场建设的重要经验总结。随着经济发

---

① 参见侯猛:《最高人民法院的功能定位——以其规制经济的司法过程切入》,载《清华法学》2006 年第 1 期。

② 参见王奕、李安安:《法院如何发展金融法——以金融创新的司法审查为中心展开》,载黄红元、卢文道主编:《证券法苑》第 18 卷,法律出版社 2016 年版,第 208 ~227 页。

展方式的转型升级和关键领域的改革逐步深入,我国金融市场正面临着各方面的风险威胁,以防范系统性金融风险为底线是党中央多次强调的重点。防范系统性金融风险,既要外防国际金融危机的冲击,也要内防国内金融市场的重大风险事件的发生。由此,防范系统性金融风险对法律治理创新提出了相应的理论要求和实践要求。

一、防范系统性金融风险对法律治理创新的理论要求

防范系统性金融风险对法律治理创新的理论要求,涵盖风险治理的现代化理论、制度建构理论和责任理论。具体而言,风险治理现代化理论指的是在金融市场风险防范和整治活动中,进一步明晰政府治理与市场治理的界限,针对系统性金融风险充分发挥多层次、全方面的协同共治。制度建构理论指的是构建防范系统性金融风险法治理论体系,完善金融法律法规。责任理论是指加强金融市场违法违规责任,坚持对违法违规行为的“零容忍”监管。

第一,明晰政府治理与市场治理的边界。随着社会主义市场经济制度的逐渐成熟,我国金融市场的政府干预的边界逐渐明晰,市场在金融资源配置中起决定性作用得以明确。金融市场是国家宏观调控操作较为频繁的领域,国家治理现代化视域下政府调控金融市场的依据、职权配置、决策程序、监督及利益救济机制更加规范和透明。为减少负外部性和柠檬市场现象的发生,政府监管是金融市场运行的必要环节,金融消费者保护的整个制度框架也是在政府监管的语境下产生的。市场的决定性作用和更好地发挥政府作用指明,政府治理与市场治理之间的边界是具象化的、模糊的,甚至是一种处于动态调整中的机制。尽管我国金融市场经过自改革开放以来四十多年的发展,但政策市、受到高度管控的信贷市场、汇率操纵等问题依然突出。金融市场系统性风险的生成既有政府因素,也有市场因素,在政府有效监管的假设条件下,排除市场的周期性波动因素,总体来说,政府因素占主导。政府如何监管金融市场是困扰各国监管当局的世界性难题。美国在充分吸取国际金融危机的教训后,颁布了代表现代金融市场监管改革方向的《多德—弗兰克华尔街改革与消费者保护法》,政府监管的重点从单一目标的市场稳定开始转向宏观审慎兼顾金融消费者保护。通过比较借鉴国际

金融监管的改革动向,政府介入系统性金融风险的防范和治理大致涵盖系统性保护和金融消费者保护的两大任务。系统性保护主要指涉及货币政策、财政政策、宏观审慎和微观审慎的监管框架。金融消费者保护是指以金融消费者利益的保护和救济为目的的金融行为监管制度。政府任务确定之后,政府治理和市场治理的具体边界就应当交由立法来明确。

第二,构建防范系统性金融风险的法治理论体系,完善金融法律法规。防范系统性金融风险的法治理论体系是指用法治思维、法治方案和法治工具来守住不发生系统性金融风险的底线,解决金融市场风险治理的具体制度建构问题。防范系统性金融风险的法治理论有别于一般意义上的法治理论,两者是具体与一般的关系,是传统法治理论针对系统性金融风险治理的特殊性问题所做的具体理论创新。法治理论体系强调系统性金融风险治理的规范化和体系化,突出综合治理和体系创新。金融风险治理的法治理论不仅要求风险防范的法治,也涵盖风险治理的法治。金融法律法规体系是各个法律部门当中最为庞杂、更新速度最快的独立部门法律规范体系,也是直接干预市场经济力度最大的、塑造市场业态最为明显的规范体系之一。其涵盖金融组织法、金融交易法、解决金融纠纷的程序法以及金融创新活动的指引规则,具体内容更是关联到民商法、经济法、行政法与行政程序法、刑法、环境法、仲裁法等各种部门法规范,是一套综合性的制度体系。系统性金融风险综合防治的需求决定了风险治理体系的综合性,这是一种以风险防范和治理目标为导向的治理理念。风险社会时代,法治理论的研究也发生了一定的转型,从个体本位主义到社会本位主义的范式转化最为明显,延续自罗马私法“一个人即是一个国家”的法治理念开始式微,社会秩序的稳定和安全得到更多青睐,系统性保护的目标日渐凸显,在经济法尤其是金融法领域,这个趋势更加明显。金融市场的系统性保护目标优位于个体保护目标是金融法治的重要特征之一,在此指引下的防范系统性金融风险法治理论体系应当重点强调系统性保护以及以系统性保护为目标的个体行为规制。由此,货币政策、财政政策、宏观审慎监管框架、金融基础设施建设以及针对系统重要性金融机构即银行的监管等以系统性保护为目标的制度是金融法律法规体系的重要组成部分。

第三,加强金融市场的违法违规责任,利用“重责任”和坚持对违法违规行为的“零容忍”构筑系统性金融风险的防线。从中美金融市场的执法力度和对违法违规行为的处罚力度可以发现，我国对金融市场违法违规行为的打击面、打击力度和处罚力度都存在不足，较低的违法成本和投机主义对金融市场的安全和稳定构成重要威胁。在学界，比较有代表性的市场派长期呼吁加大对金融市场违法违规行为的打击力度和责任力度，管住责任后端以预防和威慑前端的违法违规行为。从实践来看，我国金融市场现行立法中大量存在违法违规的责任程度远远低于违法所得收益的规定，这在一定程度上为投机者创造了条件。政府打击金融违法违规行为的效果应当反映于处罚程度。从现行立法来看，对违法违规行为的规定存在一定漏洞。以证券市场的违法违规处罚规定为例，操纵市场和内幕交易的责任与虚假陈述的责任存在明显的区分，没收违法所得并处以违法所得相应倍数罚款与直接给予一定数额罚款两种模式在责任程度上区别明显，以至于实践中出现欺诈上市或者虚增会计利润 300 亿仅处顶格 60 万元罚款现象。① 对此，尽管 2019 年《证券法》已经对其进行了修改，大幅提高了处罚额度，但如何做到“零容忍”的证券执法效率，提高打击面以及填补执法漏洞的问题依然还没有解决。总而言之，防范和化解系统性金融风险不仅要关注前端制度，也要加强金融市场的违法违规责任。

二、防范系统性金融风险对法律治理的实践要求

防范系统性金融风险的制度构建是一项与金融市场实践紧密结合的系统工程，经过我国金融市场几十年发展经验的积累和总结，对如何结合实践要求构建防范系统性金融风险的制度体系已经有了丰富的经验积累。金融市场法律治理创新必须紧扣实践要求，金融市场的发展指引着立法的方向，而制度规则又深刻形塑市场业态。从实践来看，由于金融创新的高频度和市场的易变特征，金融市场的发展永远走在立法的前面，立法的滞后性导致了金融风险的常态化，但这种常态化风险必须严格防范，警惕其形成系统性

---

① 康美药业虚增收入 300 亿元，虚增利润 40 亿元，证监会的处罚决定是对其罚款 60 万元。参见吴晓璐：《证监会对康美药业作出行政处罚及市场禁入决定，涉嫌犯罪相关人员已移送司法机关》，载《证券日报》2020 年 5 月 15 日，A01 版。

金融风险。从系统性金融风险的属性分析，其本身即具有丰富的实践性，测度、评判市场风险等大量的素材和依据来源于实践。利用法律治理的模式和手段应对具有实践属性的系统性金融风险，必然对法律治理创新的方法提出相应的实践要求。具体包括以下三个方面的内容。

第一，修改《立法法》，增加金融法律法规立法的灵活性，扩大授权性立法和创制性立法的范围，在法律保留的有限范围之外尽量将立法权下放给专职行使监管职能的“一委一行两会”，同时鼓励和支持行业协会、交易所等扩大和完善自律监管。金融法律规范体系与其他部门法律一样具有明确的效力规范层级，包括全国人大及其常委会制定的法律、国务院制定的行政法规、“一委一行两会”制定的部门规章和其他规范性文件，效力层级依次递减。金融法律法规的特点是专业性强、更新速度快，对立法者的专业能力和应变能力有较高的要求。实践中，效力层级越高的规则，修改的难度越大，其应对瞬息万变的金融市场的滞后性越明显，而该滞后性带来系统性金融风险的可能性也越大。因此，为弥补金融立法与金融市场实践之间的滞后性缺陷，应当增强金融立法的灵活性和及时性，提高金融法治的应变能力和治理能力。

针对金融立法和系统性金融风险治理的特殊性问题，修改《立法法》是解决立法权限下沉、提高规则的实践可操作性和风险应对性的第一步。我国《立法法》第 8 条“法律保留事项”的第 9 项规定关于“基本经济制度以及财政、海关、金融和外贸的基本制度”只能制定法律。对于金融的基本制度只能由全国人大及其常委会制定法律，“基本制度”的内涵即是法律保留的范围。金融的基本制度指的是金融市场的基础性立法，包括《中国人民银行法》《商业银行法》《银行业监督管理法》《信托法》《保险法》《证券法》《证券投资基金法》《期货和衍生品法》等金融市场各分业领域的基础性法律，当然还有一些有待补充的立法，例如“金融数据安全法”“金融市场基础设施法”等。对于这些分业领域的基础性法律，坚持法律保留是为了确保行业基本规则的稳定性，其主要目标是保障金融市场的秩序和稳定。[①] 因此，基于这种站在市场层面的系统性目标考虑，这些法律保留范围内的基础性立法，技术上宜粗不宜细。对具体交易规则的细化则应当由国务院制定

① 参见强力:《以健全的法制防控金融风险》，载《人民法治》2019 年第 13 期。

相应的行政法规、“一委一行两会”制定部门规章或者规范性文件，这些都是为执行上位法所制定的执行性规则。理论上，越是接近金融市场一线的监管执法部门，越能对上位法规则作出妥善解释，从而越能制定出满足实践需求的具体可操作方案，使创制性规则实现相应的治理效能。对于上位法未作规定，且不属于法律保留事项范围的内容，尤其在金融创新领域，国务院、“一委一行两会”可以制定相应的创制性规则。创制性规则是填补金融市场新兴领域的立法空白或者现有规则的漏洞，规范金融创新活动不可或缺的组成部分。创制性规则源于金融创新实践，其规范的对象也主要是金融创新活动。为提高创制性规则的有效性和前瞻性，适当保留试错性以灵活更新或纠正，让国务院、“一委一行两会”行使创制性规则的制定权应当是合理的选择。另外，针对法律保留的事项，《立法法》也可以通过授权立法将相关立法权下放至国务院及“一委一行两会”，待条件成熟后再收回立法授权并制定相应的法律。①

《立法法》第 9 条规定：“本法第八条规定的事项尚未制定法律的，全国人民代表大会及其常务委员会有权作出决定，授权国务院可以根据实际需要，对其中的部分事项先制定行政法规，但是有关犯罪和刑罚、对公民政治权利的剥夺和限制人身自由的强制措施和处罚、司法制度等事项除外。”该法第 12 条规定：“被授权机关应当严格按照授权决定行使被授予的权力。被授权机关不得将被授予的权力转授给其他机关。”由此可见，我国《立法法》所规定的立法授权只有从全国人大及其常委会到国务院层面的一级授权，且不允许国务院将授权的立法事项转授权给其他机关。对照可以发现，法律保留事项范围内的授权立法权并不能下放到“一委一行两会”，所以授权性规则的效力层级至少是行政法规。由于金融监管规则紧密贴近市场实践，具有高标准的可操作性需求，就立法能力而言，处于一线监管实践中的“一委一行两会”并不弱于国务院，在一级授权规则缺乏充分且必要性理由的情况下，过度审慎的授权性立法规则应当适当变通。对此，一方面可以对《立法法》上法律保留事项中的“金融基本制度”进行限缩解释，通过缩小授权立

① 参见林宜灿：《立法与行政之间的授权立法——授权国务院立法制度研究》，载《中国人民公安大学学报（社会科学版）》2018 年第 5 期。

法范围来扩大国务院创制性立法权限,间接扩大“一委一行两会”的立法权限;另一方面,关于监管执法的具体决策问题,因为具有变通性、针对性和时效性要求,“一委一行两会”分享规范性文件的立法权具有相当优势。

系统性金融风险的防范和治理,除了国家或者代表国家的行政机关的立法之外,行业协会、交易所等自律性监管规则不可或缺。自律性监管规则对于弥补外部监管的漏洞,规范行业发展秩序和竞争秩序,促进金融机构自治具有重要的作用。防范和治理系统性金融风险的背景下,市场自律执法与政府执法相比有诸多不可比拟的优势,在违法违规信息的收集、执法效率、被监管对象的配合程度、对金融市场的损害程度等方面都能体现出相应的优势。

第二,引入回应型立法理念,立法过程中加强民主参与程度,尝试构建协商执法机制。面对金融市场的创新和变化的常态,金融监管执法应当具备及时与市场变化进行互动调适的特质,这就要求金融监管立法及时进行理念更新和制度创新,积极回应金融创新实践中出现的新问题和监管新缺口,充分确保市场适应性和时代适应性。早在 1978 年,美国伯克利学派的两位著名学者诺内特(P. Nonet)和塞尔兹尼克(P. Selznick)就提出了“回应型法”的理论,在他们的经典合著《转变中的法律与社会:迈向回应型法》中,围绕作为回应社会各种需求和愿望的一种便利工具的回应型立法,展开了深入论述。[①] 之后,美国学者埃尔斯(I. Ayers)和澳大利亚学者布雷思维特(J. Braithwaite)在“回应型法”理论基础上,以社会性监管与治理的兴起为背景,提出了回应型监管理论,意图调和金融市场强化监管与放松管制之间的争论,建构一种政府与非政府合作型监管的理论模型。[②] 经过几十年的推广和发展,回应型监管理论已经逐渐成为国际金融市场的主流监管理论,但我国理论界和监管实践对此呼吁的声音并不多,中国金融监管立法中坚守传统的政府监管理论的力量依然很强大。中国的立法者和监管机关热衷于对金融市场和金融机构推行大而全面的监管,甚至在既定产业政策下

---

① 参见[美]P. 诺内特、[美]P. 塞尔兹尼克:《转变中的法律与社会:迈向回应型法》,张志铭译,中国政法大学出版社 2004 年版。

② See I. Ayers & J. Braithwaite, *Responsive Regulation: Transcending the Deregulation Debate*, Oxford: Oxford University Press, 1992.

表现出对特殊机构的无微不至的关怀,忽视了社会和市场力量在监管活动中所能起到的应有作用,以至于我国政府的金融监管权力不断扩张,而金融监管对高速变化的金融创新的回应和适应严重不足。

随着互联网技术革命对传统金融监管模式提出越来越大的挑战,如何对互联网金融进行有效监管,已经成为当前监管立法急需回应的重大问题。互联网金融打破了传统模式下银行金融资源垄断的格局,改变了金融机构与消费者之间的关系,突破了传统金融业的运作和展业模式,在满足金融普惠性需求的同时,也引领了金融的民主化趋势,表现出极强的生命力和发展前景。金融的民主化趋势以及普惠性需求与金融市场的系统性保护目标不谋而合,但两者之间又呈现紧张的关系。解决这一矛盾的关键在于加强金融立法的民主参与程度。金融监管立法应当以市场为根本,抓住系统性安全和金融消费者保护两大关键目标,构建完善立法过程中的民主参与机制,打破立法中的利益竞争格局,通过公众的广泛参与,打破金融的精英权力结构,由此既能实现金融的普惠性特质,也能提高金融市场的抗风险能力。

此外,尝试构建金融监管中的协商执法机制也是有效识别和调控系统性金融风险的重要实践条件。随着软法治理和公共治理理论的兴起,政府监管执法从强制性走向弹性,从单方向走向双方协商式执法,从监管方与被监管方的对立走向平等,这种以公私协作为基础的协商性监管日益受到重视。一方面,协商监管机制能够把监管立法和监管执法活动充分地向市场及广大被监管对象暴露,使其接受公众的监督与评判。另一方面,公私合作的协商监管机制改变了单向度的权力运作模式,使市场主体、消费者的权利能够广泛制约国家权力,优化了国家权力配置格局,增加系统性保护目标下的金融包容和监管民主程度。

第三,加强监管执法的人才队伍建设,培养监管法治思维。如果说监管制度建设体现一国金融市场的硬实力,那么监管执法人才队伍建设则体现的是软实力。金融监管执法人才队伍建设是一项重要的监管资源投入,主要以国家财政支持。

首先,金融监管执法人员必须具备专业知识和经验,具有高标准的道德操守和职业操守。金融监管执法除了需要充分熟悉监管规则和监管对象之外,更重要的是遵守监管程序,保障行政程序法治要求下的监管程序法治。监管程序法治不仅包括国务院、"一委一行两会"制定监管行政法规、部门规章及规范性文件的程序法治,也包括监管执法部门行使职权具体实施监管活动的程序法治。尽管对于金融监管措施是否属于行政行为存在一定的争议,但通过正当程序限制金融监管措施的主张已经取得广泛的共识,尤其是金融监管措施的目的和手段对行政法上比例原则的借鉴。① 防范系统性金融风险的背景下,金融监管的不作为、乱作为以及监管错误都是形成系统性金融风险的重要因素。因此,立法上必须对金融监管行为(措施)进行必要的控制,学理上称其为对监管者的治理,即监管治理。② 对于监管治理问题,还存在广泛的讨论空间,笔者在此无意展开。

其次,监管执法人员必须是相关领域的专业人才,或者经过认证取得相应的准入资格,至少在金融市场方面训练有素,能够感知市场的动向及相关的风险因素,对各种风险事件能够及时应对。一直以来,对监管部门与金融机构之间人员的交叉流动现象存在不同的声音,寻租论③、关系网络效率论④、监管俘获论⑤等。然而,实践中鉴于监管部门收益与作为被监管对象的金融机构收益不对称,监管部门与金融机构之间人员流动常常表现为从监管部门到金融机构的单向流动,这种单向流动模式对监管部门的专业队伍造成严重损失。实际上,实践现状形成的由监管部门为金融机构单向培养和输送人力资本的现象对监管者而言也是一种潜在的激励,因为监管者的能力、职业操守、声誉等良性评价情况决定了其流向被监管金融机构所能享受的待遇。以证券监管执法"旋转门"为例,实践证据表明,证券监管机构人员离任后进入上市公司或者市场中介机构担任董事、监事、高管职务对

---

① 参见邢会强:《金融监管措施是一种新的行政行为类型吗?》,载《中外法学》2014 年第 3 期。

② 参见李安安:《金融监管与国家治理——基于监管治理的分析框架》,载《经济法评论》2016 年第 2 期。

③ See Stephen J. Choi & A. C. Pritchard, *Behavioral Economics and the SEC*, Stanford Law Review, Vol. 56, p. 20 - 42(2003).

④ See Yeon-Koo Che, *Revolving Dore and the Optimal Tolerance for Agency Collusion*, RAND Journal of Economics, Vol. 26, p. 379 - 380(1995).

⑤ See Jordi Blanes i Vidal, Mirko Draca & Christian Fons-Rosen, *Revolving Door Lobbyists*, American Economics Review, Vol. 102, p. 3731 - 3748(2012).

监管执法的行为和结果并无显著的影响,也即"旋转门"对证券监管执法的力度和刚度并无显著的影响,甚至有学者从2014～2016年的市场数据中发现,"旋转门"产生了反预期的效果,大量涉及"旋转门"的上市公司反而承受了更严厉的监管执法。① 由此可见,就防范和治理系统性金融风险而言,对"旋转门"起码应当给予中性评价。

最后,金融监管执法队伍建设需要重点加强法治思维的培养,在法治政府和金融营商环境法治化的背景下,构建常规化的执法教育制度体系。当前,国际金融市场区域竞争的关键参考依据是金融营商环境,而优化金融营商环境的基本方向就是金融营商环境法治化。② 在世界银行营商环境评价体系中,金融营商环境法治化的本质是金融监管执法的法治水平,由此凸显了监管者法治思维和日常执法教育的重要性。金融监管执法行为的规范化和执法模式的成熟度是金融市场秩序的"稳定器",对防范和治理系统性金融风险的制度体系具体发挥效用具有支撑性作用。另外,监管执法法治思维的养成与常规化的法制教育密不可分。每当金融监管方面相关新法出台,立法部门或者上级监管部门应当及时组织学习普及,加快监管执法队伍对执法依据的更新和推广,并把这种模式上升为常规化的执法教育制度。防范系统性金融风险背景下金融监管跟上金融市场创新与发展的步伐,不仅要强调监管制度的更新,也要求监管者监管能力应当配套跟上市场。实际上,每当监管新规出台,出于合规风险和抢占市场份额的利益激励,金融市场的消化能力往往快于一线监管执法人员,但监管法治的方向却始终由监管者掌航。

本章小结

中国经济进入"新常态"以来,实体经济受结构性问题、产能过剩影响,

---

① 参见习超、曹宁、龚浩川:《"旋转门"影响证券监管执法吗?》,载《清华法学》2018年第4期。

② 参见袁莉:《新时代营商环境法治化建设研究:现状评估与优化路径》,载《学习与探索》2018年第11期。

维持长期高速增长的动力不足,而金融市场是以实体经济基本面支撑并服务于实体经济发展的资源配置体系,系统性金融风险始终是理论和实务界关注的焦点。作为一个“可以感知却难以定义的概念”,关于系统性金融风险的内涵界定,理论界和实务界从不同的角度有不同的说法。大体上,对于系统性金融风险的描述,大都围绕“系统性威胁”“系统性损害”“金融功能丧失”“传染性”“太大而不能倒”“太关联而不能倒”等关键词展开。概括而言,系统性金融风险具有危及面广、危害性大、传导性强的特征。在日常生活中,“系统性金融风险”往往与“金融危机”一词替代性使用。党的十八大以来,中共中央、国务院多次在重要决策部署中强调“不断提高金融业的竞争能力、抗风险能力和可持续发展能力,坚决守住不发生系统性金融风险底线”。防范和化解重大风险是我国平稳渡过经济增长减速换挡,系统完成供给侧结构性改革,抵御外部冲击,迎接下一波可持续的创新型高质量经济增长的核心任务,而防范和化解系统性金融风险是其中的关键环节。

现阶段,我国金融市场的系统性风险正在不断积累,经济增长速度由高速增长转向中高速增长使金融市场对系统性风险的承载力度逐渐减弱,系统性金融风险的复杂特征决定了其诱因机制的复杂性和多面性。我国当前金融市场问题具有相应的独特性,具体表现为间接融资市场发达而直接融资市场羸弱、金融基础设施薄弱、政策体系庞杂、金融“脱实向虚”问题严重等。由此,我国当前金融市场系统性金融风险的生成机理,可以从市场、制度、经济行为、经济周期四个方面进行系统性观测。这四个方面具体涵盖的内容包括金融市场结构性缺陷所体现的金融脆弱性、经济金融周期性波动引发系统性金融风险、制度不健全和监管漏洞引发系统性金融风险、市场主体的非理性经济行为得不到及时矫正引发系统性金融风险。系统性金融风险是在以上四个方面共同作用下形成的,多种诱因之间不存在明显的界限。受到国际金融危机期间我国四万亿刺激计划强干预的后期反作用、经济发展新常态表现出的结构性问题和产能过剩问题、实体经济不活跃尤其是小微企业融资难与融资贵的问题长期得不到解决、互联网金融的乱象、国际环境的外部冲击、类似新冠肺炎疫情引发的全球经济衰退等因素影响,我国当前金融市场的系统性风险正在不同的领域以不同的形式呈现,具体风险表现包括金融市场基础设施不健全、实体经济低迷引发的非金融企业债务违约风险、融资结构失衡导致的银行部门风险、财政收入增速下降超过预算支出的扩大带来的地方政府债务风险、房地产市场大规模挤占社会融资所形成泡沫风险的金融化、互联网金融的野蛮生长和运动式监管所积聚的系统性金融风险、人民币汇率市场化和国际化改革过程中持续走弱的预期带来的主权货币风险、类似新冠肺炎疫情的重大突发公共事件引发的系统性金融风险八个方面。这八个方面彼此关联并相互影响，在实践中容易发生联动综合效应。

一般而言，金融市场系统性风险防范路径的研究存在微观和宏观两个不同的视角，前者立足于微观的金融机构层面对系统性金融风险进行测度和防控，后者立足于宏观的政府与市场层面对系统性金融风险进行测度和防控。微观层面的系统性金融风险防范路径遵循系统性金融风险研究理念从"太大而不能倒"向"太关联而不能倒"转变，以不同机构风险测度的系统重要性和脆弱性差异为标准，遵循三条基本的治理思路，包括强化分类监管、聚焦监管关注点和强化有针对性的监管目标、加强重点机构的监管。宏观层面的系统性金融风险防范路径分别从政府层面和市场层面出发。前者包括央行的"双支柱"调控政策框架、积极有为的财政政策、由"一委一行两会"组成的金融市场微观审慎和行为监管框架。后者包括信息披露制度的构建、加强机构内部治理、合规经营三条路径。

法治是治国理政的基本方略，重大风险的防范和治理也应当保持在法治的轨道上运行。防范系统性金融风险背景下法律治理创新的意义主要表现在四个方面，包括金融市场治理现代化的法治原则、可预期性和稳定性、监管标准与力度的统一和损害最小化。另外，防范系统性金融风险的核心主题是监管，监管的法治化是我国防范和化解重大风险的主要手段。防范系统性金融风险背景下法律治理创新的角色定位主要体现在法律主治、立法先行和金融司法的全面监督三个方面。

法律之治的本质既是规则之治，也是经验之治，系统性金融风险的法律治理创新建立于金融市场的风险治理实践的基础上，是对我国改革开放以来金融市场建设的重要经验总结。防范系统性金融风险，既要外防国际金融危机的冲击，也要内防国内金融市场的重大风险事件发生。防范系统性金融风险对法律治理创新的理论要求有三个方面的内容，包括明晰政府治理与市场治理的边界、构建防范系统性金融风险的法治理论体系和完善金融市场的责任理论。防范系统性金融风险的制度构建是一项与市场实践紧密结合的系统工程,经过我国金融市场几十年发展经验的积累和总结,对如何结合实践要求构建防范系统性金融风险的制度体系已经有了丰富的经验积累。防范系统性金融风险对法律治理的实践要求有三个方面的内容,具体包括:修改《立法法》,增加金融法律法规立法的灵活性,扩大授权性立法和创制性立法的范围,在法律保留的有限范围之外尽量将立法权下放给专职行使监管职能的"一委一行两会",鼓励和支持行业协会、交易所等完善自律监管;引入回应型立法理念,立法过程中加强民主参与程度,尝试构建协商执法机制;加强监管执法的人才队伍建设,培养监管法治思维。

第二章　防范系统性金融风险的法律治理的理念创新

2019 年 2 月 22 日，习近平总书记在中央政治局第十三次集体学习讲话中提出，防范化解金融风险特别是防止发生系统性金融风险，是金融工作的根本性任务。2019 年 10 月 31 日，党的十九届四中全会通过《中共中央关于坚持和完善中国特色社会主义制度推进国家治理体系和治理能力现代化若干重大问题的决定》，进一步明确要健全具有高度适应性、竞争力、普惠性的现代金融体系，有效防范化解金融风险。金融市场风险治理是一个动态而非静态的过程，它承担着两项重要的任务：其一是对既有金融风险的处置，也就是对存量风险的动态消化；其二是对或然性金融风险的预防，这就鲜明体现了新时期金融风险治理的时代背景——防范系统性金融风险。换言之，新时期中国金融风险的治理工程不仅是一项简单的既有风险处置艺术，也是对金融法律治理的传统理念的挑战，即如何用发展的办法来解决现实中和发展中的金融风险问题。无疑，中国金融市场治理理念的创新已经迫在眉睫。该决定之所以把"健全具有高度适应性、竞争力、普惠性的现代金融体系"放在

“有效防范化解金融风险”之前，实际上是将现代金融体系的建设或者说当下的金融供给侧结构性改革作为有效防范化解金融风险的基础和前提。换言之，新时期中国金融市场法律治理要有效防范系统性金融风险，就必须抓住金融结构调整优化和金融监管法律制度创新的重要机遇。鉴于此，确立适应系统性金融风险防范和金融供给侧结构性改革的理念基础，是防范系统性金融风险的法律治理创新的逻辑起点。

第一节 中国系统性金融风险法律治理的理念创新的时代背景

“人们自己创造自己的历史，但是他们并不是随心所欲地创造，并不是在他们自己选定的条件下创造，而是在直接碰到的、既定的、从过去继承下来的条件下创造。”①新时期中国金融市场法律治理的理念创新具有鲜明的时代背景，突出表现在：新时期中国金融市场法律治理的金融学基础的演变、新时期党中央对国家经济治理中政府与市场关系的重新定位、新时期国家金融供给侧结构性改革战略的提出三个方面。当然，从另一个视角来说，这也是新时期防范系统性金融风险必须面对的现实基础。

一、新时期中国金融发展与系统性金融风险法律治理创新的金融学基础的演变

以系统性金融风险的防范为底线，着眼于金融发展的目标，在中国金融治理实践中，长期存在这样一种矛盾的现象。一方面，我国很多学者都洞察到国内金融抑制（Financial Repression）的现实，多年来创作出的研究成果可谓汗牛充栋，目的在于实现引导金融要素和资源的全面、高效和公平配给，深化金融市场和金融服务改革，促进金融公平和金融普惠并服务于系统性金融风险防范。另一方面，中央政府也相应出台了海量的金融发展战略

① 中共中央马克思恩格斯列宁斯大林著作编译局编译：《马克思恩格斯选集》（第1卷），人民出版社1995年版，第585页。

和举措,并辅之以“一委一行两会”等金融宏观调控和金融监管部门,以及地方政府力推的各种金融优惠政策和措施,但我国金融服务的广度和深度依然未达预期,①并且在2008年国际金融危机过后,于2015年、2019年分别发生了股灾、“千股跌停”和150余起债券违约等事件。2020年11月11日,即包商银行在被中国人民银行、中国银保监会联合接管一年多以后,正式对外发布公告称,拟对已发行的65亿元“2015包行二级债”本金实施全额减记,并不再支付任何尚未支付的累积应付利息共计约5.86亿元,②由此开创了我国二级资本债全额减记的先河。在经济增速放缓和新冠肺炎疫情的双重作用下,我国金融市场“黑天鹅”与“灰犀牛”事件防不胜防。

无疑,理想与现实的反差对我国金融治理、金融学以及金融法治研究均提出了一个非常尖锐的问题,即传统的强调通过利率调节进而引导储蓄动员实现金融深化的金融学路径是否陷入了一种研究视角和方法论上的困境,金融学和金融法治的研究是否有必要从基础理论的层面,解决实体经济要素禀赋与金融结构之间的双向互动与最优契合关系。换言之,长期作为我国金融法学研究之金融学基础的、割裂实体经济本身禀赋结构之变迁对金融结构影响和互动的、“只见树木不见森林”的、就金融体系论金融体系的金融深化理论必须进行相应的改变,从而科学指导金融法治和金融治理实践。

传统金融法治研究的金融学基础是金融深化理论。早在20世纪70年代,金融深化理论的倡导者麦金农(R. I. Mckinnon)和萧(E. S. Shaw)都指出,经济的发展与金融部门紧密相关,发展中国家普遍存在金融抑制的现状,要根除金融抑制对经济发展的束缚,必须把国家发展的政策核心定位到金融自由化和金融深化上来。③ 斯图尔兹(R. Stulz)从公司金融的角度进行

---

① 从2015年国际货币基金组织(IMF)基于“金融深度”、“金融可达性”以及“金融效率性”三大指标制定的《世界各国金融发展指数排名》来看,作为世界第二大经济体的中国在全球金融发展指数中仅名列第33位。参见山水:《2015世界各国金融发展指数排名》,载http://www.elivecity.cn/html/chengshijingji/xinengyuan/3099.html,最后访问时间:2020年1月1日。

② 中国人民银行、中国银行保险监督管理委员会发布《关于认定包商银行发生无法生存触发事件的通知》(银发〔2020〕274号)。

③ See R. I. McKinnon, *Money and Capital in Economic Development*, Washington: D. C: Brookings Institution Press, 1973; E. S. Shaw, *Financial Deepening in Economic Development*, New York: Oxford University Press, 1973.

的研究也证实,在健全完善的资本市场以及市场主体的风险呈现中性特质的前提下,投资机会是否有价值是由利率决定的,所有有价值的投资机会均会被发掘。对公司的投资项目来说,由银行还是由资本市场的投资者来提供投资无关紧要。[①] 托尔斯腾·贝克(Thorsten Beck),阿斯利·德米尔古克·昆特(Asli Demirgüc-Kunt),罗斯·莱文(Ross Levine)和沃伊斯拉夫·马卡斯莫维奇(Vojislav Maksimovic)的研究证实,是金融深度而非金融结构最终影响经济发展水平,金融结构对于理解和解释经济增长、产业表现以及公司扩张并没有帮助。[②] 准确地讲,无论是银行主导型还是市场主导型金融结构,国民经济并没有发展得更快,金融依赖型的产业也并未以更高的速率扩张,新企业设立并未变得更容易,公司获得外部融资之机会既未见增加也未见更快发展。[③] 因此,促进经济增长的根本动力是金融深化,与金融结构无关。

然而,金融结构真的与经济发展无关吗?换言之,以银行或者证券这两大金融体系组成要素为主导的金融结构不会影响经济发展中金融资源的配置效率吗?并且,其不会对系统性金融风险治理产生结构性影响吗?雷蒙德·W.戈德史密斯(Raymond W. Goldsmith)在其1969年出版的专著《金融结构和金融发展》(*Financial Structure and Development*)中,采用金融相关率(FIR)为主要分析工具的研究结果表明,伴随经济水平的增长,在所有金融机构资产总额中,银行资产相较于其他金融机构资产的占比呈现下滑趋势。这间接证明金融结构实际上对经济发展起到很重要的作用。[④] 银行导向型金融结构的倡导者艾伦(Allen)与盖尔(Gale)认为,市场总存在信息不

---

① See Stulz R. Does Financial Structure Matter for Economic Growth: A Corporate Finance Perspective. Asli Demirgüc-Kunt, Ross Levine. *Financial Structure and Economic Growth: A Cross-country Comparison of Banks, Markets, and Development*. Boston: MIT Press, 2001.

② See Thorsten Beck, Asli Demirgüc-Kunt, Ross Levine and Vojislav Maksimovic, *Financial Structure and Economic Development: Firm, Industry, and Country Evidence*, https://ssrn.com/abstract=632494, 2020-05-05.

③ See Thorsten Beck, Asli Demirgüc-Kunt, Ross Levine and Vojislav Maksimovic, *Financial Structure and Economic Development: Firm, Industry, and Country Evidence*, https://ssrn.com/abstract=632494, 2020-05-05.

④ 对此,雷蒙德·W.戈德史密斯在《金融结构与金融发展》一书中进行了详细论述,可参见国内中文译本:[美]雷蒙德·W.戈德史密斯:《金融结构与金融发展》,周朔等译,生活·读书·新知三联书店上海分店、上海人民出版社1994年版。

对称，而银行能够以固定成本获取信息，然后以较低的边际成本分摊给其客户，从而帮助客户以较低的成本获取信息。同时，市场主导型金融结构在监督管理者和促进资源配置以及技术创新方面存在缺陷，而银行可与客户签订隐性契约，从而解决在不熟悉的证券交易中可能存在的不确定性问题。① 市场导向型金融结构的倡导者拉詹（Raghuram G. Rajan）和路易吉·津加莱斯（Luigi Zingales）则提出，尽管银行导向型结构可以提供更为保险的融资形式，但其是以减少获取金融机会为成本的。与银行导向型金融结构相比，当市场以及公司更加规模化、公司运营更加正规、法律实施和透明度更优时，市场导向型金融结构更有优势。②

阿斯利·德米尔古克·昆特（Asli Demirgüc-Kunt）和罗斯·莱文（Ross Levine）在提出金融结构无关论后的进一步研究让他们也成为市场导向型金融结构的支持者，他们收集了150余个国家在同一时间段的静态数据，把金融结构界定为三类：高度不发达金融体系结构、银行主导型金融体系结构和市场主导型金融体系结构，对全球金融体系结构的差异及其与经济发展的关系进行实证研究。结果显示，在市场经济发达的高收入国家中，不论是银行还是非银行金融机构数量都更为庞大，股票市场更加活跃并更加高效。同时，资本市场往往比货币市场更为活跃、更为高效。这从另一方面证明，市场导向型金融结构更有利于国家的经济发展。③ 总之，关于银行抑或市场导向哪种更优的理论争议从未停止。

国际经验表明，经济发展水平与金融结构之间并不存在简单的对应关系，特定的金融结构也并不必然代表更高抑或更低的金融风险。英美等发达国家受益于市场导向型金融结构，而德日则恰恰相反，以银行导向型金融结构为主。拨开单一金融结构优劣争议的迷雾，林毅夫教授提出的金融禀

---

① See Allen F. & D. Gale, *Comparing Financial Systems*, Boston: MIT Press, p. 18 (2000).

② See Raghuram G, Rajan & Luigi Zingales, *Banks and Markets: The Changing Character of European Finance*, https://papers. ssrn. com/sol3/papers. cfm? abstract id = 389100, 2020 - 06 - 09.

③ See Asli Demirgüc-Kunt & Ross Levine, *Bank-Based and Market-Based Financial Systems: Cross-Country Comparisons*, https: / /papers. ssrn. com/sol3/papers. cfm? Abstract id = 569255, 2020 - 04 - 09.

赋结构理论则认为,高效的金融结构必然反映实体经济之需求。[①] 实体经济的要素禀赋结构决定了产业结构,而产业结构又需要具有与其特定发展阶段相对应的金融结构,只有这种一一对应的互相契合的金融结构才是真正的最优金融结构。从另一个视角来看,也只有在最优金融结构状态之下,金融市场的系统性风险才能降至最低。最优金融结构时刻处于动态变化之中,其基本演变逻辑是:特定经济体因物质与人力资本的积累形成特定的要素禀赋结构,特定的要素禀赋结构决定特定的最优产业结构并最终在客观上要求具有与之对应的最优金融结构(其发展演绎图谱见图2-1)。每个经济体在特定的发展阶段都存在一种特殊形态的最优金融结构。当现实中的金融结构与最优金融结构的特征相适应时,金融体系的基本功能才能实现最大化,进而推动经济持续健康增长。反过来,当现实金融结构与最优金融结构相背离,金融体系的功能便无法实现最大化,在阻碍金融业的发展并影响实体经济发展的同时,也对系统性金融风险的治理提出严峻的挑战。

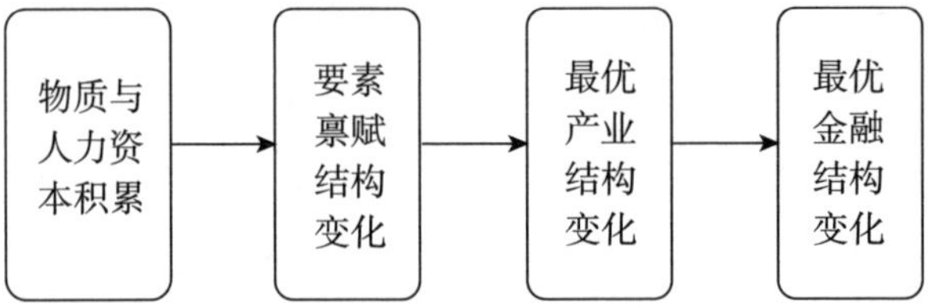

图2-1 最优金融结构发展演绎图谱

发展金融学上金融禀赋结构理论的提出和对最优金融结构的发现实际上对金融法治研究以及金融市场治理提出了一个新的问题,也即从法律的立场出发,在主观上,金融法治到底应当保持何种品质与精神、秉承何种治理理念,才能真正确保金融法律制度的制定与实施能够始终如一地尊重、遵守和维持最优金融结构这一金融学客观规律呢?无疑,金融法治的基本精神的塑造并由此促成金融市场治理理念的转变是保证金融禀赋结构理论在金融法学领域实现的意识形态基础。从二者的理论逻辑而论,金融禀赋结构理论是金融法治的基本精神确立的金融学基础,金融法治的基本精神是金融禀赋结构理论正式入驻金融法治研究体系的意识形态基础,是金融法

---

① 参见林毅夫:《新结构经济学(典藏版)》,北京大学出版社2019年版,第323~325页。

治贯彻金融禀赋结构理论的逻辑起点和精神原点。

国家运用公权力对金融市场进行宏观调控与监管规制是金融(经济)法得以产生的客观现实基础。金融与生俱来的脆弱性和风险性为国家宏观金融调控和微观金融市场规制提供了正当性和理论依据。然而,仅有权力行使的正当性是无法确保权力运行的科学性、规范性以及效率性的。金融法是国家干预金融市场的基本法律依据,尤其是对于国家权力是否需要介入,何时介入,以何种主体、何种方式、何种力度介入等基本问题,金融法必须提供明确的理念、规范指引以及原则要求。为此,对于分布在多元金融业态中的金融法律必须有宏观的基本精神予以指导和协调,方能确保国家金融宏观调控和金融监管的预期效果。不能回避的是,我国传统金融法治的研究在金融深化理论的精神导向下,对金融市场的干预无形中存在结构性盲区,忽视了金融结构对金融发展乃至经济发展的影响,这已经造成金融市场发展的结构性桎梏,并阻滞了中国金融体系功能的最大化和金融深化的进一步发展。更为严重的是,这样的金融治理实践已经逐渐积累了更高的系统性金融风险。

在金融禀赋结构理论下,国家对金融市场的干预必须秉承以金融结构为中介目标的科学精神。在传统金融法律的制定与实施过程中,无论是金融宏观调控还是金融监管,对国家公权力运用的最终效果即政府干预金融市场的绩效实际上未能真正被纳入法治的轨道,这恰恰成为政府扭曲最优金融结构和过度干预金融市场的重要法治盲区。金融禀赋结构理论的提出,为我国金融法治的研究提供了新的金融学理论基础。基于金融深化理论,传统金融学视野中的国家干预并不能直接实现金融深化的最终目标,而由各自经济体在特定发展阶段的要素禀赋所决定的最优金融结构,才是金融市场发展的决定性中间变量。因此,金融法治必须突出金融结构的核心地位。

最优金融结构本质上属于一种客观经济规律,“政府组织干预经济的活动必须尊重市场经济规律”①。也就是说,在客观经济规律面前,政府“更多的应该是敬畏和适应,在更多学习和了解的基础上才谈得上更好地顺应

① 陈婉玲:《独立监管组织法律研究——以金融业分业监管为视角》,上海人民出版社2011年版,第13页。

规律和引导现实"[①]。为此,金融法治应当自觉将金融结构作为国家干预金融市场的中介目标,并随着最优金融结构的发展变化,主动调整金融法律制度,以促进金融市场的深化发展。与《中国人民银行法》框架下中国人民银行为更好地实现货币政策的最终目标而设立货币政策的中介目标类似,建议修改《中国人民银行法》时可将金融结构设立为我国金融法治中国家干预金融市场的中介目标。其一是缘于金融结构具有影响金融市场和实体经济发展的直接原因力,具有作为金融市场干预中介目标的科学性基础;其二是因为金融结构本身即具有可测性、可控性和相关性三大基本特征,[②]具有作为金融市场干预中介目标的现实可操作性。当然,从另一个角度讲,新时期中国金融市场法律治理的金融学基础从金融深化理论走向金融禀赋结构理论,并由此带来金融法治基本精神的型塑,已经成为防范系统性金融风险的法律治理的理念创新的客观基础。

二、转轨经济体制下金融市场对金融资源配置的决定性作用之地位

经济基础决定上层建筑,经济体制是法律制度建立的经济基础,任何时代的法律都无法全然超脱其所处时代的经济体制而独立存在。转轨经济体制是防范系统性金融风险的法律治理理念创新的经济背景。以历史视角观之,我国从改革开放以来经历了由计划经济体制向市场经济体制发展演变的过程。

在改革开放之初,市场因素作为一种体制要素,在经济体制中的成分、地位和作用只是逐渐融入发展。总体而言,政府的力量强势而市场的力量式微,市场发挥作用的空间几乎游离于计划体制。

1992 年,党的十四大正式确立了建立社会主义市场经济体制的目标。社会主义市场经济体制遵循两层机制:一是国家对经济的宏观调控机制,市场只能在该机制之下发挥作用;二是市场对资源配置的基础性作用机制。换言之,从此往后,"市场的基础性作用被正式确立",[③]国家的宏观调控不

① 陈云贤、顾文静:《中观经济学——对经济学理论体系的创新与发展》,北京大学出版社 2015 年版,第 58 页。

② 一般认为,货币政策中介目标的选择必须考虑可测性、可控性和相关性三个标准。参见丁文丽、刘学红:《中国货币政策中介目标选择的理论研究与实证分析》,载《经济科学》2002 年第 6 期。

③ 参见张艳萍:《改革开放以来社会主义市场经济体制改革历程与启示——基于对社会主义经济核算论战的思考》,载《理论月刊》2019 年第 2 期。

直接干预基础资源配置，而由市场进行基础性配置。需要注意的是，总体而言，政府干预经济以及控制资源的力量不是没有了、减弱了，是"更强了"。①

2013年，《中共中央关于全面深化改革若干重大问题的决定》正式将市场的"基础性作用"提升为"决定性作用"，最终确立了"限定政府，余外市场"的模式（见表2-1）。

表2-1　改革开放以来我国市场机制地位

时间阶段	体制类型	市场机制的地位
1978～1992年	计划经济体制（改革）	在政府计划体制之外发挥作用
1992～2013年	社会主义市场经济	在政府宏观调控下对资源配置起基础性作用
2013年至今	社会主义市场经济	在资源配置中起决定性作用

从上述关于我国改革开放以来经济体制演变的回顾中不难发现，我国社会主义市场经济体制的最终确立和市场决定性作用的终极型塑，绝非一蹴而就。金融市场对金融资源配置的决定性作用地位的确立，客观上带来了金融法治的基本品格和基本精神的升华。从国家干预金融市场的基本品性分析，基于金融禀赋结构理论：首先，国家对金融市场干预必须始终恪守谦抑性精神。传统经济理论认为，在市场经济国家，市场在经济资源配置中起到基础性作用，②在市场机制不可避免地存在失灵的情况下，政府必须站出来承担帮助矫正市场失灵的角色。③ 换言之，即使是早期的自由主义者，也都一致认为，政府具有设定市场经济"游戏规则"的天然职责，④但"政府永远是第二替代"，⑤这是国家干预金融市场的基本理论依据。党的十八届三中全会报告明确强调，要使市场在资源配置中起决定性作用，并更好地发挥政府的作用。这种理论界定充分显示了市场由以往在资源配置中的"基

---

① 参见金碚：《市场经济中程阶段的市场经济再学习》，载《江淮论坛》2014年第1期。

② 参见刘润葵主编：《结构经济学》，四川科学技术出版社1994年版，第260页。

③ See Sinn H. W., *The Selection Principle and Market Failure in Systems Competition*, Journal of Public Economics, 66(2): p. 247-248(1997).

④ 参见吴敬琏：《构筑市场经济的基础结构》，中国经济出版社1997年版，第256页。

⑤ 参见陈经伟：《金融法治与金融规制——转型时期逻辑与经济金融分析》，社会科学文献出版社2016年版，第4页。

础性”作用正式上升为“决定性”作用,[①]同时也意味着,政府对市场干预的权限和能动性进一步收缩,因为“只有管好政府这只手,市场这只手才能发挥好作用”[②]。根据处理政府与市场关系的“剩余原则”,“除依据法定原则应由政府配置资源的领域外,其他的或剩余的领域都应交给市场”。[③] 从根本上讲,这是由于在任何的市场经济环境下,“尚未发现任何力量比市场的作用更广泛、更有效率、更可持续”[④]。

新时期政府与市场关系理论与金融禀赋结构理论天然弥合,并为金融市场法律治理理念的转变提供了经济基础。金融禀赋结构理论认为,最优金融结构并非政府人为创造,而是由经济体本身的产业结构决定。产业结构归根结底又是由各经济体在特定阶段的包括劳动力、资本以及自然资源等基本自然禀赋要素所决定的。经济基础决定上层建筑,金融法的基本精神之一是必须尊重禀赋要素对最优金融结构的决定性作用,这不仅是金融禀赋结构理论的应然内涵,也是市场“决定性”作用原理的必然要求。尊重禀赋要素对最优金融结构的决定性作用客观上要求国家对金融市场的直接干预必须始终恪守谦抑性、附属性、后发性以及干预力度的相应性。

此外,最优金融结构总是处于阶段性的发展变化之中,金融禀赋结构理论客观上要求国家对金融市场的干预必须牢固树立市场导向观和法律发展观。戈德史密斯(Goldsmith)早在1969年就将金融结构分为金融工具结构和金融机构结构,不同的金融工具和不同金融机构的结合最终组建了不同的金融结构。[⑤] 评价一个经济体的金融结构是否真正有效及其效用的高低,并不是看该经济体的金融结构与发达经济体的金融结构是否相一致,而

---

① 参见丁任重、李标:《供给侧结构性改革的马克思主义政治经济学分析》,载《中国经济问题》2017年第1期。

② 杨伟民:《如何使市场在资源配置中起决定性作用》,载《宏观经济管理》2014年第1期。

③ 参见张守文:《政府与市场关系的法律调整》,载《中国法学》2014年第5期。

④ 冒佩华、王朝科:《“使市场在资源配置中起决定性作用和更好发挥政府作用”的内在逻辑》,载《毛泽东邓小平理论研究》2014年第2期。

⑤ See Goldsmith & Raymond William, *Financial Structure and Development*, New Haven: Yale University Press, p. 155 – 213 (1969).

是看其金融结构与本国现阶段的要素禀赋结构所决定的实体经济是否相一致。[①] 换言之,在金融禀赋结构理论下,任何一种基于金融工具和不同金融机构的勾稽关系的金融结构都不具有针对任何经济体的普遍最优性。世界上并不存在通用于任何经济体和任何经济发展阶段的最优金融结构,只有沿着实体经济需求路径并能够更好地发挥金融体系功能的符合"国家禀赋"特征的金融体系结构才是真正稳定和高效率的。[②] 经济基础决定上层建筑,最优金融结构的发展变化客观上要求国家干预金融市场的权力运用行为和金融法治必须做出相应的改变。一方面,国家对金融市场的干预不能偏离最优金融结构,而应当维护最优金融结构的运行轨迹;另一方面,金融法治必须对国家的金融市场干预行为进行规范,特别要对偏离最优金融结构的公权力干预行为进行处罚和制裁。

综上,转轨经济体制下,金融市场对金融资源配置的决定性作用地位的确立,是防范系统性金融风险背景下,金融市场法律治理理念创新的经济基础。新时期政府与市场关系的转变,不仅为金融市场法律治理理念塑造了意识基础,也为金融市场法律治理理念提供了方法论基础,最优金融结构与实际金融结构的对比关系成为金融市场法律治理成效的试金石和参照系。

三、金融供给侧结构性改革:金融市场法律治理理念创新的政治基础

在人类经济、金融发展史上,金融与经济总是一对互为表里、密不可分、共生共荣的基本范畴。经济兴,金融兴;经济强,金融强。经济是肌体,金融是血脉。[③] 中国经济目前已进入增长速度换挡期、结构调整阵痛期、前期刺激政策消化期"三期叠加"的新阶段。在经济领域进行供给侧结构性改革成为解决新常态下我国经济发展主要矛盾的对症药方。与之相应,2019 年

---

① 参见彭欢、邱冬阳:《新结构经济学框架下金融结构与经济增长关系研究》,经济科学出版社 2014 年版,第 20 页。

② 参见陈雨露、马勇:《金融体系结构、金融效率与金融稳定》,载《金融监管研究》2013 年第 5 期。

③ 参见习近平:《深化金融供给侧结构性改革　增强金融服务实体经济能力》,载《人民日报》2019 年 2 月 24 日,第 1 版。

2 月 22 日，习近平总书记在中央政治局第十三次集体学习讲话中首次提出了“金融供给侧结构性改革”的概念，要求深化金融供给侧结构性改革，增强金融服务实体经济能力，坚决打好防范化解包括金融风险在内的重大风险攻坚战。随后，该提议被正式列入《2019 年中央经济工作会议公报》。2019 年 10 月，党的十九届四中全会审议通过《中共中央关于坚持和完善中国特色社会主义制度　推进国家治理体系和治理能力现代化若干重大问题的决定》，进一步明确要健全具有高度适应性、竞争力、普惠性的现代金融体系，有效防范化解金融风险。

金融供给侧结构性改革标志着中国金融改革从需求端金融要素的直接干预范式向供给侧金融结构的法律调制范式的转换。在汉语中，所谓结构，是指组成整体的各部分之间的组合搭配与安排。无论是自然科学还是社会科学，在同一种物质（事物）内部，不同结构的随机排列组合都将对物质（事物）的性质和功能产生重大影响。某种意义上讲，金融活动本身就是在对现有资源进行重新整合的基础上，实现价值和利润增值的过程。然而，在金融史上，学者围绕金融结构、金融发展及其与经济发展的互动关系，展开了长期而深入的争论和研讨。

如前所述，金融深化理论否认金融结构与金融发展之间存在直接的因果关系，其据以建立的早期 M－S 初始经济模型，本质上就是一种基于货币需求函数来探讨金融深化问题的金融发展模型，强调实际存款利率的均衡水平对储蓄动员和金融深化的重要性，倡导通过以放松利率管制为核心的利率自由化改革来实现金融深化。① 其主张的基本政策逻辑是“放松利率管制→动员金融资本→配置金融资源→实现金融深化”。发展经济学家帕特里克（Patrick）提出了金融发展与经济增长的双向因果关系理论。认为金融发展与经济增长存在两种典型的互动模式：一是“需求尾随型”（Demand-following）模式，即对大多数经济体而言，在经济发展的早期，金融工具、金融机构与金融市场都是基于实体经济的需求应运而生的；二是“供给引导型”（Supply-leading）模式，即当经济发展和金融工具、金融机构与金融市场发展达到一定水平之后，金融的发展将反作用于经济的增长，呈现一种“供

---

① 参见张杰：《中国金融制度的结构与变迁》，中国人民大学出版社 2011 年版，第 128 页。

给引导型”的金融发展路径，①实际金融结构将对实体经济的发展产生积极的能动作用。

以林毅夫教授为代表的新结构经济学家在帕特里克金融发展与经济增长双向因果关系理论的基础上，提出了金融禀赋结构理论。以金融禀赋结构理论为基础的金融供给侧结构性改革是对传统金融改革的一种颠覆性革命。金融禀赋结构理论的本质是从特定经济体的要素禀赋出发，来探讨经济与金融发展的问题。它为金融供给侧结构性改革提供了一种全新的“结构化”的改革范式。具言之，传统金融改革聚焦于维护整个金融体系的稳健，监管措施主要集中于资产端，强调资产端的风险控制，②而金融供给侧结构性改革则实现了两大层面的转变：其一，将改革的着眼点从传统金融深化理论下的金融需求端，主动转移到金融结构端，即金融的供给侧；其二，将改革的方法论从传统金融深化理论下的储蓄动员和金融要素直接干预范式，主动切换至以金融法律为基本保障的对金融结构的法律调制范式。中国金融体系的结构性失衡导致金融市场无法满足当前实体经济结构调整的金融服务需求，是金融供给侧结构性改革的主要背景，③为此，金融供给侧结构性改革必须把重心放在“调结构”上，这无疑是《关于坚持和完善中国特色社会主义制度　推进国家治理体系和治理能力现代化若干重大问题的决定》将现代金融体系的构建作为金融供给侧结构性改革核心内容的重要原因。

金融供给侧结构性改革本身的范式转换也为促进我国金融法学研究和金融市场治理理念转变提供了政治基础。一方面，现代金融法学必须高度重视对金融学基础理论的研究，加强对基本金融规律的探索。长期以来，我国金融法学一直无法改变金融法基础理论与金融学基础理论“两张皮”的现象，金融法学始终滞后于金融学基础理论的发展，金融学的最新理论无法

---

① See Patrick H. T., *Financial Development and Economic Growth in Underdeveloped Countries*, Economic Development and Cultural Change, Vol. 14, p. 174 – 189 (1966).

② 参见杨东：《监管科技：金融科技的监管挑战与维度建构》，载《中国社会科学》2018 年第 5 期。

③ 参见刘立新、李鹏涛：《金融供给侧结构性改革与系统性金融风险的防范》，载《改革》2019 年第 6 期。

有机融入金融法学的理论范畴，导致金融学最新研究成果与金融法律调制实践之间存在巨大的理论隔阂。以金融禀赋结构理论为基础，金融法学在解释和指导金融供给侧结构性改革的过程中，主动确立金融法"结构化"研究范式，最终将打通金融禀赋结构理论与金融供给侧结构性改革法治实践之间的鸿沟。

另一方面，现代金融法学研究必须以对金融结构的法律调制为己任，科学凝练金融法的方法论根基。我国金融法基础理论研究目前仍主要停留在价值论层面，其代表性学术成果是金融法"三足定理"，即金融法治必须以金融公平、金融安全和金融效率为价值准绳，并尽可能达到三者的适度平衡。然而，在金融法治方法论层面，究竟如何实现金融法"三足定理"，这方面的研究向来薄弱。随着社科法学的兴起和对金融法作为领域法学的基本认识的逐步深化，学者对金融法治的调制机理的认识逐渐成熟，基于金融供给侧结构性改革提出的问题导向，金融法治的研究开始关注以对金融结构的法律调制为中心的金融法治的方法论，这为金融法治的方法论范式的确立提供了绝佳的实践契机，甚至在某种意义上，可以为金融法学学科的发展和学派的形成提供历史契机。

第二节　中国现行金融市场法律治理的价值理念与现实困境

长期以来，学界对我国金融市场治理理念乃至金融法治的基本理念的研究一直处于空白状态。在 2008 年国际金融危机之后，我国学者出于对世界各国历次危机治乱循环的系统考察，总结提炼出金融法的"三足定理"，为金融市场的法律治理提供了理念指引。然而，随着我国金融市场的快速发展，特别是我国金融结构的逐步转型以及金融供给侧结构性改革重大战略的提出，金融法"三足定理"在金融结构的法律治理方面的固有缺陷日益彰显。为此，回应我国当下的金融市场治理和金融供给侧结构性改革之需，有必要从本体论的角度，系统解构和审视金融法"三足定理"，从而为我国金融市场法律治理创新理念的建立指明方向。

一、基于后危机时代金融治乱循环的中国理论:金融法的“三足定理”①

对国际金融危机治乱史进行回顾不难发现,各国金融监管当局在金融危机治理和金融发展之间,始终处于金融安全与金融效率的价值抉择之中,时而强调金融安全,时而又突出金融效率,在这两种金融法律价值的博弈和选择中,始终很难找准其中的平衡点。比如,金融安全无疑是金融监管与金融法治的初始目标。英国在1720年颁布的防止过度证券投机的《泡沫法》是世界金融史上由政府实施金融监管的开端,该法无疑贯穿了金融安全的价值目标。20世纪30年代,美国先后出台的多部银行、证券法律也无不显露出治理金融危机的决心,将金融安全置于首要的地位。然而,在每次金融危机过后,为了重振金融市场和复苏经济,金融监管和金融法治又不得不突出金融效率。比如在金融危机后,金融自由化理论又全面替代凯恩斯主义,主张放松对金融机构和金融业务的管制,提高金融效率,消除“金融抑制”,实现“金融深化”。

邢会强教授认为,要走出危机治乱的无限循环,金融法必须遵守“三足定理”。所谓金融法“三足定理”,是指在金融安全和金融效率的基础上,再加上一个“消费者保护”,形成一个三角形。金融安全、金融效率和消费者保护成为这个三角形的三个“足”,金融法的立法、金融监管目标的设定、金融体制改革的指导原则,都应该在这“三足”之间求得平衡。在承认和强调金融消费者保护,并将其作为与金融安全和金融效率同等重要的一极的基础上,金融法的“三足定理”的实现应当坚持从四个方面推进:一是消除信息不对称,构筑金融机构与消费者之间的平等协商机制;二是增强消费者在金融机构面前讨价还价的能力;三是加强制度建设和制度改进,增强博弈规

---

① 本章论述到的国内学者提出的“金融法‘三足定理’”中的“金融法”的内涵,与本书论述的“金融法治”相关但有所差别。前者指的是作为经济法子部门法的“金融法”,涉及的法律法规按照属性是“金融法律法规”;后者指的是“金融市场的法律治理”,是一个动态的概念,其中涉及的法律法规按照属性划分既包括治理金融市场的金融法律法规,也包括治理金融市场的金融法律法规之外的其他属性的法律法规。尽管两者内涵有差异,但由于两者的论证逻辑与思路是一致的,观点与结论也一样能通用。因此,本书借鉴过来论证“金融市场法律治理”(“金融法治”)的相关问题。同时,为了表述的方便与顺畅,“金融法”在本章与“金融法治”经常是通用的状态。为避免误解,特此说明。

则的公正性;四是全面构筑第三方惩罚机制。[①]

冯果教授对金融法“三足定理”的提出与证成进行了质疑与反思。[②] 他提出以下三点质疑:首先,金融法“三足定理”的论证基础需要进一步拓展。金融法不仅包括金融监管法,而且包括金融组织法与金融交易法,“三足定理”的提出和初始论证始于金融危机治乱循环,却也止于金融危机治乱循环,单纯从金融危机治乱循环这一金融监管的范畴来论证显然并未涉及金融法治的全局。缺乏全面的理论论证与检验容易让定理出现以偏概全的问题。其次,“三足定理”对完善金融法制的衡量指标和实现途径的理解失之单一。将金融安全与金融效率作为金融法的两足毋庸置疑,但将金融消费者保护作为第三足不无争议。理由是,金融消费者保护与金融安全和金融效率并非同一价值层面的归纳。具言之,要实现金融安全和金融效率的平衡,本身就必须加强金融消费者权益保护,金融消费者权益保护是实现金融安全和金融效率的题中应有之义。因此,将金融消费者权益保护作为与金融安全和金融效率并列的一极,从逻辑上讲并不周延。另外,金融消费者权益保护并非实现金融安全和金融效率的充要条件,易言之,欲实现金融安全和金融效率,不仅需要在金融监管法的角度加强金融消费者权益保护,而且需要从金融组织法和金融交易法的视角,保证金融市场主体能够平等自由地参与金融活动以及金融资源得到合理配置。从该意义上来讲,金融消费者权益保护只属于金融交易法的基本范畴之一,而完善的金融法制需要确保金融组织法、金融交易法与金融监管法的协调发展,通过三者的良性互动和密切配合来保证金融市场的完善。最后,“三足定理”对金融市场功能的认识过于片面。根据经济学界的通说,金融市场的功能不仅包括聚敛资金的功能,还包括分配资源、财富和风险的配置功能以及对经济的调节功能和对国民经济信息和变动的反应功能。“三足定理”虽然关注到对金融市场弱势群体的权利保护以及金融效率和安全等价值面向,但是忽视了金融市场在社会公平、收入分配调节等方面的社会功能。

---

① 参见邢会强:《金融危机治乱循环与金融法的改进路径——金融法中“三足定理”的提出》,载《法学评论》2010 年第 5 期。

② 参见冯果、袁康:《社会变迁视野下的金融法理论与实践》,北京大学出版社 2013 年版,第 23 ~ 24 页。

基于此,冯果教授对金融法的"三足定理"进行了修正,在肯定该理论基本思路的基础上,将金融公平与金融安全和金融效率共同作为金融法的三个"足"。其理由是,通过金融公平的参照与指引,可以实现金融安全与金融效率之间的平衡;强调金融公平可以弥补片面强调金融安全与金融效率的局限,发挥金融增长对社会发展的推动作用;实现金融安全、金融效率和金融公平耦合的金融法制可以最大限度推动金融市场的健康发展。①

冯果教授提出了基于金融公平的制度改善方案,包括三个方面:其一是改革和完善金融机构配置。改革金融服务市场准入制度,逐渐放宽金融特许制度,允许和规范各类主体进入金融市场,逐步将非正规金融正规化并将其纳入常规金融监管之中。打破国有金融机构的市场垄断地位。培育和发展政策性金融机构,提升其金融服务深度,加强政策性金融立法。此外,深化农村金融改革,加大对"三农"金融的扶持力度。另外,要引导民间资本进入微型金融领域,满足资本多元化需求。其二是改革和完善金融工具安排。就金融市场工具而言,要在充分发挥其市场交易功能的同时,加强对其的监管,要鼓励和规范金融创新,审慎监管金融衍生工具的设计和定价,使其在公平交易原则下促进金融效率的提高。包括推进利率市场化改革、外汇管理制度改革,完善资本市场价格形成机制等,并充分发挥再贷款再贴现等政策工具对中小金融机构发展的扶持作用。其三是改革和完善金融市场体系。包括完善多层次资本市场体系,加快场外交易市场建设和国际板建设,加强金融消费者权益保护,探索普惠金融体系建设等方面。②

总之,现代金融法治不能将其价值目标仅仅锁定在金融安全与金融效率之间,邢会强教授强调把金融消费者保护作为单独的"一极"或者"一足",与金融安全和金融效率共同组成金融法的三个价值面向。冯果教授、袁康副教授则提出了修正版的金融法的"三足定理",将金融消费者保护替换为金融公平,从而将金融公平、金融安全与金融效率一同作为金融法的三元价值目标体系。

---

① 参见冯果、袁康:《社会变迁视野下的金融法理论与实践》,北京大学出版社 2013 年版,第 25 ~ 26 页。

② 参见冯果、袁康:《社会变迁视野下的金融法理论与实践》,北京大学出版社 2013 年版,第 26 ~ 28 页。

二、作为中国金融市场法律治理的价值理念的“三足定理”

所谓理念，有理想信念之意，通常是指人们对某种理想的目标模式及其实现的基本途径和方式的一种信仰、期待和追求。[①] 黑格尔认为，“在客观世界中理念一方面是目的，但同时又是实现这目的的活动”。[②] 金融监管理念既是金融监管法的本质、存在的依据与追求的价值取向，又是指导一国金融监管实施和运作的关键，其构成了整个金融市场发展的基石。[③] 金融法“三足定理”的提出与修正，为我国金融市场治理和金融法治的学术研究提供了重要的理论指引，主要体现在金融治理价值目标的体系性、金融治理中金融消费者权益保护的独立性、金融治理的逆周期性。

（一）实现中国金融市场治理价值目标的体系性

金融法的“三足定理”作为我国目前金融市场治理以及金融法治的基础价值理念，无疑对金融法治运行的各环节均具有重要的价值导向功能。如前所述，传统的金融监管始终游走于金融安全与金融效率的衡平之间，但在该理念的支配和指引下，金融监管机构在处理具体的机构监管与功能监管、审慎监管与行为监管、微观审慎监管与宏观审慎监管、顺周期监管与逆周期监管、行政监管与行业自律等问题时，呈现出摇摆不定的姿态。金融法“三足定理”的提出，实际上是将金融消费者权益保护或者金融公平作为一种独立的价值理念，与金融安全和金融效率一同纳入金融法的价值目标，从而构筑起金融法的“三元目标价值体系”。

与传统的金融法的价值相比，金融法的“三足定理”或者说“三元目标价值体系”的确立对中国金融市场治理而言，其突出的价值导向优势显现于其价值目标的稳定性。就中国金融市场的复杂性而言，金融法的价值目标不能是单一目标，这不仅仅是因为单一的价值目标无法有效承载国家、市场和社会等多方主体对中国金融市场本身功能的期待，更是由于单一的价值目标容易带来某一方绝对的权力（权利），这自然是与金融法治的基本追求背道而驰。

---

① 参见漆多俊：《经济法基础理论》（第5版），法律出版社2017年版，第171页。

② 参见贺麟：《黑格尔哲学讲演集》，上海人民出版社1986年版，第208页。

③ 参见陈斌彬、原凯：《后危机时代我国影子银行监管法的反思和重构》，法律出版社2019年版，第250页。

金融法的价值目标也不宜确立为二元模式。实践证明,在金融安全和金融效率的金融法二元价值理念中,金融监管者或出于金融发展的动机鼓励金融创新放松监管,或出于金融稳定和安全的考虑而加强金融监管,同时受制于监管部门之间的利益博弈等因素,最终很难在金融安全和金融效率之间实现平衡。换言之,金融法的二元价值理念本身并不是一个可靠的稳定的系统,随着时间、环境以及部门利益格局的变动,金融监管者很难实现两者的平衡。

几何学原理告诉我们,“三角形”或者“三足”通常具有稳定性。将金融消费者权益保护或者金融公平纳入原先的金融安全和金融效率二元价值组合之中,相当于确定了三条确定的边长而组建起一个三角形。金融法的“三元目标价值体系”实现了金融法的价值目标的体系化和金融法价值体系的稳定性、安全性和可靠性。“三元目标价值体系”并非亘古不变的静态平衡,而是随着经济发展、金融发展和社会发展而呈现动态平衡的一个系统。在不同的金融环境中,金融法治的价值追求均会不同,类似于三角形的每一条边都可能发生变化,但总体上,在金融法“三足定理”下,三大法律价值理念既互相依存又互相制衡,实现动态均衡和稳定,这是金融立法的各价值目标之间动态博弈的结果。因此,从这个意义上讲,金融法的“三足定理”是保持中国金融市场治理稳定性的重要的思想基石。

(二)提供中国金融市场治理价值平衡的方法导向

金融法“三足定理”中的三大价值理念并非简单相加或者无序堆砌,相反,来源于中国金融市场治理实践的金融法“三足定理”具有强烈的问题意识和方法导向功能。具言之,在邢会强教授提出的金融法“三足定理”初始模型中,“三足”实际上对应了中国金融市场中的三种不同利益主体。金融监管机构主要关注金融市场的整体安全和系统性金融风险的治理,因此,其对应的金融法价值是金融安全;金融机构主要关注金融创新和金融发展,以此获得其经营利润和经营业绩,所以其对应的主要是金融效率;金融消费者重点关注的是自身金融消费权益的法律保护,进而实现其金融权和发展权,因此,其对应的金融法价值是金融消费权益保护。①

---

① 参见邢会强:《金融危机治乱循环与金融法的改进路径——金融法中“三足定理”的提出》,载《法学评论》2010 年第 5 期。

尽管这样的法律价值与金融市场主体的对应关系并不是绝对的,比如金融监管机构也同样会关注金融效率,低效甚至无效的监管并不能支持监管本身的正当性;金融机构也必须重视金融安全,否则,高杠杆、高风险、低资产质量的经营行为最终也无法保障其自身的营业安全,甚至会带来系统性金融风险;金融消费者也不能只顾其金融消费权益保护的主张而忽视金融安全和金融效率,否则,金融产品的可持续提供都难以获得保证。但总体而言,每一种金融市场主体都有与其对应的最为重要的法律价值和核心利益,即金融监管机构对应金融安全、金融机构对应金融效率、金融消费者对应金融消费权益保护。

在此框架下,金融法的"三足定理"所包含的法律价值就不是静态拼接的结果,而是在一种动态博弈的过程中实现的。这为金融法治的价值实现,提供了一种从纸面上的静态理念转向金融交易实践的动态博弈的方法论。显然,这已经超出了抽象而空洞的理论论证的范畴,它坚持了科学的实践论的哲学观点,以认识和实践的辩证统一为理论核心,突出了金融市场三方博弈在认识过程中的地位和作用。并且,金融法的"三足定理"也体现了矛盾论的唯物辩证法观点,特别是坚持了矛盾的对立统一,将金融市场的三种主体及其核心利益之间的矛盾放在辩证法的框架下予以对待,正视各种利益之间的对立统一关系,并将其作为金融市场稳定健康发展的根本动力。

(三)提供破解传统金融治理路径依赖的实践方案

金融危机可以被预警和避免吗?为什么 1929 年和 2008 年都发生了震惊全球的金融危机?美国金融危机调查委员会在对 2008 年国际金融危机的调查报告中认为,金融危机是人类的作为和不作为所导致的,而不是大自然或者计算机模型出现混乱所导致的。"尽管经济周期不可避免,但如此规模的危机却是可以避免的。"①金融监管者和金融机构所犯的错误是"人祸"而非"天灾"。

对 1929 年和 2008 年两次大危机的比较研究也同时发现一些共同的特征,比如,两次危机都与货币政策密切相关,危机发源地的政府都采取了极

① [美]美国金融危机调查委员会:《美国金融危机调查报告》,俞利军、丁志杰、刘宝成译,中信出版社 2012 年版,第 19 页。

其放任自由的经济政策,等等。① 美国金融法律的变革与金融市场的发展是密切相关的。② 每次大萧条以后,美国国会会出台多部法案,加强对金融市场的管制,比如典型的代表性法案 1933 年《格拉斯—斯蒂格尔法案》(Glass-Steagall Act)等。但"在金融监管自身的历史发展中,其内在因素很可能实际上成为降低金融效率的重要形式"③。当金融业经过长期稳定发展之后,政府又大幅放松对金融市场的管制,比如美国 1999 年实施的《格雷姆—里奇—比利雷法案》(Gramm-Leach-Bliley Act,GLB Act)等。

但问题是,为什么总是在金融危机发生之后,金融监管部门才后知后觉地发现应当"树立底线思维方法,对危机可能出现的最坏场景做出预案"?④ 而在金融监管部门加强管制的过程中,例如,当《萨班斯—奥克斯利法案》(Sarbanes-Oxley Act)要求增加财务报表重述的数量、提升公司信息披露质量之时,以美国的保险巨头美国国际集团(AIG)为代表的大型公司就抱怨他们不得不从公司利润中拿出大量的原本可以用于研发、广告宣传或者员工培训的资金来投资会计要求。⑤ 甚至还有著名经济学家提出,过多的信息披露就像是耀眼的光线,会令人头晕目眩,⑥从而迫使金融监管部门陷入"反监管思潮",进而导致监管失位。⑦

"好的监管(包括管制)能够使金融市场顺畅运转并通过纠正市场失灵(特别是外部性、信息不对称),减少市场波动风险。"⑧经济周期是一种客观的经济规律,这无法避免,但作为与金融市场发展密切互动的金融法

---

① 参见刘鹤主编:《两次全球大危机的比较研究》,中国经济出版社 2013 年版,第 7 ~ 15 页。

② 参见陈云贤:《美国金融危机处置与监管演变——耶鲁大学学习考察报告》,中国金融出版社 2013 年版,第 48 ~ 54 页。

③ [美]艾伦·加特:《管制、放松与重新管制》,陈雨露等译,经济科学出版社 1999 年版,第 3 页。

④ 参见刘鹤主编:《两次全球大危机的比较研究》,中国经济出版社 2013 年版,第 16 页。

⑤ 参见[美]杰瑞·马克汉姆:《美国金融史》(第 4 卷),韩姝译,中国金融出版社 2018 年版,第 547 ~ 549 页。

⑥ 参见吴敬琏主编:《比较》(第 19 辑),中信出版社 2005 年版,第 80 页。

⑦ 参见[法]韦罗妮克·马尼耶主编:《金融危机背景下的上市公司治理——旨在更好地保护公司利益》,姜影译,法律出版社 2014 年版,第 7 页。

⑧ 参见[荷]乔安妮·凯勒曼、[荷]雅各布·德汗、[荷]费姆克·德弗里斯:《21 世纪金融监管》,张晓朴译,中信出版集团股份有限公司 2016 年版,第 2 页。

律,到底应当秉承何种理念才能破解对传统金融治理的路径依赖,进而避免金融危机的爆发呢？中国金融法学者提出的金融法“三足定理”或许可以为该问题的解决提供一种有益的思路。具言之,金融法“三足定理”从理论模型的高度,准确界定了各种金融法价值的核心利益主体代表,并从金融发展和金融监管的动态博弈实践中去实现金融法律价值的“纳什均衡”。金融法“三足定理”提供的实践方案就是,通过对金融消费者进行法律赋能,增强其在与金融监管机构和金融机构博弈过程中的地位和能力。

具体包括四个方面:一是消除信息不对称,建立金融机构与消费者的平等协商机制;二是在承认消费者弱势地位的前提下,增强消费者的“讨价还价的能力”,比如强化对消费者结社权的法律保障等;三是加强制度建设和制度改进,增强博弈的公正性;四是全面构筑第三方惩罚机制。①

三、“三足定理”指导系统性金融风险治理存在的现实困境

金融法“三足定理”的提出与修正,无疑是我国金融法学界对金融法价值论研究的代表性成果。在我国金融法基础理论研究向来薄弱的现实背景下,金融法“三足定理”的问世为我国的金融监管与金融宏观调控、金融市场准入、金融交易规制以及金融福利分配等各领域的立法和法律实施均提供了清晰的价值指向,其理论贡献是毋庸置疑的。然而,随着我国金融市场的快速发展和金融深化面临的现实语境的变迁,尤其是金融供给侧结构性改革战略的提出,金融法“三足定理”在金融结构的法律调制以及系统性金融风险治理方面的力不从心日益显现。

(一)“三足定理”缺乏针对金融结构法律治理的金融学基础

所有的法律问题都必定是地方性的,其实践的答案也必定是地方性的。② 当代中国金融市场法律治理理念必须回应中国金融市场发展和金融风险治理的现实需求。中国金融目前的主要问题不是总量问题,而是结构性问

---

① 参见邢会强:《金融危机治乱循环与金融法的改进路径——金融法中“三足定理”的提出》,载《法学评论》2010 年第 5 期。

② 参见苏力:《面对中国的法学》,载《法制与社会发展》2004 年第 3 期。

题。具体来说可以概括为三大层次的七个结构性问题:第一个层次是直接融资与间接融资之间的结构矛盾;第二次层次是间接融资内部的结构矛盾以及直接融资内部的结构矛盾;第三个层次是高质量发展与中小银行之间的结构矛盾,高质量发展与金融产品之间的结构矛盾,高质量发展与债券市场之间的结构矛盾,高质量发展与股票市场之间的结构矛盾。①

以习近平同志为核心的党中央敏锐洞察到中国金融发展的根本症结,提出了金融供给侧结构性改革的重大战略。这就要求,中国当代的金融市场治理必须主动建立在对金融结构的法律调制的基础之上。与此同时,金融法必须找到科学的、能够指导金融结构法律调制的金融学基础。

普佛尔滕指出:“法是这样一种社会现象,它以调和可能相互对立和冲突之欲求为目标,并拥有绝对性、外部性、正式性以及——只要他与宗教相分离——固有性的手段。”②换言之,法律存在的目的就在于调和各种利益冲突并提供规则支持。③ 金融法“三足定理”建立在博弈论的基础上,以金融危机治乱循环为现实背景,建立起了以金融监管部门、金融机构和金融消费者为主体,以金融安全、金融效率和金融消费者权益保护(或金融公平)为核心价值立场的金融市场治理多方博弈模型,通过赋能金融消费者参与金融市场治理,寻求金融市场治理的三元价值理念的平衡。

金融法“三足定理”虽然对我国金融市场治理价值观具有突出的理论贡献,但是其本身对金融结构的关注不足以及对最优金融结构在金融市场治理中的重要意义的忽视,凸显了该理论在现代中国金融市场治理中固有的硬伤。现代经济(金融)治理法律理论,首先需要关注的是其经济学(金融学)基础的问题,因为经济法或者金融法要实现对经济金融问题的科学治理,必须充分了解其经济或金融实质以及对其治理的成本和效率,在此基础上,才能从法律的角度,探讨对其治理的正当性问题。

金融法“三足定理”沿袭了传统金融治理的金融学基础,仍然以金融

---

① 参见林毅夫:《金融创新如何推动高质量发展:新结构经济学的视角》,载《新金融评论》2019年第4期。

② [德]迪特玛尔·冯·德尔·普佛尔滕:《法哲学导论》,雷磊译,中国政法大学出版社2017年版,第104页。

③ 参见梁上上:《利益衡量论》,法律出版社2016年版,第78页。

深化理论为指导,并未建立起一种“大金融”观,即将宏观金融学理论与微观金融学理论统合,把金融和实体经济和谐统一作为金融发展理念,并强调全球化条件下一般规律与中国“国家禀赋”的有机结合。① 换言之,金融法“三足定理”并未以现代发展金融学,尤其是金融禀赋结构理论为指导,有其很大的自身局限性。党的十九届四中全会通过的《中共中央关于坚持和完善中国特色社会主义制度 推进国家治理体系和治理能力现代化若干重大问题的决定》已经明确把“健全具有高度适应性、竞争力、普惠性的现代金融体系”作为“有效防范化解金融风险”的逻辑前提,这实际上间接凸显了我国传统金融治理理念在当下系统性金融风险治理中的局限和不足。

(二)金融法“三足定理”缺乏对现代金融结构实施法律调制的理论指引

“如果说理论与实践是二分式的(不是理论的就是实践的),那么法理论与法实践就不是二分式的,中间还隔着同样属于法学(理论)的法教义学和法律方法论。”②金融监管理念不仅是一国金融监管诸多价值(如公平安全、自由效率等)取向的集聚与反应,而且还为监管当局指明和提供了实现这些监管价值所应遵循的原则、依据或途径等。进而言之,金融监管理念是支撑、调理、牵引和塑造一国金融监管安排和立法的原动力,其本身具有本体论和方法论的双重含义。③ 现代中国金融市场的法律治理理念应当以金融禀赋结构理论为基础,并在金融法基础理论的层面,进行相应的理论调试与重构,从而为金融结构的法律调制提供有益的价值指导和具体的方法论导向。

从跨学科的视角看,法律科学可以将其他学科的知识包含进来,转换为自身的知识,但这种知识的转换是独白式的、单向度的,是按照法律科学本身的规则来进行的。换句话说,其他学科的知识可以影响到法律方法论和法教义学,但必须按照法律方法论和法教义学的“游戏规则”(体现其固有

---

① 参见陈雨露、马勇:《大金融论纲》,中国人民大学出版社2013年版,第2~3页。

② [德]马蒂亚斯·耶施泰特:《法理论有什么用?》,雷磊译,中国政法大学出版社2017年版,第16页。

③ 参见陈斌彬、原凯:《后危机时代我国影子银行监管法的反思和重构》,法律出版社2019年版,第251页。

理性）来进行代码转换，就像所有的外部信息在计算机编程中都要被转换为代码那样。[①] 就中国金融市场法律治理的需求来说，金融法基础理论必须主动将金融禀赋结构理论纳入，并进行相应的“代码转换”，凝练科学的金融结构法律调制方法，以法律理念、法律原则、法律机制等具体形式，提供金融结构的法律调制方案。

金融法“三足定理”的一个显著特征是建立了金融监管部门、金融机构和金融消费者的三方博弈模型（见图2－2），但作为金融（调制）法的基础理论，它并未将金融结构，尤其是从金融的供给侧的视角，即金融供给侧结构性改革纳入金融法的调制视野。就中国金融市场治理的现实需求来说，其包含的法律问题至少有：基于金融禀赋结构理论，金融法治为什么必须关注金融结构的法律调制？金融结构的法律调制应当遵循何种理念？金融结构法律调制权具有何种法律属性？金融法治应当如何调动相关部门法的资源对金融结构实施法律调制？总之，中国金融市场治理的重心是金融结构的法律调制，金融法治应充分利用其法律机制对实际金融结构实施能动的、合理的法律调制，从而在防范系统性金融风险的背景下推动金融市场健康发展。

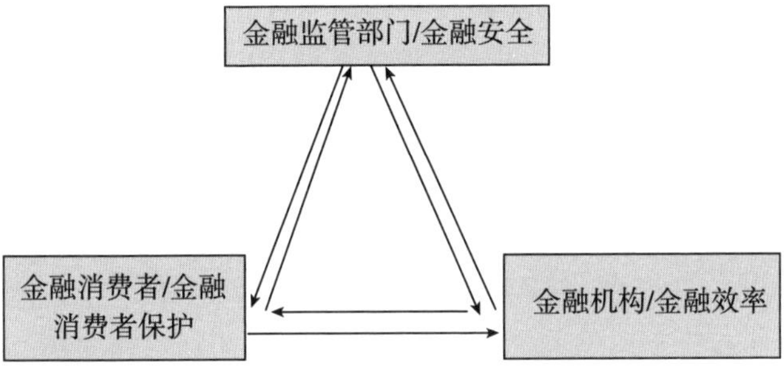

图2－2　金融法“三足定理”中的三方博弈模型

① 参见［德］马蒂亚斯·耶施泰特：《法理论有什么用?》，雷磊译，中国政法大学出版社2017年版，第20页。

第三节　结构金融法理论视域下中国金融市场法律治理理念的创新

随着中国经济步入增长速度换挡期、结构调整阵痛期、前期刺激政策消化期"三期叠加"的阶段,中国金融的各种矛盾和问题呈现相互交织的状态,其最直观、最显著的外在表现就是金融结构的失衡。以习近平同志为核心的党中央提出的金融供给侧结构性改革为中国金融市场法律治理指明了方向。实施金融供给侧结构性改革,一方面需要确立全新的金融学基础,由金融深化理论转向金融禀赋结构理论;另一方面,必须从金融法治基础理论的层面深入探索金融供给侧结构性改革的法哲学基础,尤其是其法律治理的理念、原则和实施机制等核心问题。

一、中国金融市场法律治理的理论基础:结构金融法理论

就如施塔姆勒指出:"对特殊法律制度的客观证成,人们应该从经济的角度作出判断。"①金融结构最初总是伴随实体经济的需求而产生,在不同经济发展阶段呈现出指数化的动态演进趋势,并对经济增长率产生决定性影响。② 立于金融禀赋结构理论,金融供给侧结构性改革的取胜之钥,在于维持经济体的实际金融结构与最优金融结构相一致。最优金融结构作为一种客观金融规律,它可以被计量,③但不能自动生成。研究表明,金融监管

---

① [德]施塔姆勒:《现代法学之根本趋势》,姚远译,商务印书馆2018年版,第43页。

② 参见张成思、刘贯春:《最优金融结构的存在性、动态特征及经济增长效应》,载《管理世界》2016年第1期。

③ 贝克(Beck)、昆特(Demirguc-Kunt)、莱文(Ross Levine)等世界银行经济学家构建的金融结构与经济发展关系模型已经揭示了最优金融结构的计量方法以及最优金融结构与经济增长之间的互动关系。该模型的非线性静态表达式为:$Growth_{ij} = c + \beta_1 FS_{ij} + \beta_2 FS_{ij}^2 + \beta_3 X_{ij} + U_{ij}$;非线性动态表达式为:$Growth_{ij} = c + \beta_0 Growth_{i-1j} + \beta_1 FS_{ij} + \beta_2 FS_{ij}^2 + \beta_3 X_{ij} + U_{ij}$。其中,$Growth_{ij}$表示经济发展水平;$FS_{ij}$表示金融结构;$X_{ij}$表示影响经济发展的控制变量,比如投资水平、教育水平、外资投入水平、人口规模等;U_{ij}表示干扰项;i与j分别表示时间与国家。参见尹雷:《最优金融结构:理论与实证研究》,中国金融出版社2016年版,第39页。

对金融结构的发展演变具有显著的影响。① 此外，政治、法律渊源、当政者的理念都可能引起实际金融结构偏离其最优值。② 这正是以法治的形式规范和保障国家金融调制行为，确保金融供给侧结构性改革始终沿着正确方向前进的核心意义所在。

（一）以金融结构法律调制为中心的结构金融法理论

欲实现金融法“三足定理”所包含法律价值的纳什均衡，并有效防范化解系统性金融风险，金融法治必须在方法论层面寻求突破。根据金融禀赋结构理论，指导以金融供给侧结构性改革为核心的现代金融市场治理的金融法治理论，必须主动树立金融结构的法律调制意识。这里提出的结构金融法理论，是指以金融禀赋结构理论为其金融学基础，以最优金融结构理念为其根本遵循，通过法律的理性哲学，充分动员作为领域法学的各子部门法，以其独特的部门法实施机理，对实际金融结构进行科学的法律调制，引导和保障经济体的实际金融结构向最优金融结构理性回归，发挥最优金融结构在金融发展和金融风险治理中的中介作用，推动金融供给侧结构性改革和金融市场持续深化，促进金融结构与实体经济发展的和谐互动，从而持续释放金融服务实体经济的最大动能，实现金融公平、金融安全和金融效率价值的纳什均衡，并实现有效治理系统性金融风险的目标。

法律并不是一种“拟人化的思维方式”，它并不是“经由某人刻意思考而设计出来的”，作为理性行动的法律仅仅意指那些“完全由已知且可证明为真的东西所决定的”法律。③ 结构金融法理论对最优金融结构的高度尊重，及其以此为治理圭臬，指导实际金融结构的法律调制，是该理论不同于传统金融法理论的硬核所在。在金融禀赋结构理论语境中，实际金融结构总是围绕着最优金融结构上下波动，而以最优金融结构为轴心向前发展，这充分揭示了最优金融结构在金融发展中的预测力、指引力和核心灵魂作用。以金融禀赋结构理论为金融学基础的结构金融法理论高度崇尚最优金融结

---

① 参见王博、张少东：《中国的金融结构演进与监管周期》，载《南开学报（哲学社会科学版）》2019 年第 4 期。

② 参见林毅夫：《新结构经济学（典藏版）》，北京大学出版社 2019 年版，第 333 页。

③ 参见［英］弗里德利希·冯·哈耶克：《法律、立法与自由》（第 1 卷），邓正来等译，中国大百科全书出版社 2000 年版，第 6 页。

构在金融发展和金融市场治理中的中介意义，这样的中介意义不仅体现为最优金融结构在解释金融发展问题上的解释论意义，更体现在对实际金融结构进行法律调制中的方法论意义。易言之，结构金融法理论本身并不“生产”最优金融结构，相反，它尊重实体经济要素禀赋所决定的最优金融结构，并以此为金融学基础，调适相关法律制度，并调制金融法律行为，从而保证金融市场治理的最优绩效。

现代金融市场治理以金融供给侧结构性改革为核心，其实践标签有两个：一是金融供给侧，即改革的目标和重心是在金融的供给端而不是需求端；二是结构，即改革的对象是金融结构。结构金融法理论自觉将金融改革的关注点和着力点聚焦于金融供给侧的结构上，将对金融结构的法律调制作为金融法治研究和金融供给侧结构性改革的逻辑起点，这无疑对金融公平、金融安全和金融效率等金融法治的价值平衡和实现起到重要的推动作用。它鲜明地彰显出金融法治在促进金融禀赋结构理论落地生根，有效指导金融供给侧结构性改革过程中的法学理论基石地位，最终促成金融改革从理论到实践的一个完美衔接的逻辑链条（见图2－3）。

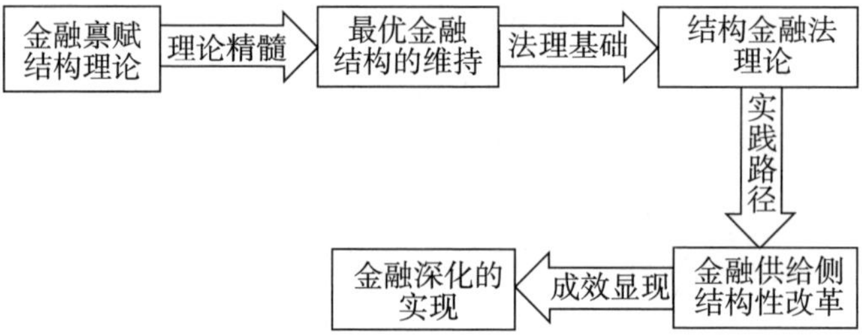

图2－3　现代金融市场治理法治逻辑路线

（二）中国金融市场法律治理的结构向度

结构性问题是中国金融最为突出的问题，中国金融市场治理的核心面向是金融结构。那么，以金融供给侧结构性改革为切入点，以系统性金融风险的治理为目标，中国金融市场治理到底需要克服哪些金融结构方面的矛盾呢？除了前文已经提到的“七结构说”，另有金融学者支持“五结构说”，即中国金融市场治理必须解决五大方面的结构性矛盾，包括金融组织体系、金融市场体系、金融监管体系以及金融资源在区域之间和城乡之间的结构性矛盾。

需要特别强调的是，结构金融法理论中的金融结构并非对金融学意义上金融结构的简单摹写。基于结构金融法理论，对现代金融结构的法律界定和法律调制需要符合两方面的基本要求：一方面，结构金融法理论中的金融结构必须具有发展金融学与法学双重意义上的中介价值。这意味着，结构金融法理论上的金融结构的选定必须符合发展金融学的基本规律，具有实质性的影响金融发展和系统性金融风险治理的中介价值，同时，其对金融法"三足定理"的实现具有促进作用。当其处于最优值时，金融体系的功能和效率得以实现最大化，金融公平、金融安全和金融效率等法律价值能够充分显现并实现纳什均衡。另一方面，结构金融法理论中的金融结构必须具有金融法学意义上的可调制意义，即相关法学理论以及相关子部门法必须具有对该金融结构的调制能力，这是中国金融市场治理最终得以成功的关键环节。综合这两方面因素，以下三个维度的金融结构可被选定为结构金融法理论中的金融结构。

1. 金融体系业态结构

金融结构理论的创始人戈德史密斯将金融结构定义为金融工具和金融机构的形式、性质和相对规模，其中金融工具是指"对其他经济单位的债权和股权"。[①] 后来，世界银行经济学家昆特和莱文对戈德史密斯提出的金融结构指标进行了简化，将银行导向型金融结构和市场导向型金融结构界定为最基本的金融结构。事实上，金融学者对金融结构的划分从无定论，金融结构本身就是一个开放的体系，在各经济体不同的发展阶段，其金融体系也必然存在不同的金融结构划分标准。基于金融禀赋结构理论，结构金融法理论选择以金融体系业态结构的概念来刻画我国的基本金融结构体系，为中国金融市场治理提供最基础的金融结构分析框架。

所谓金融体系业态结构，主要是指金融体系内不同融资形式和融资工具所组成的金融结构。其包括以银行等金融中介机构为代表的间接金融与

---

① 参见[美]戈德史密斯：《金融结构与经济发展》，浦寿海译，中国社会科学出版社 1993 年版，第 4～5 页。

以证券市场为代表的直接金融所形成的金融结构，间接金融内部的金融结构（如大、中、小银行的金融结构），直接金融内部的金融结构（如股票市场与债券市场的金融结构），金融产品体系结构（如银行与证券行业内部服务于大、中、小、微企业的金融产品结构）等。这其中，间接金融与直接金融所形成的金融结构以及间接金融与直接金融内部的金融结构相对宏观，结构金融法理论关注该类金融结构自身的禀赋特点对金融深化的影响。金融产品体系结构则相对微观，结构金融法理论高度重视其与微观金融市场主体融资能力的匹配系数。“要实现金融资源的优化配置，就要发挥好金融机构、金融商品甚至金融市场的资金融通、风险分散和价格发现等功能。”①金融体系业态结构不仅是金融学层面实现金融发展的重要中介，而且是金融供给侧结构性改革和中国金融市场治理实践中实现金融法“三足定理”的必然选择。

首先，金融体系业态结构是提升金融效率的决定性因素。在一国金融结构体系中，间接金融与直接金融的比例与该国产业结构的匹配度，决定了企业融资的效率。比如，作为间接融资中介的银行，出于风险管理的考量，往往需要企业提供大量的担保方能发放贷款，而作为直接融资渠道的证券市场，通常把投资的决策权直接交给投资者，投资者可以独立判断投资标的的经营前景并作出自己的投资决策，这通常可以给中小微企业带来更多的融资机会。基于德国、日本、英国和美国的比较研究发现，处于不同发展阶段的经济体需要把直接融资与间接融资进行不同组合，从而确保经济运行的效率。② 在间接融资内部，银行的规模与其服务的企业的规模也是互相匹配的。大银行在企业经营等软信息甄别上不具优势，其对企业风险的防范策略更多只能集中在显性的担保品管理以及严苛的违约清算上。这对于节约大企业的信息成本和利息支出固然具有显著优势，但对于轻资产的中小微企业来说，却构成天然的融资桎梏。③ 在国内，政府曾多次要求四大国

---

① 杨东：《互联网金融的法律规制——基于信息工具的视角》，载《中国社会科学》2015 年第 4 期。

② 参见林毅夫：《新结构经济学（典藏版）》，北京大学出版社 2019 年版，第 323 页。

③ 参见张一林、林毅夫、龚强：《企业规模、银行规模与最优银行业结构——基于新结构经济学的视角》，载《管理世界》2019 年第 3 期。

有银行给中小企业贷款，甚至要求四大国有银行成立专门的中小企业贷款部，但是四大国有银行借给中小企业的钱还是很少，原因就在于此。① 此外，不同风险偏好类型的金融产品所组成的金融结构基于收益率高低、时间期限长短以及风险系数等方面的差异，也对金融体系的效率产生立竿见影的影响。为此，破解我国金融体系中“融资难、融资贵、周期长、效率低”的难题，必须通过金融供给侧结构性改革，将解决问题的视角转移到金融体系业态结构上来，并以此引导和规范金融法律调制行为。

其次，金融体系业态结构是实现金融公平的重要手段。“平等的关切是政治社会至上的美德——没有这种美德的政府只能是专制的政府。”②金融公平强调在金融活动中，各类主体不因自身经济实力、所有权性质、地域和行业等因素而受到差别对待，能够公平地参与金融活动，机会均等地获取金融资源。③ 长期以来，我国不同所有制经济体之间、城乡之间、不同的区域之间显现出金融资源配置不均衡状态。④ 金融机构的不合理布局、金融工具的不恰当配置与金融市场的不均衡构造是金融不公的重要原因。⑤ 金融禀赋结构理论的最大特点就是从实体经济的要素禀赋与金融结构的互动视角来看待金融发展问题，以此为根基的结构金融法理论则高度重视最优金融体系业态结构在推进金融公平中的中介作用，通过结构金融法理论指导金融体系业态结构改革成为破解我国金融不公的重要途径。

以我国银行体系业态结构为例，国有大型银行的信贷资产总量在间接融资中的比重一直居高不下。与此同时，我国的经济结构又呈现典型的“投资导向型”特征，经济增长高度依赖国有部门的大量投资拉动。在经济体中，“主导地位”通常帮助大型国有企业从国有银行中获得大量的信贷资

---

① 参见林毅夫：《解读中国经济》，北京大学出版社2018年版，第197~198页。

② [美]罗纳德·德沃金：《至上的美德：平等的理论与实践》，冯克利译，江苏人民出版社2003年版，第1页。

③ 参见冯果、袁康：《社会变迁视野下的金融法理论与实践》，北京大学出版社2013年版，第128页。

④ 参见田春雷：《金融资源公平配置的法学分析——兼论中国金融法的新价值》，载《法学评论》2013年第3期。

⑤ 参见李安安：《逻辑与进路：金融法如何实现收入分配正义》，载《法商研究》2019年第4期。

金,而处于相对弱势地位的中小微企业则只能获得有限的信贷资源甚至被迫从非正式贷款市场融资,这是中国影子金融市场产生的重要“病因”。[1]解决该问题的总体思路是,以结构金融法理论为指导,以我国最优金融体系业态结构为参照,丰富金融体系业态,增加中小银行和民营银行的比重,并且强化“商业性金融、政策性金融与合作性金融的结构性调整”,对实现企业公平融资以及更广泛意义上发展普惠金融的法律构造予以探究。[2] 同时,增加股债混合型融资工具或者夹层融资的比重,并改革和完善多层次资本市场法律制度体系,鼓励中小微企业直接融资的发展。

最后,金融体系业态结构是实现金融安全和系统性金融风险治理的必然选择。金融体系业态结构往往是决定金融体系资产和风险集中度的风向标,并由此成为实现金融安全的中介目标。这是由于以下两个方面。一方面,从静态的视角观之,直接金融和间接金融及其内部的随机组合结构,直接通过金融集中度的传导效应,对系统性风险的生成和金融体系的稳定产生影响。另一方面,以动态的视角观之,随着经济结构转型升级和供给侧结构性改革的深化,金融体系业态结构发展演变的总体趋势是直接融资比重提升,而金融体系业态结构在发展变迁过程中,可经由三条传导路径对金融安全产生影响:其一,随着金融市场的发展和直接融资的增长,传统银行资产在总资产中的比重将持续下降。银行存款资金的减少将削弱银行中介的纵向风险分担能力,从而使投资者的资产暴露于系统性风险之下。其二,金融市场的发达将激发银行通过市场交易获取资金的强烈意愿,银行经营的战略管理将由通过提升信贷管理技术降低金融资产风险转变为以资产证券化转移金融风险,随着金融市场流动性的加速,金融体系安全性将受到更大的考验。其三,在金融体系业态结构转轨的过程中,资本市场尚不发达,而银行退出留下的金融服务空白给民间金融和“影子银行”的进入提供了可乘之机,高企的利率和市场风险给金融体系安全带来极大的冲击。此外,金融结构变迁带来的货币政策与金融监

---

① 参见沈伟:《中国的影子银行风险及规制工具选择》,载《中国法学》2014 年第 4 期。

② 参见冯辉:《普惠金融视野下企业公平融资权的法律构造研究》,载《现代法学》2015 年第 1 期。

管的错配，也是金融危机发生的重要原因。[①] 据此，结构金融法理论必须将金融体系业态结构锚定为金融安全治理的中介目标。

2. 金融资源配置结构

金融资源配置结构是指金融资源在不同的产业、行业以及区域之间，不同产权性质与经济体量的市场主体之间，不同社会地位与财富水平的公众之间的分布结构。金融资源配置结构的调整和优化是金融供给侧结构性改革的必然要求，它具有高度的动态性和相机抉择性，不仅直接关乎金融效率、金融公平与金融安全等金融法治价值目标的实现，而且对经济领域供给侧结构性改革的开展、社会公共福利的保障以及社会意识形态的型塑等均具有间接的影响。

首先，金融资源配置结构直接决定金融体系的效率。一国的最优金融资源配置结构一定是将有限的金融资源高效配给其当下发展所急需的战略新兴产业和部门，从而最大化发挥金融服务于实体经济的能力，实现最大的金融增值的金融资源配置方案。“如果一种资源分配方式没有达到帕累托最优状态，那么经济体内一定会存在闲置的或浪费的资源。”[②]“金融功能（形态）的动态演变以及伴随这一过程的金融创新是否有助于提高金融体系的效率，关键在于能否满足以下两个基本条件：一是不能脱离实体经济，二是不能超越理性边界。前者表明，金融功能及其具体形态无论如何变迁，都必须始终立足于经济增长和社会发展的客观需求，缺乏实业根基和‘脱实向虚’的金融创新注定是难以持续的；而后者则表明，金融功能所产生的效率在客观上存在一个边界，试图越过人类理性的边界而追求某个臆想的繁荣状态也注定会无功而返。”[③]以金融禀赋结构理论的视角观之，金融资源配置结构是金融发展的重要中介目标。在间接金融领域，中国人民银行、银保监会以及地方政府等推出的各种金融信贷政策，实际上就是国家以公权力的形式直接干预金融资源配置结构的重要手段。在直接融资领域，国

---

① 参见王铭利：《货币政策与金融结构的协调：基于社会融资规模视角的研究》，社会科学文献出版社2016年版，第22～23页。

② ［美］弗兰克·J. 法博齐、［美］弗朗哥·莫迪利亚尼：《资本市场：机构与工具》，汪涛、郭宁译，中国人民大学出版社2015年版，第392页。

③ 陈雨露、马勇：《大金融论纲》，中国人民大学出版社2013年版，第112～113页。

家在上海证券交易所专门设立科创板,实行证券公开发行注册制改革,并试点差异化表决权等制度,实际上也是优化金融资源配置结构的重要举措。

其次,优化金融资源配置结构是金融法公平价值实现的必经之路。在一个完全自由的金融市场环境中,大企业和占有更多财富的市场主体往往占据更加优越的融资地位。由于其拥有大量优质资产和经营业绩,无论在间接金融还是直接金融领域,都可以相对容易获得融资。相反,由于受到传统信贷制度不完善和金融结构扭曲等因素的影响,我国大量的低收入群体、弱势群体、贫困区域的金融可达性和获取率一直不高。也就是说,当金融市场完全置于金融效率与金融安全的价值立场下,金融法治的经济性功能凸显而社会性功能式微。[①] 然而,金融绝不应当仅仅是富人的专属,公平融资权是金融发展权的重要内容。[②] 为了充分发挥金融法的公平价值,中国金融市场治理需要以金融供给侧结构性改革为突破口,通过国家公权介入的形式,引导金融机构和金融市场向这些金融弱势群体、弱质产业和贫困区域适度倾斜金融资源,最优金融资源配置结构自然就成为金融法律调制的中介目标。

最后,优化金融资源配置结构是实现金融安全和系统性金融风险治理的应然选择。金融过度化往往对金融安全和金融体系稳定形成极大的威胁。所谓金融过度化,是指随着金融化程度的提高,金融化不能进一步促进经济增长,反而阻碍经济发展的现象。金融过度化包括总量金融过度化和结构性金融过度化两种情形。对A股上市公司的实证研究表明,中国不仅存在总量金融过度化的现象,而且存在严重的结构性金融过度化。[③] 结构性金融过度化通常带来两方面的不利结果:一方面,过度集中金融资源的产业、行业和领域产生局部性的金融资产泡沫,对实体经济形成严重的"挤出效应",[④]形成资金空转并引发金融风险;另一方面,剩余的产业、行业和领

---

① 参见李安安:《收入分配改革中的金融政策工具及其法律配置》,载《现代法学》2015年第1期。

② 参见邢琳:《基于金融发展权的视角看农村合作金融法律制度》,东北师范大学出版社2017年版,第15~20页。

③ 参见刘锡良、文书洋:《中国存在过度金融化吗》,载《社会科学研究》2018年第3期。

④ 参见苏治、方彤、尹力博:《中国虚拟经济与实体经济的关联性——基于规模和周期视角的实证研究》,载《中国社会科学》2017年第8期。

域面临金融资源严重不足问题，这些企业为了生存，不得不借助其他非正规的金融形式获取融资，继而面临更高的金融风险。[①] 金融过度化的表面成因可归结为金融机构的微观投资决策行为，而其深层次的原因则体现为金融资源配置结构的扭曲。央行可以通过打好预期管理和其他宏观政策的“组合拳”，引导资金“脱虚向实”。[②] 在金融供给侧结构性改革中，完善央行前瞻性指引与货币信贷政策法律框架，对金融资源配置结构进行科学调制，是实现金融安全的重要保障。

3. 金融调制组织法权配置结构

金融市场的法律制度变革如果不能同时匹配金融监管组织和金融监管权力配置法律机制的变革，往往很难真正牵动金融改革的牛鼻子。[③] 调制在金融领域是指对宏观金融市场的调控和对微观金融市场的规制。金融调制组织可分为两类：一类是以中国人民银行、银保监会等为代表的专业金融调制机构，这类机构的专属职能即对国家金融业进行宏观调控与市场规制；另一类是其他对金融业直接或者间接起到调制功能的国家行政机关和司法机关。比如有学者提出最高人民法院的司法解释能够对金融业起到宏观调控的效果。[④] 司法审判通过法律适用与法律解释功能，也能促进金融监管法律法规的市场规制效果。[⑤] 金融调制组织法权配置结构，不仅包括中国人民银行、银保监会等金融调制组织在横向（部门之间）与纵向（央地之间）层面的法权配置结构，而且包括其他对金融业实施监管的行政机关甚至司法机关等在横向与纵向层面的法权配置结构。金融调制组织法权配置结构从工具性价值和功能性价值两方面实现金融法治的价值目标。

首先，金融调制组织法权配置结构对提升金融效率具有重要的工具性价值。现代金融监管必须实现从“监管限制产品或服务”的被动监管到“产

① 参见胡晓治、梁偲：《民间金融市场治理法律制度研究》，浙江大学出版社2016年版，第4页。

② 参见林明裕、胡日东：《央行沟通能否有效防范企业过度金融化》，载《当代财经》2020年第4期。

③ 参见李东方：《证券监管机构及其监管权的独立性研究——兼论中国证券监管机构的法律变革》，载《政法论坛》2017年第1期。

④ 参见鲁篱、凌潇：《论法院的非司法化社会治理》，载《现代法学》2014年第1期。

⑤ 参见宋晓燕：《论金融风险控制的司法路径》，载《中国应用法学》2019年第5期。

品或服务引领监管”的主动监管。① 金融体系的复杂性与我国传统金融监管体制之间的尖锐矛盾要求从整体性视角构建适应我国金融市场发展的监管体制。② 就目前来看，由于我国正处于由银行导向型金融结构向市场导向型金融结构过渡的阶段，在这个过程中，大量的资金会脱离银行体系而进入金融市场，与此同时，“羽翼未丰”的证券市场又不能较好地满足实体经济尤其是中小微企业的融资需求。因此，大量的企业具有强烈的向民间金融、互联网金融以及其他影子金融市场进行融资的意愿。根据金融产品或服务引领金融监管的基本原理，只有合理配置金融监管部门之间的法权结构，尤其是中央金融监管部门与地方金融监管部门之间的法权配置结构，才能有效提升金融监管的效率。从这个意义上来讲，纵向金融调制组织法权配置结构的优化具有客观必然性，地方金融监管权的适度扩张并非“赋权”，而应属于“复权”，即地方金融监管权适度扩张的法本质是地方金融监管权的理性回归。不难看出，现代金融市场的高效运行离不开金融调制组织法权配置结构的工具性价值。

其次，金融调制组织法权配置结构对最优金融体系业态结构的型塑具有重要的中介性价值和保障性功能，对实现金融公平意义深远。政府监管者不仅是市场秩序的守护者，更是引导者和协调者。③ 截至 2018 年年末，我国中资国有大型银行占银行业总资产的比重高达 49%，而以广大农村地区金融业务为主的农村信用社占银行业总资产的比重则低至 2.5%。④ 要实现金融公平，就必须扩大后者在金融业总资产中的占比。然而，最优金融体系业态结构并不会自然生成。比如，民营银行的设立可以打破国家对银行的垄断，为民间金融充实供给，⑤但这样的金融体系业态结构的形成高度依赖与之相匹配的最优金融调制组织法权配置结构（尤其是纵向层面）的塑造。为此，以结构金融法理论为导向，金融供给侧结构性改革必

---

① 参见柴瑞娟：《监管沙箱的域外经验及其启示》，载《法学》2017 年第 8 期。

② 参见宋晓燕：《论有效金融监管制度之构建》，载《东方法学》2020 年第 2 期。

③ 参见吴烨：《金融科技监管范式：一个合作主义新视角》，载《社会科学》2019 年第 11 期。

④ 参见中国人民银行金融稳定分析小组编：《中国金融稳定报告（2019）》，中国金融出版社 2019 年版，第 141 ~ 145 页。

⑤ 参见柴瑞娟：《民营银行：发展障碍及其法律对策——以民营银行开闸为时代背景》，载《法学评论》2014 年第 3 期。

须高度关注最优金融调制组织法权配置结构在实现金融公平价值中的中介作用。

最后，金融调制组织法权配置结构是保障金融安全和实现系统性金融风险有效治理的政治基础。金融安全的一个重要前提是每一种金融业态均能接受适度的宏观调控和法律监管。从金融宏观调控法治角度来看，在后危机时代，随着金融和宏观经济之间关系的日趋复杂化，传统旨在维护价格稳定的货币政策无法同时有效实现金融稳定，根据"丁伯根法则"和政策比较优势原理，在货币政策的基础上纳入宏观审慎政策，形成"双支柱"调控框架，具有合理性与可行性。[①] 在国际金融监管实践中，将维护金融稳定纳入货币政策框架已成为一种共识。[②] "双支柱"调控法治框架得以建立和运行的一个重要前提是金融调制组织法权配置结构的优化，只有形成最优金融调制组织法权配置结构，才能确保相应的金融业态受到适度的宏观调控，从而保障金融安全。

从金融市场规制法治角度来看，随着我国金融结构不断向市场导向型发展，金融集团化和混业经营的趋势日益显现，我国传统的分业监管模式有待进一步完善。无论是分业经营还是混业经营都不排斥统一监管、双峰监管，甚至还可与之融合。[③] 2018 年中国人民银行联合银保监会、证监会和国家外汇局发布的《关于规范金融机构资产管理业务的指导意见》(《资管新规》)，即采用了穿透式监管的理念，形成了统一的监管架构。然而，任何统一监管都存在监管组织风险等派生问题，[④]其表现为监管组织之间及其内部的法权配置结构问题，也即统一监管必须建立在最优金融监管组织法权配置结构基础之上，方能实现金融监管的安全性价值目标，进而有效实现系统性金融风险的治理。

---

① 参见马勇：《"双支柱"调控框架的理论与经验基础》，载《金融研究》2019 年第 12 期。

② 参见刘辉：《中央银行宏观调控与金融稳定职能的法治保障——以马来西亚和泰国央行法为样本》，载《东南亚研究》2017 年第 6 期。

③ 参见刘志伟：《金融法中混业"但书"规定之反思》，载《法学研究》2019 年第 6 期。

④ 参见沈伟、李术平：《迈向统一监管的资管新规：逻辑、工具和边界》，载《财经法学》2019 年第 5 期。

二、中国金融市场法律治理的理念创新:最优金融结构理念

施塔姆勒曾言:“法律理念乃是正义的实现。”①因应金融改革的范式转换,着眼于结构金融法理论聚焦的三大金融结构向度,中国金融市场治理需要遵循从顶层法律理念确立到微观法律机制设计的自上而下的实践进路。所谓顶层法律理念的确立,是指以最优金融结构理念作为金融法的基本理念,来引领金融供给侧结构性改革,从而实现系统性金融风险治理的目标。所谓微观法律机制设计,即中国金融市场治理的法律实践必须始终围绕最优金融结构理念,以领域法学视域下金融法最为核心的三大法律支柱——金融商法、金融市场规制法和金融宏观调控法为基础,通过各子部门法的制度创新,实现对实际金融结构的法律调制,从而引导实际金融结构向最优金融结构理性归位,实现金融对实体经济的最大反哺功能。

法律的现代化过程,不仅是一个法律制度及其运作方式的现代化过程,更是一个法律理念的现代化过程。法律理念不仅具备认识论意义上的导向功能,更具有方法论意义上的指引功能。② 建立在金融深化理论基础之上的金融法律调制实践已经证明,金融法“三足定理”所指向的金融公平、效率与安全价值的平衡并不能自动实现,它需要具有能动的金融结构调制意识的最优金融结构理念予以指导。所谓最优金融结构理念是指,金融法律的制定与实施必须始终将最优金融结构作为其“法治锚”,即将最优金融结构作为金融法律调制的中介目标,从而维持实际金融结构与最优金融结构相一致,实现金融法治的公平、效率与安全价值的平衡。最优金融结构理念内含三大金融法律调制的基本原则——金融市场决定性原则、金融市场理性推定原则、金融调制综合协调原则,这三大原则是中国金融市场治理的方法论向导。

首先,金融市场决定性原则为中国金融市场治理提供了严格的科学性基础。诺贝尔经济学奖得主诺斯曾言,制度提供基本的结构,人们通过这个

---

① 参见[美]E. 博登海默:《法理学:法律哲学与法律方法》,邓正来译,中国政法大学出版社2004年版,第179页。

② 参见李双元、蒋新苗、蒋茂凝:《中国法律理念的现代化》,载《法学研究》1996年第3期。

基本结构来创造秩序并减少交换中的不确定性。[①] 然而,作为提供基本结构的制度,并不能任凭人的主观臆断而为所欲为,现代法治具有典型的“非人格化”特质。[②]《中共中央关于全面推进依法治国若干重大问题的决定》指出,科学立法的核心在于尊重和体现客观规律。[③] 中国金融市场法律制度的制定与实施必须严格依循基本的金融规律,这是金融法治的科学性基础。在新时期我国政府和市场关系发生根本变化的背景下,应当充分尊重竞争政策相对于产业政策的优先地位。[④] “一般性地反对市场,就像一般性地反对人们之间交谈一样荒唐。”[⑤]金融市场决定性原则是指,金融法在处理金融市场和金融监管这两种金融资源配置方式中,始终保持金融市场对金融资源配置的决定性作用。据此,中国金融市场治理应直接将依照实体经济要素禀赋所决定的最优金融结构作为其“法治锚”,所有的金融市场治理实践都必须将维持实际金融结构与最优金融结构相一致作为其根本宗旨,通过结构金融法对实际金融结构实施科学的法律调制来实现金融法律所追求的公平、效率与安全价值的体系平衡,防范和化解系统性金融风险。

其次,金融市场理性推定原则为中国金融市场治理提供了坚定的意识论基础。推定也被称为假定,是一种重要的法律方法。通过推定,法律规则通常可以圈定法律的管辖范围,并且该推定直接与法律后果相关联。[⑥] 推定也被广泛运用于法律原则场域,比如民事法律责任归责原则中的过错推定原则,它向公众传达的法律立场是,立法直接将过错的证明责任分配给被告承担而免去原告的举证责任。[⑦] 无论是法律规则还是法律原则,推定所

---

① 参见[美]道格拉斯·C.诺思:《制度、制度变迁与经济绩效》,杭行译,格致出版社等2014年版,第140页。

② 参见王若磊:《信用、法治与现代经济增长的制度基础》,载《中国法学》2019年第2期。

③ 参见《中共中央关于全面推进依法治国若干重大问题的决定》,人民出版社2014年版,第52页。

④ 美国、欧盟都在相关立法中明确了竞争政策的优先地位。参见邢会强:《走向规则的经济法原理》,法律出版社2015年版,第147~148页。

⑤ [印]阿马蒂亚·森:《以自由看待发展》,任赜、于真译,中国人民大学出版社2013年版,第4页。

⑥ 参见赵树坤、张晗:《法律规则逻辑结构理论的变迁及反思》,载《法制与社会发展》2020年第1期。

⑦ 参见郭明瑞:《21世纪民商法发展趋势研究》,科学出版社2009年版,第250页。

公示的"先入为主"立场都淋漓尽致地体现了法律在处理两种权益配置中的意识论倾向。结构金融法中的金融市场理性推定原则是指,当受制于人类有限理性而无法对实体经济要素禀赋所决定的最优金融结构进行客观计量的情况下,法律直接推定金融市场依然理性并不存在失灵的情况,金融监管不得恣意介入。金融市场理性推定原则是新时期政府与市场关系在金融治理领域的直接映射,坚持市场对资源配置的决定性作用,就必须牢固地把政府的金融治理限定于市场失灵的有限场合,[①]将适当性原则、必要性原则和禁止过度原则共同构筑起来的比例原则作为金融供给侧结构性改革的重要原则,[②]特别是调控措施的力度、向度、强度,都要适度。[③] 在无法客观评判实际金融结构对最优金融结构的偏离程度时,国家公权力对金融市场的介入必须恪守谦抑性,以免造成对金融结构的二次破坏,并导致由于政府失灵而引发新的金融市场风险的恶果。

最后,金融调制综合协调原则为中国金融市场治理提供了可行的方法论基础。如果说金融市场决定性原则是在中国金融市场治理中贯彻了"市场对资源配置的决定性作用",那么,金融调制综合协调原则就指明了如何"更好地发挥政府作用"。在整个金融与经济互动发展的逻辑链条中,对最优金融结构的法律调制并不能依靠单一主体、单一手段而独立实施。金融调制综合协调原则是指,在尊重最优金融结构的金融市场决定性原则基础上,对金融结构的法律调制必须注重金融政策自身、金融政策与产业政策、金融政策与财税政策等相关制度的衔接与配合,从而实现结构金融法对金融结构的最优调制。就金融政策自身的法律调制来说,中国金融市场治理不仅涉及对银行、证券、保险、信托、基金、期货等单一金融业态的法律调制,更涉及不同金融业态之间互动关系的法律调制以及在整个金融体系系统性风险锁定原理下的金融宏观审慎监管。不仅涉及商业性金融与政策性金融法律调制的统合配置问题,还涉及不同层次资本市场法律调制以及银

① 参见刘辉:《论互联网金融政府规制的两难困境及其破解进路》,载《法商研究》2018年第5期。

② 比例原则包含三个子原则:适当性原则、必要性原则和禁止过度原则。参见梁上上:《利益衡量论》,法律出版社2016年版,第202页。

③ 参见张守文:《分配危机与经济法规制》,北京大学出版社2015年版,第318页。

行金融与市场金融互相协调驱动的法律调制问题。就金融政策与产业政策、财税政策协调互动的法律调制来说,中国金融市场治理在金融结构的法律调制之外,还必须密切关注金融结构法律调制与产业、财税等经济结构的法律调制,妥善处理金融供给侧结构性改革的法治保障与经济供给侧结构性改革的法治保障之间的协调与呼应问题。总之,金融发展和系统性金融风险的治理必须依靠多个部门和多种政策工具与手段的有机组合。

着眼于最优金融结构理念在中国金融市场治理实践中的具体运用,为有效治理系统性金融风险,有必要对我国现行金融调制组织框架进行适当的修正和完善。可考虑在国务院金融稳定发展委员会下设"金融结构政策委员会"。鉴于央行"三定"方案已经明确国务院金融稳定发展委员会办公室设在中国人民银行,可将金融结构政策委员会的办公室也设置于中国人民银行并与货币政策委员会平行。"金融结构政策委员会"的组成机构主要包括"一委一行两会"以及财政部、发展和改革委员会、国家税务总局等负责产业政策与财税政策的相关部委。由此,中国人民银行可以凭借其出色的金融与法律研究能力和国务院金融稳定发展委员会的统合协调能力,科学计量基于实体经济要素禀赋的最优金融结构,并借鉴美联储、日本银行、加拿大银行、新西兰储备银行等中央银行构建结构性政策分析系统的经验,着手建立我国的结构性货币政策分析系统,并通过"金融结构政策委员会"的决策方式予以实施,从而致力于中国金融市场治理中对实际金融结构的科学法律调制。

三、最优金融结构理念下的法律机制创新

法律与金融学者在对法律制度环境与金融结构作相关性研究的基础上,提出了中国金融市场治理的法律制度供给方案。具言之,针对不同的金融结构改革目标,应当提供差异化的法律制度供给:以银行导向型金融结构为目标的国家应当强化促成金融合同的达成与实施、加强债权人法律保护、满足债权人对企业的要求权和优先性、提高企业合同的执行效率等方面的法律制度供给;①以市场导向型金融结构为目标的国家应当加大投资者利

---

① See Ross Levine, *Finance and Growth: Theory and Evidence*, https://www.researchgate.net/publication/5185432_Finance_and_Growth_Theory_and_Evidence, 2020-6-27.

益保护、证券信息披露、加强严格责任促进私人执法等方面的法律制度供给。[①] 当然,这样的方案并非简单一一对应、亘古不变。对正处于金融结构转型期的中国来说,金融市场治理的法律制度创新必须同时考虑两种金融结构的风险面向,并且突出金融法律对实际金融结构调制的意识。"现代经济法制建设的目标,已经由为经济体制改革保驾护航转变为规范和引领经济体制改革。"[②]在以最优金融结构理念为灵魂的金融市场治理实践中,金融法律制度的制定与实施必须以结构金融法理论为指导,通过部门法律制度的创新与统合施治,充分发挥金融法作为领域法的优势,对金融结构进行科学有效的法律调制,并进而达到系统性金融风险治理的效果。

(一)金融商事法律机制创新

"金融监管有效发挥作用的前提,是对金融交易结构以及风险的准确认知与把握。"[③]金融商法是金融交易最基本的法律依据,能对金融结构的法律调制起到最基础的作用。金融商法主要是私法,以私法自治为最高原则。[④] 只有通过私法自治,才能有效激发市场主体的活力与创造力。[⑤] 根据金融市场决定性原则和金融市场理性推定原则,国家公权力对金融市场的干预应当保持谦抑性,在私法自治的范围内,应当鼓励运用金融商法对交易秩序和交易结构进行法律治理。中国金融市场法律治理中的金融商事法律制度创新,主要是在最优金融结构"法治锚"的引导下,瞄准实际金融结构相较于最优金融结构的生长不足、发展滞后、对金融交易贡献比例较低的金融业态,通过提供更为便捷和自由的金融交易识别法律制度、金融交易选择法律制度、金融交易违约预防法律制度、金融交易违约救济法律制度等,着力构建金融供给侧结构性改革的商法体系,服务于实际金融结构向最优金

---

① See Paul Brockman & Dennis Y. Chung, *Investor Protection and Firm Liquidity*, Journal of Finance, 58(2), p. 921 - 938(2003).

② 参见陈甦:《改革开放40年来我国经济体制与经济法制的互动发展》,载《中州学刊》2018年第11期。

③ 参见楼建波:《金融商法的逻辑:现代金融交易对商法的冲击与改造》,中国法制出版社2017年版,第38页。

④ 参见王利明:《负面清单管理模式与私法自治》,载《中国法学》2014年第5期。

⑤ 参见王利明:《发挥民法典在国家治理现代化进程中的保障作用》,载《光明日报》2020年1月15日,第11版。

融结构的理性归位和系统性金融风险的有效治理。

金融交易识别法律制度是商事识别法律制度的重要组成部分。商事识别法律制度是在市场经济环境下，满足连续大规模商事交易的需要，用以规范为交易主体提供交易相对人的主体因素与环境因素等多种商事业务相关信息的商事法律规范的总称，其主要功能是提供一个可判断的市场。[①] 金融交易识别法律制度主要包括交易主体身份识别、资信识别、财产归属识别、交易模式识别等法律制度。在新时期我国政府与市场关系彻底转变为"市场在资源配置中起决定性作用"的背景下，金融交易识别要强化"政府由监护转向服务的市场识别功能"[②]。比如2019年《证券法》明确了我国证券发行实行注册制，将公司首次公开发行新股的条件由原来的必须具备"持续盈利能力"修改为具有"持续经营能力"，突出证券服务中介机构在证券发行中的"看门人"角色。这样的修改有利于提高证券发行和上市公司融资效率，如果进一步"再造一个承接行政许可权力的受权主体——保荐人"，重构"中国证券监督管理委员会——保荐人"的委托代理法律关系，[③]改变证券发行中的监管结构和利益分配关系，我国证券市场的融资效率和规范性有望迎来重大转变，对提升直接融资在金融结构中的比重意义非凡。当然，这对银行信贷去杠杆和系统性金融风险的防范与化解也至关重要。

金融交易选择法律制度是指通过一定的商事法律机制，促进金融市场机制发挥"扶优逐劣"的作用，为金融市场交易主体选择理想的交易相对人和交易项目提供便利的金融法律制度。金融交易选择法律制度的主要功能是为金融市场交易主体提供一个质量可靠的交易市场。在中国金融市场治理中，金融商法可通过对金融商事担保法律制度的优化和金融交易基础信用法制环境的完善，促进金融交易的市场环境的提升，从而推动相应金融业态的发展，优化和调整实际金融结构。比如，在金融商事担保领域，由于我国《物权法》并未规定让与担保物权，在证券融资融券交易的场合，现有的

---

① 参见陈甦：《商法机制中政府与市场的功能定位》，载《中国法学》2014年第5期。

② 季奎明：《商主体资格形成机制的革新》，载《中国法学》2019年第3期。

③ 参见沈朝晖：《证券法的权力分配》，北京大学出版社2016年版，第153～158页。

权利质权制度设计无法满足“强制平仓”的实际功能需求。[①] 未来可通过金融商事司法实践，在商事领域承认和引入让与担保制度，[②]不仅有利于规范和保障证券融资融券交易，而且也能起到缓和过于刚性的禁止“流质流押”规定的作用，[③]对于促进直接融资具有重要意义。在金融交易选择的信用法治保障方面，我国部分地区的地方立法已经开展了有益的尝试。比如，2020年4月10日通过的《上海市优化营商环境条例》明确：“……推进公共数据开放及大数据普惠金融应用，依法与金融机构共享市场监管、税务、不动产登记、环保等政务数据和电力、供排水、燃气、网络等公用事业数据，并依法保护商业秘密、个人信息。”[④]这为金融机构向中小企业发放贷款提供了良好的信用法治环境，有利于促进银行金融领域小微金融占比的提升，对于系统重要性银行贷款集中度管理和系统性金融风险的治理也颇为必要。

金融交易违约预防法律制度是指金融法通过事先的制度安排预防违约发生与违约规模扩大的制度。金融交易识别和交易选择法律制度创新可以从金融商事交易主体法治和行为法治的双重视角优化金融交易的基础法治环境，通过鼓励和促成金融交易的方式，达到提升特定金融交易占比，从而实现金融结构的调整和系统性金融风险治理的目标。然而，金融交易的本质是一种风险经营。“e租宝”及其关联公司实施的非法集资案件警示我们，在中国金融市场治理的金融商法制度创新体系中，必须相应地跟进和完善金融交易违约预防法律制度。金融交易违约预防法律制度是结构金融法实现对实际金融结构的法律调制的基础支撑，也是中国金融市场治理的重

---

① 参见龙俊：《民法典物权编中让与担保制度的进路》，载《法学》2019年第1期。《民法典》施行后，《物权法》同时废止。《民法典》虽未明文规定让与担保，但却通过担保合同的范围，为让与担保留下了空间。

② 参见郑彧、季奎明、曾大鹏：《金融市场基础设施的法律保护：现状、冲突与改进》，上海人民出版社2018年版，第84～94页。

③ 2020年5月28日，十三届全国人大三次会议表决通过的《民法典》第401条规定，抵押权人在债务履行期限届满前，与抵押人约定债务人不履行到期债务时抵押财产归债权人所有的，只能依法就抵押财产优先受偿。本条即在一定程度上缓和了过于刚性的禁止“流质流抵”的规定，也就是说，当事人可以约定流抵条款，但是在法律效果上，抵押人不负有抵押物所有权转移的义务，而需要通过拍卖、折价或者变卖的方式来实现优先受偿。

④ 参见《上海市优化营商环境条例》（2020年4月10日上海市第十五届人民代表大会常务委员会第二十次会议通过）第49条。

要法治保障。可考虑出台一部体现系统性预防理念的“金融交易违约预防法”。以结构金融法理论为基础，围绕中国金融市场治理的金融结构调制目标，“金融交易违约预防法”应当将金融供给侧结构性改革中的系统性金融风险的防范作为立法宗旨，将“金融企业群、系统性缔约与契约群”作为调整对象，[①]并且以系统重要性金融机构（SIFI）、系统性缔约、宏观的契约群与消费者群体保护为重心。金融交易违约预防法可设计三大层面的核心违约预防法律制度：一是底线预防法律制度，即适用于一切金融交易主体的法律制度，体现了对金融风险监管的最基本要求，比如交易流动性风险法律制度；二是重点预防法律制度，即对 SIFI 的违约预防法律制度，比如对跨市场交易风险识别法律制度；[②]三是特殊预防法律制度，即针对特殊的金融企业群和系统性缔约与契约群的风险特质而设立的违约预防制度。总之，金融交易违约预防法律制度必须主动与合同法律制度相结合，从体系化、民事责任等诸方面予以完善。[③]

金融交易违约救济法律制度是指，金融商法用以解决金融交易纠纷的法律制度的总称。“力图构建一个立体的、多元的金融消费纠纷解决体系是目前各国金融法的发展趋势。”[④]在中国金融市场治理中，金融交易违约救济法律制度不仅对金融公平、金融安全和交易效率产生直接影响，并且依赖其纠纷解决的工具性价值，往往对特定金融业态的发展起到保障性作用，从而间接服务于金融结构的法律调整。金融交易违约救济机制并不局限于诉讼形式，而应当是一个立体、多元的纠纷解决体系，包括金融机构的内部处理机制、社会组织（调解、仲裁、金融申诉服务等）的处理机制、行政处理机制。[⑤] 金融交易违约救济法律制度创新主要有两条进路：一是基础性金融交易违约处置法律制度创新，即适用于多个金融领域和金融业态的纠纷处理法律制度创新。比如，中国人民银行出台的对其职责范围内以及跨市

---

① 参见陈醇：《金融法违约预防与违约处置制度研究》，法律出版社 2019 年版，第 151 ~ 153 页。

② 参见刘辉：《股指期货与股票现货跨市场交易宏观审慎监管论——以国务院金融稳定发展委员会的设立为背景》，载《江西财经大学学报》2020 年第 1 期。

③ 参见陈醇：《论金融法中的违约预防制度》，载《环球法律评论》2019 年第 2 期。

④ 参见邢会强：《走向规则的经济法原理》，法律出版社 2015 年版，第 137 页。

⑤ 参见邢会强：《走向规则的经济法原理》，法律出版社 2015 年版，第 137 页。

场、跨行业交叉性金融产品与服务的金融消费者投诉处理法律制度。[①] 二是特定金融领域和金融业态的纠纷处理法律制度创新。比如,在债券违约救济法律制度方面,可在建立以"加速到期条款"为核心的市场化风险化解与处置法律机制的基础上,借鉴国外"庭外重组"程序构建我国的破产庭外和解制度,[②]鼓励和保障救济方案的协商与达成,从而促进债券市场法律体系的完善,激发债券市场的活力,并达到调整实际金融结构和系统性金融风险治理的目的。

(二)金融市场规制法律机制创新

作为经济法重要分支的市场规制法,是调整在国家对市场竞争及其他不公平交易行为进行规制过程中发生的社会关系的法律规范的总称,[③]是国家为了实现一定的公共目标而依法对微观经济主体及其行为实施的一种干预。[④] 金融市场规制法律制度主要包括金融市场主体规制法律制度和金融市场秩序规制法律制度。前者主要针对金融机构的市场准入和市场退出实施法律规制,后者主要是针对金融机构的金融业务实施法律规制。金融市场规制法律制度从主体和行为等方面,对中国金融市场治理中的金融市场业态结构和金融调制组织法权配置结构起到重要的调制作用,从而达到系统性金融风险治理的目标。

在金融市场业态结构方面,以金融市场优先原则为导向,金融市场主体规制法律制度可以最优金融结构"法治锚"为指针,通过适度放宽紧缺金融业态的金融市场主体准入标准,引导和强化该金融领域的市场竞争,从而实现提高相关金融交易和调整实际金融结构的目的。比如,在我国银行金融体系中,国有大中型银行一直居于主导地位,这种偏离最优银行体系结构的现状带来了严重的金融包容度不足的问题,成为大量中小微企业融资难的重要"病因"。因此,创新金融市场主体准入法律制度,应当打破银行国有资本的单一化现状,不断引导民间资金进入银行市场,促进经营主体的多元

---

① 参见《中国人民银行金融消费者权益保护实施办法》(中国人民银行令〔2020〕第5号)。

② 参见冯果等:《债券市场风险防范的法治逻辑》,法律出版社2016年版,第279~280页。

③ 参见漆多俊:《经济法基础理论》(第5版),法律出版社2017年版,第228页。

④ 参见卢代富:《经济法中的国家干预解读》,载《现代法学》2019年第4期。

化和竞争化。[①] 同时，鉴于城乡之间金融结构的异化，可选择"亲市场的规制工具"[②]，引导银行业（包括政策性金融机构）进入农村开展业务竞争，按照2019年12月30日中国银保监会发布的《关于推动银行业和保险业高质量发展的指导意见》的要求，引导构建多层次、广覆盖、有差异的银行保险机构体系，完善服务实体经济和人民群众生活需要的金融产品体系，[③]从而破解金融机构在农村贫困地区营业的"拓展惰性"问题，[④]从根本上实现金融市场治理的结构性改革目标。再如，相较于间接融资，我国直接融资比例过低，而且在直接融资体系内部，相较于股票，债券的融资比例过低，[⑤]因此，应当完善多层次资本市场法律制度，尤其要加快建设和完善债券市场准入法制。2020年3月30日，中共中央、国务院《关于构建更加完善的要素市场化配置体制机制的意见》就明确提出，要完善主板、科创板、中小企业板、创业板和新三板市场建设，稳步扩大债券市场规模，丰富债券市场品种等相关法律制度。[⑥] 这些立法和政策措施的实行无疑对系统性金融风险的治理意义重大。

金融市场秩序规制法律制度是调整国家在规制金融市场行为和秩序的过程中所产生的金融关系的法律规范的总称。金融市场秩序规制法律制度将金融交易行为直接纳入其规制框架，在中国金融市场治理中，往往具有立竿见影的金融结构调制效果。比如，在间接金融领域，为了加大对中小微企业的信贷支持，有必要激发中小银行在中小微企业信贷市场的信贷投入。目前，中小银行资产业务发展的重要掣肘是资本不足，2019年11月22日，中国银保监会印发了《关于商业银行资本工具创新的指导意见（修订）》（银

---

① 参见刘大洪：《市场主体规则平等的理论阐释与法律制度构建》，载《中国法学》2019年第6期。

② 亲市场的规制工具是指修补市场机制、利用市场机制、尽量让市场竞争发挥调节作用的工具。参见邢会强：《走向规则的经济法原理》，法律出版社2015年版，第162～163页。

③ 参见《关于推动银行业和保险业高质量发展的指导意见》（银保监发〔2019〕52号）。

④ 参见冯果、李安安：《收入分配改革的金融法进路》，法律出版社2016年版，第107～108页。

⑤ 参见洪艳蓉：《公司债券制度的实然与应然——兼谈〈证券法〉的修改》，载《证券法苑》2019年第3期。

⑥ 参见中共中央、国务院《关于构建更加完善的要素市场化配置体制机制的意见》第11条、第12条。

保监发〔2019〕42 号),鼓励商业银行通过发行永续债补充资本。进入 2020 年,银行永续债的发行主体已经由最初“试水”的国有大型银行与股份制银行转向以中小银行为主,并且发行速度显著加快。[①] 同时,中国人民银行创设的票据互换(CBS)工具,为中小银行发行的永续债提供了理想的流动性支持。永续债和票据互换工具的发行与交易法律制度的创新对于提升中小银行在间接金融中的比重具有直接的影响力。从另一个角度来说,其对于银行系统性金融风险的治理具有本源性的意义。

金融市场规制法律制度不仅能够调整金融市场业态结构,其本身也是调整金融调制组织法权配置结构的重要法律依据,可以据此对金融市场治理中的实际金融结构进行法律调制。传统金融法在研究金融监管体制问题上,主要着眼于中央金融监管权的横向配置问题,对于中央和地方金融监管部门的法权配置结构关注较少。这与我国金融业经营体制的发展变迁过程密切相关。长期以来,在我国金融体系中,国有大型银行占据主导地位,中小银行和直接金融发展相对滞后,国有银行从总行到分支行的布局是一种自上而下的衍生体系,越往上走,配置金融资源的话语权越大。根据金融监管的侵入性原理[②],我国的金融监管体系呈现一种“倒三角”的基本范型。然而,随着我国金融市场的发展,事实证明这样的体制安排通常带来金融监管的失灵。由于基层金融监管权力配置薄弱,在温州民间借贷风波爆发前,基本上没有一个中国人民银行的支行将民间借贷利率监测结果加以公示。[③] 根据金融禀赋结构理论,这样的金融监管权力结构体系已然背离了我国目前的最优金融调制组织法权配置结构,给契合中小微企业金融资源配置需求的金融体系的形成带来了体制上的障碍。比如,地方金融监管部门的缺失就是地方中小金融机构长期供给不足的主要原因之一。[④] 金融市场规制法律制度可以最优金融结构“法治锚”为其法律调制的风向标,通过

---

① 参见赵萌:《永续债扩容提速》,载《金融时报》2020 年 4 月 17 日,第 4 版。

② 即好的监管必须具备侵入性,监管者应熟知被监管对象。参见[荷]乔安妮·凯勒曼、[荷]雅各布·德汉、[荷]费姆克·德弗里斯:《21 世纪金融监管》,张晓朴译,中信出版集团股份有限公司 2016 年版,第 7 页。

③ 参见汪丽丽:《非正式金融法律规制研究》,法律出版社 2013 年版,第 230 页。

④ 参见葛志强:《构建中央和地方两元金融监管体制》,载《金融时报》2016 年 5 月 23 日,第 9 版。

建立以国务院金融稳定发展委员会为主导的纵向金融监管协调机制，①灵活调整在不同金融业态中央和地方监管层面的法权配置关系，并且通过最优金融调制组织法权配置结构的中介性价值，助力对金融体系业态结构和金融资源配置结构理性调制，从而实现金融市场法律治理的总体价值目标。

（三）金融宏观调控法律机制创新

金融宏观调控法是国家进行金融宏观调控过程中所涉及的社会关系的法律规范的总称。结构金融法理论中的金融宏观调控法对金融资源配置结构和金融调制组织法权配置结构具有能动的调制作用，从而成为中国金融市场系统性金融风险法律治理的重要组成部分。金融宏观调控法律制度主要从两方面对金融资源配置结构实施法律调制，即金融宏观调控的两条进路——货币政策法律制度和信贷政策法律制度。从货币政策法律制度来说，为避免货币政策制定者的机会主义行为，需要为货币当局设定一个名义锚，以便社会公众观察和判断货币当局的言行是否一致。② 在中国金融市场治理中，致力于对实际金融结构的法律调制，最优金融结构就是货币政策制定者的名义锚，其所有的金融宏观调控行为都必须以此为中心，并且始终以金融调制综合协调原则为导向，统合多个宏观调控部门对金融结构实施法律调制，引导实际金融结构向最优金融结构理性回归。

我国传统货币政策中的再贷款、再贴现实际上就是典型的结构性货币政策，根据《中国人民银行支农再贷款管理办法》等专项再贷款制度以及《商业汇票承兑、贴现与再贴现管理暂行办法》等制度的规定，中国人民银行通过这些结构性货币政策可以对优先扶持的行业和产业等进行有针对性的金融结构调制。不仅如此，中国人民银行近年来出台的创新货币政策工具法律制度，特别是中期借贷便利（Medium-term Lending Facility，MLF）、定向中期借贷便利（Targeted Medium-term Lending Facility，TMLF）、抵押补充贷款（Pledged Supplementary Lending，PSL）等新兴货币政策工具的管理办法，都特别突出了对中小微企业信贷、开发性金融支持棚户区改造等领域的

---

① 参见陈斌彬：《论中央与地方金融监管权配置之优化——以地方性影子银行的监管为视角》，载《现代法学》2020 年第 1 期。

② 参见夏斌、廖强：《货币供应量已不宜作为当前我国货币政策的中介目标》，载《经济研究》2001 年第 8 期。

倾斜性金融支持。以中国金融市场治理中的金融结构调制为目标,货币政策法律制度应当继续针对国家亟须配置金融资源的领域进行法律制度创新,支持相关货币政策工具的推出和运行。此外,如前所述,货币政策法律制度还可与央行前瞻性地指引法律制度相结合,治理金融过度化问题。

中国人民银行信贷政策管理法律制度的创新也是金融资源配置结构调整的重要手段。信贷政策管理有两种相向而行的实施路径:一种是限制类信贷政策,相关法律制度的根本使命是限制金融机构对此类贷款的发放。比如对高能耗、高污染和产能过剩等“两高一剩”行业的信贷限制。另一种是扶持类信贷政策,相关法律制度的任务是鼓励金融机构对此类贷款的发放。比如,对中小微企业的信贷支持,可以通过建立反金融机构信贷歧视法律制度,为银行公平信贷提供良好的法治保障。同理,针对金融机构在农村地区大量吸收存款,但这些资金大部分通过金融机构内部资金转移定价(Funds Transfer Pricing,FTP)的形式运用于发放城市贷款的情况,可借鉴《美国社区再投资法》(The Community Reinvestment Act,CRA)规定的强制信贷义务,针对大、中、小不同规模的金融机构设置差异化的强制信贷义务标准,从供给侧为农村地区金融资源公平配置提供法治保障,并达到系统性金融风险治理的效果。

金融宏观调控法律制度也服务于中国金融市场治理中对金融调制组织法权配置结构的调整。根据金融调制综合协调原则,在宏观调控领域,对特定金融结构的法律调制需要多个宏观调控部门统筹实施宏观调控权,这就涉及宏观调控权的横向配置问题。这方面需要继续完善的法律制度包括两个方面:一方面,除了中国人民银行、财政部、发展和改革委员会、商务部、国家税务总局等公认的享有宏观调控权的部门以外,到底还有哪些部门可以享有宏观调控权?如何实现宏观调控的主体法定?另一方面,就中国金融市场治理尤其是金融供给侧结构性改革来说,享有宏观调控权的部门如何在最优金融结构“法治锚”的指引下,通过综合协调实现对实际金融结构的法律调制。此外,尽管金融宏观调控权是一种决策权,不宜央地共享、纵向分权,①但金融宏观调控行为的具体执行,需要在法治的框架下,对中国

① 参见邢会强:《走向规则的经济法原理》,法律出版社2015年版,第174页。

人民银行和地方金融监管部门具体调控与执行的职权问题展开制度设计，这也将是系统性金融风险治理的重要任务之一。

综上，在结构金融法理论视域下，中国金融市场治理需要完成对三种金融结构——金融体系业态结构、金融资源配置结构和金融调制组织法权配置结构的法律调制，在最优金融结构理念的指引下，金融法主要通过金融商事法律机制和金融市场规制法律机制对金融体系业态结构进行法律调制，通过金融宏观调控法律机制对金融资源配置结构进行法律调制，通过金融市场规制法律机制和金融宏观调控法律机制对金融调制组织法权配置结构进行法律调制（其基本原理见表2－2）。

表2－2　金融市场治理中实际金融结构法律调制基本原理

金融结构	金融商事法律机制创新	金融市场规制法律机制创新	金融宏观调控法律机制创新
金融体系业态结构	√	√	—
金融资源配置结构	—	—	√
金融调制组织法权配置结构	—	√	√

本章小结

法律契合于金融自我发展的逻辑，是一个完善的金融市场真正得以建立和发展的制度根基。① 防范化解金融风险特别是防止发生系统性金融风险，是中国金融市场治理的根本任务。随着我国金融市场治理的金融学基础的转换、新时期政府和市场关系的演变以及金融供给侧结构性改革重大战略的提出，我国金融法基础理论和金融市场治理理念必须根本性转变。作为我国金融法基础理论的重要内容，金融法"三足定理"确立了实现金融市场治理的价值目标体系，提供了中国金融市场治理价值平衡的方法，并提出了破解传统金融治理路径依赖的实践方案。但金融法"三足定理"缺乏

---

① 参见杨东：《互联网金融的法律规制——基于信息工具的视角》，载《中国社会科学》2015年第4期。

针对金融结构法律治理的金融学基础,并缺乏对现代金融结构实施法律调制的理论指引。欲实现金融法"三足定理"所包含的法律价值的纳什均衡,金融法治必须在方法论层面寻求突破。

立足于金融禀赋结构理论,金融法学在长期发展过程中,形成了结构金融法理论。该理论以金融禀赋结构理论为其金融学基础,以最优金融结构理念为其根本遵循,通过法律的理性哲学,充分动员相关部门法,以其独特的部门法实施机制创新,对实际金融结构进行科学的法律调制,引导和保障经济体的实际金融结构向最优金融结构理性回归,发挥最优金融结构在金融发展和金融风险治理中的中介作用,推动中国金融市场治理持续深化,促进金融结构与实体经济发展的和谐互动,从而持续释放金融服务实体经济的最大动能,实现金融公平、金融安全和金融效率价值的纳什均衡,并实现有效治理系统性金融风险的目标。

结构金融法理论武装下的中国金融市场治理,始终将最优金融结构"法治锚"作为其"指挥棒"和"试金石",由此将金融结构的法律调制贯穿于系统性金融风险治理的全过程。作为中国金融市场治理创新之灵魂的最优金融结构理念,内含金融市场决定性原则、金融市场理性推定原则、金融调制综合协调原则三大核心原则,是中国金融市场治理的基本原则和方法论,能有效指引金融商事法律制度、金融市场规制法律制度和金融宏观调控法律制度对金融结构实施科学调制,为中国金融市场法律治理提供了重要的理论基础。

第三章　防范系统性金融风险的法律治理的模式与手段创新

系统性金融风险的法律治理创新是新时代国家治理现代化命题下的重要内容。当前中国金融市场在八个方面呈现出的系统性金融风险特征,暴露了相应法律治理模式和手段的不足。遵循新治理理论和现阶段中国金融市场的特有禀赋结构,有必要对我国现行金融市场法律治理的模式和手段系统地进行反思和创新。金融市场法律治理的模式和手段不仅决定了市场对系统性金融风险可承载的空间,也体现了国家金融体系对金融风险的抵御能力,应当与市场发展阶段和金融禀赋结构相适应。防范系统性金融风险背景下,中国金融市场法律治理的本质是制度治理,是关于金融监管的目标、框架、模式以及具体制度的建构和完善。因此,本章以金融发展理论中的“最优金融结构”为理论基础,以金融供给侧结构性改革为方向指引,深入研究新形势下中国金融市场法律治理的模式和手段的不足,通过金融结构的法律调制方法探索法律治理模式和手段的创新路径。

第一节　当前中国金融市场法律治理的模式与手段的不足

经过几十年的发展,我国金融市场制度建设积累了丰富的经验,形成了特有的法律治理模式和治理手段。中国金融市场法律治理模式反映在我们特定的监管模式中,法律治理手段反映于相应的监管手段中。随着混业经营和以互联网金融为代表的金融创新的交织与融合,当前中国金融市场的监管模式和监管手段存在诸多的不足。

一、当前中国金融市场法律治理模式的不足

当前中国金融市场法律治理模式表现为相应的监管模式,而中国金融市场监管模式形成有特定的历史背景和市场背景。改革开放以来,中国金融市场经历了从混业监管到严格的分业监管,再到现在相对宽松的分业监管模式。[①] 随着全球金融市场混业模式的趋同,我国金融市场的分业模式不仅削弱了自身竞争力,也限制了金融市场本应具有的金融资源配置功能,抑制了金融发展。为此,我国在有序试点金融控股公司的基础上,[②]开始有序推进准许商业银行入股保险公司、持牌的保险公司和商业银行设立基金管理公司、大型商业银行设立证券公司等,走了一条相对宽松的混业监管道路。中国金融监管框架是货币政策与财政政策同步运行,但对于两者的协调运行机制历来存在争议。由央行货币政策委员会提出货币政策决策意见,央行具体负责政策的执行。财政政策由财政部负责制定和执行,各地方财政在地方收支评估基础上执行中央的转移支付政策。财政政策与货币政策虽然在表面上联系紧密,但实践中各自有一套独立且与对方弱相关的决策体系,分别朝着稳健中性和积极有为的目标运行。然而,实践中货币政策的财政效应和财政政策的货币效应所呈现出的自然规律是制约两个调控效

---

① 参见张萌萌、叶耀明:《综合化经营监管对交叉性金融风险的影响》,载《金融论坛》2018年第8期。

② 国务院在2002年先后批准了中信集团、光大集团和平安集团作为三家综合性金融控股公司的试点。

果的重要原因。另外,我国现行逐渐强化的中央监管和逐渐弱化的地方监管的整体趋势,极大地抹平了金融资源区域配置的差异,对系统性金融风险的防范和治理模式的多样化、灵活性也造成了重要的影响。

(一)“分业+会议制议事协调”监管模式的不足

目前,我国金融市场实行的是相对宽松的分业经营和严格的分业监管模式,加上监管决策上搭建了以金融监管协调部际联席会议和国务院金融稳定发展委员会为表现形式的会议制议事协调机制。为解决分业监管模式的不足所构建的会议制议事协调机制,在整体上并不契合金融市场混业发展的趋势,常态的分业监管和非常态的会议制议事协调机制都存在诸多不足。

1.关于分业监管模式的不足

随着中国金融市场供给侧结构性改革的深入,传统分业经营和分业监管体制在应对跨市场金融资源调控时显得捉襟见肘,金融市场的结构性矛盾和跨市场风险治理的障碍逐渐暴露。在金融控股公司模式日渐流行的背景下,相对宽松的分业经营与严格的分业监管之间存在矛盾。在市场、监管者以及金融机构的不同侧面都可以管窥分业监管模式的不足。

首先,就市场角度而言,分业监管模式的不足体现在三个方面。一是金融市场分行业领域的部门风险有别于系统性风险。系统性风险是对市场整体稳健性与安全性的评估,分业领域的风险只有发生传染性才能演变为系统性风险,行业部门的不同风险指标对系统性安全影响的显著性有所区分。由此可见,各分业监管者对所属行业的稳健性评估为安全的,不等于系统性评估也是安全的,典型的影响因素如金融市场的结构性风险。基于实践中存在广泛的跨市场关联和传导机制,个别行业的风险积聚也应当引起其他经评估为稳健性的行业部门的重视。二是分业监管者所执行的监管标准不统一,细分行业部门之间风险承载度不同,容易导致跨业风险的集中。例如,证券发行由核准制向注册制转变之后,资本市场/权益市场的风险承载度有了显著的提升,此时银行、信托等间接融资市场的债务风险便可以通过资产证券化、标准化票据等途径向资本市场集中,而对于这种跨业风险集中,不管是银行市场的监管者还是证券市场的监管者,在分业模式下都没有很好的应对工具。三是大量的金融创新活动已经冲破了分业的隔阂,形成了间接混业,分业模式下监管者不论是从理念还是工具上都难以对其进行有效应对。金融创新通常是把现有分业金融要素打破和重组,结合互联网、大数据、人工智能等现代技术进行的金融混业发展变革,对其监管面临的首要问题就是行为或产品属性的重新界定。金融创新活动属性的界定结论决定了分业模式下的监管归属,而这种属性界定的立法难度放纵了市场间接混业的发展,对系统性安全构成重大威胁。

其次,从监管者角度观察,分业监管模式的不足主要源于监管信息的获取单一、监管覆盖面窄和监管标准不统一这三个方面。监管信息获取的范围和能力是评价监管水平的重要指标之一,也是落实监管执法任务的前置性条件。分业监管模式下不同行业监管者之间的信息连接不顺畅,缺乏有效的信息分享和沟通渠道。这种情况下,本行业部门的监管者不仅难以知晓其他行业的风险输出情况,也无法监测本行业风险对其他行业的传染情况。严格的分业监管模式在不同分业监管者之间建立起了信息隔离墙,使系统性金融风险的整体性评估被切割为几个行业领域的部门风险评估,削弱了国家制定宏观政策时对市场综合性信息的把控能力。分业监管模式中明显的监管边界划分限缩了各行业监管者的监管覆盖范围,容易为混合性或者非行业典型性的金融创新留下监管空白。我国现行分业监管的实质是机构监管,根据金融机构的主营业务属性划分对应的行业监管者,而直接忽略了金融机构直接或间接营业范围的混合性,其中间接营业范围包括某一金融机构通过股权投资或其他交易安排涉足根据主营业务属性所划分行业范围之外的金融活动。非典型性金融创新是在现行典型金融业态之外所进行的商业模式或者交易结构的创造,通常需要对相应行为的金融属性重新定性,在监管新规出台之前,传统分业监管者各自所坚守的监管范围往往难以辐射到该类创新金融活动。另外,分业模式下不同行业监管者对风险的监管标准不统一,不仅纵容跨市场套利行为,也阻碍了金融资源的有效宏观配置,给金融市场的系统性安全带来重要隐患。

从实践来看,通过与国际金融市场同类机构的横向对比,中国的银行机构、证券机构、保险机构、信托机构、基金公司等分业机构的发展进程差异明显。据学者研究,经过改革开放四十多年的发展,中国银行市场的效率已经居于世界前列;[1]但证券市场仍然处于弱有效阶段,[2]保险市场的效率更是我国金融市场的短板。[3] 由此可见,分业模式下的差异化监管造就了中国金融不同分业领域不一致的发展进程。系统性金融风险的形成往往与机会主义相伴相随,而分业监管者对不同市场监管的标准不统一为机会主义者留下了操作空间,基于市场的逐利性容易在个别市场小范围内快速积聚泡沫风险,一旦泡沫破灭,泡沫风险会通过传导引发系统性风险。实际上,对于这种监管标准的不一致性,由于分业监管者之间的信息和决策的隔阂,很难在事前发现,其通常是在市场运行中浮现。

最后,从金融机构视角观察,分业监管理论和实践的不足也可以从三个方面作出解读。

一是分业监管模式下,金融机构可以通过分业市场的联动机制进行跨市场套利甚至是跨市场操纵,这容易快速积聚系统性金融风险。例如,在利率联动机制下,银行间债券市场与交易所债券市场存在相互套利的空间,由于两个关联市场的流动性差异,金融风险不但容易在某些大类产品上快速积聚,而且当其中一个市场发生流动性危机时也容易迅速传导至另一市场。再如,股票市场与股指期货市场因为价格机制发生联动效应,实践中已经发生数起通过操纵指数期货市场进而操纵股票市场的案例,比较知名的事件如“8·16光大乌龙指事件”“5·28股市断崖式下跌事件”“5·6千股跌停事件”。[4] 这些异常波动事件都表明现行监管模式下跨市场交易机制存在监管漏洞。在新冠肺炎疫情全球暴发的时期,A股上海证券交易所综合指数在2020年2月3日(春节后的首个交易日)发生了7.72%的较大跌幅,当日市场上有超过3000多只股票触及跌停。另外,美国、加拿大、巴西、韩国等市场发生几次“熔断”事件,其中助跌的关键因素之一就是交易型开放式指数基金(ETF)的引跌效应。对跨市场套利交易机制尽管理论上应当给

---

① 参见吴志攀:《中国银行业和银行法发展40年的本土经验》,载《金融法苑》2019年第2期。

② 参见徐悦:《中国证券市场有效性》,载《财经界(学术版)》2016年第15期。

③ 参见魏华林:《中国保险市场改革开放的得与失》,载《保险研究》2018年第10期。

④ 参见刘辉:《股指期货与股票现货跨市场交易宏观审慎监管论——以国务院金融稳定发展委员会的设立为背景》,载《江西财经大学学报》2020年第1期。

予中性评价,但其对风险的快速引流和监管空白下的操纵空间带来了极大的系统性风险威胁,应当引起监管者的关注和重视。

二是分业经营和分业监管模式下,跨行业的通道业务市场的繁荣也是积聚系统性风险的重要原因之一。由于严格的牌照管制,分业机构之间的业务行为不能直接交叉,但出于资源互补和利益最大化的目标,机构之间存在广阔的合作空间。银行与信托公司合作的银信产品历来饱受争议,关于银行滥用信托通道参与资本市场的情况引起了监管者的高度重视,原银监会曾陆续出台6部部门规章、规范性文件专门治理银信合作业务的乱象。①之后,中国证监会开始准许证券公司利用客户资金开展资产管理业务,中国证监会在2012年颁布了《证券公司客户资产管理业务管理办法》(中国证券监督管理委员会令87号,已失效)②和中国证券业协会在2013年先后发布了《关于规范证券公司聘用第三方机构为集合资产管理计划提供投资决策相关专业服务的通知》(中证协发〔2013〕104号)、《关于规范证券公司与银行合作开展定向资产管理业务有关事项的通知》(中证协发〔2013〕124号)。证券公司充分利用其经纪业务接入资本市场的独特优势,使银证合作资管业务市场迅速发展壮大并大幅挤占了银信产品的规模。总体而言,不管是银信合作业务还是银证合作业务,对于跨市场交易的风险规制问题,监管者依然处于摸索进程中。除此之外,在保险市场和银行资管市场之间也存在广泛的合作,典型案例如宝能系旗下的保险平台前海人寿与民生银行、广发银行等银行机构合作设立结构化资管计划,将保险资金、银行理财资金引入证券市场,大规模收购万科A、南玻集团、南宁百货、华侨城等上市公司股票。由于在万科收购事件中前海人寿遭到监管处罚,相关的跨业态

① 2020年1月5日,课题组在北大法宝网站上检索银信合作业务相关的部门规章、规范性文件,检索结果显示主要有6项文件,包括:《关于进一步规范银信合作有关事项的通知》(银监发〔2009〕111号)、《关于规范银信理财合作业务有关事项的通知》(银监发〔2010〕72号)、《关于进一步规范银信理财合作业务的通知》(银监发〔2011〕7号)、《关于规范银信理财合作业务转表范围及方式的通知》(银监办发〔2011〕148号)、《中国银监会非银部关于做好信托公司净资本监管、银信合作业务转表及信托产品营销等有关事项的通知》(非银发〔2011〕14号)、《关于规范银信类业务的通知》(银监发〔2017〕55号)。

② 该部门规章已经被中国证监会于2013年修订一次。现行有效的版本是2018年颁布的《证券期货经营机构私募资产管理业务管理办法》(中国证券监督管理委员会令第151号)。

资金流动引发的系统性风险问题也引起了监管者的高度关注。

三是在分业经营和分业监管模式约束下,金融机构的发展受到约束,中国头部金融机构的规模和竞争力弱于国际金融巨头,尤其是中国的投资银行略显薄弱。混业经营是全球金融市场展业的基本趋势,业务综合型金融控股公司通过客户同享、资金对接、权益的全方位配置为客户提供全面的金融服务,具有极大的竞争优势。实践证明,一国的投资银行体系的发达程度决定了该国金融市场服务于实体经济的发展水平,因此,我国应培育本土的优势投资银行,为我国金融市场的进一步全方位对外开放做好充足准备。

2. 关于会议制议事协调监管模式的不足

金融监管协调以防范系统性金融风险、维护金融体系稳定为目标,是金融监管体制的重要组成部分,在填补金融监管漏洞、提高监管效率、降低监管成本和调配监管资源方面都发挥着重要作用。① 自 2018 年银监会和保监会合并为银保监会以后,中国金融监管体制呈现出"一委一行两会"的新格局,加上中国银保监会与央行主要负责人的交叉任职,对金融监管效率和监管协调提出了更高的要求。中国金融监管协调经历了长期的改革和实践,2003 年修正的《中国人民银行法》就要求国务院建立金融监督管理协调机制,以及颁布了《中国银行业监督管理委员会、中国证券监督管理委员会、中国保险监督管理委员会在金融监管方面分工合作的备忘录》,建立了原银监会、证监会、原保监会三部门合作的联席会议制度。2013 年,国务院作出批复,同意建立由央行牵头,央行行长作为召集人,成员包括原银监会、原保监会、证监会、外汇管理局,必要时可以邀请国家发展改革委员会、财政部等有关部门参加的金融监管协调部际联席会议制度。这项制度的建立标志着中国金融监管协调正式步入制度化、常态化的轨道。此后,2017 年第五次全国金融工作会议成立了国务院金融稳定发展委员会,将金融监管协调模式从"部际水平协调"发展为"上下级垂直协调",为"一行两会"监管信息的交换和共享、职能配合、综合决策创造了条件,这种由国务院金融稳定发展委员会作为上级实体机构领导统筹的金融监管协调在一定意义

---

① 参见张斯琪:《"一委一行两会"格局下中国金融监管协调框架探析》,载《中国行政管理》2020 年第 3 期。

上标志着中国金融监管协调已经进入了一个新的阶段。

总体而言,无论是2013年成立的金融监管协调部际联席会议,还是2018年成立的国务院金融稳定发展委员会,都是以会议形式组织金融监管协调工作,因此可以称其为会议制议事协调监管模式。这种会议制的议事协调监管模式表现为定期的信息交换和决策协调,并没有把日常监管活动真正导入协调监管框架中,"一行两会"除了在会议平台中共事决策之外,日常监管执法中几乎很少发生监管互动或监管合作关系。因此,作为筑牢系统性金融风险"防线"重要组成部分的中国金融监管协调框架并未真正搭建起来,相关的监管协调问题没有得到根本地解决。当前,"一委一行两会"新格局下,中国金融监管协调的主要问题集中在中央或地方同级监管部门之间的监管协调、中央监管部门与地方监管部门之间的监管协调、监管部门与市场自律组织之间的监管协调,以及金融监管部门同其他部门①之间的监管协调。这些在横向、纵向形成的监管冲突或监管空白,造成了现行会议制议事协调监管机制的形式化、监管沟通成本增加等问题。

(二)货币政策与财政政策双轨运行模式的不足

我国实践中的财政政策和货币政策是国家金融体系中两条平行运行的政策体系。财政与金融的关系在我国的理论界和实务界一直存在广泛的争议,两者含混不清的状态导致两者在政策实践中经常发生冲突。在推进供给侧结构性改革和金融去杠杆过程中,已经发生了几起财政部与央行相关政策研究者围绕着"财政政策不积极""货币超发"等问题的"争议事件",引发了社会的广泛关注。实际上,关于财政与金融关系的实践争议和理论研究一直没有停止过,财政政策与金融政策之间关系的理论迷失和现实困惑是一个充满思辨价值和创新空间的重要难题。② 在改革开放之前就有学者提出财政与金融存在紧密的关系,那个时候的金融主要指的是国有银行

---

① 金融监管活动除了涉及监管部门之外,还包括财政、税务、工商、外汇管理局以及金融司法部门的政策配合,因此有必要在金融监管部门和与金融监管活动相关的非金融监管部门之间建立起协调机制。

② 参见李安安:《财政与金融法律界分视域下的地方债务治理》,载《政法论丛》2018年第3期。

体系。[①] 改革开放后，我国开始建设社会主义市场经济制度，财政和金融都经历了系统性的变革，财政改革和金融改革都是市场经济体制改革的核心，而对财政与金融关系的定位发生了全新的变化。在改革开放后的社会主义市场经济时代，关于财政与金融关系的定性，相关领域的学者有许多深刻的见解，但从未形成相对统一的认识。[②] 总体而言，财政与金融之间紧密关联的同时也存在微妙的差异。

在系统性金融风险防范和治理实践中，财政与金融之间具有普遍的资金渗透性以及强大的互补功能，财政政策具有货币效应，直接影响金融市场的资金调配和金融监管的协调效果，金融政策也能够对财政的收支调控、财政政策运行效果起到联动效应。概言之，缺乏金融支持的财政或者缺乏财政支持的金融，金融市场的安全和稳定都是难以为继的，因此需要将二者融为一体，在制度建构上进行整体搭配和协调。理论上，财政负责政府资金的筹集和使用，金融负责市场资金的融募和调配，两者共同主导着社会资金的流通和资源配置，支撑着社会经济体系的运行。在具体制度安排上，财政政策和金融政策是两种最主要的宏观调控手段，而财政风险和金融风险是两种最常见的经济风险，用金融手段化解财政风险和用财政手段化解金融风险都是现代国家治理的常规手段，前者称为财政风险的金融化，后者称为金融风险的财政化。[③] 然而，在宏观调控的这两条支柱的关系上，无论是"强财政、弱金融"还是"强金融、弱财政"，都是国家金融体系的结构性问题，这种不平衡的禀赋结构对系统性金融风险具有重大的导入效应。因此，只有财政政策与金融政策平衡运行和合理协调，中国金融市场的发展才能行稳致远。

（三）"中央为主，地方为辅"的双层监管模式的不足

中国金融市场具有举国体制的特征，金融监管也呈现一种自上而下的

---

① 参见陈雨露、郭庆旺主编：《新中国财政金融制度变迁事件解读》，中国人民大学出版社2013年版，第2页。

② 参见陈青鹤：《财政与金融制度关系：内生逻辑、现实问题与定位》，载《沈阳师范大学学报（社会科学版）》2015年第5期。

③ 参见李安安：《财政风险金融化的法律控制——以地方债务置换为视角》，载《武汉科技大学学报（社会科学版）》2016年第4期。

演进状态。中国金融监管模式从计划经济时代的中央监管模式发展到社会主义市场经济时代“中央为主,地方为辅”的双层监管模式。国家发展与金融市场的发展具有同步的正向激励效应,大国崛起的进程中,金融监管模式的改革扮演着重要的角色。① 金融为实施社会资源配置的主要手段之一,普惠性是金融市场一以贯之的基本价值,金融机构的“毛细血管”和金融服务应当向下延伸至基层市场。② 改革开放以来,地方金融机构的壮大和地方金融市场的发展对地方金融监管体系提出了改革要求。地方金融的发展统合并服务于地方经济的发展,基于地方经济发展的模式、目标、结构、路径等特殊性,地方金融监管独立性的命题被提出。在金融监管领域,处理并平衡好中央监管和地方监管的关系是国家治理现代化背景下中央与地方治理关系的重要组成部分。

我国《宪法》第 3 条第 4 款规定:“中央和地方的国家机构职权的划分,遵循在中央的统一领导下,充分发挥地方的主动性、积极性的原则。”该条明确了地方主动性的意义和地位,为地方政府参与金融监管提供了宪法性依据。党的十八届三中全会通过的《中共中央关于全面深化改革若干重大问题的决定》第三部分第 12 项“完善金融市场体系”中强调,“完善监管协调机制,界定中央和地方金融监管职责和风险处置责任”,这进一步肯定了地方金融监管制度建设的意义和作用。在中央和地方协调监管问题上,党的十八届四中全会通过《中共中央关于全面推进依法治国若干重大问题的决定》提出指导思想,在坚持党的领导下,中央和地方监管机构应当达成全国“一盘棋”的基本共识,在法定职责范围内各司其职,有所侧重,将防范和化解系统性金融风险作为共同努力的目标。2017 年第五次全国金融工作会议明确强调了地方政府在金融风险处置中的责任,意味着地方金融监管正式纳入我国的金融监管体系,在保证与中央金融监管部门协调配合的基础上,共同规制和应对系统性金融风险。在宏观政策层面,中央监管和地方监管的双层监管模式初步形成。为配合相应的改革,各地方政府相继设立

---

① 参见杜奎峰、王一惠:《金融发展与大国的崛起——读〈伟大的博弈——华尔街金融帝国的崛起〉述评》,载《武汉金融》2014 年第 4 期。

② 参见王颖、曾康霖:《论普惠:普惠金融的经济伦理本质与史学简析》,载《金融研究》2016 年第 2 期。

了地方金融监管局(办)作为履行地方金融监管职能的实体机构,以落实地方金融市场监管的政策目标。① 然而,在现有的金融监管立法框架下,作为上位法的全国人大及其常委会制定的法律和国务院制定的行政法规所一贯遵循的基本立法理念是"一委一行两会"为主导的中央统一监管,对地方金融监管始终保持防范地方"乱治"的态度。在上位法缺失和宏观政策指导下的地方金融监管的实践运行中,我国现行"中央为主,地方为辅"的双层监管模式存在以下几个方面的不足。

第一,中央监管和地方监管之间的金融监管目标有差异。从监管的总体目标来看,中央监管强调守住不发生系统性金融风险的底线,兼顾金融市场的发展,地方金融监管强调促进地方经济的发展和活跃地方金融市场,兼顾不发生区域性金融风险。从实践来看,部分地方金融监管局(办)在其职能介绍中,除了有"拟定本省金融发展规划、政策""推动社会信用体系"等超越金融市场的宏观监管职能外,甚至保留了"招商引资"的职能。② 地方政府在"发展金融业以促进地方经济增长"与"防范金融风险"之间面临选择的时候,金融风险的最终承担者始终是中央政府,或者说中央政府在系统性金融风险防治中存在隐性的担保,具有理性经济人特征的地方政府通常愿意选择前者。对此,有学者指出,地方政府通过控制金融市场融通资金来开展城市基础设施建设,这种结构性刺激上行周期的过度繁荣,将增加下行周期的债务积累和违约威胁,进而导致了经济体系内不断强化的信贷规模和房地产(土地价格)的周期性上涨,危及金融市场的系统性安全。③ 以对P2P、网络小贷、网络股权众筹等为主要对象的互联网金融风险专项整治为例,上一轮互联网金融风险专项整治工作的展开遵循属地原则,在地方政府的领导下陆续进行问题金融机构、问题项目的清理和整顿。本质上,处于监管体系之外的互联网金融创新是对正规金融或传统金融的有益补充,不仅

---

① 参见李志强、王亚平、张倩倩:《我国地方政府金融监管的演化路径研究——基于前景理论》,载《金融监管研究》2020年第3期。

② 参见管斌、万超:《论我国金融监管权"央—地"配置制度的科学设计》,载《中国矿业大学学报(社会科学版)》2020年第1期。

③ 参见[英]阿代尔·特纳:《债务和魔鬼:货币、信贷和全球金融体系重建》,王胜邦、徐惊蛰、朱元倩译,中信出版集团股份有限公司2016年版,第126页。

有效推动了传统金融市场的加速变革,也能够弥补现有金融市场的结构性缺陷,但因其无序发展积累了大量风险,对系统性安全构成重要威胁。一些地方政府过度关注金融发展,以金融创新自由和宽松的监管环境换取区域金融市场的竞争力,不仅前期放纵了大量风险事件的发展,后期风险整治过程中也表现出宽松拖延,耽误全国风险整治运动进程的同时也浪费了大量监管资源。

第二,中央与地方之间的金融监管权责配置不够协调。理论上,地方行使金融监管权必须通过法律的授权,而在法律、行政法规未作任何安排的情况下,法定意义上的金融监管权都必须由中央监管机构行使。从实践角度观察,中央垂直监管体系与地方的属地监管之间存在不协调之处。尽管地方金融监管已经运行了一段时间,中央层面的放权①在形式上大多以通知、办法方式实现,不仅法律效力层级低、权威性不足,内容上也没有对地方金融监管权的范围和风险处置责任加以明确规定,大多以原则性、概括性规定呈现,模糊地带的权责还有争议。这可能导致监管重叠、监管真空或者监管越位现象。另外,尽管有地方人大或地方政府根据地方金融市场发展状况,相对自主地制定了地方性法规、地方性政府规章对地方金融问题加以规制,但由于立法的能力和经验有限,制定出的相应规则不仅难以满足监管实践需要,甚至会与全国人大及其常委会的立法、国务院的行政法规、“一委一行两会”的部门规章和规范性文件发生冲突。这也导致不同地方金融监管在机构设置、职能、权责等方面存在差异。

(四)部门金融风险专项整治模式的不足

金融风险专项整治是我国独创的防范和化解系统性金融风险的模式之一。金融风险专项整治活动体现了我国金融风险治理模式中独特的运动式监管特征。金融市场的风险积累是个循序渐进的过程,在某一项金融创新市场运行的初期,往往对预期效益和市场的看好盖过了其背后隐秘的风险积聚,而监管者对金融创新活动前期的监管过于宽松,为追求特定的市场效益而放松了监管。当金融风险已经形成一定的规模和破坏力,监管者才意识到织起监管网络的必要性,进而开展金融风险专项整治运动。当前金融

① 这里表述上使用“放权”,因为还不构成法律意义上的“授权”概念。

风险专项整治运动主要局限于部门金融风险，且只有特定领域或者特定范围才能取得相应的治理效果，以专项治理替代系统性治理是把系统性金融风险化整为零的重要治理路径。从实践来看，我国金融风险专项整治模式已经运用于非法集资、私募股权投资基金、互联网金融、区域性股权交易场所的设立、证券交易场外配资的清理、债券违约、信用卡不良中介、保险欺诈、地方政府隐性债务的清理、房地产信贷融资市场等领域，其中互联网金融风险专项整治运动最具有代表性。部门金融风险专项整治模式极具政策性，在缺乏法治化思维的约束下，其往往会对金融创新及金融市场内生的结构性变革产生重大伤害，其不足之处有二：一是由于对金融创新活动缺乏成熟的监管机制，事后的金融风险专项整治容易抹杀金融创新的活力，抑制金融市场的发展变革；二是金融风险专项整治模式所执行的“前期放纵，后期清盘”的做法不仅容易扰乱金融市场基本秩序，也浪费大量的社会资源。

一方面，金融风险专项整治模式容易抹杀金融创新的活力，抑制金融市场的发展变革。以互联网金融风险专项整治运动中的网络股权众筹监管为例，我国现行网络股权众筹的合法性空间已经严格限制在小范围内的网络私募股权众筹。关于网络股权众筹究竟适用公募融资的监管理念还是私募融资的监管理念抑或两者兼容，长期存在争议。① 在股权融资市场比较发达的美国，即使是证券公募，也有适用注册豁免的小额公募和必须注册的公募发行之间的区分，两者适用不同的监管规则。② 经历一场互联网金融专项整治运动之后，我国主流意见认为网络股权众筹应当适用监管 IPO、债券公募规则之外的小额私募监管规则，这种观点也反映在 2014 年中国证券业协会颁布的《私募股权众筹融资管理办法（试行）（征求意见稿）》中。③ 在互联网环境下的私募股权融资，不仅大幅减损了互联网公开化、流量经济的先天优势，也违背了众筹发展的初衷，抹杀了融资众筹这一商业模式创新的活力，抑制了传统的证券公开发行之外的公募市场的发展。另外，实践中股权众筹项目发起人为规避公募发行的红线，利用股权代持、集合资管计划等

---

① 参见黄辉：《中国股权众筹的规制逻辑和模式选择》，载《现代法学》2018 年第 4 期。

② 参见刘宏光：《小额发行注册豁免制度研究——美国后 JOBS 法案时代的经验和启示》，载《政治与法律》2016 年第 11 期。

③ 参见彭冰：《股权众筹的法律构建》，载《财经法学》2015 年第 3 期。

工具迎合私募监管要求，由此引发了大量的矛盾和纠纷，因此产生了穿透式监管等创新监管手段。

另一方面，金融风险专项整治的清盘式做法不仅容易扰乱金融市场的基本秩序，也浪费大量社会资源。以互联网金融风险专项整治运动中的P2P网贷监管为例，目前我国各地的P2P网贷平台几乎都已经清盘。P2P在诞生之初，属于信息中介性质的民间借贷，有效弥补了民间借贷市场信息不对称问题。之后，各地的P2P平台呈现爆发式增长，在无监管状态下，市场竞争秩序陷入混乱状态，为留住客户和吸引增量资金，许多激进的平台通过各种方式为债权人提供隐性担保，进而大量的P2P平台从信息中介异化为信用中介，以e租宝等明星P2P公司“爆雷”事件为开端，在2018年6月甚至发生了“爆雷潮”，引发了严重的系统性风险。系统回顾这一历程，从2007年拍拍网、宜信等P2P公司在中国诞生，整个网贷行业一直处于无监管的失序发展状态，一直到2014年原银监会等监管部门才意识到部门风险的存在。然而，在2014～2016年，监管当局还在争论如何监管P2P，由于官方的重视和市场的“炒作”效应，这两年时间里P2P平台爆发式增长。[①] 2016年4月，国务院办公厅发布《互联网金融风险专项整治工作实施方案》，原银监会等十五部委随后发布了《P2P网络借贷风险专项整治工作实施方案》，从风险专项整治工作的指导思想、原则方面回应了国务院办公厅的要求，但因为依然欠缺对P2P网贷的监管规则，在监管立法依据空白的情况下无法具体展开风险专项整治工作。[②] 直至2016年8月，原银监会正式发布了《网络借贷信息中介机构监督管理暂行办法》，开始了关于P2P网贷市场风险的专项整治运动。截至目前，全国各地的P2P网贷平台基本都已经清盘。[③]

二、当前中国金融市场法律治理手段的不足

当前中国金融市场风险治理以政策为主，法律治理略显薄弱，相应的法

---

① 参见彭冰：《反思互联网金融监管的三种模式》，载《探索与争鸣》2018年第10期。

② 参见邓建鹏：《互联网金融专项整治》，载《中国金融》2016年第16期。

③ 关于国家全面清理P2P网贷平台的相关数据及报道，详见天眼网，https://www.p2peye.com/hjzs/gjqmqlwdpt/。

律治理手段不仅规范化不足,而且难以应对变幻莫测的风险样态,凸显出治理现代化水平的不足。中国金融市场法律治理手段体现于各项具体的监管立法,在实践运行中,相应监管立法的不足要么是制度内容的缺失,要么是规则的时代适用性或者应对风险的有效性不足,未能取得预期的风险治理效果。

（一）穿透式监管还没发展为成熟的功能监管

自我国在互联网金融创新监管实践中提出"穿透式监管"理念以来,证券、银行、保险、资管市场等其他金融领域也相继开始借鉴和使用穿透式监管手段,金融监管机构在制定的规范性文件中更是将穿透式监管提到一定的高度并积极倡导。2016年国务院办公厅发布的第一份互联网金融风险专项整治文件《互联网金融风险专项整治工作实施方案》提出,对各类复杂的互联网金融产品采取"穿透式"监管方法,根据业务实质明确责任主体和责任内容,透过交易表面判定业务的本质属性。2016年3月25日中国互联网金融协会挂牌成立仪式上,潘功胜同志强调,互联网金融监管要实施穿透式监管,透过互联网金融产品的表面形态看清业务实质,将资金来源、中间环节与最终投向连接起来,按照"实质重于形式"的原则甄别业务性质,根据业务功能和法律属性寻找监管规则。① 此后,监管机构和行业协会的诸多部门规章和规范性文件中都出现了"穿透式监管"的表述。"穿透式监管"这一概念自被提出以来,受到金融市场和监管规则的广泛青睐,市场机构也纷纷顺应监管动态将穿透性要求作为自律性规范。然而,穿透式监管的落脚点在于穿透识别后根据业务功能和法律属性寻找相应的监管规则,其应用的本质在于功能的穿透和法律属性的识别。"穿透式监管"为一个内涵、性质、适用边界依然很模糊的概念,监管者应当时刻保持警惕,防止其被滥用。② 如何从现行穿透式监管走向成熟的功能监管是我国监管当局所要面临的重要问题。

功能监管本身在法律层面也没有严格的定义,它是应对复杂的金融跨

---

① 参见潘功胜:《促进互联网金融持续健康发展——在中国互联网金融协会成立会议上的致辞》,载《金融电子化》2016年第5期。

② 参见叶林、吴烨:《金融市场的"穿透式"监管论纲》,载《法学》2017年第12期。

业态交织创新的另一种监管思路,其基本理念是利用对金融创新产品的穿透性分析,根据功能的识别和定性来解决监管规则寻找的问题。在比较法视野下,功能监管的概念首次出现在1999年《美国金融服务现代化法案》,该法案提出,在功能监管理念指导下,金融机构开展各种金融创新活动应当以其所实现的主要功能为标准,明确对应的监管机构和适用相应的监管规则,以解决跨业金融创新的监管归属问题。① 穿透式监管的"穿透"指的是刺破金融产品的外观去发现金融关系的本质,而发现金融关系的本质也即金融功能的识别,监管"穿透"的观测面包括主体穿透、产品属性穿透和资产嵌套层级穿透等。把一个完整产品穿透后也无法从不同的侧面寻找适用不同的监管规则和拆分对应不同的监管机构,因而,对监管对象进行穿透只是理解和判断复杂金融产品的一种方法,而最终的监管手段依然落脚于该项金融产品所属的货币性转融通(银行类)、证券性转融通(证券类)、风险担保性转融通(保险类)三种不同的功能定性,以此借助功能监管理念匹配相应的监管机构。因此,功能监管是穿透式监管的"进阶版",后者是前者的工作方法,前者是后者在监管手段上的落实。从当前监管立法实践来看,我国还没建立起完整的功能监管规则体系,大量的监管制度依然停留在机构监管阶段,从穿透式监管到成熟的功能监管还有一段很长的改革过程。

(二)体系庞杂的货币政策工具缺乏必要的制约

货币是金融体系的血液,货币政策体系是我国的国家制度和国家治理体系的重要组成部分。中国人民银行作为法定的货币政策制定和执行机构,坚守币值稳定目标,实施稳健中性的货币政策关乎每一位公民的切身利益,对推动我国经济从高速发展转向高质量发展具有重要的保障作用。

新形势下,我国的货币政策目标出现了结构性异化,在紧盯数量和价格为评价体系的通货膨胀调控的锚之外,推动经济增速达到预期目标,服务于国家各项产业政策、财政政策、就业政策等具体的市场改革目标所占的比重越来越大。基于此,货币政策由于简便易行,对货币市场的短期流动性刺激极容易提高公众的满足度,导致国家宏观调控政策体系在一定程度上依赖

---

① James, A. Leach, *Introduction*: *Modernization of Financial Institutions*, Journal of Corporation Law, Vol. 25, p. 681 – 690(2000).

货币政策实践应用的频率和空间被压缩。央行的货币政策对市场结构及要素配置产生了一定影响,反应比较明显的风险现象包括消费品市场价格逆周期调控难度加大、金融市场泡沫催生和破灭的周期缩短等。资本要素的增长若显著高于人力资源的价格增长,将导致社会贫富差距持续扩大,在市场结构调整进度未能跟上经济增长速度的情况下,社会资本会很快向少部分群体和少部分产业集中,不仅容易因为公平问题激发大量的社会矛盾,而且一些行业部门也容易成为系统性风险的高发领域。总之,在缺乏必要的制度制约的情况下,体系庞杂的货币政策工具主要有以下几个方面的不足。

第一,货币政策对经济增长的刺激目标超过了稳健性目标。从货币政策发展史来看,发达国家都曾经把货币政策用作追求经济增长的手段之一。通说认为,通过容忍适度的通胀可以换取更高一点的经济增长。[①] 然而,在特定经济发展目标下,货币政策在促进经济增长和稳定通胀的目标之间很难做好平衡。在经济发展新常态下,央行在制定和实施货币政策时应当充分认识到,超越"价格"和"数量"目标框架的货币政策虽然能很好地刺激短期需求,但从中长期来看将对供给侧结构性改革和经济结构调整产生负面影响,过于频繁和过量使用甚至有可能留下复杂的"后遗症"。因此,央行如何根据市场的实际情况把握好货币政策目标和平衡货币政策的力度还有待讨论。

第二,货币政策与其他宏观调控政策之间的协调配合度不足。应健全宏观调控的综合性政策体系和协调机制,发挥不同宏观调控政策的整体协同效应。央行经过实践创新和经验积累,已经形成了手段丰富、内容多样的货币政策工具体系,货币政策调控效率也有大幅提升。但是,强化货币政策创新而弱化其他政策工具创新的调控功能,容易减损宏观调控政策体系的实际调控效果,也可能对市场产生不良冲击。因此,如何构建和完善中国的宏观调控政策体系,使货币政策与其他调控政策发挥协同调控效应,共同作用于特定政策目标,是我国全面深化改革过程中有关基础制度体系建设需要解决的问题。

---

① 适度通胀能够对经济增长产生正向的"溢出效应",这种经济运行现象又叫"托宾效应",具体的特征表现为"菲利普斯曲线"。参见刘金全、解瑶姝:《"新常态"时期货币政策时变反应特征与调控模式选择》,载《金融研究》2016 年第 9 期。

第三,货币政策传导机制不畅通。央行通过丰富的货币政策工具保障银行体系的流动性稳定充裕,短期利率呈现走低趋势,但中小民营企业融资难、融资贵的问题一直没有得到有效地解决,构建通畅有效的货币政策传导机制是经济改革的基础性问题。中国的民营经济,尤其是大量的中小民营企业是社会主义市场经济的"毛细血管",在推进构建和完善社会主义市场经济制度中扮演着重要的角色。2018 年国务院金融稳定发展委员会第二次会议强调,要重点研究疏通货币政策的传导机制,增强服务实体经济的能力和水平。① 2020 年全国人民代表大会审议的《政府工作报告》提出,要创新直达实体经济的货币政策工具,强化对稳企业的金融支持,尽力帮助企业尤其是中小微企业、个体工商户渡过难关。货币政策传导机制的构建,本质并不全是货币制度问题,受市场结构和政策环境影响较大。面对经济新常态下我国内外复杂多变的经济环境,货币政策的传导途径和传导机制发生了新的变化,传导的效果更加不确定,疏通的难度也逐渐增大,如何从以控制贷款额度为主的数量型货币政策转向以利率调节为主的价格型货币政策是我国当前改革的主要目标。② 在这一目标下,改革主要努力的方向在于如何实现短期市场利率向长期利率(包括存贷款利率、债券利率等)的有效传导。

实证研究表明,影响我国短期利率向长期利率的传导效率、造成传导受阻的因素主要有央行调控集中在对贷款的数量管制(贷款规模的管制)、存款准备金率过高、企业预算软约束、债券市场流动性不足反映出的市场低定价能力等。③ 中国人民银行货币政策司的官网显示,我国的货币政策工具主要包括公开市场业务、存款准备金、中央银行贷款、利率政策、常备借贷便利、中期借贷便利、抵押补充贷款、定向中期借贷便利。④ 价格型货币政策调控模式下,通过中期政策利率、基准政策利率、目标利率等利率走廊操

---

① 参见《国务院金融稳定发展委员会召开第二次会议:打通货币政策传导机制,提高服务实体经济能力和水平》,载《中国金融家》2018 年第 8 期。

② 参见毕海霞、郭幼佳:《新常态下我国货币政策传导机制的转变特征及对策》,载《经济纵横》2016 年第 10 期。

③ 参见马骏等:《利率传导机制的动态研究》,载《金融研究》2016 年第 1 期。

④ 详见中国人民银行货币政策司网站公示,http://www.pbc.gov.cn/zhengcehuobisi/125207/125213/index.html。

作，可以有效地引导市场预期、降低市场利率波动、培育金融机构的市场自主定价能力，同时辅助降低公开市场操作的成本，健全与利率市场化相适应的货币政策传导机制。[①] 在向利率为主的价格型货币政策框架过渡时，央行如何通过政策利率锚定预期和引导预期，建立公开、透明、可信的利率走廊，提升政策利率的市场认可度和基准度，是央行构建和完善货币政策传导机制需重点解决的问题。

（三）监管科技应用不足

金融科技已经成为世界范围内的热门话题，受到各国政府、国际组织、金融业界、学术界的高度关注。金融科技通常被界定为金融与科技的深度融合，把科技应用到金融监管领域，通过互联网、大数据、人工智能、区块链等技术工具的变革推动金融监管体系的创新，进而在一定程度上改变金融生态，扩展信用服务和金融产品的供应范围，有效提升金融服务的便利性，更大程度地满足客户体验。近年来，国内外学界对监管科技的定义进行了丰富的讨论，但因为各有侧重，至今尚未形成统一定义。在监管合规的视角下理解监管科技，通常包含监管和合规两层含义，其本质是通过现代科技赋能金融监管改革，助力监管者优化监管手段，同时推动金融机构降低合规成本，以此平衡好监管与创新之间的关系，最终实现金融市场稳健发展的目标。根据著名经济学家熊彼特的“破坏性创新”理论，金融科技是为达到破坏性创新，金融创新和法律技术紧密结合所实现的融资方式的转变。[②] 金融稳定理事会将金融科技定义为：“通过技术带来的金融创新，并由此创造新的业务模式、应用、流程或产品，从而对金融市场、金融机构或金融服务的提供方式造成重大影响。”[③]“破坏性创新”要求监管机构必须善于识别金融科技所带来的新风险和新挑战，有效评估和预测金融科技创新活动的风

---

① 关于从数量型货币政策框架向价格型货币政策框架转型的系统探讨，徐忠、纪敏、牛慕鸿、李宏瑾在《中国货币政策转型：转轨路径与危机反思》一书中进行了详细论述，参见徐忠等：《中国货币政策转型：转轨路径与危机反思》，经济管理出版社 2018 年版。

② Iris H-Y Chiu, *Fintech and Disruptive Business Models in Financial Products, Intermediation and Markets: Policy Implications for Financial Regulators*, Journal of International Law, Vol. 47, No. 4, p. 1271 (2016).

③ Financial Stability Board, *Fintech: Describing the Landscape and a Framework for Analysis*, Research Report, March 2016.

险替代和结构性冲击。因此,监管科技由于其技术中性、智能化、大数据处理等优势在各种监管手段中脱颖而出,目的是提高监管部门的监管效能,降低金融机构的合规成本,应对全球范围内监管和法律业务不断增加的复杂性和紧迫性。① 换言之,金融科技和监管科技是同类型技术在不同场景需求下的相对应用,其兴起动因具有同源性。② 从中国实践来看,监管机构利用监管科技解决监管任务虽然不如金融科技领域那样发展迅猛和成果丰硕,但随着全球金融市场监管改革和监管协调的压力逐渐增大,监管科技的监管应用场景逐渐清晰,由监管科技发展驱动的金融监管体制改革也逐渐成型。就我国当前监管科技的应用实践而言,主要存在以下两个方面的不足。

第一,由监管科技推动的金融监管体制改革进程缓慢,监管机构长期适应传统监管框架内的审慎监管、行为监管和功能监管,对监管科技的实践适应性不足。传统金融监管框架内的审慎监管、行为监管和功能监管等监管手段最大的特点是监管活动的中心化,将"风险治理为本"作为核心监管理念。在工作方法上,监管机构在微观审慎方面着眼于金融机构的资本充足率、流动性水平、资产质量、盈利能力等指标,在宏观审慎方面集中关注周期管理、货币政策稳健程度、系统重要性金融机构的监管等问题。金融科技具有交易跨界化(跨业态)、去中介化、分布式(去中心化)和智能化四大核心要素,极大地改变了当前的金融市场生态体系,倒逼着现有监管体系的改革。③ 作为应对金融科技之"矛"的监管科技之"盾",应当系统审视传统监管手段的不足,引入去中心化的监管思维,把监管目标从"风险治理"的单维转向"风险治理"和"技术治理"的双维。利用科技和法律的深度融合推动中国监管体制向前发展。

第二,监管部门对监管科技的研发和人力资源投入不足。伴随全球范围内的金融监管体制改革,金融科技的迅猛发展和高度的产业化应用倒逼

---

① 参见尹振涛、范云朋:《监管科技(RegTech)的理论基础、实践应用与发展建议》,载《财经法学》2019 年第 3 期。

② 参见费方域:《金融科技与监管科技:生态的视角》,载《新金融》2018 年第 5 期。

③ 参见胡滨、郑联盛:《金融科技的发展与监管》,载胡滨主编:《中国金融监管报告(2017)》,社会科学文献出版社 2017 年版,第 10 ~ 15 页。

着监管部门在监管科技应用改革上持续跟进,以金融业信息综合统计和数据监管为中心的科技监管体系逐步完善。全新的科技监管体系对金融风险数据、用户识别、交易监控、风险模型分析、评估预测、风险预警、强制执行等的需求越来越高,这一需求在金融科技的推广和应用过程中不断地演化。随着金融业的数字化程度逐步提升,以传统的事后监管、人工盯市、冗杂的数据报表收集整理为主的监管范式已经无法满足对金融科技新业态监管的需要。对此,监管机构需要从以往的依赖监管对象提供数据的被动型监管转向通过数据连接实现的主动型监管,这对监管机关的基础设施信息获取能力提出了较高的要求。从实践现状来看,我国金融监管部门对监管科技的研发和人力资源投入还无法满足高速发展、迭代加快的金融科技新业态的监管实践。金融科技和监管科技既然是同类技术的不同场景应用,两者应当共同发展和协同演进。从国际学界发布的研究报告来看,监管科技的技术支撑主要包括大数据、云计算、人工智能、区块链技术、API 应用程序编程接口、生物识别技术、物联网等。[①] 这些复杂的前沿技术,要求有持续不断的科技研发投入和人力资源投入。由于监管科技应对金融科技本身就是一种"针尖对麦芒"的关系,监管部门需要跟进市场发展和技术发展,持续投入与其相适应的改革资源。

(四)监管试点实践有待形成理论和成熟的制度

金融监管改革中的新规试点是我国监管实践中常见的监管手段。改革开放以来,中国改革的一个基本思路是"摸着石头过河",按照"先行先试"的基本方针,经授权的试点地方在一定范围和一定时间限度内,可以突破现行有效的全国性法律,先行一步,进行各种立法(新规)尝试或者制度创新,然后由中央总结各种模式的经验教训,修改相关全国性法律,将新的制度规则推向全国。[②] 这种模式被称为"允许地方先行先试"的法律发展或制度改革。在金融监管制度改革领域,监管试点模式具有风险小、调整便利、制度磨合成本低等突出优势,因此常常被看作是金融监管改革成功的基本经验。

---

① 参见杜宁等:《监管科技:人工智能与区块链应用之大道》,中国金融出版社 2018 年版,第 68 页。

② 参见程雪阳:《从试点到立法的中国改革逻辑》,载《社会科学报》2015 年 4 月 2 日,第 3 版。

在现有的立法框架下,《立法法》第13条创设了特定事项授权立法决定规则,该条规定:"全国人民代表大会及其常务委员会可以根据改革发展的需要,决定就行政管理等领域的特定事项授权在一定期限内在部分地方暂时调整或者暂时停止适用法律的部分规定。"这里的特定事项授权立法规则具有高度的概括性,核心要件包括"一定期限内""部分地域""暂时",该项规则呈现出模糊的行为边界,严重毁损了立法法治。实践中,全国人民代表大会常务委员会授权决定存在部分被授权主体不适格、授权依据不充分、授权事项扩大化、授权决定的合宪性(合法性)审查缺位、被授权机关的监督机制缺位等问题,[①]在具有立法灵活性特征的金融监管立法领域表现得尤其明显。因此,中国的监管试点实践并未形成有效的理论和成熟的制度。在数字经济时代,金融市场的展业模式和交易辐射已经突破传统意义上的"部分地方"的限制。相较于当前立法框架下地域型监管试点的手段和运行方式,金融风险的地域和影响范围可控性的理念和方式在互联网时代已经发生了质的变革。当前的监管试点实践的不足体现在以下两个方面。

一方面,交易市场的跨业态和非地域化突破了传统试点监管手段中的地域或机构限制,风险的关联性和外延与试点监管中风险可控的初衷相悖离。现代金融市场不再是可以进行区域切割的有边界的市场,其交易边界的界分方法已经转换到以资本和税收监管为主线的划界方式。传统的监管试点是以"部分地区"为标准限定风险控制的边界,其发挥作用的前提是金融风险的地域性特征。现代金融市场由于电子化交易和金融资源的跨业态、跨区域配置,除了区域比较优势差异之外,在其他风险问题上已经消除了区域因素。因此,传统的区域型试点监管手段并不适应现代非区域化的金融市场。

另一方面,金融活动的普遍线上化和我国立法上商事营业活动的无地域限制,跨区域市场的高度关联性打破了现行监管试点制度关于边界的适用条件。我国现行商事营业法律制度中,商事登记只存在行业范围或经营

---

① 参见江国华、郭文涛:《全国人大常委会授权决定的实证分析——以十二届全国人大常委会作出的21个授权决定为样本》,载《中南民族大学学报(人文社会科学版)》2019年第5期。

种类的限制,而不存在营业活动地域范围的限制,对于注册登记地而言,其仅代表了经营者的法定住所地,并不存在经营者营业活动空间的限制。地方商业银行、地方证券公司、地方保险机构等地方性金融机构的服务对象不仅限于地方市场主体,打破交易活动的地域壁垒是《反不正当竞争法》的基本要求之一,在符合资本流动监管和纳税管制要求下,跨业态和跨区域的联动性交易是现代自由市场的重要特征。因此,在现行的试点监管规则之下,并不能找到一些相对封闭、可控的试点运行风险区域,这种试点方式显然已经无法满足监管实践的需求。如何以资本监管和税收管制为主线,厘清封闭可控的风险区域的市场活动边界,对现行试点监管制度进行重构,是金融监管改革的重要任务之一。

第二节　新法律治理理论对治理模式与手段创新的指引

金融法学是一门以法学及法学方法为纲,融合金融学、行为经济学、结构经济学、组织行为学等多门学科的交叉性社会科学。从另一个角度来看,金融法学是以金融市场和金融学上的制度问题为研究对象的部门法学。由此可见,金融法学与金融学具有深厚的渊源。传统金融法研究的金融学基础是金融深化理论。在金融深化理论的视野中,影响和促进经济增长的主要动力是金融深度,金融结构对于理解和解释经济增长、产业发展与表现形态以及公司扩张并没有帮助。① 经过对金融结构与经济发展关系在理论和实践层面的系统反思,金融学的研究路径也从金融深化理论转向了金融发展理论。② 防范系统性金融风险的新法律治理理论诞生于金融发展理论,其基本的内容包括建立于金融禀赋结构原理之上的最优金融结构理论和结构金融法理论。根据金融禀赋结构原理,特定经济体因物质与人力资本的

---

① See Thorsten Beck et al., *Financial Structure and Economic Development: Firm, Industry, and Country Evidence* (Apr. 20, 2016), https://ssrn.com/abstract=632494.

② 对此,雷蒙德·W. 戈德史密斯在《金融结构与金融发展》一书中进行了详细论述,国内中文译本有:[美]雷蒙德·W. 戈德史密斯:《金融结构与金融发展》,周朔等译,生活·读书·新知三联书店上海分店、上海人民出版社1994年版。

积累形成特定的要素禀赋结构，特定的要素禀赋结构决定特定的最优产业结构，并最终在客观上要求具有与之对应的最优金融结构。每个经济体在特定的发展阶段都存在一种特殊形态的最优金融结构。[①] 当现实中的金融结构与最优金融结构的特征相适应时，金融体系的基本功能才能实现最大化，进而推动经济持续健康增长。反过来，当现实金融结构与最优金融结构相背离，金融体系的功能便无法实现最大化，同时阻碍金融业的发展并影响实体经济的发展。新法律治理理论视野下，根据金融禀赋结构理论提出的最优金融结构判断给金融法学研究以及金融市场治理提出了一个新的改革方向，即从法律治理的立场出发，系统性金融风险治理的模式和手段应当朝着维持最优金融结构这一金融学客观规律方向进行创新性改造。

根据国家干预说或者需要国家干预说，政府运用公权力对金融市场进行宏观调控和微观监管是市场失灵和防范系统性金融风险的必然要求，这也是金融法律得以产生的实践基础。然而，在干预的正当性前提下，如何确保市场调控和行为监管的科学性、规范性以及实现经济效率，是金融市场法律治理创新所要重点解决的问题。金融立法是国家干预金融市场的基本法律依据，尤其是对于监管权力是否需要介入、何时介入、以何种主体、何种方式、何种力度介入等基本问题，金融立法都必须提供明确的原则和规范指引。在以金融深化理论为基础的传统治理理念指导下，对金融市场的干预存在结构性认识的误区，长期忽视影响经济增长的实质性因素，由此造成金融市场风险治理实践中出现“金融危机—加强监管—走出危机—放松监管—下一轮金融危机—新一轮加强监管—走出危机—新一轮放松监管……”的周期性治乱循环现象。[②]

传统的法律治理理念造成发展中国家普遍地进行金融抑制，阻碍了中国金融市场功能实现最大化和影响了市场效率的释放。金融禀赋结构理论的提出，为系统性金融风险治理的新法律治理理念提供了新的金融学理论基础。基于该理论，每个经济体在特定发展阶段的要素禀赋结构所一一对

---

① 参见林毅夫：《新结构经济学（典藏版）》，北京大学出版社2019年版，第323~325页。

② 关于金融危机治乱循环与金融法改革问题的系统讨论，参见邢会强：《国务院金融稳定发展委员会的目标定位与职能完善——以金融法中的“三足定理”为视角》，载《法学评论》2018年第3期。

应的最优金融结构才是金融风险防范的决定性中间变量。因此,新治理理念下系统性金融风险法律治理的模式和手段设计必须突出金融结构的核心地位。根据林毅夫教授的新结构经济学理论,最优金融结构本质上属于一种客观的经济运行规律,"政府组织干预经济的活动必须尊重市场的经济规律"。[①] 换言之,在客观经济规律面前,政府应当在充分了解和适应金融发展基本规律的基础上,设计出与市场禀赋结构相适应的系统性金融风险法律治理的模式和手段,以此指引金融市场的改革和发展。

一、新法律治理理论对治理模式创新的指引

新法律治理理论提出,根据特定的市场禀赋结构,金融市场的法律治理模式应当试图引导和形成最优金融结构,遵循结构金融法理论,创新市场发展型的法律治理模式。在系统性金融风险法律治理的基本立场下,新治理理念是以市场结构的梳理和矫正为出发点,以我国当前发展阶段的市场禀赋结构基础上的最优金融结构的形成和维护为目标,把市场结构调整作为市场治理的基本方法,利用法治思维从实践中推演形成动态调整的、发展型的法律治理新模式。具体而言,新法律治理理念对治理模式创新的指引体现在以下三个方面。

第一,根据对我国金融市场当前发展阶段的判断,特定的禀赋结构决定了最优金融结构的组成要素,所以金融市场系统性金融风险法律治理模式的改革应当以贯彻落实金融供给侧结构性改革为目标,推进金融去杠杆,不断引导和优化我国金融市场结构。融资结构失衡是我国金融市场系统性风险的表现之一。我国金融系统的结构性失衡主要体现为融资结构的失衡,这一问题正制约着中国经济从高速发展向高质量发展的转型升级。中国金融市场融资结构失衡既有构成要素的失衡,也有空间分布的失衡。[②] 前者是指直接融资和间接融资比例的失衡,后者是指中国金融资源的空间分布或区域分配与对应地区实体经济发展融资需求存在一定程度上的错配。根

---

① 参见陈婉玲:《独立监管组织法律研究——以金融业分业监管为视角》,上海人民出版社 2011 年版,第 13 页。

② 参见黄博、张汉飞:《金融供给侧结构性改革的内容与主攻方向》,载《财经界》2020 年第 13 期。

据最优金融结构理论,我国从银行主导型的金融市场向证券市场主导型的金融市场过渡,必须充分发挥法律治理模式创新的引导作用,在银行体系的间接融资市场贯彻落实金融供给侧结构性改革;[①]推进各类金融机构去杠杆、房地产市场去杠杆、国有企业去杠杆以及地方政府去杠杆;[②]大力发展资本市场,通过宏观调控立法和产业政策推进金融资源空间分配与对应地区实体经济发展融资需求相一致,不断改善金融市场结构以更好地服务于实体经济的发展。

第二,根据以最优金融结构理念为基础的结构金融法理论进行系统性金融风险法律治理模式的创新。当前,我国金融法的价值目标定位于安全、效率、公平"三维目标"[③]或者安全、效率、公平、秩序"四维目标"[④]。这一理论研究路径忽视了对金融发展背后的要素构成问题的挖掘,偏离了金融稳定和系统性金融风险防范背后的市场实践理性。结构金融法理论不仅将金融结构作为金融法治研究的逻辑起点和风险治理的中介,并对金融法治的安全、效率、公平等价值目标实现起到重要的推动作用,也使金融法治的研究转向金融市场结构要素的实践作用机制的场域,真正地把理论研究与系统性风险治理的实践制度建构机制结合起来。从现状看,很少有学者在理论上深究金融法治的实现机制问题。[⑤] 传统的研究大多围绕着安全、效率、公平等价值目标,从金融交易规制、金融监管改革和金融宏观调控制度这几条路径展开。在结构金融法理论指导下,系统性金融风险法律治理通过金融市场业态结构、金融资源配置结构和金融调制组织权力配置结构"三个维度"进行制度创新。[⑥] 与"三个维度"相对应,当前的法律治理模式改革应当分别从金融商法、金融市场规制法和金融宏观调控法三大制度体系具体

---

① 参见赵瑞政、王文汇、王朝阳:《金融供给侧的结构性问题及改革建议——基于金融结构视角的比较分析》,载《经济学动态》2020 年第 4 期。

② 参见汤铎铎、张莹:《实体经济低波动与金融去杠杆——2017 年中国宏观经济中期报告》,载《经济学动态》2017 年第 8 期。

③ 参见冯果:《金融法的"三足定理"及中国金融法制变革》,载《法学》2011 年第 9 期。

④ 参见席月民主编:《金融法学的新发展》,中国社会科学出版社 2013 年版,第 34~44 页。

⑤ 参见刘辉:《金融禀赋结构理论下金融法基本理念和基本原则的革新》,载《法律科学(西北政法大学学报)》2018 年第 5 期。

⑥ 参见刘辉:《论金融法的结构理性——基于金融禀赋结构理论视角》,载《西安交通大学学报(社会科学版)》2019 年第 3 期。

展开立法和修法工作。

第三,新法律治理理念下,金融结构的法律调制机制为系统性风险法律治理模式创新提供了具体的方法。新时代中国金融市场法律治理理念必须回应中国金融市场发展和金融风险治理的现实需求。实际上,当前中国金融市场的主要问题不是总量问题,也不是实体经济发展对金融市场的需求动力不足的问题,而是金融市场的结构性问题。我国金融市场结构性问题的主要矛盾集中在无法充分引导和释放实体经济增长对金融市场的需求。传统的金融法学研究的理论进路与金融法律调制实践之间存在巨大的隔阂,传统的理论在解释和指导金融供给侧结构性改革过程中实效性并不明显。金融法治的研究应当以对金融结构实现有效的法律调制为目标,科学提炼系统性金融风险法律治理创新的具体方法。随着社科法学的兴起和对金融法实践理性认识的加深,理论上也可以逐渐构建起相对完整的金融法律调制机制。与此同时,以金融供给侧结构性改革所提出的金融市场结构转型升级为问题导向,关注供给端的调整和需求端的宏观引导,提炼和抽象出金融结构的法律调制机制,为系统性风险法律治理模式创新提供具体方法。

二、新法律治理理论对治理手段创新的指引

新法律治理理念充分融合了法律规制理论和金融结构调制理论,为中国金融市场系统性风险法律治理手段的创新提供了有效的指引。结构金融法理论提出,针对不同的金融结构调制目标,应当提供差异化的制度供给。金融市场的法律治理手段可以进一步区分为微观金融交易的商事法律规则、中观领域市场的法律规制和宏观经济的法律规制。对于不同类型的法律治理手段,以最优金融结构为理论基础的新法律治理理念都提供了相应的方法论上的指引。实际上,微观金融交易、中观领域市场和宏观经济三种不同形态的金融风险,都对系统性安全构成重要影响。在新法律治理理念指引下,制度建构上可以分别从金融商事法律机制、金融市场规制法律机制和金融宏观调控法律机制三个方面进行具体的创新。

第一,新法律治理理念对金融商事法律机制创新的指引。微观金融交易活动是金融商法的主要调整对象,金融机构进行金融交易创新的基础也

是金融商事法律,金融商法对金融结构的法律调制起到最基础的作用。在现有的监管框架下,机构监管和行为监管有效发挥治理作用的前提是对不合理或者容易形成系统性损害的交易结构进行准确认知和把握。金融商法主要是私法,应当把私法自治设定为基本原则,通过私法自治的理念指导形成商业自治和市场自治的环境,进而有效激发市场主体的活力和创造力。市场在资源配置中起决定性作用和更好地发挥政府作用,作为社会主义市场经济治理的基本原则与金融商法的市场治理理念高度一致。在金融市场交易活动中,金融商法一方面作为交易当事人权利保护和市场公共利益保护的基本依据,另一方面也是金融市场主体进行金融创新、实现特定交易目的的重要工具。在契约自由和市场自治的语境下,金融商法具有鼓励交易达成和维护市场秩序的重要价值导向,对市场的自我规制和系统性风险的治理具有微观疏导作用。

在新法律治理理念指导下,金融商法的立法、执法和司法应当以引导形成最优金融结构为指导思想,在金融创新和风险治理实践中,金融结构的调整作为规则与治理效果之间的中间变量,结构金融法理论下的金融商法把产权、权利与义务的内容、自治性规则与禁止性规则等直接作用于市场结构关系的调整,通过市场结构形式表达,治理的目标始终指向变动中的最优金融结构。正如上一章提到,中国金融市场法律治理中的金融商事法律制度创新,主要是在最优金融结构的引导下,聚焦实际运行中的金融结构相较于最优金融结构而言,表现为生长不足、发展滞后、对金融资源的整体配置较为低效和容易积聚形成系统性风险的金融活动,通过提供金融交易识别法律制度、金融交易选择法律制度、金融交易违约预防法律制度、金融交易违约救济法律制度等,构建起适用于金融供给侧结构性改革的金融商法体系,更好地服务实体经济的发展。

其中,金融交易识别法律制度主要完成对金融交易行为的定性和监管归属的划分,主要包括主体身份识别、资信识别、权利归属识别、交易类型识别、风险识别等法律制度。对于系统性金融风险治理而言,金融交易识别法律制度的治理目标在于精准定位某一类风险或某个风险事件产生的源头,并在性质识别和明确监管归属的基础上制定风险治理对策。金融交易选择法律制度主要是为金融市场主体提供可供选择的交易渠道、交易模式和交易方案,对金融市场结构的调整产生直接引导作用。金融法律法规以任意性规范为主、禁止性或强制性规范为辅,任意性规范大多以倡导性规范方式表达。倡导性规范强调交易主体可以在法律提供的不同方案中自由选择,交易参与人不用耗费更多的成本去设计安排交易方案,可以选择法律提供的标准方案,此时金融立法作为公共资源供给不仅统一了市场标准和提高了市场效率,也有效形塑了金融市场结构。统一的市场交易秩序可以把混乱市场的风险积累降到最低,也为监管和治理系统性风险手段发挥作用提供了条件。金融交易违约的预防和救济法律制度是对金融市场交易的性质识别和利益分配规则的重要补充,是指金融立法通过事先的制度安排,预防违约的发生和违约规模的扩大,防止风险的传导形成系统性风险。

与此同时,通过处理金融交易纠纷的各种争议解决机制进行利益再平衡,能对受损害的主体进行利益救济,最终实现系统性安全。金融交易具有风险属性,且当风险的关联度达到一定程度则具有负外部性特征,涉及主体越多、规模越大的金融交易对系统性安全影响越大。2015 年"e 租宝案"、2015 年"股票市场场外配资清理案"、2017 年"安邦保险接管案"、2019 年"包商银行接管案"等重大影响案件警示我们,中国金融市场风险治理中的金融商事法律制度创新必须跟进和完善金融交易违约预防法律制度。金融交易违约预防法律制度是结构金融法对实际运行中的金融结构进行法律调制的基础,也是防范中国金融市场系统性风险的重要法治保障。以结构金融法理论为基础,围绕中国金融市场治理的金融结构调制目标,金融交易违约预防立法应当将金融供给侧结构性改革中的系统性风险防范作为立法目标,将交易违约风险、违约的规模和影响等违约事件造成的负外部性降到最低。金融交易违约救济法律制度是对交易当事人损失填补和市场系统性损害修复的重要金融商事法律制度,对金融业的持续健康发展起着保障作用,在功能上间接服务于金融结构的法律调整。在这一方面,由于金融业具有专业性强、规则变动快、涉及利益主体复杂等特点,我国金融纠纷解决机制至今未进行体系化的制度构建。从比较法的视野来看,构建一个立体的、多元的金融消费纠纷解决制度体系是各国金融法的发展趋势。①

① 参见邢会强:《走向规则的经济法原理》,法律出版社 2015 年版,第 137 页。

第二,新法律治理理念对金融市场规制法律制度的指引。市场规制法作为经济法的重要分支,在金融市场法律治理的中观层面扮演着重要角色。新法律治理理念下的结构金融法理论对金融市场规制法律制度创新具有直接的指导作用。市场的法律规制发生作用的前提是对运行中的金融市场结构的分析和把握,通过对市场主体、市场要素组成、市场资源分配的干预实现最优金融结构的引导和防范治理风险的效果。金融市场的法律规制制度主要包括金融市场的主体规制和金融市场竞争秩序规制两方面的内容。金融市场的主体规制主要针对不同金融业态的市场准入、退出,核心的监管手段就是金融业的牌照管理;金融市场的竞争秩序规制主要针对市场运行过程中的不正当竞争行为、垄断行为,以及基于特殊产业政策目标的政府干预。理论上,金融市场规制法律制度这一治理手段从市场主体和经营行为两个方面入手,对中国金融市场治理中的业态结构和竞争格局进行中观层面的调制。

在金融市场的主体规制方面,现行的大量立法集中在不同分业市场的准入和退出规则,而且这种准入和退出规则在不同分业市场之间的标准差异并不大,具体表现为对市场结构和行业饱和度调制理念的缺失。金融市场主体规制法律制度应当以市场的最优结构为目标,根据不同金融业态的饱和度或紧缺程度制定差异化的主体准入标准,引导金融市场开展有序的竞争和合理的风险管理,防止风险过度集中以保障系统性安全。例如,对于我国银行业发达而证券业尤其是投资银行相对于国际市场较弱的现象,金融商事组织立法应当降低券商业的准入标准,增加证券服务机构的竞争饱和度,培育自主品牌、有国际竞争力的大型投资银行。在金融市场竞争秩序规制方面,现行立法大多集中在反不正当竞争、反垄断以及金融消费者保护相关问题上,对维持有效率的竞争秩序,促进不同市场以及东西部、沿海与内陆的协调发展,优化金融市场结构问题关注不足。其中,中央与地方的金融监管权力纵向配置已经成为阻碍我国金融市场发展、妨碍金融市场对实体经济资源配置效率的突出问题。以银行业为例,大型国有银行在国家银行业体系中占据绝对主导地位,中小银行和地方商业银行发展相对滞后,国有股份制银行从总行到地方分支行呈现一种自上而下的结构体系和决策管理体系。

与此相对应,我国金融监管权力也是从中央到地方的“倒三角”型配置,地方的监管权力、金融资源的自主配置权存在不足。金融市场规制法律制度作为中观层面的金融市场法律治理手段,应当重点强调金融市场主体和竞争秩序的结构性规制,把最优金融结构作为市场治理的方向,突出新治理理念的引导作用。

第三,新法律治理理念对金融宏观调控法律机制创新的指引。宏观调控和市场规制作为市场经济治理的两项重要手段,在金融市场系统性风险治理中扮演着重要角色。金融宏观调控法律制度是政府对金融市场进行有限干预的基本依据,是资源配置活动中更好地发挥政府作用的重要法治保障。新法律治理理念下的宏观调控有效地融合了结构金融法理论下的金融结构调制方法,把政府对金融资源配置的手段与最优金融结构的调制有机地结合起来。结构金融法理论下的金融宏观调控的金融学基础从金融深化转向金融发展,充分回应了守住不发生系统性金融风险底线的背景下政府对金融市场实施宏观调控所应承担的责任。根据现有的制度框架,我国金融宏观调控法律机制通常表现为各项政策内容,当前主要包括货币政策、信贷政策、宏观审慎政策、财政政策以及其他特定的产业政策。这些政策大多是国务院、央行、财政部、国家发改委等制定的行政法规、部门规章以及各类规范性文件。

其中,货币政策、信贷政策和宏观审慎政策是央行的法定职能,与金融市场的系统性安全具有密切联系。货币政策应当重点突出结构性治理功能,创新货币政策工具,减少公开市场操作的系统冲击,灵活使用常备借贷便利(SLF)、中期借贷便利(MLF)、定向中期借贷便利(TMLF)、短期流动性管理工具(SLO)、抵押补充贷款(PLS)、央行票据互换(CBS)等温和型、点拨式的货币政策工具,在保障市场流动性合理充裕的基础上,促进经济的转型发展和推动人民币汇率的国际化。信贷政策应当加强服务于货币政策向实体经济尤其是中小微企业的传导,对中小微企业、国家政策鼓励类企业提供信贷政策扶持,对高耗能、高污染、产能过剩的“两高一剩”企业限制信贷规模。另外,信贷政策应当突出结构性治理效能,改变商业银行信贷业务过分倚重国有企业、大型机构的现状,在信贷机构治理评价中增加对中小微企业、国家重点培训产业的信贷供给评价,构建信贷市场结构性治理体系。

央行的宏观审慎政策是防范和化解系统性金融风险的重要政策框架,对金融市场实施全面的宏观审慎监管,重点监管系统重要性金融机构,对金融控股公司实施全面的监管。制定和执行财政政策是财政部的专属职能,财政的收支运营、国债及地方政府债券的发行和管理、中央国库的现金管理等对金融市场的安全和稳定起着重要的干预作用。积极有效的财政政策对促进金融市场的供给侧结构性改革,稳定发展预期起到积极的作用,通过对不同业态的财政支持和限制调制金融市场结构,促进金融市场转型升级。其他产业政策包括具备宏观调控职权的国务院、国家发改委、国家税务总局、国务院国有资产监督管理委员会等部门出台的,直接调控特定行业饱和度和竞争水平的具体政策规范。改革开放以来,中国在产业政策的制定和执行方面积累了丰富的经验,金融供给侧结构性改革的背景下,产业政策对中国金融市场结构调整将发挥更大的作用。

第三节　中国金融市场法律治理的模式与手段的创新路径

经济发展新常态下,中国经济发展的转型升级目标倒逼中国金融市场法律治理的模式和手段向现代化路径创新和转型。中国的市场经济是法治经济,金融市场系统性风险的防范和治理应当贯彻落实法治原则。中国金融市场法律治理的核心问题是监管法治,以守住不发生系统性金融风险为底线,创新和完善监管模式和监管手段,使安全稳健的金融市场更好地服务于实体经济的发展。面对中国当前金融市场的“分业 + 会议制议事协调”监管模式、货币政策与财政政策双轨运行模式、“中央为主,地方为辅”的双层监管模式、部门金融风险专项整治模式等治理模式的不足,可以对此提出混业趋势下的综合监管、央行货币政策与宏观审慎的“双支柱”调控框架、货币政策与财政政策的联动配合、扩大地方金融监管权等有针对性的对策。对于当前存在的穿透式监管还没发展为成熟的功能监管、体系庞杂的货币政策工具缺乏必要的制约、监管科技应用不足、监管试点的实践和理论不成熟等治理手段的不足,可以从监管科技的制度构建、功能监管制度的完善、监管沙盒制度的引入、大力加强金融司法建设四个方面提出建设性的意见。

一、中国金融市场法律治理模式的创新

中国金融市场法律治理模式的创新，一方面要立足于中国改革实践，构建适合中国市场的制度体系，另一方面也要紧跟国际金融市场的发展步伐，增强我国金融市场的国际竞争力。中国金融市场法律治理模式创新的重点在于金融监管行政体制改革，实现中国金融市场的市场化和法治化的制度建构。国际金融市场的混业发展趋势和金融市场制度的国际或区际竞争加速了中国金融制度的市场化、自由化改革。① 党的十九届四中全会明确提出要健全具有高度适应性、竞争力、普惠性的现代金融体系，加强金融服务实体经济，推动经济高质量发展。"十四五"规划期间，中国金融市场将面临对外开放加速、金融科技实践的冲击、国际金融风险的冲击等问题，中国金融市场法律治理的模式和手段创新应当继续朝着市场化的改革方向，顺应金融科技的发展和国际化趋势，探索适合中国的大国金融模式。② 具体而言，中国金融市场法律治理模式创新可以从以下四个方面展开。

（一）适应混业趋势下的综合监管模式

混业经营是国际金融市场发展的基本趋势，中国金融市场监管体制改革也应当顺应这一趋势。在中国当前"一委一行两会"的监管格局下，是继续走"分业 + 会议制议事协调"的监管道路，还是进行系统性变革实施综合监管，对此还存在比较激烈的争论。混业经营打破了传统分业经营体制中不同业态之间的资本、人员、经营活动、客户与信息的"隔离墙"制度，同一实体机构控制着两个以上分业机构的牌照，在同个生态组织内部进行管理、进行资源的共享和配置。混业经营有狭义的混业经营和广义的混业经营的区分。前者是指同一法人机构同时经营两种以上的分业经营的牌照业务，而这些不同业态业务之间不存在人员、资本、决策机制上的明显区分，其不同牌照业务就如同法人机构营业执照上不作明显区分的经营范围或经营事项的列举陈述。后者是指以经营控制或决策影响为标准，不同法人机构持有不同分

① 参见冯梅等：《我国金融市场化改革对经济发展效应研究》，载《金融发展评论》2014 年第 8 期。

② 参见中国人民大学课题组、吴晓求：《"十四五"时期中国金融改革发展监管研究》，载《管理世界》2020 年第 7 期。

业经营牌照业务但都受同一实体的经营控制或决策影响。实践中,由于金融市场交易的标准化和流程化趋势越来越明显,不同分业经营牌照业务之间具有明显的边界,因而我们所讨论的混业经营大都是指广义上的混业经营,即使在混业经营市场比较发达的国家,也不存在狭义的混业经营。

随着以金融控股公司为典型代表的混业经营组织的出现,以业态区分为特征的分业监管模式日益受到学界的批评和指责。对此,有学者指出,理论界出现了一种偏见,往往把改革开放四十多年来金融市场所出现的问题都归咎于"分业经营和分业监管"的弊端,并由此引发了以"混业监管"替代"分业监管"的学术潮流。[①] 实际上,在任何一个国家,只要有监管的机构分工,就不存在真正的"混业监管",而中国当前实践中的"分业监管"也不是严格意义上的分业市场之间无涉的切割式监管。混业经营中的"混业"程度相对有所区分。实证结果证明,混业经营程度较低时,可以有效降低金融机构的系统性风险值,当混业经营超过一定程度时,将促使金融机构系统性风险值上升。[②] 中国监管实践具有明显的牌照对应模式下的机构监管特征,而对于机构跨业态的行为,监管部门积累了丰富的会议制议事协调监管经验。然而,混业经营趋势下中国现行的分业监管模式无法满足监管实践需求,建立在监管机构的功能分工基础上的综合监管模式应当提上议程。综合监管强调对监管行为的全口径或全覆盖,尤其是将跨业态和新金融等金融创新活动纳入监管范围。综合监管模式一方面要求金融监管的系统性、全面性;另一方面要求监管机构对市场所实施监管的有效性。综合监管模式下在中国当前机构监管背景下如何进行有效的制度建构是中国金融监管体制改革的难点问题。金融市场发达国家的"双峰监管"和"伞形监管"具有相当的借鉴价值。中国适应混业趋势下的综合监管模式可以引入"伞形 + 双峰"的监管体系。

"伞形监管"始于美国 1999 年颁布的《金融服务现代化法案》。随着美国国内银行业州际市场的开放,为顺应混业经营环境的变化,美国开始变革

---

① 参见郑彧:《论金融法下功能监管的分业基础》,载《清华法学》2020 年第 2 期。

② 参见彭建刚、邹克、蒋达:《混业经营对金融业系统性风险的影响与我国银行业经营模式改革》,载《中国管理科学》2014 年第 S1 期。

原来的联邦与州之间的“双线多头”监管模式，构建了“伞形监管”模式。[①]在这一监管模式下，美联储委员会处于“伞架”的顶端，负责对金融控股公司等混业机构实施整体监管并统筹协调各“子伞”机构的功能监管。联邦存款保险公司、SEC、州保险厅、商品期货交易委员会等分业监管部门作为“子伞”的各端分别对各类分业金融机构实施功能监管。“伞形监管”模式的“伞尖”对混业经营市场的全覆盖和对分业子机构功能监管的统筹协调，在最大限度地填补监管空白的同时，突出了加强监管协调，这在混业经营市场监管环境下具有明显优势。“双峰监管”理论是由英国金融学家泰勒在一份金融报告中首次提出，其基本理念是金融监管应当一手抓系统性保护目标（审慎监管），一手抓金融消费者保护（行为监管）。[②] 在2008年国际金融危机中，澳大利亚和荷兰的“双峰监管”模式表现出的明显优势，让这一理论和制度体系引领了全球金融监管改革的潮流。三十人小组（G30）的一份研究报告指出，“双峰监管”将是危机后世界上主要国家金融监管体制改革的努力方向。[③] 因此，美国通过《多德—弗兰克法案》，在原来的“伞形监管”基础上，正式引入了“双峰监管”框架，组建了跨部门的宏观审慎监管机构即金融稳定监管委员会，并在“伞尖”机构美联储委员会之下设立了金融消费者保护局。此后，美国的金融监管制度改革始终围绕着“伞形 + 双峰”监管框架进行。

在我国现行“一委一行两会”的监管格局下，要构建“伞形 + 双峰”监管模式，就要从监管的理论和制度层面进行系统改造。尽管我国已于2017年成立了统筹协调监管的国务院金融稳定发展委员会，但其法定职能和决策执行机构尚不明确。建议应以国务院金融稳定发展委员会办公室设于央行以及央行在2019年2月增设宏观审慎管理局为契机，把央行打造为中国“伞形监管”框架的“伞尖”机构，统筹协调作为分业监管“子伞”机构的银保监会、证监会的功能监管。与此同时，把央行现行宏观审慎管理局扩大组

---

① Gramm-Leach-Bliley Act，第1章和第2章。

② Taylor M.，*Twin Peaks: A Regulatory Structure for the New Century*，Center for the Study of Financial Innovation，Dec. 12，p. 12 – 15（1995）.

③ The Group of Thirty，*The Structure of Financial Supervision Approaches and Challenges in a Global Marketplace*，The G30 Report，p. 34 – 133（2008）.

成规模和提高其监管地位，增加银保监会、证监会、国家发改委、财政部、外汇管理局、商务部、国家税务总局等涉及专职行使宏观经济调控职能的机构人员，制定和执行金融宏观审慎政策，独立行使宏观审慎职能。

另外，应通过立法把国务院金融稳定发展委员会改造为隶属于央行的微观审慎监管机构，受宏观审慎局的直接领导。对于“双峰监管”框架的另一峰，在国务院统一协调下，在“一行两会”部际层面新设金融行为监管局，授予其实施行为监管和金融消费者保护职权。① 由此，中国的“伞形 + 双峰”监管框架就能在兼顾货币政策和宏观经济稳定职能的央行的主导下有效运行。

（二）央行货币政策与宏观审慎的双支柱调控框架

货币政策和宏观审慎政策是央行的两项重要职能，对维护经济稳定和金融稳定起着“双支柱”调控作用。全球金融业的发展和金融与实体经济的联动运行使金融与实体经济之间形成了独特的内生性关系：一方面，金融市场的扩张和发展为实体经济提供源源不断的资金支持，金融与科学技术逐渐成为推动一国经济增长的基本战略支撑；另一方面，随着金融业的发展壮大，金融对实体经济的影响也逐渐深化，金融市场的稳定和周期性波动是宏观经济波动的重要来源。②

金融与宏观经济的紧密关联意味着以经济发展为目标的制度体系必须在一个统一的政策框架内同时兼顾金融市场的系统性调控和宏观经济调控。新的宏观调控制度框架必须协调统一地纳入经济稳定和金融稳定的制度内容。然而，虽然经济稳定（通常也可以指代价格稳定）通常被认为是金融稳定的前提和基础，但是二者并不总是一致。实践经验表明，在经济发展周期的上行阶段，货币政策虽然能够较好地控制通胀并保持经济的高速增长，但无法确保金融市场的稳定，经济高速增长期积累的系统性金融风险往往成为影响实体经济稳定的关键因素。世界银行的一份研究报告指出，自 20 世纪 70 年代至 20 世纪末，全世界共有 93 个国家先后爆发过 112 次系统性金融

① 参见温长庆：《中国金融控股公司的风险透视和监管应对——兼论中国金融监管主框架》，载《金融论坛》2020 年第 5 期。

② 参见马勇：《“双支柱”调控框架的理论与经验基础》，载《金融研究》2019 年第 12 期。

危机,46个国家共计发生过51次局部性金融危机,这些危机大多数是在政策当局比较成功地控制住通货膨胀(价格市场稳定)的背景下发生的。[①] 由此可见,传统单一的货币政策框架无法保证宏观经济和金融市场的持续稳定。根据"丁伯根法则"[②]和国际视野下的制度比较优势,在货币政策的基础上增加宏观审慎政策,形成"双支柱"调控框架分别锚定经济(价格)稳定和金融稳定的目标,以此构建防范系统性金融风险的基础性制度。

国际金融危机之后,金融稳定在各国中央银行的政策目标中的重要性进一步得到了强化。"后危机"时代,从美国《多德—弗兰克法案》带动的改革和《2012年英国金融服务法》赋予英格兰银行作为金融监管中心的法律地位,[③]一个兼顾宏观经济稳定和主导金融监管的"超级央行"引领着各国金融制度改革的潮流。中国在总结金融危机的教训之后,在经济发展新常态完善社会主义市场经济制度的背景下,央行在2019年2月根据中央机构编制委员会办公室公布的《中国人民银行职能配置、内设机构和人员编制规定》,设立了中国央行的宏观审慎管理局。由此,中国央行的货币政策和宏观审慎政策的"双支柱"调控框架初步形成。然而,"双支柱"政策体系要实现经济稳定和金融稳定的"双目标",关键还在于确保货币政策和宏观审慎政策协调运行的具体制度的构建。在当前体制下,央行的货币政策体系是以央行的相对独立的货币政策委员会为中心构建的,而央行的宏观审慎局相关具体职能、组成人员、决策与执行机制还有待立法明确。

央行的货币政策与宏观审慎政策在系统性风险治理上的冲突或者重叠的问题可以从三个方面解决:(1)对两类政策体系的目标进行协调,货币政策的制定和执行需要加入金融稳定的立法考量,而宏观审慎政策的制定和执行也需要加入货币政策因素的考量。对此,立法上可以考虑央行货币政

---

① 参见世界银行报告小组:《金融与增长:动荡条件下的政策选择》,经济科学出版社2001年版,第58页。

② "丁伯根法则"(Tinbergen's Rule)是由荷兰经济学家丁伯根提出的关于宏观经济调控政策和调控目标之间关系的法则。主要观点包括:政策工具的数量或控制变量数至少要等于目标变量的数量;而且这些政策工具必须是相互独立的。See Tinbergen J., *On the Theory of Economic Policy*, Amsterdam: North Holland Publishing Company, 1952.

③ 参见常健:《金融稳定视阈下中央银行法律制度研究》,法律出版社2019年版,第89~130页。

策委员会和宏观审慎局在组成人员上交叉安排,构建决策与执行上的信息沟通机制;(2)对两机构进行职能协调,在立法上明确货币政策委员会和宏观审慎局各自的职责权限,防止职能的重叠和冲突;(3)在国务院金融稳定发展委员会统一领导下,对货币政策和宏观审慎政策两者日常的政策活动进行协调,立法上授予国务院金融稳定发展委员会相应的协调权力。①

此外,在对具体政策内容协调时,应把宏观调控的目标定为同时实现价格(经济)稳定和金融稳定。由于政策的替代性原理,大部分情况下需要货币政策与宏观审慎政策进行反向操作,但有时基于政策的互补性原理也需要两者进行同向操作,最优的政策组合取决于宏观冲击的类别和风险来源。②

(三)货币政策与财政政策的联动治理模式

货币政策和财政政策作为社会主义市场经济治理的两项重要手段,在防范重大风险攻坚战中起着重要作用。制度的实践运行中,货币政策和财政政策能否取得预期的效果,不仅取决于两种政策的制定和执行是否合理有效,还取决于两者之间是否能够有效地协调搭配,对系统性金融风险实施联动治理。如何厘清货币政策和财政政策两者在宏观调控体系中的地位与关系,并协调配合使用两大政策,使其发挥“1 + 1 > 2”的效果,实现对经济发展和金融市场运行的调控,是金融市场系统性风险法律治理创新的关键问题之一。经济发展新常态和金融供给侧结构性改革的背景下,将防范和化解系统性金融风险作为经济政策的底线,货币政策和财政政策应当统筹兼顾好短期与长期、总量和结构、供给与需求、速度和质量四大协调关系,构建宏观经济治理现代化中货币政策和财政政策联动治理的基本框架。

理论上,货币政策和财政政策协调配合应当以稳定增长预期、防范系统性风险和促进经济结构转型升级等宏观调控目标为核心导向。短期而言,两大政策的协调配合作用于熨平经济的周期波动,适时发挥财政政策的投资需求管理优势和货币政策的消费需求调控优势,维护经济总量基本稳定。长期而言,货币政策和财政政策的协同目标应当集中于经济结构的调整,通过供

---

① 参见李婧:《金融稳定视角下宏观审慎监管与货币政策协调制度研究》,载《国际经济法学刊》2020年第3期。

② 参见马骏、何晓贝:《货币政策与宏观审慎政策的协调》,载《金融研究》2019年第12期。

给管理调整产能配置和化解过剩产能,提高市场资源配置的效率,通过需求管理激发市场的活力,促进经济转型升级,实现社会主义市场经济的持续优质增长。

具体而言,如何加强货币政策和财政政策的两大政策工具的协调配合,实现对系统性金融风险的联动治理,理论界已经有相当多的研究成果。通过运用 VAR 模型分析实际 GDP 增速、财政赤字率与广义货币供应量 M2 的关系,有研究证明:(1)货币供应量变化通常与 GDP 增速的变化方向正相关,而财政赤字率变化通常与 GDP 增速变化方向负相关;(2)财政赤字政策短期可能会诱导货币供应量增加,但长期维度上因挤出效应有损于经济增长;(3)货币供给对财政赤字影响较小,但在促进产出增量提速的同时可能会造成通货膨胀;(4)财政政策与货币政策具体类型的组合形式取决于具体的宏观经济形势和政策目标的综合权衡。① 关于货币政策与财政政策具体类型的搭配组合,首先可以对这两类政策进行分类。一般情况下,货币政策和财政政策都可以区分为扩张性和紧缩性两类。政府通过减税降费、扩大政府购买、加大政府投资、转移支付规模等方式实施扩张性财政政策,扩张性的财政政策也伴随政府盈余的减少或财政赤字的增加。同理,政府也可以通过削减采购支出、减少投资、提高税率、开征新税、减少转移支付规模等实行紧缩性财政政策。对于货币政策而言,中央银行可以通过量化宽松政策、再贷款、下调存款准备金率等方式实施扩张性货币政策,以保障市场流动性充裕,也可以进行相反操作实施紧缩性货币政策。

对如何进行扩张性和紧缩性政策类型的搭配,可以展开相应的实证检验研究。通常而言,国家根据实践运行中的经济在经济周期波动所处的位置进行动态政策供给,由此可以得出初步的政策搭配策略:(1)当经济发展处于波动周期的低谷时,投资和消费需求表现疲软,经济增长速度低于充分就业时的增长率,此时应当实施扩张性财政政策和扩张性货币政策的组合;(2)当经济发展处于波动周期的顶峰时,往往出现投资和消费需求增长过快,产能过剩,受物价大幅增长影响出现滞胀倾向,此时应当实施紧缩性货

---

① 参见龙小燕:《我国宏观调控中财政政策与货币政策协调配合研究》,中国财政科学研究院 2019 年博士学位论文,第 149 页。

币政策和紧缩性财政政策的组合；(3)当经济运行处于周期性上行时，此时出现一定程度的通胀但还处于安全区间内，经济发展还存在进一步提高增速的潜力但需要一些刺激政策，国家财政刚刚经过波谷阶段的强刺激后逐渐收缩，在逐渐收紧和降低赤字率的前提下，保持合理适度的通胀有利于激发经济增长的潜能，因此扩张性货币政策和紧缩性财政政策的组合既能够有效避免财政风险和降低利率水平，又能够促进社会融资增长和激发经济发展潜力；(4)当经济运行处于周期下行时，市场的投资需求和消费需求的增长速度逐渐放缓，但因为刚经历波峰期宽松性货币政策影响，市场流通性充足且存在一定程度的通胀风险，此时利用紧缩性货币政策和扩张性财政政策组合不仅可以更好地刺激消费和投资，也能够有效地抑制通货膨胀的出现。①

在经济发展新常态和全面深化供给侧结构性改革的背景下，我国经济正处于增速放缓、结构转型升级的调整阶段，党中央经过准确研判，提出了“更加积极的财政政策和稳健适度的货币政策”这一政策协调组合。总体而言，货币政策和宏观调控政策应当更加注重维护经济总量的基本稳定，发挥对市场需求的管理优势，在维持合理赤字弹性基础上适当加大政府的投融资规模，在需求侧保障总量的基本稳定。中央政府利用国债吞吐货币和转移支付优势防范和化解系统性金融风险。从长期来看，货币政策和财政政策应当注重促进经济结构的转型升级，发挥供给管理优势，大力支持科技创新企业以实现引领经济增长的动能转换，同时加大力度扶持关键市场主体和优势产业的改革和发展。与此同时，央行公开市场业务，财政部国债管理部门应当加强国债市场的协调管理，通过国债管理绩效改革打破人民币外汇占款规模和促进人民币发行制度体系的完善，增加国债、国库现金管理对流通中货币供应量的主动权，促进国债市场和人民币汇率的市场化和国际化。

(四)扩大地方金融监管权

中国改革开放以来取得巨大成功的关键因素之一就是处理好改革过程中中央和地方的关系。中央和地方关系问题，既是一个复杂的政策问题，也是一个现实的实践问题。党的十八届四中全会在全面依法治国的主题之

---

① 参见朱柏松：《基于DSGE模型的货币政策和财政政策联动机制研究》，华中科技大学2013年博士学位论文，第27～29页。

下,提出“推进各级政府事权规范化、法律化,完善不同层级政府特别是中央和地方政府事权法律制度”。在金融市场治理领域,中国金融监管模式从适应于计划经济时代的中央监管模式到市场经济时代“中央为主,地方为辅”的双层监管模式,部分金融机构的监管权逐渐从中央下放到地方。金融监管权力的中央和地方配置逐渐成为一个非常重要的政策性问题。随着全面深化改革开放过程中我国金融市场受国际金融危机、金融市场风险的关联性波动、巴塞尔银行协议革新的约束等国际因素的影响,以及经济体制改革期间国内的互联网金融风险、人民币汇率市场化和国际化进程中的贬值风险以及类似新冠肺炎疫情的重大突发公共事件引发的系统性金融风险等国内因素对金融市场的影响,对中国金融监管水平提出了更高的要求。由于中央监管的有限性,地方中小金融机构、准金融机构以及普惠金融的发展对地方金融监管权力配置提出了更高要求。

从实践角度来看,经过多轮的央地事权分配制度改革,各省、自治区、直辖市纷纷出台了地方金融监管的地方性法规或者地方性政府规章,设立了地方性金融监管机构,按照现有的“双层监管”分权规定,主要负责小额贷款公司、融资担保公司、地方性金融资产交易平台、本地的互联网金融机构等地方金融机构的设立审批和持续监管。另外,由于近年来地方性金融机构发生各种风险事件,尤其是互联网金融风险专项整治指导性文件《互联网金融风险专项整治工作实施方案》对地方金融监管的授权和互联网金融风险属地治理的监管实践,充分证明了扩大地方金融监管权责的重要性。由此可见,地方金融监管权是在中央集中统一模式下基于效率目标所做的再调整。

在我国金融监管的双层体制中,地方立法机关、地方政府和地方金融监管机构在中央监管规则的基础上制定了大量的地方性监管规则。这些地方性监管规则在具体类型上大致包括对中央监管规则细化规定的“执行性规则”、在中央监管规则的基础上进行规制的延伸或扩展适用的“扩展性规则”、在中央监管规则空白情况下新创设的“创设性规则”、对中央监管规则进行更改或者变通适用的“冲突性规则”四类。其中,执行性规则充分体现了中央统一监管的基本原则,而扩展性规则、创设性规则和冲突性规则真正体现了地方金融监管权。而且,扩展性规则和创设性规则具有填补中央监管规则的漏洞或者弥补中央监管领域空白的效果,加强了金融监管法治。然而,对于冲突性规则而言,一味否定该类监管规则的有效性并不可取,在效力评判过程中应当做好基于地方特殊性的差异化监管与中央统一监管的原则价值之间的利益衡量,构建起合理的规则效力审查机制。但是,无论何种规则,由于不同地方的地方性监管规则立法主体的差异,不同省份的地方性监管规则出现冲突是在所难免的,对此,中央金融监管部门应当在领导优势和权力集中优势的条件下做好地方监管立法的协调。

总体而言,在中国现行金融监管权力分配"中央为主,地方为辅"的双层模式基础上,扩大地方金融监管权力既具有广泛的实践经验基础,也有充分的实践价值。

二、中国金融市场法律治理手段的创新

打好防范重大风险攻坚战,守住不发生系统性金融风险的底线是全面深化改革的实践基础。对此,在党中央统一领导下,各监管部门、金融监管和金融体系的其他相关部门出台了一系列防范和化解系统性金融风险的政策举措,尤其针对"影子银行"、互联网金融等关键领域进行了靶向式的风险防范。

对于具体的法律治理手段创新实践,2015 年之后,"一行两会"等部门出台多项政策文件,推动金融部门去杠杆,专门针对系统性金融风险防范发起了一场强监管"风暴"。[①] 中国人民银行坚持"挤泡沫、去杠杆、防风险"的政策原则,在国务院金融稳定发展委员会的领导下,加速"僵尸企业"的处理和金融部门风险的挤出,联合银保监会、证监会、地方金融监管机构对互联网金融风险展开专项整治运动。银保监会和证监会连续出台多个指导性文件,针对银行业、保险业、证券业的部门风险启动专项整治,强化了金融机构的全面风险管理体系,重点针对金融市场的违法违规交易、高杠杆配资、过度交易、"影子银行"业务风险、银行部门的信用风险、险资在资本市场的违规举牌、保险机构风控等问题,进行系统清查和防控,及时填补监管空白,杜绝监管套利。总体而言,中国金融市场法律治理创新是一项长期的

① 参见胡滨:《系统性金融风险来源及防范》,载《改革》2017 年第 8 期。

改革任务。针对中国金融市场系统性风险的具体表现和法律治理手段创新的实践,可以从以下五个方面重点展开法律治理手段的制度创新。

(一)普及应用监管科技,构建监管外包制度

科技创新和数字经济的爆发式发展以及监管环境的变化使得监管机构的传统监管理念和监管手段难以跟上时代的发展,"互联网+"时代金融科技的普及和高度众创式特征加剧了金融监管发展范式的变革。随着金融科技的应用不断对我国现行金融监管体制发起冲击,常态化、根源性的金融风险就是基于金融创新的频率和规模所衍生的市场风险,而现代金融创新的主要行为领域就是由科技创新驱动的金融科技的应用。金融科技是科技创新和金融市场的服务性、效益性变革相结合形成的金融行业发展新革命。金融科技带动的金融创新的关键特征是科技创新驱动、市场效益引导和普惠性。金融科技除了利用传统的互联网技术之外,还利用大数据、移动计算、云服务、量化模型、人工智能、分布式计算、机器学习、生物识别、区块链技术等技术要素。① 金融科技的核心是监管科技,面对科技创新驱动型的金融科技创新,监管机构也应当树立技术驱动型的监管思维,利用成熟的技术"以彼之矛破彼之盾",普及监管科技的应用。

金融科技和监管科技具有同源性,它们只是同类技术在不同场景和需求下的适应性应用。② 金融科技的"破坏性创新"要求监管机构必须善于识别业态或者交易创新带来的新风险和新挑战,准确评估和判断金融科技创造的"新产品"或者"新价值"的风险特征和结构性冲击。对此,监管科技凭借其技术中性、大数据处理和智能自动化等优势,对于提高监管机构的监管效能,降低金融机构、科技部门的合规风险,以及应对全球金融市场的监管和合规业务不断增加的复杂性和紧迫性,都具有重要作用。根据相关学者的整理和总结,③中国现阶段监管科技的应用场景分类和技术描述如表3-1所示。

---

① 参见杨松、张永亮:《金融科技监管的路径转换与中国选择》,载《法学》2017年第8期。

② 参见费方域:《金融科技与监管科技:生态的视角》,载《新金融》2018年第5期。

③ 参见《监管科技五大应用场景——2018年监管科技发展研究报告》,载亿欧网,https://www.iyiou.com/intelligence/insight82270.html;尹振涛、范云朋:《监管科技(RegTech)的理论基础、实践应用与发展建议》,载《财经法学》2019年第3期。

表3-1 中国监管科技的主要应用场景分类及其技术描述

应用场景	技术分类	具体描述和应用
监管数据报送/数字化合规报告	大数据、应用程序接口(API)	利用大数据技术帮助金融机构进行数据的收集和清洗加工。API是监管机构向监管对象提供的接口,将监管规定和合规要求进行数字化,方便受监管对象重新编程,通过统一协议交换数据和自动生成合规报告
法律法规追踪	机器学习/人工智能、自然语言处理	利用机器学习和自然语言处理等技术,对全球范围内的海量监管法律法规进行跟踪处理,以此帮助金融机构改革传统的人工合规管理方式,及时报告监管提示,提高监管合规效率
内部行为监控	大数据、云计算、可视化技术	为保护金融消费者和维护金融系统的稳定,有必要加强金融机构的内部行为监控,通过大数据和云计算技术的应用,可以进行反欺诈、反洗钱交易的监控,及时识别异常交易行为,及时发现内控制度、金融产品、金融服务运行的漏洞和风险点,以此覆盖前中后全流程的合规管理,最后以可视化的方式提出对金融机构的整改意见
交易身份识别/交易尽职调查	大数据、区块链、生物识别技术	了解客户(KYC)是金融监管体系中识别和规避风险的重要环节。传统的人工识别风险的方式烦琐低效,消耗大量人力、物力、财力。监管科技可以利用大数据技术分析客户的主客观数据、基于生物识别技术精准刻画用户、基于区块链技术建立信任机制,预警一切可疑客户和可疑交易行为
金融机构的系统性风险评估	人工智能技术	金融机构的内控系统是金融机构内部企业文化、业务、行为、制度等的系统性总称。随着人工智能技术的演进,金融机构内控系统智能化是重要的改革方向之一,技术上根据监管要求的变化自动实现补充、修改以及系统升级,建立以数据为支撑的智能化内控指令系统
金融创新实验	人工智能技术、大数据	类似于"监管沙盒""金融风洞""全球金融创新网络",借助人工智能和大数据分析技术,更加精准地模拟金融产品的创新实验,是监管机构主动迎合金融科技发展的主要举措,能提前预知风险和突发极端状况,是平衡创新和监管的良方

通过上述分析可知,金融科技的创新需要得到鼓励和包容,监管科技是平衡金融科技的创新与监管的关键。在防范系统性风险和机构风险的视角

下,实践中很多金融科技的“创新”主要目的是规避监管,对于这种监管规避式“创新”已经背离了创新是为了提高市场效益和价值的目标,因此这是一种伪创新。监管科技的普及应用的改革首先就要有效区分伪金融创新和真正的金融创新,对待真、假金融创新应当采取不同的监管态度。其中,伪创新是通过技术的包装来规避监管,进行监管套利,主要目的是逃避监管或者专钻监管的空白。[①] 实践中,从事非法金融活动的伪金融创新,对金融体系的稳定、市场秩序以及服务实体经济的效能都产生负面影响,如2015年股灾期间为规避股票账户监管而创造的在券商外部接入信息系统基础上的“伞形账户系统”、为规避银信通道业务监管而创造的由银行端控制的投顾指令系统、为规避国家反洗钱监管而创设的比特币交易支付系统、为规避非法资金池业务而创造的滚动式套期监测系统等。

对此,2017年全国第五次金融工作会议明确提出“限制偏离实体经济需求、规避监管的‘创新’”。实践中对于通过互联网技术违法或者不规范开展的高利贷、非法集资、众筹、金融交易等市场乱象,监管当局应当加大打击力度,为维护金融市场的系统性稳定,时刻保持高压监管态势。对于真正的金融创新,金融科技的应用不仅可以降低金融服务成本、提高市场效率、强化金融风险管理、增强金融服务的普惠性,而且便于监管机构对市场系统性金融风险的防范和管理。因此,对于具有真正金融创新属性的金融科技,监管机构应当给予鼓励和扶持。反思互联网金融风险专项整治运动,在中国民间借贷市场受到严格的抑制和小额公开发行受到非法集资监管规则的严格管制的背景下,基于金融市场普惠性服务的需求,P2P和网络股权众筹应当是具有市场价值和服务于实体经济产品的真正金融创新,监管当局的清盘式整治尽管完全防住了系统性风险,但对市场创新的伤害也是巨大的。监管制度创新上,对真、伪金融创新的甄别,“监管沙盒”制度具有广泛的应用前景。

普及监管科技的应用,可以从监管部门的技术化改革和金融监管权力的社会化两个方面着手。监管部门的技术化改革是指在加大监管机构对监管科技的人力资源培养和科技投入的同时,加强现有监管当局与金融科技

---

① 参见马梅若:《告别“假发展”与“伪创新”》,载《金融时报》2018年1月31日,第2版。

企业等市场主体的知识共享和技术应用经验交流，提高监管者对监管科技的开发和应用水平。监管者通过与金融科技企业进行沟通和交流，了解当前金融科技的发展动态及应用情况，掌握金融科技的主要风险及其未来发展趋势。① 与此同时，金融科技企业作为被监管者，有义务向监管者介绍如何运用这些技术以及解释这些技术的风险特征，以实现监管科技、监管技术与金融科技的配套更新。监管权力的社会化是指在金融科技的监管任务上引入监管科技的市场化运作机制，把技术风险监管任务外包给独立的第三方，采用委托授权方式把监管权委托给市场上的监管科技企业，以弥补中国监管当局技术落后的短板。现阶段，中国监管部门对监管科技的运用主要依赖市场供给，而监管科技的市场供应则主要依靠市场主体的创新和市场化配置。现代行政法治的发展动向表明，行政监管权力并非必然由公权力机关行使，行政委托和市场监管任务外包已经突破了这一界限，监管权力的社会化是现代行政法治发展的特征之一。金融科技市场监管任务的外包是现代金融监管工具的重大创新，其不但能使监管部门从监管重负中解脱出来，也能使监管科技与金融科技的应用协调发展，有效防范住金融科技市场的系统性风险。

（二）完善功能监管制度

在中国当前分业监管体制下，机构监管的理念和监管手段依然占据着主导地位。尽管2016年以来“穿透式监管”的理念和技术主张在监管立法、行业自律性规范以及金融机构的内部治理各方面得到推广和应用，但“穿透式监管”发挥作用的基本原理在于对金融创新产品或行为进行穿透识别后根据其金融功能及法律属性寻找对应的监管规则，也即其应用的本质在于对金融功能的穿透和法律属性的识别。我国当前虽然已经搭建起了“穿透式监管”的工具框架，但如何具体执行监管中的产品穿透和行为穿透，受制于机构监管体制的业态切割现状，建立在“穿透式监管”基础上真正发挥监管手段作用的功能监管制度依然没有建立起来。功能监管的基本理念是，相似的金融行为功能应当受到相似的监管，而无论这种功能在分业体制下由何种性质的金融机构行使。功能监管的提法最早出现在1985年

---

① 参见胡滨：《金融科技监管的挑战与趋势》，载《中国金融》2019年第6期。

美国证券交易委员会(SEC)关于提议规则的评论中,[①]此后在20世纪90年代美国学者罗伯特·莫顿(Robert C. Merton)和茨维·博迪(Zvi Bodie)于系列研究中系统提出了基于功能监管的金融体系改革理论。[②] 该理论大致包括两项核心主张:(1)金融机构的变化大于金融功能的变化,因而金融体系的功能相对于金融机构而言更具有稳定性,从金融功能角度构建金融监管体系能更好地应对发展变化中的金融市场;(2)金融市场的制度安排随着金融功能的变化而变化,创造更有效率的功能实现方式是金融创新、金融市场制度变革的主要动力。

据学者考证,应用功能监管理念的制度实践首先体现在美国金融市场混业经营背景下的系统性金融监管改革法案,即1999年《金融服务现代化法案》[③](也称为《格雷姆-里奇-比利雷法案》),该法案宣告了1933年开始施行的金融分业体制立法《格拉斯-斯蒂格尔法案》正式退出历史舞台。该法案规定,美联储、联邦和州的银行监管者负责监管银行业务,美国证券交易委员会负责监管证券业务,州保险委员会负责监管保险经营和销售业务。功能监管的基本原则是将最有经验的监管者置于其最熟悉的金融业务监管领域。[④] 功能监管的关注点是金融交易行为或金融产品的基本功能,以金融业务的性质来确定相应监管权力的归属,而无论该金融业务由哪一类金融机构实施。

功能监管相较于传统分业体制下的机构监管,主要优势可以体现在几个方面:[⑤](1)功能监管有利于提高金融监管的专业性和针对性。市场上的

---

① See Peters L. Aulana & David N. Powers, *Functional Regulation: Looking Ahead*, Loyola of Los Angeles Law Review, Vol. 18, p. 1075 – 1098(1985).

② Merton R. C. & Z. Bodie, *On the Management of Financial Guarantees*, Financial Management, p. 87 – 109(1992); Merton R. C. & Z. Bodie, *Deposit Insurance Reform, A Functional Approach*, A. Meltzer & C. Plosser, Eds., *Carnegie-Rochester Conference Series on Public Policy*, Vol. 38(1993); Merton, R. C. & Z. Bodie, *A Framework for Analyzing the Financial System*, Crane et al., Eds., The Global Financial System: A Functional Perspective, Boston, MA, Harvard Business School Press; Robert C. Merton, *A Functional Perspective of Financial Intermediation*, Financial Management, Vol. 24, No. 2, p. 23 – 41(1995).

③ Gramm-Leach-Bliley Act(GLBA) 第2章系统介绍了美国的功能监管制度。

④ See James A. Leach, *Introduction: Modernization of Financial Institution*, J. Corp. L., Vol. 25, p. 681 – 684(2000).

⑤ 参见廖凡:《金融市场:机构监管? 功能监管?》,载《金融市场研究》2012年第1期。

金融创新纷繁复杂,分业体制下每一类金融机构为了寻找更有效率的金融功能,都在尝试突破原有的经营领域进行各种金融创新,然而,并没有哪一个分业监管机构具有监管各业态领域金融业务的资源和技能。对此,让具有特定功能的金融业务置于对该业务最熟悉、最具有经验的监管机构的监管领域确有必要。例如,对于允许从事证券投资基金业务的保险机构,依据功能监管原则将该类业务交给证券监管机构监管,显然要比按照机构监管原则由保险监管机构来监管更恰当。(2)具有同类功能的金融产品由同一机构实施监管有利于统一监管标准,保障金融市场的有序竞争,促进金融市场的统一和发展。在金融市场混业经营的背景下,不同金融机构可能实施功能和性质相同的金融业务从而形成跨业机构之间的市场竞争关系,由同一个功能监管者秉持着统一的监管理念和监管标准实施统一监管,有利于在鼓励金融创新的前提下实现公平竞争,减少因为监管差异产生的监管套利。例如,银行间债券市场和交易所债券市场由于交易主体、债券品种、交易机制、托管机构、监管主体等方面的差异长期以来处于割裂状态,导致两个市场的效率和服务实体经济的能力差异较大,尽管功能具有一致性,但两个市场之间无法实现资源的有效配置。对此,按照功能监管理念由特定监管机构在市场的运行和交易方面实行统一监管,显然要比按照机构监管原则由不同监管机构进行条块分割式监管更有利于市场的规范运行和整体发展。央行和证监会也开始意识到这个问题并尝试进行相关改革。[①] (3)功能监管有利于推动金融创新。功能监管打破了传统机构监管模式下跨业行为的边界,以业务行为和金融产品的功能和法律属性识别为中心确定监管归属,改变了机构监管模式下对跨业金融产品创新的监管束缚,很好地解决了有关金融创新产品的监管权责归属问题。

功能监管相较于传统机构监管而言,其优势在于专业性、公平性、监管标准的统一性、前瞻性和对跨业创新的包容性。随着我国金融业混业经营的不断深化,与其相适应的功能监管制度也应当配套跟进。我国功能监管

---

① 2020年7月19日,央行和证监会联合发布了《中国人民银行、中国证券监督管理委员会公告〔2020〕第7号》,同意银行间债券市场与交易所债券市场相关基础设施机构开展互联互通合作。但是,这种合作监管机制并没有真正切换到功能监管模式。

制度的应用条件主要体现在三个方面：一是引导形成与我国实体经济发展需求相适应的金融市场混业经营模式。混业经营不但是现代国际金融市场的发展趋势，也是功能监管发挥优势作用的前提条件。二是改革金融监管立法，构建与功能监管相适应的监管法律体系。我国现行的金融法律体系主要是以机构监管模式为样板搭建起来的，在维持现有的机构监管分工的条件下，把监管权责分配依据从传统的机构分类转换到对金融业务的属性和功能识别，是展开功能监管立法的基本思路。三是培养更多、更具专业性的监管人才队伍。功能监管制度发挥作用的关键条件是能够对金融创新业务进行准确的功能和法律属性识别，这也是体现功能监管前瞻性的关键因素。因此，对于瞬息万变的金融创新，功能监管者需要迅速地作出识别反应，以明确各自的监管权限，及时封堵监管漏洞。

(三)构建"监管沙盒"制度

在金融创新尤其是金融科技或科技金融领域，传统的以地域切割为标准的试点监管制度已经显得捉襟见肘，一种可以兼顾金融创新发展和金融风险防范的监管沙盒制度能够有效应对科技驱动时代金融创新带来的监管挑战。在防范系统性金融风险背景下，对于市场常规性金融风险主要来源的金融创新的监管，运用监管沙盒制度是重要出路之一。"监管沙盒"一词最早出现在英国政府科学办公室 2015 年 3 月份的一份报告中，之后英国金融行为监管局(FCA)于 2015 年 11 月发布的《监管沙盒》可行性研究报告对监管沙盒的制度构思和制度设计作了比较具体的阐述。① 根据这份报告中的定义，监管沙盒是一个"安全空间"，金融机构可以在其中测试创新性的产品、商业服务模式和交易机制，而不会因为从事所述活动而需立即承担通常意义上的监管后果。② 英国监管沙盒制度于 2016 年 6 月正式启动，此后澳大利亚、新加坡等国家相继出台了自己的监管沙盒制度。引入监管沙盒的目标是促进金融科技的发展，尤其是支持金融科技初创项目进行"破坏性创新"活动。监管沙盒的本质是准入阶段的预监管、差异化监管和临

---

① 参见廖凡：《金融科技背景下监管沙盒的理论与实践评析》，载《厦门大学学报(哲学社会科学版)》2019 年第 2 期。

② FCA, *Regulatory Sandbox* (Feb. 7, 2019), https://www.fca.org.uk/publications/documents/regulatory-sandbox.

时性监管，并提供金融监管机构与金融创新主体之间的监管互动机制，目的在于促进金融创新市场的有序发展。[①] 系统性金融风险防范的背景下，监管沙盒制度不仅能有效防控市场风险的规模和影响范围，也能兼顾引导金融科技创新朝着市场的需求和升级方向良性发展。

在中国金融市场改革创新的过程中，监管沙盒制度相较于传统的以地域切割为标准的金融改革试点制度，尽管在基本逻辑上具有一定程度的相似，都是在小范围内先行先试，待试验成熟之后再进行推广。[②] 但是，两者存在着本质上的差异，尤其是对创新的监管效益上截然迥异。[③] 具体而言，监管沙盒与金融监管改革试点的区别主要体现在三个方面：一是基于监管对象的划分而形成的风险切割依据不同。监管改革试验区是以地域划分来切割风险影响，例如温州市金融综合改革试验区、上海自由贸易试验区等。而监管沙盒除了突破现有法律法规的限制之外，测试的对象基本不受地域的限制，任何地区的任何符合条件的企业都可以申请沙盒测试，最大限度地符合市场风险特征。二是试点所形成的经验的可推广性不同。监管改革试验区的区域性区分使试验过程受地域特色影响程度更高，监管改革试验所总结出的经验的可推广性受到地域经济发展、文化传统、市场特征等因素影响。相比较而言，监管沙盒受到的区域性影响较小，监管测试后形成的经验更具有可推广性。三是监管机构和监管对象之间的监管互动程度不同。监管改革试验区的监管试验适用于全体被监管机构和金融消费者，监管的针对性不明显，监管机构与监管对象之间的监管互动较弱。监管沙盒模式是针对特定被监管对象和金融消费者，在监管试验过程中监管机构与被监管对象可以进行更充分的沟通，金融消费者的利益也能获得更充分的保护。总而言之，随着金融科技行业的迅猛发展，金融科技带来的复杂多变的金融创新对金融市场的系统性风险防范构成重要挑战，为了有效兼顾支持创新

---

① 参见李有星、柯达：《我国监管沙盒的法律制度构建研究》，载《金融监管研究》2017 年第 10 期。

② 参见黄震、蒋松成：《监管沙盒与互联网金融监管》，载《中国金融》2017 年第 2 期；邓建鹏、李雪宁：《英国监管沙盒的借鉴与思考》，载《互联网金融法律评论》2017 年第 2 期。

③ 参见张景智：《“监管沙盒”的国际模式和中国内地的发展路径》，载《金融监管研究》2017 年第 5 期。

和风险控制，我国有必要引入监管沙盒制度。

我国具备引入监管沙盒制度的适当环境，在现有的监管框架下，包容性监管理念的运用、协调性监管制度框架的出现和改革过程中试点性法律法规的实践，为沙盒监管制度的本土化提供了理念适应性、体制兼容性及规则合法性的基础。① 监管沙盒制度的具体构建框架包括测试申请主体、监管实施主体、具体运作流程和金融消费者保护措施等。对于监管沙盒的申请测试主体，监管部门可以尝试通过立法明确相应的标准。根据金融科技的发展现状、技术应用水平、风险管控能力等，可申请监管沙盒测试的主体应当包括各类正规金融机构和“准金融机构”。其中，“准金融机构”应当包括融资担保公司、P2P网络借贷平台、小额贷款公司等。待监管沙盒制度运作较为成熟时，申请测试主体也可以适当放宽到一般金融企业。对于监管沙盒的监管实施主体，应当有效对接到经验推广后的日常监管机构。

因此，我国监管沙盒的监管实施主体也应当实施双层监管体制：在中央统一监管层面，由“一行两会”及其派出机构在国务院金融稳定发展委员会的统一领导下实施具体的测试监管；在地方层面，由省级地方金融监管部门和特定行业领域的行政监管部门负责对本省内的准金融机构实施测试监管。监管沙盒制度应当以申请条件、测试程序、风险监控、效果评估等作为基本内容，在具体的运作流程中，应当贯彻底线监管原则，给予参与试点的被监管机构充分的自主权，防止监管部门对其过度干预。此外，在金融消费者保护方面，除构建合格金融消费者准入和消费者风险测试库制度之外，还应当构建起相应的风险补充机制，由此做到对金融消费者的全方面保护。

（四）加强金融司法建设

司法是防控社会风险的“最后一道防线”。金融司法是由司法机关执行金融法的一种动态机制，而金融监管是由代表国家公权力的行政机关执行金融监管法的动态机制。对于防范金融市场系统性风险而言，金融监管

---

① 参见刘志云、刘盛：《金融科技法律规制的创新——监管沙盒的发展趋势及本土化思考》，载《厦门大学学报（哲学社会科学版）》2019年第2期。

和金融司法二者缺一不可。作为利益纠纷解决的最后一道防线,在某种意义上而言,金融司法是对金融立法效果的实践性审查、金融执法的合法性与合理性的审查。换言之,金融司法是防范金融市场系统性风险的最后一道防线。在中国金融市场治理实践中,金融司法已经成为有效参与金融治理的重要力量,无论是最高人民法院颁布的金融司法解释、指导性案例、司法政策性文件等,还是部分地方法院颁布的金融领域的纪要、区域性审理意见或者典型案例,通常情况下都会引起高度关注和讨论,对金融市场的风险防范起到重要的辅助作用。

国际金融危机之后,各国纷纷进行了系统性的金融体制改革,对金融市场"强监管"是监管体制改革的普遍性主题,金融市场营商环境的法治化建设工作正逐步覆盖整个司法系统。经历2015年资本市场"股灾"和互联网金融风险专项整治运动后,中国金融监管力度明显加码。防范系统性金融风险背景下,中国的金融司法对此已作出相关回应,但司法实践中,对于究竟是将穿透式审查的做法贯彻到每一个案件,还是结合现有规定和个案情况进行个案判断,司法裁判者也无所适从。在金融监管政策复杂多变的环境中,金融司法如何拿捏好裁判的尺度,金融司法如何回应监管化和去监管化的争议等具体问题,将对中国金融市场的风险防范和运行秩序产生重要影响。实际上,为应对金融市场的系统性风险,金融监管和金融司法始终处于动态调整过程中,为促进和保护金融创新活动需要放松某一方面的金融监管,而维护金融市场秩序和防范金融风险却需要司法加强对另一方面的规制。金融司法对金融市场的监管功能和市场风险的防范功能是现代金融法治的重要热点之一。

基于司法功能的扩张和司法能动主义的兴起,我国最高人民法院在很大程度上是一个公共政策法院,在经济社会规制方面所体现的"规则治理"的意义,不仅涉及与其他国家权力机关在金融市场规制领域的协调和配合,还会在司法实践中影响金融市场主体的利益。① 法院对金融市场的治理作

① 参见侯猛:《最高人民法院的功能定位——以其规制经济的司法过程切入》,载《清华法学》2006年第1期。

用及其发挥的功能和价值,在大陆法系司法语境中表现得并不明显。[①] 梳理各领域的金融市场纠纷可以发现,法院既要在宏观上坚持以防控金融市场风险为目标的大局意识,又要在处理具体案件过程中坚持依据法律进行裁判以实现个案正义。对此,在2008年国际金融危机中,法院在各类金融纠纷的处理实践中表现得尤其明显。[②] 法院对金融创新的司法审查标准、最高人民法院对金融创新行使的"剩余立法权"、地方法院审理金融创新纠纷的"试错权",都在某种程度上辅助金融监管,治理金融市场。[③] 司法权的权威性和终局性则是对金融市场治理的重要保障。

金融市场风险防范背景下,法院对金融市场治理的基本路径体现为"通过影响形成非正式规则进而影响形成正式规则"。具体而言,法院可以根据个案或者类案的审理经验,向金融从业者、监管机构、金融行业协会等发表司法意见,通过程序协调机制、会议机制等非正式手段向市场披露裁判观点和司法倾向,通过发布典型案例和在相关文件中展示不同的裁判思路阐明主流的司法观点,诱导和推动市场主体作出相应的行为调整,进而促进金融市场秩序和市场规则的形成,辅助监管机构防范和化解金融风险,由此也构成金融司法推动金融市场规则完善的制度供给。对此,某些金融市场发达城市的法院已经走在前列。据统计,上海法院系统在2008年至2016年,制作发出过近百件金融领域的司法建议,涉及银行卡伪卡交易、银行理财合同纠纷、期货交易强行平仓、保险合同纠纷、信用卡纠纷、商业保理纠纷等领域,司法建议的内容不但涉及对法律和监管规则的完善,也包括对金融机构规范经营的司法指导。[④] 概言之,通过非正式的制度和规则供给,金融司法有力地维护了金融市场秩序和保护了金融消费者权益,作为纠纷处理的终局性机制对防范和化解系统性风险发挥着不可替代的作用。

---

① 参见张建伟:《法律、经济学与国家治理——法律经济学的治理范式与新经济法理学的崛起》,法律出版社2008年版,第168页。

② 参见秦前红、黄明涛:《试论司法权的能动性——金融危机中的司法权论辩》,载《海峡法学》2010年第2期。

③ 参见王奕、李安安:《法院如何发展金融法——以金融创新的司法审查为中心展开》,载《证券法苑》第18卷,法律出版社2016年版,第208~227页。

④ 参见丁冬:《金融消费者保护的司法视域》,载《上海政法学院学报(法治论丛)》2016年第6期。

监管机关的行政执法相较于迅速扩张发展、高频度创新的金融市场而言存在软硬件配置的不足，对违规金融机构和违规行为的行政处罚，无论是处罚形式还是处罚力度都较为有限，监管的作用主要集中在金融机构的市场准入和运行行为的规范，对于违法违规行为造成的金融消费者损失难以提供有效的救济。目前，中国加强金融司法制度建设主要体现在三个方面：

第一，法院应当秉持“司法为民”和市场经济治理的理念，金融司法制度的重点在于防范金融市场风险和保护金融消费者合法权益。随着金融市场纠纷的与日俱增，金融司法逐渐加大了对金融机构义务的考察和金融机构责任的承担，例如，第九次《全国法院民商事审判工作会议纪要》中关于金融卖方机构的适当性义务的要求，在条款的适用范围、责任主体的范围和举证责任分配方面，在打赢系统性金融风险攻坚战的政治要求下，都达到了空前严格的阶段。在条款适用范围上，第九次《全国法院民商事审判工作会议纪要》第 72 条采用列举的方式规定“在向金融消费者推介、销售银行理财产品、保险投资产品、信托理财产品、券商集合理财计划、杠杆基金份额、期权及其他场外衍生品等高风险等级金融产品，以及为金融消费者参与融资融券、新三板、创业板、科创板、期货等高风险等级投资活动提供服务的过程中”，金融卖方机构应当承担对投资者的适当性审查义务。但是，最高人民法院民二庭组织编写的《〈全国法院民商事审判工作会议纪要〉理解与适用》对该条款采用反对解释，其明确这一规则适用于“除存款外的所有具有本金损失可能性的金融产品和服务”，也即所有的非保本、非刚性兑付金融产品。① 由此，最高人民法院在既有监管立法基础上，最大限度地拓宽了适当性审查义务的适用范围，为适当性规则在金融产品销售活动中确立为一般性原则奠定了基础。在责任主体范围上，第九次《全国法院民商事审判工作会议纪要》不仅将既有监管立法中的金融产品销售者纳入义务主体范围，还将产品发行人纳入其中，甚至在特殊情况下要求金融产品的销售者和发行人承担连带责任，更大范围地保护了金融消费者权益。在举证责任上，最高人民法院改变了原有的“形式审查”方式，转而采用“实质审查”。

① 参见最高人民法院民事审判第二庭编著：《〈全国法院民商事审判工作会议纪要〉理解与适用》，人民法院出版社 2019 年版，第 415 页。

另外,对于金融司法防范金融市场风险的任务上,最高人民法院和许多地方法院也积极作为。例如,最高人民法院发布《关于进一步加强金融审判工作的若干意见》《关于设立科创板并试点注册制改革提供司法保障的若干意见》《关于为创业板改革并试点注册制提供司法保障的若干意见》《关于审理民间借贷案件适用法律若干问题的规定》等一系列司法解释、司法政策文件,意图辅助监管机构防范和化解金融市场的系统性风险。再如,2015年“股灾”后的政府救市和资本市场去杠杆期间,深圳市中级人民法院及时发布了《关于审理场外股票融资合同纠纷案件的裁判指引》,聚焦场外配资合同的效力、强行平仓的效力及责任分配等关键问题,有效地缓解了因制度预期不明而产生的市场恐慌和去杠杆过程中的不确定风险。

第二,金融司法对金融市场系统性风险治理的手段集中于对金融创新行为的合法性与合规性审查,在司法实践中有效兼顾司法干预的被动性、中立性和市场主体的利益衡量原则。以金融创新合同效力的司法审查为例,第九次《全国法院民商事审判工作会议纪要》在原来最高人民法院《关于适用〈中华人民共和国合同法〉若干问题的解释(二)》(已失效)的基础上再次重申了区分“效力性强制性规定”和“管理性强制性规定”,以类型化的方式进一步对两种强制性规定作出区分。例如,“涉及金融安全、市场秩序、国家宏观调控政策等公序良俗……交易场所违法的”,通常构成“效力性强制性规定”,对其违反将引发合同无效的后果,这与司法实践中否定违法交易场所的行为效力、否定场外配资合同的效力等做法是一致的。根据第九次《全国法院民事审判工作会议纪要》第 30 条规定,在对两种强制性规定进行区分过程中需要着重审查“法益类型、违法行为的后果以及交易安全保护等”,由此导致金融消费者权益保护容易通过“法益类型”通道进入裁判者的视野,进而影响到最终的合同效力认定。总体而言,最高人民法院的这些做法都是努力在司法干预的被动性、中立性和对金融市场主体的利益衡量之间做好平衡,其最终目标都是为防范和化解金融风险服务。

第三,金融司法制度应当一定程度上配合国家金融市场改革,辅助金融监管机关共同防范和化解金融市场的系统性风险。一方面,金融司法应当以服务保障供给侧结构性改革为主线,积极参与构建金融市场与实体经济贯通的新渠道,支持互联网金融、供应链金融等新形态的发展,辅助国家关于金融市场改革的大政方针的实施，提升金融市场的服务效率。对于银行体系不良率节节攀升引发的系统性风险，金融司法应当把握保障间接金融体系良性运转的尺度，防范普通债权转化为不良债权，提升银行资金在实体经济中的运用效率，降低社会整体的融资成本。对于资本市场结构性改革方面，金融司法应当保障多层次资本市场体系的法治化建设，通过商事、行政、刑事等多领域规范辅助维护资本市场秩序，同时加大对违法违规的金融中介机构的责任追究力度，提升金融市场的治理水平。另一方面，金融司法也应当发挥对违法违规行为的惩戒威慑功能，加大对非法集资、互联网金融犯罪、内幕交易、操纵市场等行为的打击力度，在办理涉众型经济犯罪案件中有效兼顾化解风险、追赃止损和维护系统稳定，有效防范和化解市场风险。此外，加强金融司法专业组织建设和提高司法对金融市场创新发展的包容性，也是金融司法辅助防范和化解金融市场风险的重要组成部分。

（五）加强金融业公共危机管理体系建设

金融业危机管理是政府公共危机管理体系的重要领域，我国虽然在自然灾害、战争、反恐、公共卫生安全、群体性事件、生产建设安全等多方面已经初步建成了危机管理体系，但仍需在金融领域加以构建完善。[①] 自 2020 年初新冠肺炎疫情暴发以来，在疫情对经济、社会全面的影响下，全球金融市场经历了剧烈震荡。为有效防控疫情，我国从中央到基层各部门采取了多种应急管理措施。面对新冠肺炎疫情的冲击，中央多部委尤其是“一行两会”以及各级地方政府陆续出台了一系列金融支持政策，以守住不发生系统性金融风险为底线和稳住实体经济为目标，主要涵盖宏观政策、列入重点单位名单的企业的微观救济和普通企业纾困三个方面：一是全局性的宏观调控政策。包括 2020 年 1 月 6 日通过下调存款准备金率 0.5 个百分点释放长期资金 8000 多亿元、2 月 3 日和 4 日连续两天累计开展 1.7 万亿逆回购操作、3 月和 4 月两次定向降准分别释放长期资金 5500 亿元和 4000 亿元；2020 年一季度和二季度以平均每月一次的频率开展央行票据互换操作（CBS）累计达 310 亿元；2020 年上半年分三批安排了 3000 亿元专项再贷

---

① 参见尹振涛、陈冠华：《新冠肺炎疫情下金融业危机管理法治化问题研究》，载《武汉大学学报（哲学社会科学版）》2020 年第 4 期。

款、5000 亿元的再贷款与再贴现、按照中央要求发放 1 亿元再贷款与再贴现，并创新两项直达实体经济的政策工具等。总体而言，央行使用常备借贷便利、再贷款、再贴现等多种货币政策工具，确保疫情影响下金融市场流动性的合理充裕。二是对列入重点单位名单的企业给予专项再贷款和财政贴息支持。在中国人民银行向金融机构安排 3000 亿元专项再贷款以及支持金融机构提供优惠利率信贷的基础上，中央财政再按央行再贷款利率的 50% 给予贴息。三是对受疫情影响的普通企业进行金融纾困。包括对小微企业不得盲目抽贷、断贷、压贷；对受疫情影响较重而按期还款困难的企业允许延长还款期限；鼓励金融机构对受疫情影响较大的小微企业提供信贷支持；各级政府性融资担保、再担保机构取消反担保要求，同时降低担保和再担保的费率、降低应急转贷费率，为受疫情影响较大的企业提供应急转贷资金支持。

总体而言，按照中央财经政策的要求，对受疫情影响较大的普通企业的贷款，做到能延尽延或者应延尽延，通过央行货币和财政"两肩挑"尽最大努力帮助企业渡过难关。以上三个方面的金融业危机管理实践在一定程度上稳住了我国经济发展的"基本盘"，守住了不发生金融市场系统性风险的底线，为完成"六稳"和"六保"任务打下了坚实的基础。但是，实践过程中也暴露出一些不足，尤其是在政策实施过程中由于金融业危机管理法律制度的缺漏而面临诸多现实的挑战。因此，应当立足于中国金融业危机管理的政策目标，在制度建构上进行完善。

金融业危机管理制度体系的构建应当以防范系统性金融风险和维护实体经济稳定为基本目标，坚持尊重经济规律与商业习惯的原则、权责合理配置原则、公开透明原则、合法性原则。在现有实践经验的基础上，具体可以从以下五个重要方面进行制度构建。

第一，尽快出台"金融业危机管理办法"。金融业危机管理法治化的第一步就是有法可依，根据《突发事件应对法》的基本原则和基本精神，单独制定作为金融业危机管理基本制度框架的"金融业危机管理办法"。对此，可以由国务院金融稳定发展委员会协调，中国人民银行牵头，银保监会、证监会、财政部、外汇管理局、国家税务总局、国家发改委、商务部等部门联合制定"金融业危机管理办法"，主要的框架性内容涵盖危机管理的领导机构、职责分工、危机应急管理启动机制、政策工具、政策协调机制、问责机制、效果评估等。面对突发的公共事件，金融业危机管理应当服从于国家统一的危机应急管理决策，配合整体性的危机管理应对方案，所以在国务院颁布的行政法规这一中观效力等级层面能够很好地构建相关的危机管理协调机制。

第二，明确金融业危机管理的领导机构。在国家治理体系和治理能力现代化的总目标下，金融业危机管理的领导机构作为金融业危机治理的最高决策部门，是确保危机管理有序开展的重要组织者。国务院金融稳定发展委员会作为中国金融市场治理中的最高决策部门，具备法定的统筹协调监管职能，因此将其确立为金融业危机管理的领导机构在现行的制度框架下具有相当的合理性。

第三，完善金融业危机管理的决策程序和问责机制。决策程序的科学性与合理性是实现法治化的重要条件。金融业危机管理决策包括决策前的信息获取、跨部门沟通、决策目标的明确、决策程序的启动，决策过程中的决策分工及其意见的表达、妥协机制、政策发布和实施部署，决策后的监督检查、效果评估和意见反馈。其中，关于决策的沟通和协调机制不仅包括监管部门与金融机构、中央监管部门与地方监管部门的纵向沟通，还包括不同监管部门以及监管部门与其他政府危机管理部门之间的沟通协调。此外，加强事后问责机制的构建是确保决策质量和提高决策效率的重要环节。

第四，丰富金融业危机管理的政策工具。金融业危机管理政策工具是日常监管政策工具在危急时刻的特殊使用，因此在作用机制上并没有明显区分。完善金融基础设施、构建金融综合统计数据库、加强监管协调的沟通平台建设、构建有序的金融机构破产退出机制等，都是丰富金融业危机管理政策工具的基础。另外，对于特殊情况下的危机救助，监管部门也可以创新定向工具、政策直达工具等各种具有可操作性的政策工具帮助金融机构和企业渡过公共危机。

第五，加强对国际市场上危机管理经验的借鉴。新冠肺炎疫情是一场国际公共危机，是全球所有国家和地区无差别地面对的危机。其他国家和地区在金融业危机管理中的经验对我国提高金融业危机管理水平具有重要借鉴意义。尽管各国金融市场由于政治环境、市场环境、文化差异等各具特点,但经济全球化尤其是金融市场的全球高度一体化使各国、各地区金融市场紧密关联。因此,在国际金融市场危机管理问题上,以开放姿态加强合作,对重点问题保持沟通协调,积极借鉴发达国家金融市场的危机管理经验,是共同应对全球金融市场公共危机的重要条件。另外,由于跨国金融市场的联动效应,一国金融市场的公共危机应对政策不论是效果还是境外影响,都需要其他国家配合。加强对国际金融市场危机管理经验的借鉴和国际金融市场危机管理政策的合作,是有效防止危机蔓延,降低危机影响的重要策略。

本章小结

防范系统性金融风险背景下,中国金融市场法律治理的本质是制度治理,是关于金融监管的目标、框架、模式、手段以及具体制度的建构和完善。中国金融市场法律治理的模式和手段的创新,应当以金融发展理论中的"最优金融结构"为理论基础,以金融供给侧结构性改革为方向指引,通过金融结构的法律调制探索法律治理的模式和手段的创新方案。具体而言,要深刻认识和总结当前中国金融市场法律治理模式和手段的不足。其中,法律治理模式的不足体现在四个方面,包括"分业 + 会议制议事协调"监管模式的不足、货币政策与财政政策双轨运行模式的不足、"中央为主"与"地方为辅"的双层监管模式的不足、部门金融风险专项整治模式的不足。法律治理手段的不足也可以总结为四个方面,包括穿透式监管制度还没有发展为成熟的功能监管、体系庞杂的货币政策工具缺乏必要的制度制约、监管科技应用不足、金融监管改革试点制度难以适应金融科技时代的创新监管需求。

对此,新法律治理理论视野下,根据金融禀赋结构理论提出的最优金融结构判断对金融法学研究以及金融市场治理提出了一个新的改革方向。从法律治理的立场出发,对系统性金融风险治理的模式和手段应当朝着维持最优金融结构这一金融学客观规律方向进行创新性改造。新法律治理理论对治理模式创新的指引主要体现在三个方面,包括依据特定禀赋结构决定的最优金融结构的组成要素不断引导和优化中国金融市场结构、根据以最优金融结构理念为基础的结构金融法理论展开系统性金融风险法律治理模式的方法创新、新法律治理理念下的金融结构法律调制机制为系统性风险法律治理模式创新提供了具体的方法。新法律治理理论对治理手段创新的指引也可以概括为三个方面,包括新法律治理理念对金融商事法律机制创新的指引、新法律治理理念对金融市场规制法律制度创新的指引、新法律治理理念对金融宏观调控法律机制创新的指引。在金融市场法律治理理论选择上,每个经济体在特定发展阶段的要素禀赋结构所一一对应的最优金融结构是金融风险防范的决定性中间变量。因此,新治理理念下系统性金融风险法律治理的模式和手段设计必须突出金融结构的核心地位。

经济发展新常态下,面对金融市场实际运行中表现出来的系统性金融风险威胁,中国经济发展的转型升级目标倒逼着中国金融市场法律治理的模式和手段向现代化路径的创新和转型。中国金融市场法律治理的核心问题是监管法治,以守住不发生系统性金融风险为底线,创新和完善监管模式和监管手段,使安全稳健的金融市场更好地服务于实体经济的发展。中国金融市场法律治理模式的创新应当聚焦于四个方面,包括适应混业趋势下的综合监管模式、央行货币政策与宏观审慎政策的"双支柱"调控框架、货币政策与财政政策的联动治理模式、扩大地方金融监管权。因为实体经济周期性下行引发的债务风险、经济增速放缓遇上融资结构失衡导致的银行部门风险、互联网金融风险、复杂的国际经贸形势下的主权货币风险、类似新冠肺炎疫情等重大突发公共事件引发的系统性风险等现实的系统性安全的威胁,创新中国金融市场法律治理手段的重要性也在危机中日益凸显。中国金融市场法律治理手段的创新应当从五个方面重点展开,这五个方面包括普及监管科技的应用与尝试构建监管外包制度、完善功能监管制度、针对金融科技市场的迅猛发展构建监管沙盒制度、加强金融司法建设以及加强金融业公共危机管理体系建设。

第四章　防范系统性金融风险的法律治理的规范配置创新

当下,我国金融经济正处于"增长速度换挡期、结构调整阵痛期、前期刺激政策消化期"的三期叠加状态,金融市场自身改革和发展的内在风险正不断暴露,并在一定程度上威胁着宏观经济的健康发展。然而,我国目前金融市场法律治理的规范配置,仍然存在不完整、可操作性不高、创新性不足等问题,难以满足"守住不发生系统性金融风险的底线"的制度有效性需求。因此,创新中国金融市场法律治理的规范体系,提高金融市场对系统性风险的防范能力,成为当前我国金融市场法律治理变革的首要任务。

第一节　金融市场法律治理的规范配置的基本要求与当前存在的问题

有效的制度必须具备系统性、协调性特征,构成一个层次分明、逻辑自洽、利益清晰、共生共进的法律有机体。我国目前金融市场法律规范刚完成基本的起步工作。因此,有必要明确定位金融市场法律治理的规范配置的基本要求,为金融市场规范配置创新提供方向指引。在此基础上,准确分析当前规范配置存在的问题,增强创新与完善金融市场规范配置的针对性。

一、金融市场法律治理的规范配置的基本要求

金融市场治理的规范体系是由相互作用、相互依赖的若干因素组合而成,各式主体及法律关系共同构筑具有特定功能的有机整体,而协调是系统整体性的内在要求。金融市场法律治理的规范配置应当遵循协调发展理念,这是一种针对规范体系内众多要素的综合协调、整体协调,同时也是一种动态、长远及优化的协调,其目的不仅仅是使各种法律主体、法律关系之间相对平衡,更重要的是优化要素组合,使金融市场治理的规范体系整体效益最大化。①

金融市场法律规范配置协调观的提出,首先缘于金融市场治理主体的多样性。金融市场治理的各项职能往往由两个以上的主体分别承担,如金融监管职能与货币政策职能主体的非同一性,因此治理措施的冲突性在所难免,主体间的利益协调十分必要。另外,我国金融体制改革的步伐不断加快,大量金融制度正处于孕育或者迸发状态,制度内部的各项矛盾关系也随着时代的发展动态变化,如若处理失当,极有可能成为培育风险的失策之举。因而,协调发展势必为金融市场法律规范的最根本要求,并且贯穿规范制定与实施的全过程。在金融法律规范配置的过程中,协调发展这一最根本要求将衍生出以下几项基本要求。

(一)金融监管与金融创新之协调

20 世纪 70 年代以来,金融业的全球性变革使得金融创新成为助推国家经济发展的重要引擎。但是,开放经济条件下的金融创新并不能完全惠及发展中国家,金融创新贫乏、经济欠发达仍然是发展中国家急需面对的问题。实践证明,开放带来的现有金融基础性便利,并不能完全满足发展中国家和经济转轨国家的现实需求。因此,其一方面需要加快本国金融创新,提

---

① 参见田霖:《区域协调发展的金融地理学探析与现实应用》,载《金融理论与实践》2010年第5期。

高金融效率；另一方面则需要保障持续性监管供给，维持稳定的金融环境，尽可能从稳定的对外开放中汲取更多有利于本国经济发展的利益。[①] 然而，在经历了美洲金融危机、东南亚金融危机以及次贷危机之后，金融创新与金融监管的关系问题越发引起关注。

金融创新是市场经济发展到一定阶段的内在要求，是金融市场内在活力的具体表现，其进程和种类与金融业的自身规律相关。相较于传统的金融交易活动，金融创新是科技发展的衍生物，突破了市场经济难以适应的管控与约束，通过创造复杂的交易工具和交易手段，扩容了金融体量，提高了金融效率，也增强了金融对市场经济的渗透力。然而，金融创新的复杂性等特征，也给金融市场乃至整个宏观经济带来严重的问题，即金融风险的生长和蔓延。金融业在因自由化和创新为其带来的巨大效益而欣喜时，也为日益增长的金融风险和业已爆发的金融危机痛心和担忧。

以银行业为例，随着市场竞争压力持续增长，传统的存贷业务已难以满足市场发展需求，银行业务开始向资产业务、负债业务、中间业务扩展。而理财产品作为中间业务创新的核心支柱，是银行追求高利润回报的重要工具。据统计，截至 2019 年，我国商业银行非保本理财规模高达 34 万亿，同比增幅达 36%，投资起点不断降低，1 万元以下的净值产品占比攀升至 37.4%，预期收益型产品占比升至 33.5%。[②] 大规模的商业银行理财产品具有“虹吸效应”，大量的信贷资金通过该渠道流向虚拟经济领域或国家禁止的产业领域，刺激了宏观经济泡沫增长，并且由于理财产品风险的复杂性以及市场的周期性，投资者资金损失风险也大大增加，中国银行的“原油宝事件”即是典型例证。2020 年 4 月下旬，受美国原油期货暴跌影响，中国银行原油宝美国原油合约参考 CME 官方结算价，以 -37.63 美元/桶进行结算或移仓，引发市场上大规模的“穿仓”风险。[③] 原油宝的爆雷直接使二级

---

① 参见田霖：《区域协调发展的金融地理学探析与现实应用》，载《金融理论与实践》2010 年第 5 期。

② 参见刘方等：《2019 年银行理财回顾及展望：革故鼎新，回归本源》，载新浪财经，http://finance.sina.com.cn/stock/stockzmt/2020-01-13/doc-iihnzahk3731494.shtml。

③ 参见蔡越坤：《美油暴跌！中行原油宝美国合约暂停交易》，载新浪财经，http://finance.sina.com.cn/stock/relnews/hk/2020-04-21/doc-iirczymi7518212.shtml。

市场剧烈波动,投资者信心遭遇重创,导致银行市场极度不稳定。究其缘由,金融创新对传统金融风险管理的挑战是其中之一。因此,防范和化解系统性金融风险,已经成为各国政府高度重视的头号经济问题。在现代银行业诞生以后,金融机构、金融市场乃至整个金融体系、国际货币制度都历经数次创新,可以说整个金融发展史就是一部在发展中不断创新、在创新中又不断加强监管的历史。

金融创新与金融监管是对立统一的矛盾关系,如果过度强调金融创新,容易忽略创新内含的风险因素,如结构性产品的高杠杆风险、流动性风险,一旦引爆金融危机,金融效益将无法持续;如果单纯强调金融监管,则会扼杀金融活力,阻滞金融发展。例如,美国为了鼓励竞争和各州出于地区的利益考量,曾长期实行单一银行制,禁止银行设立任何分支机构,这种单一银行制不利于银行经营成本的降低和业务在不同地区的广泛开展,严重限制了银行的规模化发展,阻碍了金融服务实体经济的职能发挥。再如,自2007年"拍拍贷"成立以来,中国P2P网络借贷市场开启了互联网金融服务的新纪元。据统计数据,2016年年底P2P网络借贷平台共2307家,呈现正指数级增长。① 由于对这种新型的互联网金融服务认识不足,相应的监管匮乏,行业内风险不断积累,危及金融市场稳定的事件屡屡发生,从"永贷宝事件"到"善林金融事件"再到"安心贷事件",互联网金融市场存在乱象。如此背景下,为了防范系统性金融风险,2016年,我国开始对互联网金融市场进行整治。例如,山东省地方金融监督管理局在2019年10月发布《网络借贷行业风险提示函》,要求对全省范围内未通过验收的P2P网贷业务全部予以取缔,防止P2P行业风险积累并蔓延至其他经济领域。此类监管措施虽然在互联网金融市场的风险控制层面颇有意义,但并未考虑行业发展的内生需求,在一定程度上抑制了金融创新发展。金融市场法律治理工作不能只看到金融创新的风险面,还要考虑金融发展的现实需求,只有正确处理金融创新与金融监管的关系,准确把握二者的平衡点,在监管中创新、在

① 参见钱诚研究院:《2016年全国P2P网贷行业大数据报告》,载搜狐网2017年1月3日,https://www.sohu.com/a/123282443_351022。

创新中监管，方能实现“监管—创新—再监管—再创新”的良性循环。[①]

此外，在金融市场法律治理的规范配置过程中，有必要处理好金融监管与金融创新的平衡问题。一方面，要准确辨别合理的金融创新行为。尽管金融创新往往与金融监管形成对立关系，但在一定程度上，金融创新反映了金融发展的内在要求和金融活动的内在趋势，二者之间为合理冲撞。这就要求监管者准确判断哪些是合理冲撞的金融创新行为而加以允许，而具体的判断准则需要立法予以明确。例如，《法国金融安全法》关于这一准则的描述为：金融创新应当符合本行业内部的发展规律和现实要求，一切以不正当、不公平的手段谋取本企业利益的创新活动，应当予以禁止。另一方面，监管规定应及时更新。监管规定若不合时宜，不仅对金融安全无实质性推动，而且会增加创新成本、提高金融机构判罚风险。

（二）权力配置与责任配置之协调

金融市场治理主体权力与责任配置的非均等现象并不少见。一般而言，金融市场治理主体的权力配置，不仅涉及权力与权利之间的较量与权衡，还涉及由治理主体掌握的金融公共资源向个别利益团体倾斜，即政府以行政手段或法律手段使得部分金融实体无偿或低成本获取公共资源。[②] 由此看出，一旦权力的配置与责任的承担不均衡，权力的天平往往会不合理地倾向一方，可能导致金融资源的错配，继而引发危害金融市场稳定的事件。

目前，我国关于金融市场治理主体的责任配置的法律规范大致分为两层：第一层是金融市场的特别立法，包括《人民银行法》《银行业监督管理法》《证券法》《保险法》《银保监会系统工作人员与监管对象非公务交往的规定（试行）》；第二层是宏观适用立法，包括《惩治贪污条例》、《关于严惩严重破坏经济的罪犯的决定》（已废止）、《关于惩治贪污罪贿赂罪的补充规定》（已废止）、《刑法》、《行政复议法》、《行政监察法》（已废止）、《行政机关公务员处分条例》等。但上述有关金融市场治理主体的责任规范大多为原则性规定，而加强金融市场治理主体的责任规制，直接关系金融秩序的安定问题，

---

① 参见张庆民：《正确处理银行业监管的五大关系》，载《华北金融》2006 年第 12 期。

② 参见范薇：《统筹金融市场基础设施监管　防范系统性金融风险》，载《清华金融评论》2020 年第 2 期。

也是防范系统性金融风险的重要环节。因此,加强责任设置实有必要。

首先,金融市场治理主体权力与责任配置均衡可以满足公共利益最大化的需求。代表公共利益的市场治理主体与其他市场参与主体可能存在利益冲突,通过对市场治理主体权力行使的检查与督促,以及追究不当行权行为责任,能最大限度维护金融消费者、金融投资者的利益,促进金融市场健康稳定发展。[①] 其次,金融市场治理主体权力与责任配置均衡有助于防范系统性金融风险。金融市场治理是一个治理主体与治理对象持续博弈的过程。[②] 麦克尔(Micheal)对监管俘获与银行系统性风险进行了实证检验,结果表明,监管俘获可能性越低,则银行资本充足率水平越高,二者呈负相关关系;反之,银行不良贷款率、净利差高,系统性风险指数越大。[③] 最后,金融市场治理主体权力与责任配置均衡可以减轻金融市场治理中的权力腐败问题。当治理主体责任机制发挥作用甚少时,权力寻租将不可避免地导致不作为、乱决策的现象,致使金融资源配置扭曲,严重背离社会福利最大化的目标,导致投资者对金融市场机制失去信心,最终引发系统性风险。

因此,在金融市场法律规范配置过程中,应当对治理主体的权力做出相应的限制,使其承担与之相匹配的法律责任,这也是权力配置与责任配置之协调的本意。长期以来,无论是理论界或实务界,对政府责任的讨论以及各种加强政府监管责任的建议,实质是对行政权力完全支配的另一种抗争。[④] 权力与责任相匹配的立法原则应当具备现时适用性。这其中应该有三层含义:第一,权力与责任的具体内容应当明确;第二,权力的行使方式以及责任的追究程序应当明确;第三,权力与责任应当一一对应,有权力必有责任。

(三)货币政策、财政政策以及金融监管之协调

就理论而言,金融稳定是国家调控与治理追求的目标,而金融秩序形成

---

① 参见巫文勇:《金融监管机构的监管权力与监管责任对称性研究》,载《社会科学家》2014 年第 2 期。

② 参见胡光志、苟学珍:《论地方政府参与金融风险治理的法治困境及出路》,载《现代经济探讨》2020 年第 10 期。

③ See Brummer, Chris, *How International Financial Law Works (and How it Doesn't)*, Georgetown Law Review, Vol. 99, No. 2, p. 257 – 328 (2011).

④ 参见张永亮:《国际金融监管合作法律制度:挑战与革新》,载《武大国际法评论》2014 年第 2 期。

的市场条件会影响货币政策与财政政策的传导机制。反过来，货币政策与财政政策的指导也会影响资产价格和资产负债表，进而影响到金融市场的稳定性。[①] 货币政策、财政政策与金融监管的协调搭配一定程度上可以使彼此之间相互增强和促进。例如，在金融市场因受到风险的冲击而震荡不已时，宏观审慎监管与微观审慎监管的协调配合在增强了金融市场弹性的同时，也合力维护了经济秩序的整体稳定，增强了货币政策与财政政策的有效性。对于金融市场的治理主体而言，金融市场治理核心的问题绝非在物价稳定、金融稳定与经济增长之间的徘徊取舍，而是在当前的经济稳定与增长和未来的经济稳定与增长之间进行权衡，这意味着必须通过物价稳定、经济增长以及金融失衡等多重视角全方位评估经济现状。[②] 处于特殊的经济发展时期，金融失衡程度加深，必须通过货币政策与财政政策的协调配合来开展总量控制。如果投资热度持续不减，此时货币政策与财政政策仍然放任经济总量的闸门开得过大，则任何后续的宏观审慎工具都很难达到实质效果。[③] 换言之，金融审慎监管的结构性调整与优化务必会以适当地调解经济金融总量为基础。历次经济危机表明，唯有通过货币与财政的双支柱调控来防止整体经济过剩，金融审慎监管方可从容高效地发挥结构性调节效能。

2020 年 10 月，中共中央发布《关于制定国民经济和社会发展第十四个五年规划和二〇三五年远景目标的建设》，文件指出，当前我国要加强宏观经济政策协调，搞好跨周期政策设计，综合发挥货币政策、财政政策的协同效应，提高经济金融逆周期调控效能；同时，还要不断完善现代化金融监管体系，努力提高金融监管透明度和法治化水平。党中央的顶层设计要求，新时代需要构建起有效协调的宏观调控机制，因而必须健全财政政策、货币政策以及金融监管“三力协同”的调控新格局。

分析我国风险治理的形势，以传统风险为代表的存量风险已逐步得到

---

① 参加陆磊、刘学：《流动性冲击、金融危机与货币财政政策协调》，载《经济学动态》2020 年第 4 期。

② 参见李成、李一帆、张炜：《财政政策与货币政策的动态搭配和组合模式》，载《改革》2020 年第 1 期。

③ 参见廖凡：《全球金融治理的合法性困局及其应对》，载《法学研究》2020 年第 4 期。

控制，而以新型风险为代表的增量风险，正日益成为当前以及未来一段时间内金融监管的主要方向之一。大量的新型金融科技企业充斥小额信贷等间接融资市场，他们利用科技优势开展数据垄断，并逐步形成关联网络。相较于传统的金融机构，这些金融科技企业所代表的新型业态在成本控制、质量与效率提升等方面优势显著，但在风险复杂性、外溢性以及传染性等方面也同样突出，最重要的是，这些新型金融业态在失序的环境下一度扩张，严重扰乱了经济金融的总量秩序。因此，针对新型业态风险的治理刻不容缓。此时，增强面向流动性调控的财政政策及货币政策与严防系统性风险的金融审慎监管间的协调性就显得十分重要。这是因为，财政、货币政策的指导需要市场主体发挥"杠杆效用"与"中介作用"，而市场主体在具体的运用中，又需依赖监管手段的制度性约束。① 金融科技的推陈出新推动了金融业从传统的分业及混业经营向更综合化的模式快速转型。这种转变带来了十分重要的影响：一是信用创造渠道的创新瞬间拓宽了财政政策与货币政策的传导路径，同时也加大了二者的传导效应；二是金融衍生科技的快速更迭造成了部分监管层面的真空效应。② 是故，在上述双层叠加的影响下，唯有货币政策、财政政策与金融监管"三力协同"，才能实现对新业态风险的有效治理。

（四）宏观审慎监管与微观审慎监管之协调

微观审慎监管理论认为，如果对每个金融机构的监管得当，单个金融机构运行平稳，那么宏观金融体系就可以保持稳定，即多个金融机构稳健之和等于金融体系整体稳健。③ 而危机的教训表明，在微观审慎监管理论下，单个或局部金融表面平稳掩盖了整个金融体系潜在风险。这种缺陷表现为，具有系统重要性的金融机构、工具和市场未得到有效监管或得到的监管不足；不同类型和不同地区的金融机构和金融产品面临着不同的监管规则和

① 参见张安淇、李元旭：《货币政策与财政政策联动机制的实证分析》，载《统计与决策》2018 年第 24 期。

② 参见许俊伟：《新时代我国互联网金融治理——基于政府规制的反思与优化》，载《理论月刊》2020 年第 4 期。

③ 参见王刚、高博：《影子银行监管框架研究——基于宏观审慎与微观审慎整合视角的分析》，载《经济法研究》2020 年第 5 期。

制度，同类金融活动监管套利严重；[①]新资本协议、拨备计提、外部信用评级和公允价值会计准则等金融监管政策和工具具有内在的顺周期性，在一定程度上强化了经济周期的波动性；[②]缺乏有效防范系统性风险的组织体系，金融风险信息不能及时共享，导致识别、预警和处置系统性风险存在困难。[③] 原美联储前主席伯南克强调，在微观审慎监管制度下，监管者会忽视源自跨机构或跨市场的风险对金融稳定造成的威胁。[④] 此外，当信贷市场崩溃、资产价格急剧下降的时候，微观审慎监管机构关注的是单个金融机构的偿付能力而非金融体系整体情况，若因此要求机构采取更为保守的信贷政策，可能会对更大范围的金融体系产生负面的顺周期效应。[⑤]

在这方面，与微观审慎监管相比，宏观审慎监管还将考虑对单个机构的微观审慎行为所产生的外部效应。宏观审慎监管认为，在经济衰退期，银行和其他高杠杆机构在危机下的自我保护行为将使金融体系产生更广泛的不稳定，例如，金融机构“资产贱卖”导致资产价格迅速下降。[⑥] “自上而下”的宏观审慎政策视角使监管机构得以更有效地观察和判断内部冲击的来源以及可能导致顺周期性的群体性行为，并采取应对措施。[⑦] 与此同时，在开放的经济条件下，私人部门的金融脆弱性以及公共部门的债务高企逐渐成为系统性风险的最主要来源。这些风险可能引发银行危机、资本市场危机、债务危机和货币危机。更普遍的情况是，这些风险的爆发使得不同类型的危机相互交织，增强了危机的冲击力，也给治理主体的应对增加了难度。系统性风险来源、产生的多元化、复杂性以及冲击的严重性，要求必须构建有

---

① 参见巴曙松、王璟怡、杜婧：《从微观审慎到宏观审慎：危机下的银行监管启示》，载《国际金融研究》2010 年第 5 期。

② 参见王建雄：《论全球金融治理规则的实施及其价值嬗变》，载《武大国际法评论》2020 年第 4 期。

③ 参见孙世香：《国际宏观和微观审慎监管的协调机制对我国的启示》，载《中财法律评论》2014 年第 6 期。

④ 参见王忠生、黄伦章：《金融宏观审慎监管与微观审慎监管协调问题研究》，载《金融经济》2020 年第 20 期。

⑤ 参见张洁：《浅谈宏观审慎框架与金融可持续发展》，载《海南金融》2013 年第 5 期。

⑥ 参见［美］泽维尔・弗雷克萨斯、［美］拉克・莱文、［美］何塞 – 路易斯・佩德罗：《系统性风险、危机与宏观审慎监管》，王擎等译，中国金融出版社 2017 年版，第 113 页。

⑦ 参见张金娣：《宏观审慎监管、货币政策与银行风险承担——基于中国上市银行的实证分析》，载《浙江金融》2020 年第 10 期。

效的宏观审慎监管治理安排，集中多种资源和手段以防范和化解系统性风险。

但需要说明的是，宏观审慎监管与微观审慎监管并不是矛盾的，建立宏观审慎监管体系并不是要推翻原有的微观审慎监管框架，而是在传统的微观审慎监管继续推行的前提下，加强宏观审慎监管，从而提高整个金融体系的稳定性。① 宏观审慎监管与微观审慎监管是有机的统一整体。2008 年金融危机表明，将宏观审慎监管与微观审慎监管割裂将严重影响监管的有效性。宏观审慎监管为微观审慎监管提供了系统性、全局性和前瞻性的视野，微观审慎监管为宏观审慎监管提供了坚实的基石。② 具体而言，一方面，微观审慎监管工具往往是宏观审慎监管的重要组成部分，例如，对系统重要性金融机构的监管、逆周期的资本调节与拨备调节以及对金融市场杠杆率的限制等；③另一方面，微观审慎监管主要关注个体风险，例如单个机构的资本充足率、流动性指标状况等，其对微观风险数据的把握有着天然的优势，而这也是开展宏观审慎分析的重要基础。宏观审慎评估作为宏观审慎监管框架的重要内容，建立在有失全面、真实数据基础上，将会引致因错失时机而带来的监管低效，使系统性金融风险在实体部门中蔓延传染，加剧经济周期的波动。

是故，在金融市场法律治理的规范配置过程中，应当注重协调宏观审慎监管与微观审慎监管之间的关系，推动二者在法律赋予的范围内充分配合与相互补充。例如，当宏观审慎监管者以信贷调整防范可能的风险时，微观审慎主体可能因推行增加金融市场信贷规模的政策而与之冲突。此时，有效的监管协调机制就显得尤为必要。规范配置的重点是赋予宏观审慎主体适当的权力，使其有能力影响其他监管主体的政策制定，而不仅局限于特定的政策工具。

（五）政府救市与市场自救之协调

2015 年 6 月，我国股票市场从暴涨到暴跌，经历了罕见的异常波动。

---

① 参见谢平、邹传伟：《银行宏观审慎监管的基础理论研究》，中国金融出版社 2013 年版，第 162 页。

② 参见李文泓：《银行业宏观审慎监管：思路和政策框架》，载《中国金融》2010 年第 13 期。

③ 参见刘超、马玉洁：《商业银行宏微观审慎监管协调性研究——基于 PVAR 模型的实证分析》，载《商业研究》2019 年第 4 期。

沪指从2014年12月的3234.68点起步，于6月12日飞升至5178.19点高位。在大好形势中，上证综指开启了暴跌模式，从5178点下跌至2850点，跌幅达45%；创业板指从3920点下跌至1843点，跌幅达53%。[①] A股市场爆发罕见的“股灾”。彼时现实的问题是，政府该不该救市？大量经济学家和监管人士卷入论战。有观点指出，我国政府对股市干预时间过早，违背了市场规律，打乱了我国市场经济国际化有序推进的进程，这是对市场契约精神的破坏。[②] 然而，政府是否应该救市？市场是否应该自助？并非情感问题，也非理论问题，关键要看哪种手段对市场效率和竞争的恢复更加有利。

市场在金融资源配置中发挥着决定性作用，在金融危机中，市场的自我救助有助于区辨政府职能的公共性与投资者逐利的风险性，其遵循优胜劣汰的市场法则，体现了“市场问题由市场解决”的原则，有助于净化金融细胞，提高金融体系的运作效率。[③] 然而，市场确实存在不完善性，因信息不对称等引起的市场失灵时而有之。如此一来，仅依赖市场的力量难以在短期内快速恢复金融市场的效率和竞争状态。此时，行政救助的功能便凸显，其既可以解救陷入危机的金融机构，又可以及时遏止危机蔓延，避免酿成更严重的系统性风险。例如，20世纪90年代，日本金融危机爆发后，政府秉持市场自我调节理念，对金融机构的坏账采取掩盖和延期策略，期以市场的自我恢复化解金融问题，最终导致金融机构坏账问题越发严重，银行信用贷款遭受严重打击，货币中介功能难以发挥，引爆范围更大、程度更深的系统性金融风险，致使日本经历了长达10年的经济金融大衰退。[④]

但行政救助也并非万能的，政府干预、救市措施也给金融市场参与主体造成了一定的经济损失，尤其是强制金融机构清算、大型国有企业破产等行为，给投资者带来了重大的负面影响。[⑤] 除此之外，过度的行政干预也可能带来经济过热、通货膨胀等市场次生风险。

因而，无论是行政救助抑或市场自助各有其优劣性，二者在金融市场治

---

① 参见刘海亮、买敬江：《股灾简史》，立信会计出版社2016年版，第36页。

② 参见刘海亮、买敬江：《股灾简史》，立信会计出版社2016年版，第36页。

③ 参见吴奇志：《金融危机治理研究》，上海财经大学出版社2014年版，第47页。

④ 参见王浩主编：《全球经济与金融治理》，中央编译出版社2017年版，第127页。

⑤ 参见吴晓求：《股市危机——历史与逻辑》，中国金融出版社2016年版，第368页。

理中的配合需要衡平，这就要求在配置金融市场治理规范的过程中，正视二者的关系。在尊重市场对金融资源配置的决定性作用的前提下，如果市场自救无效，或者危机机构自身、其股东、债权人、投资者等利益相关者均无力承担起市场救助责任，或放弃救助责任，以行政救助弥补之。① 更重要的是，行政救助应当把握进入与退出时机、采取合理的救助措施，以及直面救市干预与市场效率保护之间的冲突问题，这些都需要在规范配置中加以明晰。

（六）“正规”金融与“非正规”金融之协调

相较于“正规”金融，“非正规”金融是指金融系统在国家金融监管体制之外的部分，包括“非正规”的金融中介，如货币经纪人、货币贷款人、私人储蓄组织等，以及“非正规”金融市场，如场外市场、平行市场、地下市场等。“非正规”金融游离于金融市场治理，没有进入官方的统计报表，具有一定程度的非法性，而且其运行具有隐蔽性。但是，这并不代表“非正规”金融必须被依法取缔，也不能对其价值“一刀切”式地全盘否定。在市场融资过程中，中小企业等较小经济实体，往往因为缺乏有效的抵押担保、抗风险能力弱以及需求金额不大，被“正规”金融机构拒之门外，由此便催生了民营经济实体对“非正规”金融的需求。② “非正规”金融的出现打破了传统金融资源的流动格局，加之运行的不规范性、隐秘性，导致其引发金融风险的系数较高，因而在多数国家受到严厉的监管限制，甚至是“一刀切”式地禁止其发展。这也是“非正规”金融长期以来并未发挥其应有功能的主要原因之一。

最优金融结构理论告诉我们，在经济发展的不同时期，应当紧密关注金融结构与经济发展的关系问题，找出不同阶段经济发展与金融结构的互动原理，实现金融服务实体经济的目标。③ 当下，我国金融结构出现了“正规”金融与“非正规”金融并行的特征，但二者的发展在实质上并不均衡。“正规”金融凭借其强大的规模化力量，获得了大部分金融市场治理的优质资

---

① 参见曾筱清、杨益：《金融安全网法律制度研究》，中国经济出版社2005年版，第68页。

② 参见张阳：《金融市场基础设施论纲：风险治理、科技革新与规制重塑》，载《经济法学评论》2018年第2期。

③ 参见杨子荣：《企业盈利能力、金融竞争程度与最优金融结构》，载《世界经济》2019年第6期。

源。而"非正规"金融不仅在资源方面处于劣势地位,在监管层面也受监管机构严格限制。从要素禀赋结构与最优金融结构的角度看,某一经济体的要素禀赋结构与产业竞争优势有着密切关联。① 只有市场资源向最具有竞争优势的产业流动与聚集,金融市场才会更具生机与活力,经济体出现系统性风险的可能性也将更小。②

相较于发达国家,发展中国家在要素禀赋结构方面有着共同的缺陷即资金短缺,但劳动力丰富、劳动密集型产业聚集是发展中国家的比较优势,这样的优势能够允许数量众多的中小企业发展,③而与此相适应的最优金融结构应该是小额信贷公司、网络借贷平台、资金互助组织、地区性小银行等"非正规"金融组织。然而,目前我国也在某些方面忽视了对"非正规"金融的激励促进。例如,在经历长期的网络借贷"爆炸式发展"后,网络借贷市场乱象频出,整个市场参与主体良莠不齐,严重威胁着金融市场的健康稳定发展。因此,2016 年我国开启了互联网金融风险的专项整治运动,从 2016 年 4 月的《互联网金融风险专项整治工作实施方案》和《P2P 网络借贷风险专项整治工作实施方案》的出台;到 2016 年 8 月的《网络借贷信息中介机构业务活动管理暂行办法》,2017 年 12 月的《关于做好 P2P 网络借贷风险专项整治整改验收工作的通知》的预执行备案;再到 2018 年 3 月的《关于加大通过互联网开展资产管理业务整治力度及开展验收工作的通知》(以下简称《29 号公文》)的业务限制,网络借贷领域迎来史上最严厉的强监管时期。但令人遗憾的是,强监管下的"施治过猛"直接加剧了大量的平台倒闭、跑路等问题,部分地区甚至出现"互联网金融死亡"现象。据统计,截至 2016 年年底,全国有近 80% 的网络借贷平台倒闭或转型,到 2019 年年底,这一数据高达 90% 甚至更高,目前网络借贷行业正步入岌岌可危

① 参见任晓猛、张一林:《最优金融结构与经济发展:一种新的度量方法与应用》,载《当代经济科学》2019 年第 5 期。

② 参见杨祖艳、靳睿、彭丽丽:《全球金融治理体系改革研究——基于金融周期视角》,载《金融理论与实践》2019 年第 12 期。

③ 参见张杰:《中国金融结构性改革的逻辑起点与实施路径》,载《探索与争鸣》2019 年第 7 期。

的状态。[①] 虽然网络借贷具有门槛低、效率高、手续简单等特征，有助于解决部分地区或中小企业的金融供给不足问题，但是在我国互联网金融风险专项整治运动中，对网络借贷的正向激励缺失，以“风险治理”为主的监管措施，一定程度上“挤压”了“非正规”金融的生存空间，可能导致“正规”金融与“非正规”金融的关系失衡。

因此，在金融市场法律规范配置的过程中，应当更加关注“非正规”金融组织的健康发展，促进民间资本合理有序地进入金融市场，在不打击“非正规”金融积极性的同时，为“非正规”金融提供激励性与规范性并存的制度保障，助推形成“正规”金融与“非正规”金融协调发展的均衡态势。

二、当前规范配置存在的问题

根据金融禀赋结构原理，特定经济体因物质与人力资本的积累形成特定的要素禀赋结构，特定的要素禀赋结构决定特定的最优产业结构，并最终在客观上要求具有与之对应的最优金融结构，[②]而最优金融结构才是金融市场风险防控的基本变量。因此，遵循结构金融法的思路，系统性金融风险的法律治理应当突出金融结构的核心地位。这就要求我们对系统性金融风险进行法律治理，应当从宏观与微观两个层面展开。宏观层面立足于金融结构与经济结构的全局视角，以更广阔的视野开展结构性调整与治理，而微观层面立足于金融的要素禀赋结构，通过深入结构内部关注微观风险。因此，我们对当前防范系统性金融风险的规范配置的反思，也应当从宏观与微观两个层面展开。

(一) 防范系统性金融风险宏观层面的规范配置问题

目前，我国金融的主要问题不是总量问题，而是结构性的问题。具体来说，可以概括为三大层次的七个结构性问题：第一个层次是直接融资与间接融资之间的结构矛盾；第二个层次是间接融资内部的结构矛盾以及直接融资内部的结构矛盾；第三个层次是高质量发展与中小银行之间的结构矛盾，

---

① 参见《2019 年中国网络借贷行业年报》，载网贷之家 2020 年 1 月 7 日，https://www.wdzj.com/news/yc/5568513.html。

② 参见林毅夫：《新结构经济学(典藏版)》，北京大学出版社 2019 年版，第 323 ~ 325 页。

高质量发展与金融产品之间的结构矛盾,高质量发展与债券市场之间的结构矛盾,高质量发展与股票市场之间的结构矛盾。形成上述结构性矛盾的主要原因在于,我国金融组织体系、金融市场体系、金融监管体系以及金融资源配置体系的顶层设计存在不协调、不充分的情况。具体表现为金融市场治理主体的不协调、货币政策与财政政策的不协调、货币政策与宏观审慎政策的不协调,以及宏观审慎监管与微观审慎监管的不协调等。

1. 金融市场法律治理主体的协调机制存在的问题

当前,我国金融市场法律治理主体在实践与立法层面出现了断裂,金融创新扩大了市场对监管主体的需求,而立法具有迟滞性,部分监管主体长期欠缺立法的授权。具体而言,我国地方政府金融监管权大都源于一些部门性管理办法或文件的授权,缺乏明确的法律依据。《立法法》规定涉及金融的法律应由全国人民代表大会制定,仅行政管理不能改变地方金融监管法治基础缺失的问题。比如对于各地金融办而言,目前还没有一部法律法规来明确其职责与定位,也没有地方金融管理的统一制度出台。各地金融办多由地方政府自发地设立,其成立的目的和规划地域差异大,地位职权也因地区而异,发展不均衡。

地方金融办的持续监管必然涉及现场检查、非现场检查、风险评估、日常报表等环节,不仅需要专业的监管人员、技术,而且更需要金融监管法规制度作保障。只有相应的法律法规对地方金融办的监管主体、内容、方式、手段、职责做出相应的规定,才可以使其依法监管,更好地履行监管职责,实现监管目标。

自 2017 年以来,不少省市出台地方金融监管相关条例,以期提高本地金融组织在监管中的地位。例如,2017 年河北省人大常委会通过《地方金融监督管理条例》,设立省、市、县三级金融管理组织,负责对金融机构内部治理、业务经营、风险处置等工作开展持续监管,类似的规定也存在于《天津市地方金融监督管理条例》《浙江省地方金融条例》《北京市地方金融监督管理条例》《上海市地方金融监督管理条例》中。虽然各地通过制定地方性法规加强地方金融监管组织的作用值得肯定,但是缺乏中央立法的授权确认,地方性法规很难发挥实质性作用。更为关键的是,地方性金融监管组织是由各地人民政府组织建立,受地方政府统一领导,可能对地方金融监管组织的独立性造成影响。

除政府组织在金融市场治理中发挥作用外,近年来,非政府组织包括各大交易所、行业协会以及投资者等民间力量也逐渐开始发挥治理功能。目前,部分政府组织在机制设置上吸纳了非政府组织及其成员,如全国性宏观审慎评估委员会即由中国人民银行、全国市场利率定价自律机制秘书处、各大商业银行代表、学者等组成,目的是提高宏观审慎评估的科学性与准确性。2016年,全国外汇市场自律机制成立,负责对外汇自律行为进行日常检测与评估。同时,金融市场各行业协会也纷纷成立并开始发挥一定的作用。例如,中国保险业协会出台了《云计算保险风险评估指引》《保险业公司治理实务指南总体框架》等规定,对保险市场风险监控以及规范保险公司治理发挥了重要作用;从2011年起,中国银行业协会定期制定《中国银行业发展报告》,通过相关大数据分析,具体评测上一年度银行市场的风险状况,为金融市场风险治理提供了重要参考依据;2016年,中国证券业协会发布《证券公司压力测试指引》,旨在推动证券公司提高风险管理水平。其实,早在2012年,中国证券业协会通过了《自律管理措施和纪律处分实施办法》(现已废止)、《自律监察案件办理规则》(现已废止)、《自律监察专业委员会组织规则》等自律规定,成立了证券行业的自律监察机制。在遵循惩戒与行业发展相协调、机构责任与个人责任相区分、惩戒与教育相结合原则的基础上,区分了自律监管措施和纪律处分这两类不同的惩戒措施,对于在检查中已经发现的风险事件,及时采取谈话提醒、警示、责令参加强制培训、责令整改等措施,防止风险在黑暗中滋长、扩散,对维护证券市场安全稳定起到了一定的积极作用。

然而,就现状而言,当下民间主体的治理功能尚未被完全开发,其在防范系统性金融风险、维护金融市场稳定方面的权限有待加强。这是因为在传统"一行三会"的监管模式烙印挥之不去的情形下,非政府组织的作用力有限,独立性和自主性较弱,加之相关的立法激励不足,导致部分民间治理主体沦为政府安排退休人员的"养老院"。[1] 以证券交易所为例,虽然《证券

---

① 参见卢文道:《证券交易所及其自律管理行为性质的法理分析》,载《证券法苑》2019年第3期。

法》第98条规定，证券交易所有权组织和监督证券交易，是实行自律监管的法人，再根据《证券法》第46条、第55条、第56条，证券上市交易以及暂停或者终止股票交易的权力皆由证券交易所行使，确立了证券交易所的自律组织性质和自律监管性质，但遗憾的是，根据立法和实践的情形而言，证券交易所的自律管理很难有效实施，独立性也渐渐丧失。

首先，就设立而言，无论是上海证券交易所抑或深圳证券交易所，都是政府规划筹办的，甚至很多工作人员都是从政府各部门调任而来。其次，从人事任免安排来看，根据《证券法》第102条第2款，证券交易所的总经理由证券监督管理机构任免。而在理事会的设置上，《证券交易所管理办法》第23条、第24条规定，非会员理事应当由证监会委派，并且理事会决议要向证监会报告。此外，根据该法第27条、第30条的规定，副总经理和专职监事等职务的任免也需要经由证监会。由此可以看出，证券交易所的人事任免系统几乎由证监会管控，降低了其监管决策的有效性。最后，从日常的监管来看，根据《证券交易所管理办法》(2021年修订)相关规定，证券交易所对证券交易品种的日常监管都需要向证监会报告，并且获得证监会的批准。另外，《证券法》第112条虽然赋予了证券交易所对证券交易的实时监控权，但是发现异常情况时，应当及时报告给证监会，这也表明，证券交易所并没有独立的自主调查权，其监督功能很难有效发挥。与此同时，上述的立法激励不足问题也造成部分金融市场中介机构的"看门人"角色迷失，在日常的监管中流于形式，不能勤勉尽责。据统计，2016年1月1日至2019年6月30日，仅证监会采取行政处罚的有证券资格的会计师事务所就达21家、采取行政监管措施的有179家。① 2020年7月10日，受到康美药业300亿造假案的影响，广发证券的保荐资格被暂停6个月，且14人因此受到证监会处罚。② 近年来，金融市场类似案件不胜枚举，这些中介机构"看门人"角色的迷失，多是由于立法的激励性不足，如违法成本较低。根据《证券

---

① 参见宓迪：《年内多家中介机构收证监会罚单　专家表示中介机构需发挥监督作用》，载百度百家号2019年11月20日，https://baijiahao.baidu.com/s?id=1650662653834010667&wfr=spider&for=pc。

② 参见《300亿造假案发酵，康美药业背后老板等10人被捕，去年爆亏48亿》，载新浪财经网，http://finance.sina.com.cn/stock/relnews/cn/2020-07-10/doc-iirczymm1644385.shtml。

法》的规定，保荐机构因虚假记载、误导性陈述等行为未勤勉尽责时，将受到业务收入的1～5倍罚款，并给予警告、没收违法收入等处罚，但是，实践中证监会等部门仅仅以业务收入的1～2倍进行罚款，会计师事务所、律师事务所受到的处罚更轻。

2. 货币政策与财政政策的协调机制存在的问题

总体来看，我国财政政策和货币政策协同运用的整体格局是良好的，即实施积极的财政政策和稳健中性的货币政策，宏观调控效果初显，宏观经济指标保持平稳，较好把握了支持实体经济和兼顾内外部均衡之间的平衡，GDP增速曾连续12个季度保持在6.7%～6.9%。[①] 积极的财政政策和稳健的货币政策促进了国民经济的平稳健康发展。

但是，现阶段中国财政与货币政策在具体协调运用过程中仍然存在一些问题与摩擦，具体而言：

（1）财政政策与货币政策的平衡机制不足

尽管，财政政策与货币政策都可以通过各自的传导机制对经济运行产生调节作用，但多项研究表明，现阶段的财政政策对整体经济目标影响更大，长期效应更为明显，影响效果持续性更强；而货币政策的作用范围相对较小，对整体经济目标影响更小，短期效应更为明显。基于此，从长期发展来看，政府应该加大对财政政策的使用力度，以及积极促进深化改革来推动财政政策工具的创新，减少对货币政策的依赖，货币政策更多的应该起应急作用。

但在现阶段，政府进行宏观调控过程中，更多的是为实现短期经济目标而频繁应用货币政策及货币工具进行经济调节。但种种举措对经济运行的提振与刺激作用越来越弱，部分原因是货币政策工具创新程度不足，未能定向降息降准，无法将流动性导向目标行业或企业，但大部分原因还是财政政策的改革与实施力度存在欠缺，财政政策在经济结构转型、产业升级方面所起到的作用不够强，两大政策间协调运用存在不平衡的现象。

（2）财政政策与货币政策协调运用的执行机制不完善

一是操作力度不太恰当。2009年经济规模处于高涨阶段，应采取相对

---

① 参见毛捷、孙浩、徐军伟：《财政政策与货币政策协同的理论思考和实践构想》，载《财政研究》2020年第12期。

紧缩的财政与货币政策，取代原有的经济刺激计划，但当时财政赤字仅减少了200亿元，相应的货币政策仅提高不到3个百分点基准利率。因此，财政政策和货币政策的收紧力度远远不够，最终结果是延缓了通货膨胀的压力，目前的经济增长L型走势就是佐证。① 积极的财政政策和宽松的货币政策对于经济发展是有强烈的促进作用的，但实施力度过大、之后未及时收紧则会阻碍经济的健康发展，具体在于会引起通货膨胀、造成经济过热现象。

二是政策设计不够科学。现阶段施行的财政政策与货币政策发展较慢，在理论性和创新性方面存在不足，政策细致程度不高。中国的经济结构中，国有企业比重偏高，而金融系统则过度依赖商业银行体系形成的货币传导机制，对资产价格等方面的调控手段存在欠缺。对于财政政策而言，如普遍的"招商引资"竞争政策、价格管制政策等，有可能出现与各区域的实际经济运行状况不匹配的情况，反而不利于经济的良好运行；对于货币政策而言，单一的刺激政策不利于实现既定的经济结构调整目标。②

三是政策灵活性不足。财政政策与货币政策存在时滞性，通常情况下，当年的财政与货币政策一旦确定，在当年期间很少变更，但实际上需要在基调确定的前提下，根据每季度甚至更短周期内的经济运行状况进行适时、适度调整。一个典型案例是，按照过去经验，如果CPI涨幅超过3%，则应该收紧货币政策，体现的是物价波动与供需失衡的内在联系，但实际上物价波动并不一定代表供需失衡，如技术进步、规模经济效应有可能导致物价下降，这并不需要宏观调控干预，而是一种经济运行健康良好的态势，假设政府在此时采取量化宽松的货币政策，则有可能导致经济过热的现象。③ 因此，无论是财政政策还是货币政策，都应该提高制定与执行的灵活性，适时适当微调，以适应经济发展形势的变化。

(3)央行利润上缴国家财政的机制不完善

在现代国家经济运行中，央行需要定期向国家财政上缴一定比例的收

---

① 参见李成、李一帆、张炜：《财政政策与货币政策的动态搭配和组合模式》，载《改革》2020年第1期。

② 参见徐淑华、李庆华：《财政政策对货币政策传导机制的影响》，载《财经问题研究》2017年第4期。

③ 参见林致远等：《财政政策与经济稳定》，厦门大学出版社2011年版，第72页。

益，这是国家铸币税的直接体现与基本要求。如前所述，央行货币政策侧重于短期效果，因而货币政策的运用更多属于应急，例如处置金融风险事件。2005 年，央行在国有银行风险处置中即扮演了重要角色。由于汇金公司所有权转移至财政部，央行出现了账面损失。[①] 按照《中国人民银行法》《中国人民银行财务管理制度》的规定，央行年度收入减除支出并按照财政部核定的比例提取总准备金后，所剩余的净利润全部上缴至国家财政，净亏损先由历年提取的总准备金弥补，不足部分由财政予以补亏。然而，央行在此过程中运用历史成本法核算资产负债，这就使财政部核定的总准备金比例与公允价值计量应计提的准备金可能存在差异。作为风险处置成本的直接承担者，央行的成本作为总准备金计提，或运用其冲销，或由财政补亏，最终都会对其上缴收益产生一定影响。此种情形可能会增加央行与国家财政之间的沟通成本，同时也成为各种政策分歧的根源。

3. 货币政策与宏观审慎政策的协调机制存在的问题

我国货币政策体系的问题主要在于信贷并不能有效地流入实体经济并支持其发展。我国已于 2017 年第一季度达到金融周期顶峰，CPI 和 GDP 显示 2015～2016 年存在一定程度的滞胀，这都预示着我国的系统性金融风险在逐步加剧。[②] 随着金融周期到达顶部，社会融资大幅度减少，"影子银行"和表外业务也严重收缩，这使广义货币供应严重不足，导致如企业信用、地方融资平台和中小房地产企业资金链断裂等多项风险集中暴露，金融市场波动变大。如何更有效地维持金融体系稳定，降低存有冲突的各种政策出台后所导致的系统性风险，成为亟待解决的问题。同时，中国经济处于逐步转型升级、提高发展质量的关键阶段，经济增长速度逐步放缓。实现维护经济平稳增长、结构转型升级与防范化解重大系统性风险之间的平衡，政策安排尤为关键。目前，随着中美贸易争端不断升级，外部形势不断变化叠加内部金融风险，我国也面临着"风险三角"的困境。[③] 如何在此背景下更好地

---

① 参见魏琪：《新常态下财政政策与货币政策的协调配合》，载《财政科学》2020 年第 7 期。

② 参见宁薛平：《经济转型前中国货币政策的汇率传导机制》，格致出版社、上海人民出版社 2019 年版，第 59 页。

③ 参见金春雨、董雪：《"双支柱"政策框架下中国货币政策与宏观审慎政策有效组合研究》，载《现代经济探讨》2021 年第 4 期。

发挥宏观审慎政策与货币政策的相互配合作用,是关系我国金融市场风险治理政策框架转型和重构的关键问题。

我国探索和实践货币政策与宏观审慎政策相结合的调控模式开始于2009年,是中国人民银行在国际金融体系改革与合作的大背景下提出的,并在各国实践中走在了前面,为全球央行提供了有益经验。此后,央行一方面积极稳妥地推动以数量为主的调控政策逐步向价格为主的货币政策模式转变,不断对现有货币政策的工具进行创新,强化利率的调控水平;另一方面,根据维护金融稳定的目标,不断完善宏观审慎政策的操作机制和政策工具。

2011年,央行正式引入了差别准备金动态调整机制,并开始大规模实施。差别准备金制度要求金融机构的扩张更好地适应机构本身自有的资本金和经济环境,采取与其体量相适应的发展速度,促使金融机构更好地调控风险,这正是宏观审慎政策的核心内容。在经过充分的研究和评估之后,央行于2016年将差别准备金动态调整机制升格为宏观审慎评估体系(MPA)。在具体操作上,宏观审慎评估体系将更多的关注点放在了广义信贷上面,同时涵盖了债券投资、股权投资、买入返售等各种投资行为。之所以将广义信贷的级别提升,主要是为了约束市场上金融机构可能出现的规避信贷调控、非正常转移资产等不当操作。宏观审慎评估体系的建立将更多的金融活动和金融资产扩张行为纳入了监管框架,从不同方面对金融机构的行为进行引导,更好地实施不同周期调节手段,核心依然在于约束金融机构的资本金扩张,控制局部和系统性风险。①

为应对房地产行业风险,央行在房地产方面尤其是与之相关的信贷方面也采取了宏观审慎管理,通过对银行体系的住房信贷政策加以控制,更好地防范次生风险的传递。此外,央行还加大了对资本跨国流动的管控,以公开透明市场化的手段配合货币政策进行逆周期调节,使整个资本市场趋于稳定,以应对外汇占款大幅收缩和外汇市场波动风险。在此基础上,央行希望通过货币政策配合宏观审慎政策的"双支柱"体系,来实

---

① 参见罗煜、张祎、朱文宇:《基于银行流动性管理视角的宏观审慎与货币政策协调研究》,载《金融研究》2020年第10期。

现价格稳定、经济增长、结构调整和金融稳定等多重目标，在实践中也取得了一定的效果。

当然，我国货币政策与宏观审慎政策相结合的调控模式也并非尽善尽美，在体制机制方面仍然存在一些细微问题。例如，两大政策工具在目标协调方面仍需调整。《中国人民银行法》第 3 条规定："货币政策目标是保持货币币值的稳定，并以此促进经济增长。"可以看出，我国货币政策的主要目标是稳定物价与促进经济增长，维护金融稳定并不在其列。但在实践中，由于央行是货币政策的制定和实施者，维护金融稳定是央行的法定职责，因而货币政策难免会被加入促进金融稳定、结构性调整的因素，这就导致货币政策实践中的作用已然超越了立法层面所规定的范围，这对理顺与宏观审慎政策实践的关系造成了困扰。此外，虽然我国目前已经成立了国务院金融稳定发展委员会，统筹协调金融市场治理主体，但根据《中国人民银行法》等法律文件的规定，宏观审慎监管职能仍归属于央行。2019 年 1 月实施的《中国人民银行职能配置、内设机构和人员编制规定》，将中国人民银行货币政策二司更名为宏观审慎管理局，承担宏观审慎监管职能以及对系统重要性金融机构评估、识别和处置等工作。这种将宏观审慎职能与货币政策职能划归到央行不同部门的做法，有助于凭借央行在宏观经济金融分析评估方面的技术与职能优势，保障宏观审慎措施的顺利实施，避免了货币政策弱化可能带来的负面影响，同时还有助于宏观审慎职能发挥不受到来自外部其他市场因素的干扰。[①] 但是，这种体制安排也存在一定的问题，央行作为稳定价格与稳定金融的双重主体，可能会以通货膨胀来修复金融冲击后的各部门资产负债表，当受到时间不一致等多因素的冲击，双重角色可能会降低央行的公信力，造成福利和声誉的双重减损。当然，除了上述问题外，宏观审慎职能与货币政策职能在实施机制上也不完善，包括在经济衰退期、经济存在下行压力以及局部经济过热等不同情形下如何协调二者的运行，具体的职能划分并不清晰，在应对系统性金融风险方面还需进一步调整与完善。

---

① 参见冯永琦、于欣晔：《后疫情时代全球金融治理体系建构与中国策略选择》，载《东北亚论坛》2020 年第 6 期。

4. 宏观审慎监管与微观审慎监管的协调机制存在的问题

早在2012年,由我国央行牵头,多个部委共同制定出台了《金融业发展和改革"十二五"规划》,要求加快建立和完善我国宏观审慎监管和微观审慎监管协调配合、相互补充的体制机制,多措并举,综合防控经济金融领域的系统性风险。为此,我国不断在此方面作出尝试和努力,目前已初步积累了一些关于宏观审慎监管与微观审慎监管的经验和做法。长期以来,我国金融监管体制采取分业监管模式,并由不同机构承担微观审慎监管职能和宏观审慎监管职能。证监会和银保监会分别负责对证券公司、银行及保险公司等金融机构的日常经营活动进行微观审慎监管和行为监管。中国人民银行则负责牵头进行宏观审慎管理和维护金融系统稳定,同时也承担部分微观审慎职能。但是,央行仍然缺乏履行职能所需的充分的监管权力和工具,加之经验不足,使我国目前在宏观审慎监管与微观审慎监管的协调方面仍然存在机制问题,具体而言:

第一,宏观审慎监管与微观审慎监管的牵头领导机制不完善。2003年,银行业监督管理委员会的成立标志着我国"一行三会"分业监管模式的正式确立,此后,由于长期的监管分割,各监管主体各自为政,缺乏有效的协调沟通和监管合作机制,非但没有形成监管合力,反而严重制约了宏观审慎监管与微观审慎监管功能的充分发挥。2008年金融危机以后,我国逐渐意识到多头监管下的负面效应,并在建立宏观审慎监管与微观审慎监管主体协调机制方面尝试作出努力,但相关努力始终没有上升到立法确认层级,其最终的效果仍然是极其微小的。① 例如,2008年,中国人民银行、发改委、外汇局、财政部、原银监会、原保监会、证监会等部门联合成立了应对国际金融危机领导小组,通过定期召开会议具体讨论系统性金融风险的预防与应对问题,并没有涉及各监管主体之间的协调问题。2013年,由中国人民银行牵头的金融监管协调部际联席会议制度建立。其实早在2003年原银监会、原保监会、证监会就曾建立过联席会议机制,并且在2004年签订了《在金融监管方面分工合作的备忘录》,并确定联席会议的召开频率为每季度一次,但实际上在召开第二次会议后就长期停开,而且已有的实践表明,

---

① 参见钟震:《金融监管协调:通道理论的提出及应用》,载《财贸经济》2018年第9期。

上述的联席会议机制发挥的作用十分有限。此外,虽然在2017年全国金融工作会议中成立了金融稳定发展委员会,并在2018年的国务院机构改革过程中将银监会和保监会合二为一,但是,长期存在的分业监管模式的基本形态并未根本改变,尚未形成宏观审慎监管与微观审慎监管协调配合的良好局面,而检视《中国人民银行法》《商业银行法》《银行业监督管理法》《证券法》《保险法》等金融市场基本法律,并没有对监管主体的协调问题给予充分的重视。

第二,宏观审慎监管与微观审慎监管的信息共享与协调机制不健全。在金融市场风险治理过程中,完整、准确的市场信息是实施有效监管的根本保障。随着金融创新的不断发展,系统性金融风险的诱发形式、暴露程度等越发复杂,信息不对称成为监管迟滞甚至监管失败的主要原因。因而,在开展金融监管工作过程中,宏观审慎监管部门与微观审慎监管部门之间、宏观审慎监管部门与宏观经济政策制定部门之间以及微观审慎监管部门之间,需要定期将各自掌握的行业风险信息、行业发展数据等进行交换,通过监管信息的流通,各监管主体在制定监管政策或策略时,可以充分考虑经济金融体系的整体风险状况,避免在共同的审慎监管目标下作出互相矛盾的决策。我国曾对此作出过努力,例如,针对银行间、交易所债券市场之间的信息不能实现有效传递,导致投资者在决策过程中信息成本过高,债券市场信息采集、汇总成本也较高的问题,经国务院着力促进监管协调和信息共享,于2012年成立了中国人民银行、国家发改委、证监会三部门组成的公司信用类债券部际协调机制,以此方式建立日常沟通协调议事机制,但实践中,协调沟通还未达到期望的结果。由于缺乏立法激励,各监管部门对其管辖的债券交易市场及其运营情况信息的分享极其有限,而其他部门在出台相关政策时,又需获取全面的市场信息数据作为参考,效果往往并不理想。这种不协调局面,一方面影响了监管主体对所披露信息的分析与评价,降低了金融市场风险治理的有效性;另一方面也大大增加了监管成本。

第三,宏观审慎监管与微观审慎监管协调配合的激励约束机制缺失。宏观审慎监管与微观审慎监管的侧重点各有不同,因此协调机制应当为不同的参与方设置必要的约束与激励机制。① 在现行的监管体制中，分业监管下的协调合作仅仅是要求不同主体参加各项联席会议，交流各自掌握的监管信息，提出监管合作的具体需求，②但这些并不具备相应的约束能力。《中国人民银行法》并没有针对中国人民银行为行使宏观审慎监管职能而指导或建议其他监管主体工作事项作出规定，同时，有关于监管主体之间合作的规范性文本多为“备忘录”等形式，不具备激励与约束能力。

第四，宏观审慎监管和微观审慎监管协调配合的监督机制缺位。立法的约束是促使各监管主体走向合作的主要因素，但协调合作机制能否真正发挥监管合力，取得监管成效，在目前的框架下，仍然取决于不同监管主体的道义责任与使命感，而与之紧密相关的监督机制至今处于空缺状态。中国人民银行作为金融市场审慎监管的重要主体，也没有被赋予对整个协调配合机制的评估权和监督权。

（二）防范系统性金融风险微观层面的规范配置问题

基于金融禀赋结构理论，结构金融法理论选择以金融体系业态结构的概念来刻画我国的基本金融结构体系，为中国金融市场法律治理提供了最基础的金融结构分析框架。因此，对于防范系统性金融风险微观层面的规范配置问题，遵循结构金融法的理论进路，从金融机构与产品、债券市场、“影子银行”、房地产市场等不同金融业态角度开展分析。

1. 金融市场准入存在的问题

市场准入管理是金融市场治理的开端，它虽然不能保证金融机构设立后能够有效经营，但它确实是减少不稳定因素渗入金融领域的第一关。从金融机构市场准入来看，市场准入管理是指金融治理主体从法律上对金融机构的经营资格、经营能力进行审查、确认或限制，赋予其相应的权利。③

① 参见王刚、高博：《影子银行监管框架研究——基于宏观审慎与微观审慎整合视角的分析》，载《经济法研究》2015 年第 1 期。

② 参见赵胜民、何玉洁：《宏观金融风险和银行风险行为关系分析——兼论宏观审慎政策和微观审慎监管政策的协调》，载《中央财经大学学报》2019 年第 6 期。

③ 参见王腊梅：《新金融监管框架下我国央地金融监管协调治理研究》，载《经济法论坛》2019 年第 2 期。

从经济学的角度来看,金融市场机构的数量变化对行业的发展有着重要的影响。新的机构进入金融市场,会使行业的平均盈利水平下降,同时,不符合市场准入条件的机构必然会增加行业风险。因而,对金融机构进入市场设置相应的限制条件,有助于控制金融业的体量规模,并且将那些可能带有风险因素的不合格主体拒之门外,从而为金融业稳定、安全发展提供保障。金融市场准入管理还包括对金融产品设置准入,随着金融经济的快速发展,金融科技日新月异,新的金融产品不断被开发出来并投放到市场,但是不同金融产品内含的风险不一。2008 年金融危机之后,世界各国逐渐认识到复杂金融产品对市场的风险性,对金融产品设置准入管理应当是金融市场法律治理的关键环节。

从我国目前有关金融市场准入性管理的规范体系建设来看,从各行业立法、行政法规、地方性法规规章到各类政策性文件,形成了规范网络。例如,在商业银行准入方面包括《商业银行法》、《银行业监督管理法》、《外资银行管理条例》(2019 修订)、中国银保监会《外资银行行政许可事项实施办法》、《中国人民银行上海总部"债券通"北向通境外投资者准入备案业务指引》、《天津市银行间债券市场准入备案管理实施细则》等;在证券基金市场准入方面包括《证券法》,《证券公司业务范围审批暂行规定》,《证券公司设立各子公司试行规定》,《证券投资基金法》,《证券投资基金管理公司管理办法》(2020 修正),《私募投资基金监督管理暂行办法》,《证券期货投资者适当性管理办法》,《私募投资基金管理人登记和基金备案办法(试行)》,《关于进一步规范私募基金管理人登记若干事项的公告》,《私募投资基金管理人登记和私募投资基金备案流程》,浙江证监局、浙江证券业协会《关于私募投资基金登记备案有关事项的通告》,等等;在保险市场准入方面包括《保险法》、《保险公司分支机构市场准入管理办法》、《保险资产管理产品管理暂行办法》、《上海保险交易所股份有限公司关于发布〈保险资产管理产品登记办法〉等业务制度的通知》等。此外,针对金融混业经营趋势下的互联网金融市场,从 2016 年以来,相关准入性管理的规范也在不断增加,包括《网络借贷信息中介机构业务活动管理暂行办法》,国务院《关于实行市场准入负面清单制度的意见》、《关于促进互联网金融健康发展的指导意见》、《非银行支付机构网络支付业务管理办法》,原中国银监会办公厅、工业和信息化部办公厅、原工商总局办公厅《关于印发网络借贷信息中介机构备案登记管理指引的通知》等。

2020年7月8日,我们使用北大法宝"法律法规"数据库做一粗略统计,以"银行"进行基本检索,以"准入"进行结果中检索,选择"精确匹配""全文检索"选项,共检索到68篇相关法律规范;而以"证券"或"基金"进行基本检索,以"准入"或"登记"或"备案"进行结果中检索,选择"精确匹配""全文检索"选项,结果显示,与之相关的法律规范数量高达300篇;再以"互联网金融"或"网络借贷"或"众筹"或"第三方支付"进行基本检索,以"准入"或"登记"或"备案"进行结果中检索,选择"精确匹配""全文检索"选项,查询到的相关法律规范共计18篇。由此可见,当下我国金融市场准入性管理的规范体系较为庞杂,虽然看似制度供给充足,但从系统性风险防控的角度分析,现有的规范仍然存在较多不足与缺漏之处。

第一,立法关于金融机构入市标准的设定不足。金融机构作为金融市场的重要参与主体,是金融市场功能发挥的重要支柱,但由于经济人理性以及信息不对称的存在,金融机构也是市场风险的主要创造者。从防范系统性风险的角度来看,有关金融机构的入市标准应当符合风险管理的要求。目前,我国关于金融机构入市标准的设定存在"刚性和弹性不足"的问题,以银行业为例,根据《商业银行法》第12条,设立商业银行应当满足注册资本要求、公司章程要求、管理人要求以及健全的营业场所要求等,但何为健全的营业场所,商业银行经营安全的标准为何。法律并没有作出详细的解释。再如,从《外资银行管理条例》第10条、第11条、第12条的规定可以看出,在我国设立外资银行的主要条件与资本金有关,对于资本充足率的考察也是立足于银行资产。尽管一定程度而言,金融机构资产与经营实力挂钩,但这种联系并不是一定的,单一的资本金要求很难真正满足风险管理的需求。以互联网金融市场为例,根据《网络借贷信息中介机构业务活动管理暂行办法》、国务院《关于实行市场准入负面清单制度的意见》,网络借贷信息中介机构的成立需要满足具有相应的组织形式、技术标准、备案登记、评估分类等几大要求,但是具体实施细则却迟迟未面世。而且,除了网络借贷领域,部分互联网金融业态如股权众筹、虚拟货币等甚至至今没有相关的准入性管理规范。上述立法的弹性不足,增加了金融市场法律治理实践的困难，是互联网金融面临行业性生存危机的主要原因。再以私募基金业为例，根据《证券投资基金法》第89条、第90条以及《私募证券投资基金业务管理暂行办法（征求意见稿）》第6条、第8条，当私募基金管理人“实缴资本”与“管理资产规模”达到一定标准时，应当依法进行登记并接受准入性监管，但该制度设计存在刚性不足的缺憾。众所周知，基金管理人是代表投资者管理运用基金财产的组织，其是否具备稳健的运营能力或能否为投资者带来高额回报，主要取决于基金管理人的专业知识、投资经验、职业操守及风险管理水平，加之基金财产往往具有相对独立性，管理人资本金的多少与私募基金投资运营及风险外溢的关涉性并不大。因此，以“管理资产规模”作为私募基金管理人准入标准对风险防范的助益微乎其微。

第二，金融机构业务准入弹性缺失。在金融市场运行中，规模不同的金融机构，其风险程度也有不同。这是因为各金融机构之间的资产规模、资本充足率、内部控制、管理水平以及高级管理人员素质存在现实差别。[①] 大型金融机构往往资产规模较大、业务范围广、产品类型丰富，所涉及的交易对手较多，与金融市场运行秩序息息相关，其内在的风险不同于小规模的金融机构。目前，我国银行业主体不断增加，包括商业银行、股份制银行、民营银行、城市商业银行与农村信用合作社，其中部分银行已经上市融资。据统计，截至2019年年末，全国城市商业银行共计136家，村镇银行1315家，农村商业银行1478家，股份制商业银行12家，民营银行19家。其中，大型商业银行总资产为110.6万亿元，占比39.15%，而股份制商业银行总资产达50.8万亿元，占比17.98%，城市商业银行总资产达37.3万亿元，占比达13.2%，农村金融机构总资产达37.2万亿元，占比达13.17%。[②] 由此可以看出，不同类型的银行，其总体规模不一，对市场的影响力差异较大，规模越小的银行，风险外溢的效应越小，这表明金融市场法律治理对各类银行的风险抵御以及资本水平要求也应当是不一样的。但遗憾的是，根据我

① 参见李有星、李杭敏、王琳：《民间金融市场治理的法律制度建构及完善探讨》，载《浙江金融》2015年第3期。

② 参见《2019年中国银行资产结构、各类银行净利润规模、不良贷款余额、上市银行收入及资产规模情况》，载中国产业信息网2020年3月19日，http://www.chyxx.com/industry/202003/844274.html。

国现行《商业银行法》《银行业监督管理法》的规定来看,并没有有效贯彻区分监管这一理念。此外,不仅是银行业,基金业也存在同样的问题,例如根据《证券投资基金法》第89、90条的规定,未经登记,任何投资机构不得以"基金管理人"身份开展证券业务,这一规定使登记成为基金业务准入的必要条件。将所有基金管理人不加区分地纳入登记范围似有不妥,抛开欺诈投资者不论,不同规模的基金管理人对市场的影响力不同,确定业务准入的范围应当考虑管理人的规模与引起风险的可能性,否则无法迎合私募基金的异质性,更难以保留其对市场的效益,最终引致监管弹性不足的问题。

第三,金融产品的准入规范框架尚未确立。目前,金融市场法律规范体系中对于同类同质的金融产品没有专门涉及,主要原因是金融混业经营与分业监管的冲突性没有得到协调解决。虽然,我国已经建立了国务院金融稳定发展委员会,将保险与银行监管机构合二为一,但是其功能发挥尚且不稳定。不同的治理主体对金融治理的标准不一,不能根据金融产品的性质和风险决定其管理要求,其后果是使一些机构获得了不正当的竞争优势。加之许多创新产品利用结构化工具,内含高杠杆,风险性较大,不利于系统性风险的防范和金融消费者的权益保护。例如,我国金融理财市场上按照机构划分监管的做法还没有改变,商业银行经营的一些理财产品,与股票、基金、期货等挂钩,却没有受到证券监管部门的监管,各类违规操作最终引发严重的市场风险。典型的案例如2020年中国银行的"原油宝"事件,4月22日,中国银行公告显示:"20日WTI原油5月期货合约CME(芝加哥商品交易所)官方结算价-37.63美元/桶为有效价格。"①这意味着没有及时平仓和移仓的"原油宝"投资者正面临严重的穿仓风险。在此次事件中,中国银行"原油宝"在风险等级认定、产品保证金执行以及对客户风险提示等方面广泛遭受诟病,市场投资者信心普遍丧失,据统计,4月23日开盘后,中国银行股价一度下跌超2.8%,截至收盘,收跌1.98%,股价下跌程度高

---

① 参见《中国银行关于原油宝业务情况的说明》,载中国银行网,https://www.boc.cn/fimarkets/bi2/202004/t20200422_17781867.html。

于其他四大行。[①] 更有质疑之声认为,原油宝理财产品实则打造了一个“以境外原油期货合约为参照标的、以境外相应合约价格为参照价格”的虚拟期货交易所,是违法违规产品。[②] 这反映了我国银行理财市场乱象的背后是立法缺失。此外,虽然根据《商业银行法》第 43 条规定,商业银行在中华人民共和国境内不得从事信托投资和证券经营业务,但在“合格境内机构投资者”模式下,商业银行代客进行境外证券市场的投资屡见不鲜,而且,此间商业银行实际上起到了基金管理人和证券经纪商的作用,投资风险急剧增加。尤其是近来有媒体称,证券监管部门拟向商业银行发放券商牌照,[③]一旦该政策落地实施,商业银行的证券业务领域将被大大拓宽,新的跨行业产品将被源源不断地开发出来,由于商业银行吸储功能的存在,商业银行感染市场不确定风险的可能性将加大,同时也提高了商业银行的道德风险。

然而,反观我国现有的法律规范体系,对金融产品设置市场准入限制的规范并不多见,且都呈现原则性规定方式,例如根据《证券法》第 2 条的规定,资产支出证券等的发行、交易的管理办法,可以授权国务院根据实际情况进行补充规定。依据该授权,《期货交易管理条例》第 13 条规定,新的期货品种上市交易,应当征求国务院有关部门的意见,该条例授予证券监管部门对拟上市的期货品种进行审批的权力,但遗憾的是,具体的审批条件、标准、方式至今未面世。再如,《银行业监督管理法》第 18 条规定:“银行业金融机构业务范围内的业务品种,应当按照规定经国务院银行业监督管理机构审查批准或者备案。需要审查批准或者备案的业务品种,由国务院银行业监督管理机构依照法律、行政法规作出规定并公布。”该条规定的目的是规范银行业各机构的业务品种开发行为,性质上属于一般条款,据此,国务院银行业监督管理机构可以对具体的审查批准或备案标准等方面作出更细

---

① 参见杨万里:《中行原油宝穿仓背后:理财产品,是天使还是魔鬼?》,载新浪财经 2020 年 4 月 23 日,https://finance.sina.com.cn/。

② 参见张小迁:《中行原油宝:最危险理财产品,像个不需要期货牌照的赌场》,载新浪财经 2020 年 4 月 25 日,https://finance.sina.com.cn/。

③ 参见王娟娟、吴红毓然:《商业银行将获券商牌照》,载财新网,http://weekly.caixin.com/2020-06-26/101572426.html。

致的规定,但类似的规定到目前为止仍未出台。因而,在短期内分业监管的模式尚无法改变之时,应当尽快建立金融产品的准入规范框架,尤其是关注金融创新产品的风险问题,在不打击金融创新积极性的同时,确保安全性较高的产品进入市场。

2. 企业债务法律治理的规范配置存在的问题

国际清算银行(BIS)统计数据显示,中国非金融企业部门杠杆率发生明显上涨是在2011年之后,2011年至2016年中国非金融企业部门杠杆率从115.9%上升至152.6%,六年上涨了36.7个百分点。[①] 尽管2017年后,非金融企业部门杠杆率有所降低,于2017年第四季度下降至146.9%,但在2020年又回升至162.3%。新兴市场国家非金融企业部门杠杆率在2011年至2020年间的涨幅则为30个百分点,于2017年第四季度杠杆率达到98%;同期,发达国家非金融企业部门债务占GDP比重则由86.1%上升至92.5%,增幅仅约为6%。[②] 不难看出,自次贷危机以来,我国非金融企业部门债务水平的上升快于发达国家和新兴市场国家的平均水平,并且高于危机国家亚洲金融危机前夕非金融企业部门杠杆率98%的平均值。

自2015年以来,我国政府在加强金融监管、严控系统性金融风险、稳步“去杠杆”方面频频发力。国家层面陆续出台一系列文件,随着中央政府“三去一降一补”的供给侧结构性改革政策出台,政府启动了主动去杠杆进程,以化解企业债务风险,避免金融危机的爆发,力求在风险可控的条件下推动我国各经济部门降低宏观杠杆率。2015年12月,中央经济工作会议首次把“去杠杆”作为今后工作中的重点任务,强调在经济发展过程中要注重改善债务结构,逐步降低杠杆,防范系统性金融风险;2016年9月,国务院发布了《关于积极稳妥降低企业杠杆率的意见》,从战略高度对降低企业杠杆率工作做出了决策部署;2017年7月,全国金融工作会议强调要把国有企业降杠杆作为重中之重,抓好处置“僵尸企业”工作;2018年8月,国家发展改革委员会联合中国人民银行、财政部、银保监会、国资委五部门联合

---

① 参见杨凯生等:《中国系统性金融风险预警与防范》,中信出版集团有限责任公司2021年版,第172页。

② 参见杨凯生等:《中国系统性金融风险预警与防范》,中信出版集团有限责任公司2021年版,第173页。

发文强调降低企业杠杆率,并要求在建立健全企业债务风险防治的基础上,完善配套政策,推进去杠杆工作的有序开展;2019年,中央经济工作会议指出,去杠杆工作已取得一定成效,但仍要保持宏观杠杆率的基本稳定,守住不发生系统性金融风险的底线。

然而,在去杠杆的大浪中,企业债务问题依然严峻,且有愈演愈烈的债务危机态势。近年来,我国企业债务违约已成为常态,逐渐呈以下特征:一是企业债违约数量和规模大。2014年至2019年,我国共有305只债券发生违约,涉及金额高达2417.56亿元;2020年,全年共有178只企业债券违约,违约总额高达1600亿元,其中发生违约的主体不乏"北大方正""紫光集团""永煤集团""中心建投"等大型企业。① 二是违约债券兑付率低。在2018年至2019年违约的183只债券中,共133只违约债券为民企债,涉及金额779.96亿元,数量占比72.68%,金额占比49.71%。这133只民企违约债券中,共有122只债券至今尚无任何兑付,仅11只债券得到了全部或部分兑付,兑付率仅为8.27%;而在2014~2017年间,发生违约的122只债券中共有94只民企债券,涉及金额322.32亿元,数量占比77%,金额占比64.42%,兑付率为19.61%。② 从以上数据的对比中不难发现,自2018年以来,企业债无论在违约数量还是违约金额上,都呈现快速增长的态势,而在债务的兑付率方面也不尽如人意。

可见,我国当前企业债务问题正逐步成为威胁经济发展和金融稳定的重大隐患。虽然我国政府关于去杠杆的政策连连不断,但仅靠政策推动远不足以解决问题,还需要法律规范在顶层上配合,共同防范与化解我国当前的债务危机。遗憾的是,当下我国有关企业债务法律治理的规范配置仍然存在不完善、不健全之处,具体表现为:

第一,企业债务重组制度不完善。当企业陷入流动性危机时,可以通过多种方式进行债务重组,例如,以资产清偿债务、债转股以及修改债务条件等。但是,我国现行法律对企业债务重组的支持有限,在一定程度上阻碍了

---

① 参见肖志超、郑国坚、蔡贵龙:《企业债务违约风险与货币政策立场——微观财务信息的宏观预测价值》,载《南方经济》2021年第2期。

② 参见杨凯生等:《中国系统性金融风险预警与防范》,中信出版集团股份有限公司2021年版,第176页。

企业债务危机的化解进程。例如,在实践中,当企业需要通过债权置换股权的方式化解流动性难题时,往往需要通过商业银行来完成,但是,依据我国《商业银行法》第 43 条,商业银行不得向非银行金融机构和企业投资,因而多数企业债转股都是由银行向资产管理公司剥离不良资产,再由资产管理公司代为实施的。而 2016 年 3 月,原银监会办公厅发布《关于规范金融资产管理公司不良资产收购业务的通知》,要求资产管理公司在运转过程中,不得为银行规避资产质量监管提供渠道。虽然在同年的 9 月,国务院相继发布了《关于积极稳妥降低企业杠杆率的意见》以及《关于市场化银行债权转股权的指导意见》等规范性文件,对企业债转股的方案进行了规定,但是这些方案在实施的过程中一直处于缺乏法律支持的状态。此外,以物抵债的债务重组方式同样也受到现行规范的掣肘,我国《商业银行法》第 42 条规定,银行在债权行使过程中取得的不动产或股权,应当在两年内进行处分,不得长期持有。一旦银行对上述动产或股权的持有超出法定的期限,根据《商业银行资本管理办法》(部分失效)第 68 条和第 69 条,该银行的资产风险权重将被重新调整,具体标准由 400% 调整为 1250% ,这使得银行在利用以物抵债的重整方式时,因面临风险资本加大和增加计提资本金的问题而陷入两难。

第二,企业债务危机救治程序中的债权人委员会缺乏立法支持。在企业债务危机救治的过程中,市场信心的保护十分必要,可以说,债权人对市场的信心变化关乎市场的秩序稳定。作为企业债务重组、破产清算等程序中全体债权人的意思表示机构,债权人委员会是维护市场投资信心、化解金融风险、支持实体经济发展的重要保障。[①] 然而,我国《企业破产法》对债权人委员会的关注十分有限,相关规定位于总则部分,且主要是针对企业破产清算程序,虽然债务重组时建立债权人委员会可以参照该规定,但相关规定不够详细,可操作性不高。2017 年 5 月,原银监会发布《关于进一步做好银行业金融机构债权人委员会有关工作的通知》,对债权人委员会作出了非正式的规定,其适用效力并不确定。不仅如此,由于缺乏立法的支持,实践

---

① 参见鲍长生:《新常态视域下企业债务危机形成的机理、症结与治理研究》,载《华东经济管理》2017 年第 7 期。

中债权人委员会在企业债务危机救治中的参与范围有限,大多体现在对管理人的监督以及行使债权人大会的非实质性权利等方面,关于企业债务危机救治计划制定等实质程序,难以直接参与。更为关键的是,债权人委员会是债权人大会的代议机制,其组成成员之间的级别差异较大,规模较小的债权人很难有充分的话语权和主动权。

第三,律师对企业债务融资工具的法律尽职调查的立法供给不足,导致法律尽职调查流于形式。在当前资本市场中,企业违规举债的情形普遍,扰乱了资本市场的正常秩序,不利于金融风险的事前防控。理论上,作为信誉中介和具备风险预警功能的律师等中介主体,通过尽职调查服务,可以及时发现企业在融资过程中存在的风险,①但由于缺少立法的激励与约束,导致其在企业债务市场中的中介尽职调查作用发挥有限。2012 年,我国银行间市场交易商协会制定发布了《银行间债券市场非金融企业债务融资工具中介服务规则》(现已被修改)以及《非金融企业债务融资工具注册文件表格体系》,要求律所在对企业债务融资开展尽职调查时出具法律意见书和律师工作报告,内容包括企业的主体资格、发行程序、发行文件、重大法律事项及潜在的法律风险等。然而,两项规定可操作性并不强,重大法律事项和潜在法律风险的具体内涵及外延至今仍不明确。其实,早在 2008 年,中国人民银行曾制定发布了《银行间债券市场非金融企业债务融资工具管理办法》,其第 10 条也规定了为企业融资提供服务的中介组织应当勤勉尽责,恪守职业道德,但没有对该条进行后续的细化。立法供给不足导致律师并不能在企业债务融资中发挥风险预警功能。

3.“影子银行”法律治理的规范配置存在的问题

随着我国经济增速放缓,地方财政收紧,货币政策渐趋宽松,实体经济层面信用风险积聚,以商业银行为代表的传统金融机构惜贷,导致表内信贷为实体经济“输血”的渠道和链条式微,更多的信贷资金通过银信、银证信、银证以及银行同业等通道业务转移到表外,成为表外资产。② 加之利率、汇

---

① 参见李延喜、孙文章:《债务危机、资产泡沫与经济衰退》,大连出版社 2015 年版,第 161 页。

② 参见张冰洁等:《我国影子银行的风险传导渠道及监管对策研究》,载《系统工程理论与实践》2021 年第 1 期。

率市场化稳步推进，资本项目可兑换进程提速，非银行金融机构加快布局、实力显著增强，金融脱媒进一步深化，“影子银行”业务得到飞速发展。“影子银行”自在我国出现以来，一度呈现“野蛮生长”的态势，特别是在2011～2015年，我国货币政策逐渐趋于宽松，市场流动性泛滥，为“影子银行”的膨胀提供了充足的流动性基础。① 地方政府在缺乏实质性财务约束的条件下，为了地方经济发展，有强烈的投融资需求，很多地方政府以政府信用背书，借助地方融资平台、城投公司或者金融机构的通道业务，在基建、房地产等领域进行大规模融资，这样就从需求端为“影子银行”业务的扩容提供了巨大的市场空间。此外，随着互联网的普及、大数据工具的广泛应用以及移动通信技术的迭代升级，以网络借贷（P2P）、第三方理财机构、移动支付为代表的互联网金融行业风生水起，特别是以类信贷的形式向公司机构或者个人提供信贷支持，债权类资产规模不断攀升。国际权威信用评估机构穆迪发布的数据显示，中国“影子银行”体系的规模在2015年同比猛增近30%，达到53万亿元人民币（8.1万亿美元），接近中国2015年GDP的80%。② “影子银行”作为我国正式金融的补充，虽无银行之名，却行银行之实。随着“影子银行”规模日益扩大，所积聚的系统性风险也逐渐暴露：“影子银行”具有跨界属性，其与传统金融业务交织增大了风险传染的概率；“影子银行”具有信用创造的基本功能，在信用创造中易产生金融摩擦，加剧借贷双方的信息不对称；杠杆率高，风险极易被放大；期限错配且缺少最后贷款人的流动性支持，容易造成流动性不足；信息透明度差，多为场外交易，较难监管等。③ 而且，一些市场机构假借金融创新之名，行金融违法犯罪之实，大肆从事“非法集资”等活动，严重扰乱了市场经济秩序和金融治理秩序，侵害了金融消费者的合法权益。

2013年，国务院办公厅发布了《关于加强影子银行业务若干问题的通

---

① 参见张美丽、陈希敏：《影子银行发展运作机制、潜在风险及监管改革——基于中美对比视角》，载《福建论坛（人文社会科学版）》2020年第3期。

② 参见陈斌彬：《论中央与地方金融监管权配置之优化——以地方性影子银行的监管为视角》，载《现代法学》2020年第1期。

③ 参见陈东焰：《影子银行风险与监管：中国案例》，中国社会科学出版社2019年版，第26～28页。

知》(国办发〔2013〕107号文),首次以官方的名义对"影子银行"进行了厘定,对"影子银行"的正面作用予以了肯定,同时就监管的路径、监管责任的配置等问题作出了规定,该通知也被认为是我国"影子银行"治理的"纲领性文件"。此后,我国拉开了针对"影子银行"运动式治理的大幕。在金融机构类"影子银行"方面,监管主体自2013年3月起先后针对银行理财产品、资产证券化业务、货币市场基金业务,以及银信合作、银证合作、同业代付等同业业务出台多项规范性文件,包括《关于规范商业银行理财业务投资运作有关问题的通知》、《关于加强证券公司资产管理业务监管的通知》、《关于规范金融机构同业业务的通知》、《关于规范信贷资产证券化发起机构风险自留比例的文件》、《关于加强货币市场基金风险控制有关问题的通知》(已废止)《货币市场基金监督管理办法》等;在准金融机构类"影子银行"业务方面,针对小额贷款公司、融资性担保公司、典当行、金融资产交易所先后出台了《融资租赁企业监督管理办法》《典当行业监督管理规范》《关于非金融机构合格投资人进入银行间债券市场有关事项的通知》《关于非金融机构合格投资人债券交易有关事项的公告》等文件。

相较于金融机构类"影子银行"和类金融机构类"影子银行",民间金融类"影子银行"的运动式治理最为典型,随着泛亚和"e租宝"事件的发酵,监管层惊觉"影子银行"从事P2P等民间金融业务时,没有第三方资金托管,存在资金池嫌疑、债权集中度高、虚构借款人嫌疑、资金去向成谜等问题。① 2015年7月,《关于促进互联网金融健康发展的指导意见》提出"依法监管、适度监管、分类监管、协同监管、创新监管"的监管原则;2016年,北京开始对互联网金融行业进行整改,当年的政府报告中的措辞从"鼓励互联网金融创新"变成了"规范发展互联网金融";2016年8月,《网络借贷信息中介机构业务活动管理暂行办法》出台,一时间,金融监管的矛头均指向了防范系统性风险。本应于2016年年底结束的互联网金融整改也延期到了2018年6月。2017年,"对互联网金融等累积的系统性风险要高度警惕"的风险提示出现在政府报告中,许多互联网金融企业倒闭。2017年被

① 参见李鹏:《中国式影子银行宏观审慎监管:现实挑战与框架改进》,载《经济学家》2019年第11期。

称为“史上最严监管年”，不仅银行主动缩表降低同业负债，理财产品和交叉金融产品也都大幅下降，在互联网金融领域更是重点整治与金交所合作的“大标”产品、虚拟货币和现金贷乱象，而后，强化个人信息安全要求，提高各种信用类基础设置上线，整个金融环境才有好转现象。

然而，回顾“影子银行”的治理，其在某些方面并没有真正解决“影子银行”创新的风险管控问题，反而可能在扼杀金融创新和监管改革的需求的同时，导致金融资源的错配，并限制了金融市场的功能。因此，有必要对现行的治理经验做一反思，具体而言：

第一，法律规范的位阶较低，治理效果不理想。目前，针对“影子银行”的法律规范以国务院、中央部委、省级人民政府颁行的部门规章或者其他规范性文件为主，大多以通知、暂行规定、办法等形式下发，法律位阶较低。例如，针对“影子银行”的“纲领性文件”也是以国务院办公厅的名义下发的通知。对于庞大的“影子银行”系统而言，仅靠文件来构建全面、审慎、有效的监管规则和监管体系是很难实现的。而且，法律规范性文件特定主体还包括商务部等其他部委以及地方省级人民政府等部门，这直接导致了两个问题的出现：一是按照分业监管的模式制定规范，并没有考虑到“影子银行”业务的跨市场、交叉性的基本特点，无可避免地出现监管真空和重叠监管的问题，而且规范内容不够具体，缺乏可操作性；二是中央和地方监管部门之间缺乏稳定、“常态化”的沟通与协调机制，因此，各主管部门在出台规范时，很容易出现“三不管”地带，为金融市场从业机构的监管套利提供较大空间和可能性，同时在监管强度、监管口径方面也很容易出现不协调、不一致甚至相互背离的情况，不利于形成监管合力，难以构建起有效的金融监管安全网络。

第二，各类通知、暂行规定、办法缺乏过程性监管和预警机制，容易造成监管“时滞效应”。目前，针对“影子银行”的监管以事后监管为主，缺乏过程性监管，特别是事前监管，这就容易造成监管的“时滞效应”，降低监管效果。此外，对于“影子银行”特定类型的风险，缺乏必要的预警机制，对于可能造成重大金融风险的机构、业务往往无法及时识别、发现，而等到其发展到相当规模甚至已经出现了较大风险的时候，才被监管机构重视，并实施针对性的监管措施。这时候的监管成本更高，效果更不明显，甚至可能引发影响社会或者金融稳定的不利后果,同时降低金融机构的权威性和公信度。

第三,当前的监管规则过于注重微观审慎监管,而相应地缺少宏观审慎管理措施。目前,我国针对“影子银行”的监管,更多的是关注“影子银行”机构的业务内容和运行模式,主要是微观审慎监管。但从金融危机中获取的经验告诉我们,必须加强宏观审慎管理。在金融危机发生以前,学界主流观点认为,只要对微观层面的金融从业机构进行审慎监管,那么宏观金融体系的整体稳定性就可确保无虞。① 但历次金融危机向我们昭示,金融风险的外部性和传染性使得风险很容易从一个金融机构传导至另一个机构,进而形成交叉传染性风险,微观审慎监管很难保证金融系统的整体性稳定。② 因此,必须从宏观审慎的视角出发,从总体上密切关注金融行业以及金融市场,从跨机构和跨时间的不同视角,防止出现系统性风险,进而建立逆周期的宏观审慎管理制度。对“影子银行”的监管也是如此,监管最重要的目标是维护金融稳定,防止系统性风险的发生,而系统性风险的防范必须将着眼点放置于宏观视角,即宏观审慎管理。因此,没有进行宏观审慎管理也是当前“影子银行”监管的显性缺失,必须加强宏观审慎管理,同时适用宏观审慎和微观审慎监管手段和政策。

4. 系统性金融机构监管的规范配置存在的问题

有关系统重要性金融机构的监管问题,一直是讨论不断的话题。当大型金融机构陷入严重经营困境而濒临倒闭时,为了防止危机在更大范围内传染波及其他健康的金融机构,出于维护金融体系稳定与国民经济安全的考虑,政府通常不会坐视不理,而是会采取各种措施挽救具备系统重要性的金融机构。由此,“大而不倒”理念已经深入国际金融市场治理实践。历经数次金融危机后,人们对“大而不倒”问题的关注也随着政府一次次的巨额救助行动越来越多。特别是在由 2007 年美国次贷危机引发的全球经济危机中,无论是在作用范围、救助力度还是在影响程度上都远远超过了之前危机的水平。2008 年 3 月,为了帮助 J. P. 摩根顺利收购濒临倒闭的贝尔斯

---

① 参见侯成琪、黄彤彤:《影子银行、监管套利和宏观审慎政策》,载《经济研究》2020 年第 7 期。

② 参见周边、李明辉、陈瑞华:《影子银行与系统性风险溢出——基于理财产品视角》,载《新金融》2021 年第 3 期。

登,美联储为其提供了巨额的应急贷款,这次救助行为虽然平息了贝尔斯登的倒闭风波,却遭到社会各界的诟病与批评。① 随后在2008年9月,雷曼兄弟由于巨额亏损陷入债务清偿危机而申请破产保护,美国政府迫于舆论压力与政策阻力对此次事件采取了放任不管的态度。但是,这一态度导致雷曼兄弟的金融大厦轰然坍塌,引发了大规模的金融恐慌,继而掀起了规模巨大的金融海啸。②

各国政府在全力挽救深陷倒闭危机的系统重要性金融机构的同时,也充分认识到“大而不倒”问题的危害性,纷纷着手制定并加强对系统重要性机构的监管制度。欧盟成员国领导人在2008年10月的联合声明中反复强调,各国将对系统重要性金融机构实施更加严格的日常监管,同时要强化其对董事会与高管层的问责与惩戒机制,激励金融机构股东充分发挥监督经营行为、制约风险偏好的职能与作用,以最大程度保全纳税人的利益,降低救助的社会成本。③ 2010年7月21日,《美国金融监管改革法案》正式生效,该法案被认为是自20世纪30年代“大萧条”以来美国出台的内容最全面、管制更严厉的金融监管改革法案。其重要目的之一就是要终结“大而不能倒”的神话,对系统重要性金融机构给予了全方位监管,涉及系统重要性金融机构的日常行为规范、应对危机的主要政策工具、投资者利益保护等诸多问题。④

近年来,随着我国金融混业经营趋势越发明显,我国金融市场除了面临大型金融机构可能带来的系统性风险外,还需面临非传统金融机构逐渐具备系统重要性而可能引发的风险。从金融监管方式转换的角度看,非传统金融机构从传统意义上最开始的“小而不受关注”阶段,逐渐迈入“大到无法忽视”阶段,现在已经进入“大而不能倒”的阶段。金融科技创新具有快速变化的特性,包括该金融创新所应用的科学技术快速发展、新产品信息服务快速推出、新商业模式不断提升与改善,市场参与者更是倍速增加。例如,我国余额宝在九个月的时间内成为世界第四大的货币市场基金,相较于

---

① 参见王浩主编:《全球经济与金融治理》,中央编译出版社2017年版,第123页。

② 参见王浩主编:《全球经济与金融治理》,中央编译出版社2017年版,第123页。

③ 参见刘海亮、买敬江:《股灾简史》,立信会计出版社2016年版,第103页。

④ 参见张军、张晏、王永钦:《后金融危机时代的宏观经济学:新问题、新范式与中国学者的探索——首届中国宏观经济学者论坛综述》,载《经济研究》2019年第9期。

传统货币市场基金中规模最大的 Vanguard(成立于 1975 年)、Fidelity(成立于 1946 年)以及 Schwab(成立于 1971 年),余额宝充分展现了我国非传统金融机构在不到一年的时间内如何从“小而不受关注”直接发展到极具系统重要性的“大而不能倒”的阶段。而这种惊人的增长,特别是支付和交易等关键功能过度集中于少数的非金融业者,则随时可能爆发席卷我国乃至全球的金融危机。①

有鉴于此,我国政府也在防范系统性风险以及监管系统重要性金融机构等方面做出了不少努力。2011 年第十一届全国人民代表大会第四次会议批准的《中华人民共和国国民经济和社会发展第十二个五年规划纲要》要求,制定跨行业、跨市场金融监管规则,强化对系统重要性金融机构的监管。随后,原银监会先后出台了《关于中国银行业实施新监管标准的指导意见》《商业银行杠杆率管理办法》《商业银行贷款损失准备管理办法》《商业银行资本管理办法(试行)》(部分失效)等,增加了系统重要性银行的附加资本监管要求以及杠杆率监管要求。2012 年 9 月,由中国人民银行、原银监会、证监会、原保监会及国家外汇管理局共同发布的《金融业发展和改革“十二五”规划》要求研究制定评估系统重要性金融机构的方法,加强对系统重要性金融机构的监管。在时隔 6 年后,2018 年 11 月由中国人民银行、银保监会、证监会联合制定的《关于完善系统重要性金融机构监管的指导意见》针对系统重要性金融机构的评估、特别监管、审慎监管等环节做出了规定,大致构筑了我国系统重要性金融机构的持续监管架构。当然,除上述规定外,有关系统重要性金融机构的监管条款也散落于《商业银行法》《证券法》《保险法》《信托法》等法律之中。虽然,有关系统重要性金融机构的规范体系正处于不断建设与完善之中,在防范与化解金融风险方面也取得一定的成效,但仍然存在不少问题,具体表现为:

首先,对系统重要性金融机构的识别标准体系尚不完整。尽管此前《中国银行业实施新监管标准的指导意见》以及《关于完善系统重要性金融机构监管的指导意见》对系统重要性金融机构的识别,确立了“规模、关联

---

① 参见陈振云:《金融科技“监管沙盒”法律制度构建的中国路径》,载《佛山科学技术学院学报(社会科学版)》2020 年第 3 期。

度、不可替代性、复杂性”等4个指标,但是指标的设置过于简单,而且对于具体的评估范围、评估方法并没有进一步的规定。例如,虽然《关于完善系统重要性金融机构监管的指导意见》涉及系统重要性金融机构各阶段监管安排,但是其属部门规章,且全文包含31个条款,大多为原则性的规定,如第7条规定采用定量评估指标计算参评机构的系统重要性得分。评估指标主要衡量系统重要性金融机构经营失败对金融体系和实体经济的潜在影响,包括机构规模、关联度、复杂性、可替代性、资产变现等一级指标,但是对于具体指标的设置标准以及评估方法并没有更细致的规定。同时,上述识别指标并不能涵盖系统重要性金融机构经营失败对经济金融的全部潜在影响,这是因为系统重要性与非系统重要性之间的区别是模糊又不确定的,从根本上说,这是因为一家公司是否具有系统重要性取决于几乎无限多的变量数组,这些变量无法以任何精确的方式进行预测。① 例如,公司财务困境对整体金融系统的影响不仅取决于公司债权人、交易对手和规制机构的反应,而且在更大程度上取决于这些反应对整体金融系统中其他参与者的次级影响。② 而反过来公司又会受到这些行动者对金融系统健康状况不断变化的看法的影响。因此,准确预测每一个因素都需要一个接一个的假设。鉴于这一现实,期望规制机构在金融和经济的未知条件下,正确预测公司财务困境的影响是不现实的。由于金融危机不可预测,规制者所需的误差幅度必须足够大。

其次,宏观审慎的资本规制工具不健全。自2008年国际金融危机之后,我国开始逐步建立以央行为主体的宏观审慎监管架构,根据《中国人民银行法》的规定,中国人民银行是我国中央银行,防范与化解金融风险,维护金融体系稳定是其重要职能。2004年,中国人民银行发布《关于实行差别存款准备金率制度的通知》,决定将资本充足率、不良贷款比率、内控机制和发生重大违规及风险状况、金融机构支付能力和制度系统安全风险等指标作为银行业机构存款准备金率的设定依据。然而,随着金融经济内生需求的不断扩大,社会融资渠道逐渐丰富,上述宏观审慎政策在信贷调节方

① 参见郭金良:《系统重要性金融机构危机市场化处置法律制度研究》,法律出版社2016年版,第79~80页。

② 参见郭金良:《系统重要性金融机构危机市场化处置法律制度研究》,法律出版社2016年版,第79~80页。

面的效用越发不明显。2015 年 12 月，中国人民银行发布公告称从 2016 年起，将现有的差别准备金动态调整和合意贷款管理机制“升级”为“宏观审慎评估体系”，该体系由资本和杠杆情况、资产负债情况、流动性、定价行为、资产质量、外债风险、信贷政策执行等七大方面构成，主要监管对象为银行业机构，但需要依照机构的规模、实力等区分其系统重要性，将银行业机构分为“全国性系统重要性机构”“区域性系统重要性机构”“普通机构”三类。“宏观审慎评估体系”的建立，加强了对银行机构的资产端与负债端的风险监管，并对促进银行表外业务表内化发挥了重要作用。除了央行的“宏观审慎评估体系”外，原银监会通过《中国银行业实施新监管标准的指导意见》建立了“中国版巴塞尔协议Ⅲ”监管政策架构，通过加强资本充足率监管、改进流动性风险监管以及强化贷款损失准备监管，提高对银行金融机构的审慎监管标准，并在杠杆率、拨备率等方面设立了严于《巴塞尔协议Ⅲ》的要求。

上述对存款类金融机构的宏观审慎监管措施，构成了我国狭义上的宏观审慎资本规制体系，但是广义上的宏观审慎资本规制体系还包括证券行业和保险行业的监管。例如，2016 年，证监会修正了《证券公司风险控制指标管理办法》，依据证券公司的规模和资金力量进行分类监管，并且确立了依据行业风险和市场运行态势调整的逆周期调节机制。另外，原保监会先后出台《关于中国风险导向的偿付能力体系实施过渡期有关事项的通知》（已失效）、《保险公司偿付能力管理规定》、《关于印发〈偿二代二期工程建设方案〉的通知》等文件，通过净风险模型、商业决策一致性估值体系等手段对保险市场的顺周期性开展治理工作。上述一系列的宏观审慎政策工具和措施，在金融市场各行业的系统重要性金融机构的持续监管中发挥了重要作用，但是受制于我国目前的分业监管体制，这些政策工具往往被行业割裂开来，难以发挥系统性、协调性的宏观审慎监管效力。更为关键的是，贷款价值比、按揭利率下限、流动性覆盖率、杠杆率、贷款损失拨备、资本缓冲等主要适用于银行业领域，针对证券业、保险业系统重要性机构宏观审慎的资本规制工具并不丰富。[①] 这也导致了我国目前的宏观审慎资本规制工具

---

① 参见郭文伟：《结构性去杠杆与金融机构系统性风险溢出：促进还是抑制？》，载《中央财经大学学报》2020 年第 4 期。

不能很好适应金融市场环境变化，易引发政策冲突、政策超调以及持续监管与经济发展冲突的问题。

最后，有关强化系统重要性金融机构的资本监管的规定不足。资本监管是现代金融监管的核心要素，对资本监管的强化不足，将导致大型金融机构在风险治理机制的建设方面有所放松，也会提高风险监测的难度，不利于实现对系统重要性金融机构的有效监管。例如，2008 年国际金融危机之后，国际社会对《巴塞尔协议Ⅱ》的监管有效性质疑连连，在历经近两年时间的激烈争论后，《巴塞尔协议Ⅲ》《巴塞尔第三版协议：更加稳健的银行和银行体系的全球监管框架》《巴塞尔第三版协议：流动性风险计量、标准和检测的国际框架》等文件相继出台，对金融机构的逆周期缓冲资本的设立、最低资本金要求以及流动性比例等方面进行了革新，提高了对非系统重要性与系统重要性金融机构的资本监管要求。

我国自 2011 年开始，银行业在贯彻《巴塞尔协议Ⅲ》监管精神的基础上，先后制定发布了《关于中国银行业实施新监管标准的指导意见》、《商业银行杠杆率管理办法》、《商业银行资本充足率管理办法》（已失效）等规范，在资本充足率、贷款损失准备、流动性风险等几个层面制定了相应的合规要求。而且，部分指标甚至超越了《巴塞尔协议Ⅲ》，例如，银行业金融机构的资本充足率要求高于 8% 的国际标准，虽然一定程度上显示了我国银行业持续监管的效果显著，但是高于 8% 的标准设置以及资本充足现状还要得益于 2000 年以后对我国系统重要性银行的不良资产剥离、政府注资以及高利差的政策环境，如此所形成的银行业安全格局并不具有可持续性。① 此外，据统计，国富银行、花旗银行、汇丰银行等国际性重量级银行 2019 年普通股股本占比平均为 60%，次级债券占比达 25%，其他形式资本合计占比为 15%，而我国商业银行近 65% 的资本金为核心资本，附属资本相对较低。② 同时，中长期次级债券占比较重，而混合资本工具及其他资本补充方式未被充分利用，上述情形也说明目前我国银行业机构存在一定的结构性

---

① 参见刘晓东、欧阳红兵：《中国金融机构的系统性风险贡献度研究》，载《经济学（季刊）》2019 年第 4 期。

② 参见刘妍、曾刚、宫长亮：《宏观审慎监管下银行资本充足率对流动性创造的影响》，载《投资研究》2020 年第 2 期。

缺陷。究其缘由,我国有关金融机构资本监管的规定在对标国际方面存在不足,导致整体市场的发展难以全面适应国际标准的监管导向,金融稳定受到一定程度的影响。

5. 金融市场风险识别与预警机制存在的问题

金融风险预警是一项复杂的系统工程,是由各种反映金融风险警情、警兆、警源及变动趋势的形式、指标体系和预测方法等所构成的有机整体。① 金融风险预警机制是一国宏观调控体系和系统性金融风险防范体系的重要组成部分。由于金融危机的出现常常以一系列的经济、金融指标恶化为先兆,因而无论是实务界还是理论界,都希望能根据一系列金融指标对金融风险进行预警。② 反思东南亚金融危机不难发现,金融风险预警的重要性。早在 20 世纪 90 年代初期,泰国经常项目差额/GDP、外债总额/GDP、短期外债/外债总额等指标逐年恶化。例如,泰国外债总额占 GDP 比例从 1989 年的 37% 左右上升至 1996 年的 50% 以上,短期外债/外债总额从 1987 年不到 15% 上升到 1996 年的 40% 以上,其中,在 1995 年,该比例更是直逼 50%,远远高于 25% 国际警戒线。③ 除了外汇流动风险逐年增加外,在泰国金融危机爆发前的 1996 年,其实际经济和金融运行指标,包括外汇储备可供进口月数、银行不良资产占总资产比例、股指变动等也远远高于国际警戒线。④ 可以说,东南亚金融危机在泰国首先爆发并非偶然。这也使人们意识到,危机在爆发之前并不是无迹可循的,对金融指标的检测与分析,可以实现对系统性风险预警的目标。因此,在东南亚金融危机之后,国际社会开始关注金融风险预警机制的建立问题,将金融风险预防提上了国际会议的讨论议程,并相继出台了系列金融稳定评估计划。

我国自 1994 年以来开始重视对银行业系统的资产负债比例以及风险监控,并且从 2004 年开始主要关注系统性风险的生成、发展与变化,逐步构

---

① 参见韩光道:《对我国国有商业银行金融风险成因与防范的思考》,载《河南大学学报(社会科学版)》2005 年第 4 期。

② 参见王克达:《金融危机预警模型与先导指标选择》,载《金融监管研究》2019 年第 8 期。

③ 参见丁建臣、付东升、朗俊义主编:《金融监管典型案例教程》,对外经济贸易大学出版社 2008 年版,第 92 页。

④ 参见丁建臣、付东升、朗俊义主编:《金融监管典型案例教程》,对外经济贸易大学出版社 2008 年版,第 93 页。

建有中国特色的系统性金融风险预警机制，但目前我国金融市场系统性的风险预警机制还没有建成。有关金融风险预警的条款分散于各部法律、规章及文件中，没有形成体系化的机制。1995 年，中国人民银行颁行《非现场稽核监督暂行规定》（现已失效），针对银行业金融机构的资本稳健性进行指标监控，该指标体系是中国最早的系统性风险监测标准，主要包括风险性、合规性两大项，以及资本充足性、资产质量、流动性、同业拆借、信贷规模等 9 个小项，全文共计 14 条，多为原则性规定，其现实可操作性较差。在实践中，往往出现各大商业银行不按要求拆解指标考察区域分行的情况，缺乏层次性，而且也忽视了对利率风险和银行内部管理风险的关注，于 2000 年被废止。

2003 年 9 月，为了能够更好地掌握一国金融体系的脆弱性程度，国际货币基金组织会同世界银行启动了"金融部门评估规划"（Financial Sector Assessment Program，FSAP），在该项目的推动下，我国原银监会按照 FSAP 的要求，在国内银行系统开展了利率变动、汇率变动、不良贷款变动、准备金调整对银行资本和盈利情况的影响等四个压力测试子课题。随后，2005 年原银监会推出《商业银行市场风险管理指引》，要求各大银行针对利率、汇率、股票价格、房地产价格等指标的变动，对银行表内外业务的损失风险影响进行密切监测，但是该项指标体系存在严重不足，具体表现为：一是没有完全体现金融系统可能面临的外部冲击风险，在金融全球化以及金融风险无界发展的时代背景下，国际资本流动、投机资本冲击以及类似于金融海啸后的羊群效应，均可能为某一国家金融系统带来灾难性打击。例如，在 1997 年东南亚金融危机中，索罗斯量子基金的触手无处不及，强力摧毁了泰国、马来西亚等国的外汇市场，我国香港特区的联系汇率制度也受到严重冲击；2008 年次贷危机爆发后，全球经济、金融市场几乎处于停滞状态，这足以说明外部风险对一国金融系统安全的威胁已非一句空谈。二是部分指标选取存在不准确、针对性不强的情况。例如，在资产报酬率指标的使用中，由于立法中没有统一可操作的标准，各大银行在具体计算时，有的采用利润总额，有的不加区别地采用毛利率、绝对额指标等，忽视了资本结构的差异性影响，使评价结果的科学性难以得到保障。三是过度重视对系统性风险的定量评估，忽视了定性分析，对风险的评价预测并不全面。因此，在《商业银行市场风险管理指引》出台后的几年间,其适用性并不高,适用范围较窄,仅限于银行系统,在次贷危机等大型危机来临之前并没有发挥较大作用。

2005 年,为了及早监测某一银行风险的性质、特征、发展趋势以及严重程度,原银监会颁行《商业银行风险预警操作指引》,要求各银行对其经营管理活动以及风险趋势按照 BP 神经网络模型进行动态监控,在发现风险苗头后应当立即向有关部门发出预警信号。但《商业银行风险预警操作指引》的内容过于原则,表述相对简单,关于预警指标选取、预警模型的具体应用以及预警结果的反馈机制并没有细致说明。而且,以神经网络模型作为风险预警模型具有一定的可商榷性,一方面由于指标处于持续变化当中,其复杂性以及所代表的核心要素可能会对神经网络产生稳定性影响,进而降低模型计算的速度和结果的精确程度;另一方面,由于神经元的多层次性,隐层因子的内容以及数量很难被一一确定,如此一来将大幅增加计算量和计算难度,加之神经元结构的优劣难知,最终也会影响计算预测结果的质量。

除上述法律文件外,我国《银行业监督管理法》第 27 条从正式法律层面要求建立银行业金融机构监督管理评级体系和风险预警机制,但目前也没有见到更加详细、具有可操作性的实施细则。而且,该条文的主要目的是建立银行业金融机构的风险监测系统,并不涉及整个宏观金融风险的监测。由于立法在风险预警方面的缺失以及不完善,为了构建安全稳定的经济金融秩序,我国部分地方政府为防控本区域的金融风险建立了相应的金融预警系统,从风险防控角度来看值得肯定,但是这些预警系统标准不一,部分指标选取并不合理,没有考虑地方整体的金融经济状况,有以偏概全的倾向。例如,以股价指数及其波动作为风险预警指标并不科学,这是因为股市对经济整体的影响有限,我国为发展中国家,股市尚未成熟,所以其波动不足以说明问题。[①] 鉴于此,加之当下疫情对金融经济的负面影响,应当加快我国金融风险预警机制的建设步伐,研判金融市场风险因素,及早采取相应处置措施,维护我国金融经济健康、稳定发展。

---

① 参见李妍:《金融危机"机遇"研究》,复旦大学出版社 2012 年版,第 162 页。

6. 金融市场危机处理机制存在的问题

在金融混业经营的背景下,金融机构规模愈发膨胀,与各行业、各机构的关联度不断增加,加大了经营中所面临的各种风险,提高了经营失败导致的危机爆发的概率及其破坏力。1998年,为了避免长期资本管理公司(Long-Term Capital Management,LTCM)倒闭而诱发全球金融市场的波动,美国联邦储备委员会牵头组织数十家投资银行向LTCM注资36亿美元进行援助。不仅如此,在LTCM事件中,多家与其投资和借贷往来密切的金融机构出现巨额亏损。瑞士信贷集团对LTCM的有关投资作5500万美元的撇账;瑞士联合银行对LTCM的投资作6.8亿美元的撇账,此举导致该行在第三季度出现10亿瑞士法郎的税后亏损;德国第三大银行捷能银行在对LTCM的投资中亏损总额高达1.4亿美元。LTCM事件让人们深刻意识到大型金融机构经营失败对市场的致命性打击。① 因此,金融市场往往需要一套有效的危机处理制度,作为金融治理体系的特殊组成部分,以便对金融机构经营失败等引发危机的可能性因素进行妥善处理。

目前,我国在危机治理方面也初步建立起了一套制度框架,主要体现在对问题金融机构的救助方面,以防止微观风险蔓延与传染而引发更大的宏观风险。但是,由于我国金融市场治理的经验不足,该套制度体系的建设仍然存在问题,具体表现为:

(1)存款保险制度存在缺陷

随着金融全球化的深入发展和金融机构之间竞争的激烈,市场的优胜劣汰趋势逐渐明显,由此可能导致银行及其他金融机构破产倒闭。如何保护存款人以及投资者的利益、维护金融市场信用稳定,已经成为亟待解决的问题。目前,我国仍然存在一定的市场风险,但我国已开始逐步建立存款保险机制,试图通过存款保险提高问题银行的处置效率,维护金融市场信用。2007年,全国金融工作会议明确要求加快建立存款保险制度,由中国人民银行和原银监会牵头,相关部委参加的存款保险制度工作小组,加紧了存款保险制度实施方案的设计工作。在经过近十年的准备后,2014年1月召开的中国人民银行工作会议宣布,存款保险制度的各项准备工作基本就绪。

① 参见李勋:《对冲基金监管的法律问题研究》,厦门大学出版社2010年版,第76页。

2015 年 2 月,《存款保险条例》正式颁布,该条例由 23 个条文组成,主要包括存款保险的法律目的、原则性规范、业务性规范以及时间效力等内容。但截至目前,我国尚未制定关于《存款保险条例》的具体实施细则或补充规定。从法律位阶角度来看,该条例属于行政法规,法律层级较低,效力低于宪法和法律,在落实相关制度和协调与央行及银保监会的关系时,特别是在行使对投保机构的监管责任时,缺乏权威性和威慑力。从条文的数量和规范的详尽程度来看,与发达国家先进立法制度相比,该条例条文数量偏少,制度完整性不足,这也使得其实施效果大打折扣。除上述问题外,当下的存款保险制度还存在几方面问题。

第一,存款保险参保范围不充分。《存款保险条例》第 2 条列举了存款保险投保机构的范围,主要是吸收存款的银行金融机构。据统计,自实施以来,全国投保机构大约 4000 多家,涵盖国有银行、股份制银行、政策性银行等众多金融机构,其中数量最多的是地方性银行机构。① 我国《存款保险条例》参保机构范围实行的是"属地"兼"属人"主义原则。我国银行的分支机构,不符合上述原则,都被排除在存款保险的参保机构范围之外,这种保守谨慎的制度设计,虽然有利于监督和管理,降低存款保险理赔风险,但其监管对象范围存在不完整、风险覆盖不充分的问题。另外,我国目前互联网金融蓬勃发展,大量银行存款流向新兴互联网金融产品,是否应将这些新兴金融产品纳入存款保险参保范围,也值得研究和探讨。

第二,及时偿付机制不健全。明确的偿付条款和及时偿付存款是防止存款保险挤兑、降低系统性风险的关键因素。通常来说,存款偿付条款越明确,且确定的偿付期限越短,则越有利于增强公众对存款安全性的信心,进而越能发挥存款保险正向作用。我国《存款保险条例》第 19 条规定,储户有权在存款保险基金管理机构接管会员机构、清算被撤销投保机构、人民法院裁定受理会员机构的破产申请等情况下,要求存款保险基金管理机构在 7 天内偿付其保额额度之内的存款。虽然条款中明确提出"7 天"这一偿付期限,但是并未进一步规定触发存款保险基金管理机构执行接管银行、清算

---

① 参见赵胜民、陈蒨:《存款保险制度能够降低银行风险吗?——基于 116 个国家面板数据的研究》,载《国际金融研究》2019 年第 7 期。

银行程序的条款,也未进一步规定如何开展偿付工作。

同时,根据《存款保险条例》还可以看出,偿付条款的表述是存款人有权“要求”存款保险基金管理机构偿付存款,其属于存款保险基金管理机构被动开展偿付工作,缺少主动开展偿付存款工作的规定。这与目前其他国家或地区已实施的存款保险条款有所区别。以我国香港特别行政区为例,香港《存款保障计划条例》第32条规定:“在需要香港存款保险委员会履行偿付责任的指明事件发生后,存款保险委员会应在切实可行的范围内尽快在香港销售的日报上刊登通知,或者以其他方式告知存款人;属于偿付范围内的存款,存款保险基金管理机构应以书面通知的形式通知存款人,并使用存款保险基金向存款人偿付存款。”与被动开展存款偿付工作相比,主动并及时地偿付存款更利于发挥保障存款人利益的作用,因为在金融机构破产后,存款保险基金管理机构更具有信息优势。相反,如果在存款人要求下进行被动偿付,那么存款人是否能在银行机构破产后及时要求偿付,还会受到信息对称性与存款人认知水平的影响。

第三,风险处置机制不健全。对风险的及时处置,有助于降低风险溢出的感染性。通常而言,国际上有关存款保险基金管理机构处置问题银行的方式有四种,包括收购与承接、过桥银行、经营救助和直接偿付。从《存款保险条例》来看,我国存款保险基金管理机构缺乏独立的风险处置权和实质性的处置手段,而且实践中处置问题银行的做法混乱,存在违法情形。《存款保险条例》第18条规定,存款保险基金管理机构可以“直接偿付”或委托其他合格投保机构“代为偿付”被保险存款,也可以“为其他合格投保机构提供担保、损失分摊或者资金支持,以促成其收购或者承担被接管、被撤销或者申请破产的投保机构的全部或者部分业务、资产、负债”,即我国存款保险基金管理机构可以使用存款保险基金进行直接偿付、促成收购与承接两种方式来参与问题银行的处置工作,具体选择哪种方式遵循的是成本最小化原则,未有规定对其进一步细化,这也导致在实践中出现对问题银行的处置存在混乱,甚至违法的情形。例如,在包商银行接管案中,徽商银行2020年3月19日发布的公告称,徽商银行已经与其他发起人订立发起协议,拟共同出资240亿元,在内蒙古参与新设一家省级银行机构,注册资本200亿元。其中,除了徽商银行、内蒙古自治区财政及国有企业等8个实体外,存款保险基金持股占比为 27.5% 。[①] 这一"新包商银行"的成立,将成为我国首个存款保险基金入股的银行。然而,从上述《存款保险条例》第 18 条来看,存款保险基金仅仅是在为了促成其他金融机构对问题银行的资产、负债或业务的购买与承接,可以提供一定的担保,或分摊或有损失,或直接提供资金支持,并不包含直接收购问题银行的资产或股份,这一做法明显与《存款保险条例》相左,其救助行为超越存款保险基金的一般功能,落入公共资金救助的范畴。

此外,在对问题银行的接管、重组和撤销上,存款保险基金管理机构实际处于辅助性、被动性的地位。具体来看,虽然《存款保险条例》第 19 条指出,存款人可以在存款保险基金管理机构接管、清算问题银行时提出存款偿付的要求,即表明存款保险基金管理机构可以接管与清算银行,但没有进一步明确存款保险基金管理机构执行接管、清算问题银行的触发条件。同时,参考《存款保险条例》第 17 条来看,对于已经或者可能发生信用危机或者出现违法经营、管理不善的银行业金融机构,存款保险基金管理机构可以"建议银行业监督管理机构依法采取相关措施",即目前有权对问题银行进行接管、重组和清算的是银保监会。因此,在实际操作中,由于未能明确提出存款保险基金管理机构对问题银行的接管权与清算权,其更多处于辅助地位,这也在包商银行接管案中得到证实。此前,中国人民银行会同银保监会联合发布接管包商银行的公告,但在公告中,已经成立的存款保险基金管理有限公司并未在列。

第四,存款保险基金管理机构与其他金融市场治理主体的协调机制不健全。统筹协调的金融市场治理机制有助于发挥协同效力,保证监督管理的有效性,守住不发生系统性金融风险的底线。我国《存款保险条例》第 14 条第 1 款虽明确规定:"存款保险基金管理机构参加金融监督管理协调机制,并与中国人民银行、银行业监督管理机构等金融管理部门、机构建立信息共享机制",但是对于具体如何分工,如何开展针对系统性风险防范的协调合作,没有进一步的规定。

---

① 参见周学东:《中小银行金融风险主要源于公司治理失灵——从接管包商银行看中小银行公司治理的关键》,载《中国金融》2020 年第 15 期。

中国人民银行的主要职责是“完善金融宏观调控体系,负责防范、化解系统性金融风险,维护国家金融稳定与安全”。在金融市场治理实践中,中国人民银行处于核心、统筹地位,而包括存款保险基金管理机构在内的其他机构属于被统筹、被协调的对象。且存款保险基金管理机构目前还隶属于中国人民银行,仅是中国人民银行金融稳定局下增设的存款保险处。2019年5月,在包商银行被中国人民银行及银保监会接管的同时,我国存款保险基金管理有限责任公司正式成立,根据存款保险基金管理有限责任公司的设立登记信息,其法定代表人为时任中国人民银行金融稳定局副局长的黄晓龙同志,监事欧阳昌民同志时任中国人民银行金融稳定局存款保险制度处处长,由此也可以看出,我国存款保险基金管理仍然难以独立行使对问题银行的处置权责,实际处于中国人民银行的领导与统筹之下。

同时,从各金融市场治理主体的分工现状来看,我国仍旧存在治理责任重叠的问题。比如,在对银行的监督检查方面,根据《中国人民银行法》规定,“当银行业金融机构出现支付困难,可能引发金融风险时,为了维护金融稳定,中国人民银行经国务院批准,有权对银行业金融机构进行检查监督”。但是,我国银保监会同样具有对银行机构实行现场检查与非现场监管,开展风险与合规评估的权力和职责。而根据《存款保险条例》规定,存款保险基金管理机构也具有对投保银行的检查权。在对问题银行的处置方面,同样也存在职责重叠问题,《银行业监督管理法》赋予了银保监会对问题银行进行接管、重组和清算的权力,而《存款保险条例》也指明,存款保险基金管理机构可以按照规定采取适当的早期纠正和风险处置措施。由此可以看出,我国金融市场治理主体的权责体系较为混乱,统筹协调的力度有待加强。

(2)最后贷款人制度不完善。

最后贷款人是央行治理金融市场的重要职能,央行可以凭借自身信誉和强大的资金力量,救助有经营困难的金融机构,由此防止流动性危机转变为更大规模的系统性金融危机。金融机构之间往往存在长长的信用关系链条,一家银行类金融机构发生偿付困难,很可能传染其他金融机构。而且,由于银行等金融机构经营的特殊性,如负债的可变形性、资产的固定性、经营对象是货币资金,即使是经营健全良好的银行,也可能由于存款人听信传闻挤兑提现而面临破产倒闭的风险,中央银行的及时贷款可以避免此类信用危机的发生。[①] 另外,随着金融市场的发展,利率和负债更加多变,银行经营环境的不确定性增加,虽然同业拆借等货币市场的发展,为商业银行等金融机构调剂短期头寸提供了便利,但并不能完全满足商业银行等金融机构的需要。[②] 如果大部分商业银行出现流动性短缺问题,将造成拆借市场利率飙升,进一步引起金融市场的动荡,不利于金融稳定运行。此时,央行需要向商业银行等金融机构提供再贷款以调剂短期头寸。[③]

最后贷款人制度对稳定金融市场起到了一定的积极作用,我国在实践最后贷款人方面既有开拓创新,也有丰富经验。然而,这些历史实践具有时代性,局限于央行所处的经济发展阶段和金融体系建设的阶段性背景,具有历史特殊性和发展的局限性,因此还存在较多的问题。

第一,最后贷款人的决策程序不规范。尽管央行是履行最后贷款人职能的主体,但中国行政管理体制和中央银行制度与西方行政体系和中央银行制度差别很大,导致最后贷款人决策程序差别也很大。原则上,救助方案按照"一事一议"的方式研究制定,由国务院充当最后贷款人救助方案的最终决策者。因为金融机构的流动性风险有可能会引发区域性流动性风险,在存款保险机制尚不完善的情况下,金融机构出现支付风险,都会上报国务院,由国务院组织相关部门研究决策应对流动性风险、处置金融机构的方案。对不同类型金融机构的救助按照"一事一议"方式进行个案处理,缺乏明确的救助标准和统一的实施程序。[④] 对国有大型金融机构的救助,由财政部、央行、监管部门以及被救助对象等共同研究救助方案;对地方法人金融机构的救助,则由地方政府、央行、监管部门等三方协商研究救助方案。这些方案需要得到各方基本认可才能上报国务院,最终由国务院做出相关决定。

---

① 参见王立军、李海洋:《存款保险、最后贷款人与风险处置》,载《金融发展研究》2018 年第 3 期。

② 参见刘莉亚、周峰:《最后贷款人理论变革及对我国金融监管的启示》,载《国际金融研究》2019 年第 9 期。

③ 参见耿同劲:《中国国有商业银行脆弱性研究》,中国市场出版社 2007 年版,第 222 页。

④ 参见高伟:《金融危机救助指引》,中国财政经济出版社 2019 年版,第 33 页。

但是,在这一决策链条中,由于参与博弈方较多,各方立场迥异,信息共享度低,协调成本巨大。从最后贷款人角度看,央行的决策独立性较低,仅仅承担了具体执行危机救助的职能,责任和权力并不对称。一方面,危机的蔓延和演变瞬息万变,而多方的博弈耗时较长,容易导致最佳的救助时机被贻误;另一方面,多方的利益角逐导致道德风险扩散,提高危机的救助成本,在某种程度上偏离了最优的政策选择,最后贷款人的政策效果大打折扣。①

第二,最后贷款人救助方式灵活性过大,具有不确定性。央行履行最后贷款人职能基本按照"一事一报,国务院特批"的方式研究制定,无论救助方式,还是救助条件都存在较大差异,这也带来了不少的问题。② 例如,提供资金救助的期限过长。有研究表明,央行的紧急贷款最长达4年;地方政府向中央专项借款期限为6~8年,最长可达13年;对证券投资者保护基金再贷款期限为13年。③ 而根据《中国人民银行紧急贷款管理暂行办法》第8条的规定,紧急贷款的最长期限为2年,即使申请展期还款,展期期限也不得超过原贷款期限,实践中的6~13年的贷款期限显然违反了相关规定。这种长期投放的流动性措施,一方面容易引发通货膨胀,另一方面可能增加中国人民银行资产信用违约的风险。再如,救助资金的利率形成机制僵化,根据《中国人民银行法》,再贷款利率调整需报国务院批准。目前,再贷款利率由中国人民银行确定、报国务院批准后执行。经国务院批准后,中国人民银行下发专题通知对外公布。如需调整利率,需报国务院批准,在两次调整期间利率固定。再贷款利率形成机制较为僵化,与市场利率关联性低,调整频率滞后,难以发挥作为中央银行政策进行利率引导和调控货币市场利率的功能。

第三,最后贷款人担保机制缺失。对于担保机制而言,目前中国人民银行的再贷款中,只对支农再贷款和地方政府向中央专项借款的抵押担保问

---

① 参见贾丹:《我国银行体系脆弱性治理及银行危机防范策略》,载《经济论坛》2010年第7期。

② 参见解川波、张虎婴主编:《新中国货币政策与金融监管制度变迁》,西南财经大学出版社2019年版,第187页。

③ 参见林慧娟、刘培红:《中央银行最后贷款人风险防范》,载《时代金融》2018年第4期。

题进行了具体的确定,绝大部分是以信用放款的方式进行。这种担保机制的规模化缺失,容易导致最后贷款人的偿还机制失效,引发信用风险。尽管除担保条款以外,现行立法中还规定了其他保全再贷款的措施,但是这些措施的有效性和合法性存在法律缺陷,影响了对救助资金的保全。首先,依据《中国人民银行紧急贷款管理暂行办法》第5条,金融机构申请紧急贷款必须提供相应的担保,然而在实践中,问题金融机构可能已经资不抵债,没有可用来抵押的资产;其次,虽然中国人民银行依法与借款人、担保人签订担保合同,但是现行《中国人民银行法》《银行业监督管理法》《中国人民银行紧急贷款管理暂行办法》均没有对担保的形式、抵押品标准与定价作出明确说明,也没有建立完备的贷款担保手续规则;最后,问题金融机构为了获取救助资金,或者让金融机构自身的贷款客户做担保,或者借助地方政府行政协调的方式,指令其他地方法人金融机构提供担保,以尽快平息挤兑风潮。这些做法使担保流于形式,形同虚设,埋下了金融风险隐患,最终使救助资金的偿还失去约束,提供出去的救助资金只能在中国人民银行资产负债表中作长期挂账处理,恶化了中国人民银行的资产负债表,提高了中国人民银行资产负债表的风险,对中国人民银行的风险管理形成挑战,同时也为金融市场带来了道德危机。

第四,最后贷款人退出机制缺失。最后贷款人的担保机制缺失,不仅引发了道德风险,也影响了最后贷款人的退出。中国人民银行为问题金融机构提供救助的过程,也是货币创造的过程。目前,《中国人民银行法》对最后贷款人的退出机制没有任何规定,《中国人民银行紧急贷款管理暂行办法》仅从目标、贷款条件、贷款用途、期限、利率、贷款管理等方面对紧急贷款作出原则性规定,也没有对最后贷款人的退出、资金收回进行说明,只有《防范和处置金融机构支付风险暂行办法》中对暂时支付风险的处理办法做出规定,但该法已经在2008年失去效力。这种退出机制的缺失,将使得救助资金退出过晚,流动性回收不够果断,容易引发长期通货膨胀以及更大的系统性风险,损害中国人民银行在货币市场的权威性。

7. 问题金融机构退出机制存在的问题

问题金融机构市场退出机制是指由有关金融机构市场退出的方式、原则、程序、主持机构和损失分担等制度要素组合而成的,能对问题金融机构市场退出施以有效约束的一系列行为准则或制度安排。[①] 金融机构因经营失败或受突发事件冲击,进而出现清偿力不足以及最终退出市场的情况,在市场经济成熟国家比较常见。[②] 例如,1974 年,美国房地产泡沫破灭导致汉密尔顿国民银行大量债权无法收回,最终以破产收场;2015 年,Capitol 城市银行因内部人控制问题严重、不良贷款激增导致严重资不抵债而破产,公开资料显示,该银行在 2003 ~ 2009 年,年均贷款复合增长率高达 17%,并且高度集中于房地产市场,随着经济形势恶化,大量逾期贷款导致损失拨备计提不足,最终引发严重的流动性危机。[③] 金融机构因失败退出是市场经济优胜劣汰的必然结果,一定程度上有助于维护市场机制功能的正常运行,对于提高金融市场乃至整个宏观经济的健康稳定水平具有很大助益。尽管当下我国已经针对问题金融机构退出行为设立相应的制度安排,但仍然存在以下问题。

第一,目前,我国有关问题金融机构市场退出的规范没有形成完整的体系,欠缺对退出方式、标准、范围、程序等内容的具体规定。从现有的立法来看,我国有关金融机构退出市场的法律制度大体由三类构成:一是经济法,主要包括《企业破产法》《公司法》等;二是金融法,主要包括《中国人民银行法》《商业银行法》《保险法》《证券法》《信托法》《银行业监督管理法》等;三是专门性的行政规范,例如《金融机构撤销条例》等。这种分散、零碎的规定,显然无法满足我国加入世界贸易组织后金融业激烈竞争的需要,不利于维护金融市场的稳定运行秩序。由于金融机构的特殊性以及复杂性,我国《企业破产法》《公司法》关于企业法人的破产程序很难直接适用于金融机构的破产;而《中国人民银行法》《商业银行法》等金融法律虽然对商业银行的合并、接管、撤销以及破产有相应的规定,但这些规定仅适用于银行业金融机构,并不具有普遍性,金融市场其他行业机构市场退出仍然面临无法

---

① 参见丁俊:《我国金融机构市场退出制度的内在缺陷及对策》,载《金融论坛》2001 年第 2 期。

② 参见董树功、王力平:《金融危机的周期性问题探究》,西南财经大学出版社 2019 年版,第 35 页。

③ 参见孙天琦:《二百年来美国银行保险被坏股东拖垮的典型案例》,载新浪财经,https://finance.sina.com.cn/zl/china/2020-08-17/zl-iivhvpwy1547619.shtml。

可依的状态。[①] 正是法律体系的不健全,使得在问题金融机构退出市场的过程中出现各种管理困难,而且也导致金融市场的治理主体在面对问题金融机构的风险处置时没有必要的规范约束,行政自由裁量权较大,既不利于金融市场投资者保护,也不利于金融机构稳定退出市场,提高了次生风险的可能性。

第二,我国现有的关于问题金融机构退出市场的法律制度可操作性不强。尽管我国已经陆陆续续在相关法律规范中回应了金融机构退出市场的问题,但是这些法律规范的可操作性不尽如人意,大多为原则性的规定,难以有效地指导金融机构市场退出实践。例如,关于问题银行的市场退出,《商业银行法》仅对接管的前提、目的、时限和终止作了概括性的表述,而没有针对问题银行退出市场的程序作更加细致的规定;再如,《企业破产法》对金融机构的破产问题有一定的涉及,并且考虑到金融机构破产不同于一般企业破产,赋予国务院另行制定实施细则的权力。但是,这种规范形式降低了金融机构破产依据的权威性,而且,有关的实施细则迟迟未面世,不利于对金融机构退出市场问题的解决。除此之外,金融市场退出规范的可操作性差,还表现在不同规范之间存在相互矛盾、相互冲突的现象。如前文所述,有关银行业金融机构退出市场的情况,《企业破产法》《存款保险条例》《银行业监督管理法》等对接管、重整等方面均有规定,但究竟应该由谁来执行,适用哪种规定,容易产生冲突。《银行业监督管理法》要求,银保监会有权依法对银行业金融机构实行接管或促成机构重组。《企业破产法》则规定,债权人和债务人有权提出重整申请,以及债务人有权依照本法向人民法院申请和解。这样一来,容易出现银保监会已经对某一问题银行接管或重组,而债务人或债权人又向法院申请启动破产程序,二者的冲突不利于问题金融机构快速、有序地退出市场,容易造成市场混乱。[②]

第三,问题金融机构市场退出责任机制匮乏。金融机构破产退出市场的原因有多种,但如果金融市场退出的原因是内部管理人员违法经营,或者

---

① 参见付敏杰:《允许金融机构有序破产重在制度设计》,载《中国证券报》2016 年 6 月 15 日,A05 版。

② 参见陈熹:《金融交易改变破产重整债权人的利益格局——以美国破产法重整制度为例分析》,载《上海金融》2018 年第 4 期。

是有关治理主体对其日常监管不力，出现失职、渎职现象，这是法律所不允许的。虽然金融机构通过破产等形式退出是市场优胜劣汰的自然结果，但是这并不意味着相关责任人员可以逃避责任承担。因为尤其是大型金融机构在退出市场过程中，由于其业务规模广大、投资部位众多且复杂、所涉及交易对手数量较大，其退出势必会对金融市场稳定造成严重威胁，因而有必要本着“谁过失，谁负责”的原则，对于那些涉嫌违法经营或管理不善而造成退出后果的相关责任人员，依据情节轻重给予相应的处罚。如此一来，有助于形成良性的激励机制，迫使金融机构内部管理人员谨慎经营，善尽其勤勉义务，在日常的投机管理活动中将金融机构以及债权人的利益置于重要地位。① 但我国目前并没有形成完整系统的问题金融机构市场退出责任追究机制，对于与问题金融机构有直接或间接责任的人员，立法的责任追究规定缺失，并不利于引导金融机构规范经营，从长远来看，也不利于金融市场稳定发展。

第二节　中国金融市场法律治理的规范体系创新的基本原则

在传统的金融法研究视阈下，影响和促进经济增长的主要动力是金融深度，要想发挥金融市场对宏观经济的推动力量，必须放弃“金融抑制”理念。而金融市场法律治理的主要目标是为金融深化营造“安全、效率、公平”的市场环境。回顾国际金融危机治乱循环的历史，不难发现，金融治理主体在金融危机和金融发展的治理与平衡之间，时而强调金融安全，时而又突出金融效率，同时还要兼顾公平，在这些不同价值的博弈和选择中，始终难以找准其中的平衡点。而后，经过金融结构与经济发展关系在理论和实践层面的系统反思，金融市场的法律治理必须尊重市场客观存在的自然规律。由此，基于金融深化理论下的总量控制被取而代之，基于金融发展理论的结构性导向成为金融治理的重要规尺。遵循这种结构性思维的理路，现代金融市场的主要问题已远远超出了总量范畴，而是奔向结构化矛盾。根

---

① 参见卢祖送：《金融危机和金融监管》，经济日报出版社 2018 年版，第 183 页。

据金融禀赋结构原理,要素禀赋结构中的单一个体在特定的发展阶段都存在一种特殊形态的最优金融结构,[①]当现实中的金融结构与最优金融结构的特征相适应时,金融体系的基本功能才能实现最大化。反过来,当现实金融结构与最优金融结构相背离,金融体系的功能便无法实现最大化,同时阻碍金融发展并影响实体经济的发展。这种金融禀赋结构理论要求现代金融市场法律治理必须符合最优金融结构这一金融学客观规律,主动树立金融结构的法律调制意识,最终形成结构金融法治。而根据结构金融法治理论的内涵延伸,现代金融市场的法律治理应当通过法律的理性导向,充分动员金融法的各子部门法,以其独特的部门法实施机理,对实际金融结构进行科学的法律调制,以最少干预式的姿态,引导和保障经济体的实际金融结构向最优金融结构理性回归,发挥最优金融结构在金融发展和金融风险治理中的中介作用,推动金融供给侧结构性改革和金融市场持续深化,增进金融结构与实体经济发展的和谐互动,从而持续释放金融服务实体经济的最大动能,实现金融公平、金融安全及金融效率价值的纳什均衡,促进市场利益的多方共赢,最终实现有效治理系统性金融风险的目标。基于此,循导着结构金融法治的理论进路与价值依归,我们提炼出五项指导防范系统性金融风险规范配置的基本原则,即"增强金融服务实体经济能力原则""平衡利益相关者利益原则""金融市场有限干预原则""促进金融稳定发展原则""保护金融消费者利益原则"。

一、增强金融服务实体经济能力原则

随着经济的发展,金融对服务实体经济的程度逐步加深。而这种服务,主要表现为对实体经济的正向作用力。从农业社会到工业社会,再到后工业社会,金融已然成长为决定资源配置,并通过自身的扩张或收缩推动经济发展的重要环节。[②] 货币资金是宏观金融运行的载体,货币资金的运行影响着物质资源的配置结构及其效率,从而促进经济的高效增长,而全社会的

---

① 参见林毅夫:《新结构经济学》(典藏版),北京大学出版社2019年版,第323~325页。

② 参见陈舜:《金融服务实体经济的理论分析与实践路径》,载《现代管理科学》2019年第9期。

资金运行无疑要通过金融市场这一集散枢纽。纵观银行的发展历史，这种建立在商品交换和货币流动基础之上的，以货币作为自己专门经营对象的金融组织，自始被政府利用国家机器以加强其在经济上的统治与管理，这也是金融对经济服务作用不断加深的一个佐证。在工业社会时期，银行作为间接融资的重要媒介，对整个社会经济的作用和影响力达到了全新的高度；国家对金融的管理和干预扩大，并借助金融调节经济运行。[①] 如今，伴随现代科技的大发展，金融规模趋于国际化、大型化、超级化和集团化，资本市场越来越成为实体经济融通资金的坚强后盾。

可以说，金融对经济的作用是一个从低级到高级、由简单到复杂的发展历程。至于金融能否有效地服务经济、发挥在经济中的"核心"作用。除了总体的宏观经济环境状况外，还依赖于金融本身的运行机制的结构与效率，即能否保障金融资金的良性循环；能否顺应经济的状况和需要，相应实行扩张或收缩；能否提供符合经济需要的融资方式创新；等等。[②] 但由于虚高的资产价格与较低的实体经济投资回报率形成的巨大反差，加之实体经济内生动力不足等问题，金融脱实及非理性发展时而有之，影响着实体经济的健康、可持续，并已产生系列的负面效应，具体表现为以下几方面。

一是产业资本向金融业渗透。近年来，由于金融市场发展较快，金融资本运转效率提高，金融业的整体利润较为可观，大量产业资本借机流入金融市场，以期实现资本增长。目前，部分产业资本参与金融业的程度已经超出服务主业的正常需要。公开资料显示，2011 年年底，由国资委履行出资人责任、正常运营且金融业非主业的央企数量已达 177 家，近 60 家央企设立超过 160 家金融子公司，所涉领域包括保险、证券、期货等各类金融行业，典型的中石化集团是拥有金融牌照最多的央企，共参股 12 家金融机构。[③] 尽管产业资本与金融相结合，某种程度上可以加快产业资本升值速度，提高产

---

① 参见杨新兰：《基于风险视角的商业银行资本监管研究》，厦门大学出版社 2018 年版，第 175 页。

② 参见臧敦刚：《金融系统性风险与宏观审慎监管研究》，四川大学出版社 2015 年版，第 87 页。

③ 参见罗琼：《产融结合的非典型样本　中石油：金融全牌照之路》，载南方周末 2013 年 6 月 20 日，http://www.infzm.com/content/91565。

业效率,但过度的产融结合,也会带来危害。例如,实体经济资源本就具有天然的限度,将有限的资源投入金融市场,对做强实体主业而言并无益处。再如,金融市场存在较多的风险因素,其运行具有极大的不稳定性,产业资本过度介入金融系统,将不得不面临这些不稳定性,这也导致产业安全的根基岌岌可危。[①] 而事实证明其并非虚谈:2003 年,中国航空油料集团经监管机构批准,获得境外石油衍生品期权交易资格,进入石油期货套期保值市场;2004 年第三季度,由于国际油价持续攀高,加之操作不利,中航油亏损共计 5.5 亿美元;2018 年,中国石化在国际油价大涨期间做多原油期货,但由于油价在后续面临 40% 的下跌,中国石化遭受近 47 亿巨额亏损,导致 A 股市场出现激烈的震荡。[②] 我国是制造业大国,正逐步迈向制造业强国,产业安全、实体经济安全问题应当被重视,产业资本非理性空转,这无疑将阻碍中国向制造业强国转变的进程。

二是投机炒作风潮。近年来,由于金融市场运行机制存在问题,大量的资本闲置导致流动性过剩。房地产、大宗农产品、中药材、高档艺术品金融市场由此成为被炒作的对象。虽然投机炒作代表一定的经济热度,也是市场商品金融化的表现,但是,过度的投资炒作于市场无益,将严重扰乱整个市场的定价机制,破坏实体经济的运行机制,并且还诱发各种潜在的风险因素。[③] 2020 年前三季度,中国房地产市场投资总额为 103,484 亿元,相比往年虽有下降,但依旧呈现增长态势,在过去的三年间,房地产开发投资平均增速为 8.8%。[④] 统计数据显示,截至 2019 年年末,房地产贷款余额近 45 万亿元,同比增长 14.8%,2019 年全年相较 2018 年增长 5.71 万亿元,房地产信贷总量占总贷比近 34%。[⑤] 由此也表明,尽管疫情影响了金融市场其他投资领域,但房地产热象依然未减。长期以来大量信贷资源流入地产市场,导致金融业脱实向虚情形更加恶化,而且由于不动产具备优质担保功

---

① 参见郭田勇主编:《金融监管学》(第 2 版),中国金融出版社 2009 年版,第 38 页。

② 参见部慧、陆凤彬、魏云捷:《“原油宝”穿仓谁之过? 我国商业银行产品创新的教训与反思》,载《管理评论》2020 年第 9 期。

③ 参见鲁晓东:《金融资源错配阻碍了中国的经济增长吗》,载《金融研究》2008 年第 4 期。

④ 参见王超:《优化房地产金融发展的路径探析》,载《金融发展研究》2020 年第 7 期。

⑤ 参见孙菁:《房价波动与房地产金融风险的关系研究——基于格兰杰因果检验》,载《中国物价》2020 年第 3 期。

能,房地产市场也逐渐演化为资本加杠杆的动力之源,当房价泡沫不断增加并突破临界值,类似于次贷危机的系统性风险也就随之而来。不仅如此,越来越多的企业和个人开始不断参与短期性金融投机行为,将更多资金投入到金融领域,试图通过金融投机实现暴富理想,而对实业投资和资本积累不屑一顾,严重削弱了实体经济长期、可持续发展的基础,现有金融结构与最优金融结构的偏离程度逐渐加深。

三是大量金融资金存在体制内循环的情形。伴随金融创新加速与深化发展,传统的金融业务再难满足金融机构的发展需求。为了实现安全性、流动性、营利性,金融机构出现了应收账款投资、同业存款、理财等新型产品。[①] 诚然,金融产品创新为金融机构带来了高利润、多元化的竞争优势,但是也存在各式问题。例如,投资过度规模化、金融链条过长、杠杆率急速飙升以及业务与产品同质化严重等,进而造成整个资产负债表的畸形与异化,导致系统性金融风险在体制内不断累积、加剧。从实体企业融资的角度来看,获取贷款的难度不断增加,因为这些资金从银行到信托、从信托到各种金融机构,最终进入实体经济时,已然经历了漫长而复杂的过程,既增加了实体企业的融资难度,又加大了融资的时间与资金成本。[②] 据估算,仅2020 年 3 ~ 4 月,不考虑资金流入表外理财业务部分,银行资金在体制内循环的规模预估高达 1. 06 万亿元。[③] 这种过度的空转过程,一方面虚增了金融利润,增加了流动性风险、信用风险引爆系统性金融风险的可能性,另一方面也将提高金融治理难度,最终影响金融经济整体运行。

总之,金融脱实及非理性化对现有的金融经济发展提出了严峻挑战。也许,1997 年源于泰国的一场国际性金融危机,会为我们提供更多金融与经济关系的具体警示和教益。我们必须重新思考金融服务实体经济的重要性,通过金融市场法律治理变革,督促金融服务实体经济功能的理性回归,助益金融经济又好又快发展。因此,金融市场法律治理的规范体系创新,必

---

① 参见郭田勇主编:《金融监管学》(第 2 版),中国金融出版社 2009 年版,第 91 页。

② 参见谌洁:《论金融泡沫的资源与风险错配效应》,载《天府新论》2005 年第 S2 期。

③ 参见中泰证券研究报告:《银行资金空转深度研究:“直达实体经济的货币工具”如何理解》,载百度百家号 2020 年 5 月 26 日,https://baijiahao. baidu. com/s? id = 166765517504009121 0&wfr = spider&for = pc。

须以构建稳健的金融体系为目标，而这一目标的实现，又要求以金融服务实体经济为基本原则。进一步而言，只有通过法律治理的变革与创新，推动金融资本投放结构合理，规模恰当，保持必要的资金流动性，才能为金融运行的良性循环奠定基础，这也将有助于经济大环境的稳定发展，避免金融经济运行中出现大起大落的震荡。① 由此，这也为金融市场法律治理的规范体系创新提出了两点要求：

第一，在经济与金融的平衡互动中注重相互制衡。金融是现代经济的核心与支柱，对经济发展既有支持也有制衡。在信贷市场，对信贷项目的尽职调查是金融制衡经济的第一步。银行需要对融资项目是否具备盈利可能性、现有担保能力能否抵御未来风险进行审查，这些措施是防范金融风险的必然要求，但一定程度上，也可以抑制实体经济盲目扩张。另外，经济发展中淘汰落后产能是需要持续关注的问题，而信贷市场中风险溢价的变化将帮助这一目标的实现。例如，以提高利率来覆盖可能的产业风险，在不打破信贷服务平衡的前提下，适当提高信贷门槛，从而淘汰低效能的企业或项目。② 对于金融而言，实体经济是其存在的基础。实体经济发展速度、程度都将通过各种形式反映到金融中去，其内在的发展规律与阶段需求，也将决定着金融创新的边界。2008 年国际金融危机让人们意识到，严重脱离实体经济发展现状的金融创新注定是失败的，其引发的危害也将是灾难性的。因此，对于金融市场法律规范的配置，有必要清晰认识并内化金融与经济"共转变、同推进、互支持"的关系。③ 一方面，经济发展需要适时调整结构。经济社会必然面临结构失衡、落后产能淘汰、机构性失业等现实问题，金融市场治理机制要发挥好其防范与化解风险的能力，面临可能暴露的风险，通过风险识别与审核机制，督促相关企业或项目及早退出市场。另一方面，实体经济的发展伴随着生产力的变化，新兴项目的培育、经济的创新发展，需要金融市场机制适时变革，改变相应服务方式、服务手段与产品或服务创新，增强金融服务实体经济的能力与水平，切实支持实体经济转型与升级。

---

① 参见杨涤：《金融资源配置论》，中国金融出版社 2011 年版，第 139 页。

② 参见彭俞超、黄志刚：《经济"脱实向虚"的成因与治理：理解十九大金融体制改革》，载《世界经济》2018 年第 9 期。

③ 参见李妍：《金融危机"机遇"研究》，复旦大学出版社 2012 年版，第 231 页。

第二,注重系统性金融收益与成本的合理共享和分摊。亚当·斯密在《国富论》揭示了人性自私自利的本质,人的行为要受到自我利益的驱使,人的本性是利己的。[①] 每个人天然是自己利益的判断者,每个人都在力图用他的资本来实现最大的价值。这也启示我们,对利益最大化的追逐,是金融市场主体的本性所在,他们通过边际的方法实现利益最大化,利用成本—收益方法实现方案的选择,只是利益的熏嗾使他们无法成为完全的理性人,忽视了追逐利益带来的巨额成本,而这种成本通常是市场化的,需要经济社会所有的无辜参与者集体买单。在历次的金融危机中,这样的例子不胜枚举。例如,美国曾以结构化金融产品助力"居者有其屋"的目标实现,最终成为引爆 2008 年国际金融危机的根源所在;[②]对金融深化的追求以及过度创新的纵容,既是 1997 年亚洲金融危机的主要原因,也是加速恶化东南亚金融危机的祸首。[③] 因此,我们应当重新认识金融市场的成本与收益问题,绝不能允许部分主体以高风险换取高利益,而风险所带来的成本却由整个经济社会的参与人承担。在金融市场法律治理变革过程中,要时刻关注金融创新的发展,准确定位杠杆在金融市场运行中的地位,严厉打击金融市场投资行为,在系统风险的成本分摊上做出合理的制度安排。[④]

二、平衡利益相关者利益原则

金融市场法律治理规范配置应当给予金融市场参与主体适当的自主选择空间,注重协调各方主体的利益,包括不同金融机构之间,大小公司之间,公司与消费者之间的利益。

首先,金融市场法律治理的重点不应是替代金融市场中的参与者进行决策,而应当给予这些市场主体更大的自主选择空间,否则容易产生"寻租"行为;其次,作为中立者,金融市场法律规范应当关注如何协调相关各

---

① 参见岳彩申、陈秋竹:《金融科技推动下的法律监管理论与实践——"互联网金融法治论坛"述评》,载《经济法论坛》2019 年第 2 期。

② 参见李妍:《金融危机"机遇"研究》,复旦大学出版社 2012 年版,第 27 页。

③ 参见李妍:《金融危机"机遇"研究》,复旦大学出版社 2012 年版,第 29 页。

④ 参见唐学敏、闻岳春:《金融机构关联性视角下的系统性金融风险研究》,吉林大学出版社 2020 年版,第 47 页。

方的利益，因为从某种意义上说，法律政策的本质即在于协调各种有冲突的关系。在金融混业经营领域，有可能产生多种类型的利益冲突，比如在银行、证券、保险等不同金融机构之间，在规模较大和规模较小的公司之间，在公司与消费者之间，都有可能存在不同程度的利益冲突。[①] 而如何协调这些利益冲突，正应是金融市场法律规范配置过程中需要关注的重点内容。

当前中国金融混业经营领域的很多改革都建立在"一事一议"的基础上，政府行政决策容易产生偏差，因此需要特别强调法律的重点是协调相关各方的利益。比如，在银行、证券、保险等不同金融机构争取混业经营方面，无论是《商业银行法》《银行业监督管理法》，还是《证券法》《保险法》，规范的内容应当强调平衡，不能对不同金融机构给予不同待遇；[②]在同一金融集团之下的银行、证券、保险等不同子公司之间，《公司法》《银行业监督管理法》《证券法》等规范应当强调设立"防火墙"阻断"利益输送"的渠道；[③]在大小公司之间，法律规范应当避免"嫌小爱大"，比如如何在《证券法》《商业银行法》《保险法》等制度设计中破除"大而不倒"的局面。允许大公司投资的项目就应当也允许小公司投资，而如果偿付能力不足，财务不稳健，那么即使规模再大的公司也应当严格限制；[④]在公司与消费者之间，法律规范应当在公平合理的前提下，强调对消费者利益的保护，因为金融混业经营的强势性与复杂性很可能会对消费者权益带来一定的不利影响。

"平衡利益相关者利益"作为金融市场法律治理规范体系创新的基本原则，其意义在于：第一，避免越俎代庖。法律规范不应去限制或束缚市场上参与主体的合理选择。第二，明确工作方向。利益冲突不易协调，只有通过法律规范才能较好地解决。[⑤]

---

① 参见刘瑛：《论后次贷危机时期金融控股集团内部交易的法律监管》，载《政法论丛》2011 年第 2 期。

② 参见刘青云：《资本监管与商业银行风险承担的互动机制研究》，山西经济出版社 2017 年版，第 83 页。

③ 参见刘青云：《资本监管与商业银行风险承担的互动机制研究》，山西经济出版社 2017 年版，第 83 页。

④ 参见田娇、王擎：《资本监管与系统性金融风险传递研究——理论模型与实证分析》，经济科学出版社 2016 年版，第 105 页。

⑤ 参见郑伟：《中国保险业发展研究》，经济科学出版社 2011 年版，第 127 页。

三、金融市场有限干预原则

虽然市场在金融资源配置中起决定性作用，但市场并非万能的，外部性的存在仍然会导致市场失灵。企业和金融机构只拥有冒险的收益而让全社会承担冒险失败的成本，结果必然是企业和金融机构的冒险行为猖獗，最终触发市场风险蔓延。[①] 是故，金融市场需要政府进行干预。然而，政府在干预经济、防范系统性风险的同时，也会遇到政府失灵的情况，而且有时政府失灵比市场失灵出现的频率还要高，这主要受到相关法律政策时滞及其制定者能力的限制。因此，金融市场干预需要具备合理的限度，金融市场有限干预原则应当成为金融市场法律治理规范配置的基本原则，对其具体的理解将从金融市场干预的成本—效益均衡理念、金融市场干预比例原则等两个方面展开。

（一）金融市场干预的成本—效益均衡理念

纵观20世纪金融发展历史，我们可以发现政府始终在金融市场中发挥着它的作用，只不过不同经济发展水平和不同的政治经济环境中的角色稍有不同。而且，这种政府作用的强度和产生的经济绩效也是不同的。共同的特征是，从20世纪20年代末30年代初的大萧条开始，受"民粹主义"、"国家主义"和"国家至上主义"的影响，金融抑制流行于市场经济中。[②] 典型的金融抑制以利率管制、市场准入、信贷配给为特征，带来了金融配置效率损失、金融资源动员不足、金融外部性等压抑成本。[③]

具体而言，1933年经济大危机让人们对金融危机产生了极大的恐惧感，人们甚至极端地认为，避免危机的再次发生是可以不惜一切代价的。[④]

---

① See Arner D. & M. Taylor, *The Global Financial Crisis and the Financial Stability Board: Hardening the Soft Law of International Financial Regulation*?, Universality of New South Wales Law Journal, Vol. 32, No. 2, p. 488 – 513 (2009).

② 参见顾国达、吴宛珊：《金融市场竞争、政府干预与僵尸企业》，载《浙江大学学报(人文社会科学版)》2019年第3期。

③ 参见清华大学国家金融研究院《商业银行法》修法研究课题组：《银行业金融机构的三大边界问题——法人边界、监管边界、立法边界》，载《清华金融评论》2016年第6期。

④ 参见田洪昌：《金融危机中政府应对经验与思考——基于金融危机中德美政府监管视角》，载《特区经济》2019年第11期。

于是,干预的触角伸向了金融体系的每一个角落。1960 年以后,金融市场上的巨大变化使许多金融机构在严格的管控下面临淘汰风险,治理当局不得不重新开始考虑现有干预措施的成本是否过于高昂。[①] 其结果是这种管制的成本导致金融体系的无效运行,反而使金融体系越发不稳定。由此,治理当局开始重新审视金融干预的成本与效益,在金融体系的效率与稳定的权衡中采取了一种谨慎态度。

20 世纪 70 年代开始,金融市场化浪潮卷走了大部分金融抑制规则,金融服务的便利性、广泛性、高效率和低成本的优势得以释放。然而,也正是这一原因,金融的负外部性开始显现,激烈的价格竞争、产权的复杂化、金融安全网的道德风险,最重要的是金融业界和政府对新金融形势认识的不足和制度规则的滞后,导致了 20 世纪后 20 年中持续的金融动荡。[②] 例如,1995 年英国老牌投资银行巴林银行倒闭,1997 年金融风暴席卷东南亚等。[③] 这也使金融治理主体对金融市场疏于管理的批评之声成为彼时的主流。

究竟什么程度的干预是恰当的?金融干预的边界在哪里?也许经济学的成本——收益均衡理念可以为我们思考上述问题提供思路。我们可以用数学公式来表达这一含义,以 $dr(x)=dc(x)$ 时确定理想的干预均衡水平。其中 dr 为金融监管的边际收益,dc 为金融干预的边际成本,即 $dr(x)/dr>0$,$d^2r(x)<0$,dc 具有通常的成本函数的性质,$dc(x)/dx>0$,$d^2c(x)/dx^2>0$。[④] 显然,金融抑制中政府在金融市场施加了过度的干预,政府干预的直接成本和经济效率损失大大超过了干预收益,通过金融市场化过程,可以增强金融市场的作用,获得金融市场化收益;而在金融市场化的情境中,政府干预不足带来的经济效率损失又远远超过了干预成本,此时,强化金融干预作用,可以减少过度自由化引起的净损失,获得因净损失减少带来的收益。

(二)金融市场干预比例原则

所谓干预比例原则,即指政府干预市场运行应从客观实际出发,符合

① 参见郎佩娟:《政府干预经济的原则与界限》,载《中国政法大学学报》2018 年第 4 期。
② 参见吴竞择:《金融外部性与金融制度创新》,经济管理出版社 2003 年版,第 258 页。
③ 参见于治贤、郭艳娇主编:《反思国际金融危机》,辽宁民族出版社 2010 年版,第 195 页。
④ 参见陈建华:《金融监管有效性研究》,中国金融出版社 2002 年版,第 55 页。

“目的合法性”“适当性”“必要性”“均衡性”原则,妥适处理干预目的、干预对象、干预手段、干预力度等问题,不得因公权介入而对金融市场主体造成不应有的侵害。[①] 金融市场干预比例原则是在承认有限理性的前提下,政府调控市场风险的实然要求。市场经济以创新为不竭动力,金融创新一方面加速经济发展,另一方面也加剧风险累聚,严重威胁市场经济的健康稳定。金融创新的虚拟性、复杂性、连锁性和渗透性,往往导致风险的不确定性、系统性,及风险管理的复杂性。因而,政府应对市场失灵风险要具备明确的目的性,遵循特定的逻辑进路,既要适时干预防止风险扩散,也要适度干预避免市场死亡。[②] 而金融市场干预比例原则的四个子原则呈现阶层递进式逻辑结构,通过层层推导和过滤,可以满足金融干预是否适时、适度的审查要求。

以下我们将以穿透式监管在金融市场风险治理中的运用为例,对金融市场干预比例原则进行逻辑演绎,以明确政府介入市场运行的“度”的把控。首先,目的合法性原则要求政府干预手段追求的目的具有适法性,如果目的本身不合法,也就无须讨论手段与目的之关联问题。2013 年,互联网金融在我国开启高速发展模式,为传统金融注入新的发展活力。但由于其复杂化与多元化,引致的金融风险也具有复杂性、扩散快、范围广的特征,并且表现出“太多连接而不能倒”的新形式,金融市场危机日益凸显。为了“实现规范与发展并举、创新与防范风险并重”“解决管辖权上扯皮推诿和跨地域销售对管辖权分配的冲击等问题”,2016 年国务院颁行《互联网金融风险专项整治工作实施方案》,穿透式监管被正式引入互联网金融领域。[③] 这与金融市场“明确监管权责分配”“防范系统性风险”的现实与法律需求相一致,可见,其目的具有正当性与合法性。

其次,适当性原则要求金融干预手段与目的具有合理关联性。如果干预手段超出所欲达致目的的限定范围,则明显不符合适当性原则的要求。

---

① 参见荀明俐:《政府干预市场的三重边界——基于公共责任视角》,载《中国行政管理》2016 年第 4 期。

② 参见许恋天:《互联网金融“穿透式”监管研究》,载《金融监管研究》2019 年第 3 期。

③ 参见常健:《论“穿透式”监管与我国金融监管的制度变革》,载《华中科技大学学报(社会科学版)》2019 年第 1 期。

而自穿透式监管落地以来,原本只是对互联网金融复杂结构产品穿透定性,实现权属分明、互联网金融可持续发展的初衷已渐渐迷失,穿透式监管已经向上演变为对股东资质、合格投资者的穿透审查,向下拓展至对信息披露、会计核算、实际交易等环节的详密控制。换言之,其对"业务本质属性"的界定与初衷具备关联性,但实际扩张运用与目的范围早已偏离。

再次,必要性原则要求金融干预手段为干预对象带来的负外部性最小,已经没有对干预对象限制较少的其他手段可供选择。然而,对于穿透式监管而言,大规模的扩张解释、扩大适用正逐渐侵蚀互联网金融的发展红利,对股东资质、合格投资者的穿透审查,为互联网金融的再创新与价值生产的可持续迎头痛击,对"公司面纱"的强力刺透,也为公司合规带来沉重负担,可能导致更为严重的系统损害。实质上,穿透式监管已经造成对公司分权制衡监督机制的严重破坏。而依赖后者建立的法律治理方式和责任机制,又是监管部门一贯沿用的更有效的监管措施。

最后,均衡性原则要求金融干预手段所欲达致的目的需与干预对象的损失相平衡。如果手段对干预对象造成的损害大于所保护的社会利益,则该手段违反均衡性原则。如前所述,穿透式监管对互联网金融的负外部性,容易导致互联网金融更为严重的系统性损害,最终将反噬金融消费者的利益。由此,尽管穿透式监管在互联网金融风险的预防、控制方面发挥了重要作用,但其流弊也日益凸显,最终难以通过比例原则的各项审查。究其根源,穿透式监管在应然与实然的两分层面出现断裂,应当将其适用牢牢限于"对复杂金融业态的本质属性界定"之中。

总之,无论是成本—效益均衡理念还是干预比例原则,都有助于我们正确的认识金融市场干预的边界问题。尽管金融市场自由占据主导地位,但政府不能只是单纯的"守夜人",适度的介入也是必要且合时宜的。[①] 当然,这里的适度意味着金融治理规则的制定、具体措施的执行既要符合成本—收益均衡的理念,还要在"目的合法性""适当性""必要性""均衡性"中具体考量,在不破坏金融市场潜在收益的情况下,实现金融市场治理的最优局面,促进金融经济健康、可持续发展。

---

① 参见陈建华:《金融监管有效性研究》,中国金融出版社2002年版,第123页。

四、促进金融稳定发展原则

金融稳定是指构成一国金融体系的所有组成元素，能够发挥正常的金融中介、资本形成、风险管理以及社会支付体系的功能，在面临体系内的冲击时，能够消化或者削弱风险因素，防止正常的金融体系运转功能遭受破坏，同时具备抵御外部金融风险传染的应急能力，最终为本国经济社会的长期发展创造一个良好、和谐的金融环境，形成一个动态、开放的宏观金融运行态势。[①] 纵观世界各国与国际组织，促进金融稳定发展是头等大事。金融体系在现代市场经济中居于核心地位，金融体系的重要性也就是金融稳定发展的重要性。

然而，金融脆弱性表明，特定地区的金融体系已经积累潜伏的风险，具有不稳定性。尽管金融脆弱性不等于金融危机，距离金融危机还有一定的演化过程，但是我们意识到，这一过程在金融全球化的推动下会加快。随着全球范围内金融活动的不断增加，国家之间的风险发生机制联系日益紧密，同时单个国家遭受冲击尤其是投机性冲击的可能性大大增加。由于金融脆弱性向金融危机的演变速度加快、频率增加，迫使人们不断关注金融不稳定的问题。这是因为金融不稳定的成本巨大。国际货币基金组织的一项研究显示，1980～1995 年，在 53 个发达国家和发展中国家发生的 54 次银行危机中，累计产出损失平均达到 GDP 的 11.6%，新兴市场的产出损失平均高于成熟市场。[②] 尤其是 20 世纪 90 年代以来，世界经济高度一体化，金融风险逐渐成为类“公共物品”，在各国之间广泛传播与蔓延，为金融体系带来巨大挑战，国际社会加紧了风险治理的步伐，以期维护金融体系的健康与稳定。

在我国，根据现行《中国人民银行法》，中国人民银行作为我国的中央银行，依法承担防范和化解金融风险、维护金融稳定的职责。在日常的具体工作中，中国人民银行在监测和分析金融风险，评估和判断金融稳定形势，

---

① 参见唐学敏、闻岳春：《金融机构关联性视角下的系统性金融风险研究》，吉林大学出版社 2020 年版，第 205 页。

② See Bisias D. et al. , *A Survey of Systemic Risk Analytics*, Annu. Rev. Financ. Econ. , Vol. 6, No. 4, p. 255 – 296(2012).

采取预防、救助和处置措施及推动金融改革三个层面的框架内维护金融稳定。具体而言，中国人民银行首先依法对我国的金融风险进行持续监控，通过紧密关注分析宏观经济环境、金融市场行情和金融生态环境的详细情况，及时掌握金融经济的运行情势；其次，依据特定的程序和方法，对所收集到的有关金融经济发展情势数据进行判断分析，综合评估其对金融市场安定的影响；最后，根据上述的分析结果，具体针对金融市场中的不稳定因素采取相应的治理措施。2005 年以来，中国人民银行分别在总行和分支银行先后成立了金融稳定局、区域金融稳定分析小组，每年定期撰写和公布中国金融稳定报告和区域金融稳定报告，进一步加强了对系统性金融风险的监测和防范。为了创造稳健运行的良好环境，中国人民银行依法综合运用利率、汇率、流动性支持、资本账户管理等多种工具和制度，防止金融恐慌，维持市场信心，维护金融体系的稳定发展。

在 2008 年国际金融危机之后，伴随着国际社会金融市场治理变革浪潮，金融稳定在立法中的重要性不断凸显，促进金融稳定发展也逐渐成为金融市场法律规范体系的一项基本原则，以期通过制度化为金融稳定提供重要保障。[①] 但作为一项基本原则，有必要探究清楚金融稳定的影响因素，以便于为金融市场法律治理规范体系的创新提供方向性指导。金融稳定既包括金融机构的稳定，也包括金融市场的稳定。以下我们将对影响两大要素的解释因素分别作出分析。

（一）金融机构稳定的解释因素分析

根据费希尔（Fisher）的“债务－通货紧缩理论”，在经济周期的上升阶段，金融机构增加投资和银行借款，货币流动速度加快，商品和资产价格上涨，反过来促进借款增加，最终出现过度负债的现象。经济衰退时，为了清偿债务，债务人不得不低价出售商品和资产，货币流通速度减缓，商品和资产价格下跌，形成“债务－通货紧缩”循环。[②] 因而金融不稳定是基于经济基础恶化的。明斯基（Minsky）的金融脆弱性假说认为，经济周期的存在诱

---

① 参见董小君：《金融危机博弈中的政治经济学》，人民出版社 2019 年版，第 241 页。

② See Hyman P. Minsky, *Financial Instability Hypothesis*, Journal of Financial Stability, Vol. 21, No. 1, p. 20－27 (1977).

导企业高负债经营，任何打断信贷资金流入生产部门的冲击都将引发企业违约和破产，并迅速波及金融部门，使金融机构破产、资产价格泡沫破灭。①戴蒙德（Diamond）与迪布维克（Dybvig）从银行角度出发，通过构建银行挤兑模型进行实证检验，证明金融消费者信心于金融稳定的重要意义。银行作为一种金融中介机构，其基本功能在于将不具有流动性的资产转化为流动性资产，正是这种功能使银行容易处于挤兑式的劣质均衡中，担心银行发生挤兑的存款人面临着困境。倘若每个存款人都能持有银行资产至到期日，则银行价值比挤兑时大；但是存款人之间不能合谋，每个存款人会考虑到如果其他存款人提款，银行会丧失支付能力，因此理性的存款人仍会挤兑。②

（二）金融市场稳定的解释因素

对金融市场稳定的解释因素往往是从价格波动角度来研究的。经济学文献从三个方面解释了证券市场的波动性。金德尔伯格（Kindleberger）强调了市场集体行为的非理性导致的过度投资对资产价格的影响。当经济形势向好时，股市收益乐观，股票价格上涨，此时由于羊群效应的存在，消费者的从众心理被强化，导致股价持续上升，严重脱离其基础资产价值，一旦出现市场预期不乐观情形，股市就会最终面临崩溃风险。③施莱弗（Shleifer）从金融创新的角度出发，认为金融创新需要大量的资金支持，往往带来金融市场的高杠杆性，在金融经济上行期间，杠杆效应使得银行系统资产负债表扩张；在金融经济下行期间，由于资产负债表的收缩，银行系统倾向于集体出售资产，造成市场价格急剧波动，此时，金融创新作为传导中介，将资本市场的波动传递给实体经济，最终导致宏观金融经济的不稳定。④毗湿奴（Vishny）表示，当资产价格出现大幅下跌时，抵押物价值和净资产将随之收紧，信息不对称问题凸显，当逆向选择和道德风险积攒到一定

① See Diamond P. & Dybvig D., *The Political Economy of International Financial Regulation*, Indiana Law Review, Vol. 88, No. 6, p. 1405 – 1474 (1983).

② 参见金春雨、董雪：《金融稳定与三类宏观审慎政策的有效性》，载《财经科学》2019 年第 4 期。

③ See Kindleberger G., *International Banking Regulation: Law, Policy and Practice*, Kluwer Law International, Vol. 76, No. 10 (2016).

④ See Shleifer. H., *Financial Innovation and Bank Growth: The Role of Institutional Environments*, North American Journal of Economics and Finance, Vol. 32, No. 1 (2020).

程度时,金融机构则不能及时供给生产性投资企业所需资金,从而引发多重风险。不仅如此,这也将进一步恶化投资市场环境,严重打击投资者信心,从而陷入恶性循环的不稳定状态。①

综合以上的分析,影响金融市场稳定发展的因素众多,具体包括金融机构资产安全性、金融产品的安全性、市场投资者信心、资产价格的稳定性、市场信息的对称性等。据此,在金融市场法律治理规范体系的创新与完善过程中,我们应当重点关注以下方面,促进与维护金融稳定发展。

一是金融风险预警机制。通常而言,金融危机的爆发并非无迹可寻,往往会以系列金融经济的指标恶化为先导,如果在日常的治理中能够及时收集不稳定因素的情况,通过分析与测算,及早发现内蕴的风险程度与风险机理,那么防止金融市场波动的发生是可能的。② 东南亚金融危机之后,国际社会愈来愈关注风险防范措施,并相继推出各种有助于维护金融体系稳定的计划,各国也加紧了金融预警系统的研究。例如,东盟各国外长于 2001 年 10 月举行会议,决定由在雅加达的秘书处设立一个专门机构,收集东盟各国贸易、国际收支等重要的财经数据和资料,由金融专家对其进行分析,以预测发生金融危机的可能性。③ 我国金融经济正处于大幅度调整阶段,不确定因素可能增加。一方面,未来几年,受新冠肺炎疫情的影响,加之中美贸易摩擦的外部冲击,金融市场的正常机制短时间内难以恢复,金融资产质量普遍下降,金融机构内部约束不足、外部监管不力的问题可能持续存在;另一方面,随着金融对外开放程度逐渐加深,系统性风险的可能性增加,一旦受到来自外部体系的金融风险冲击,相对于我国的经济规模而言,负面影响不可估量。是故,我国迫切需要建立并完善有效的金融安全预警系统,及时对资本市场价格波动、金融机构投资异常等风险因素予以监测、识别,做到早发现早处理,保障金融市场稳定发展。

二是系统重要性金融机构监管。系统重要性金融机构由于规模较大,所涉及的交易环节复杂、交易对手众多,在金融市场中处于重要地位,其经

---

① See Vishny P. , *Securitized Banking*, *Procyclical Bank Leverage*, *and Financial Instability*, Structural Change and Economic Dynamics, Vol. 49, No. 8(2013).

② 参见马骏等:《金融危机的预警、传染和政策干预》,中国金融出版社 2019 年版,第 76 页。

③ 参见文婕:《金融风险与金融监管研究》,吉林人民出版社 2016 年版,第 202 页。

营失败往往会对整个市场造成严重损害,甚至会危及整个宏观经济的健康发展。系统重要性金融机构通常是影响金融系统稳定的关键因素。据统计,2006年年底,全球最大5家银行、最大10家银行、最大20家银行和最大100家银行占全球银行体系总资产的比例分别为:15.4%、26.1%、41%和77.3%,在全球信贷市场扮演着极其重要的角色。[①] 不仅如此,系统重要性金融机构往往是大型高度杠杆化机构,系统关联性强。换言之,系统重要性金融机构通过银行间的同业拆借、资本工具交叉持股、支付系统、市场交易对手等途径,与金融市场中大部分交易主体建立了紧密的风险关联性。[②] 某一系统重要性金融机构的倒闭,通常将波及其他金融机构及市场的其他部位,引起多米诺骨牌效应。因此,建立与完善系统重要性金融机构的监管体系十分重要,严格把控系统重要性金融机构的市场准入关,对其产品或服务开展持续性监管,实时监控其内外部风险,防止其风险蔓延并传染至整个金融市场。

三是存款保险体系。截至2021年年底,全球有100多个国家建立了显性存款保险体系,主要为银行业提供存款保护,在提高银行资金安全的同时,稳定金融市场投资者的信心,防止信用崩溃引发的金融危机。政府存款保险体系诞生于美国,此后逐步推广到其他国家。当下,我国银行系统仍然存在较大风险,如银行资本率偏低、信贷结构不合理、资产单一、呆账坏账比例较高等。对于大量的非国有银行与非银行金融机构而言,受泡沫经济的拉动,以及违规违法经营等诸多因素的影响,局部范围的银行恐慌和银行挤兑威胁仍然存在。[③] 因此,我国需要建立并完善存款保险机制,抑制恐慌下的"羊群效应",在维护金融系统稳定的同时,维护存款人的合法权益。

四是最后贷款人机制。最后贷款人功能的发挥,通常是以主权国家的信用作为保障,以货币发行权对特定的金融资产进行管理和担保,当某一金融机构出现流动性危机,可能危害整个金融市场的运行时,最后贷款人将发挥流动性援助功能,以终极贷款的提供支持问题金融机构的发展。当金融

① 参见伍楠林:《中国金融市场风险预警研究》,中国经济出版社2012年版,第83页。

② 参见伍楠林:《中国金融市场风险预警研究》,中国经济出版社2012年版,第83页。

③ 参见白雪、牛锋:《金融机构系统性风险贡献的测度、检验与监管》,载《山西财经大学学报》2018年第12期。

市场引爆系统性风险时，以中央银行为主体的最后贷款人机制就成为金融安定的最后防线。具体而言，金融危机的传染性，使本来稳健的经济体面临外部金融危机的打击而蒙受重大损失，最后贷款人的存在能够避免这种坏的均衡发生，而实现好的均衡。[①] 2007 年次贷危机爆发，美国中央银行美联储除了降低利率以外，还扩大了再贴现窗口范围与额度，目的是防止金融危机进一步扩大，影响美国经济稳定增长。[②] 从国际实践来看，最后贷款人机制有三个重要作用：一是保护支付系统的完整性；二是避免挤兑波及其他银行，并导致系统性的危机；三是防止某个银行流动性呆滞导致不必要的破产。[③] 可以看出，最后贷款人机制对银行系统稳定的重要性，而银行系统又是金融体系的核心部分，因此，有必要建立与完善最后贷款人机制，维护国家金融经济稳定。

五、保护金融消费者利益原则

近年来，伴随金融经济快速发展，金融创新层出不穷，人们对金融消费需求持续扩大，股票、债券、基金、保险和各种资产组合投资产品的消费热涨。与此同时，许多侵犯消费者的金融事件频发，如 e 租宝事件涉案金额高达 700 多亿，遭受损失的投资者人数众多。[④] 金融消费者保护业已成为世界各国金融市场治理急需解决的重要问题。2008 年国际金融危机之后，美国通过了《多德—弗兰克法案》(Dodd-Frank Act)，其核心内容即为金融消费者保护，通过设立新的消费者金融保护局，在权力配置方面予以优化设计，将金融消费者权益保护放在更加突出的位置，目的是为金融市场赢得更多金融消费者的认可与信任，恢复和加强公众对金融市场的信心，防范系统性风险的形成和传递，提高金融体系稳定运行的能力。

消费者作为金融市场的主要参与者，构建以金融消费者保护为核心的金融服务体系应当具备合理性，中国金融市场法律治理的规范体系创新也

---

① 参见李仁真主编：《国际金融法新视野》，武汉大学出版社 2013 年版，第 164 页。

② 参见伍楠林：《中国金融市场风险预警研究》，中国经济出版社 2012 年版，第 95 页。

③ 参见董小君：《金融危机博弈中的政治经济学》，人民出版社 2019 年版，第 153 页。

④ 参见刘昌明、李慧明：《世界金融危机与国际秩序转型》，山东大学出版社 2015 年版，第 72 页。

应以保护金融消费者为基本原则之一，其具体考量因素主要有以下几个方面：

第一，金融市场信息不对称。金融产品或者服务具有信用性、专业性、无形性、复杂性及高风险性。[①] 对于来自证券、银行、保险等行业的专业术语和繁杂数据甚至是高深的投资模型，消费者难以凭借常识理解和判别。实践中，消费者对产品构成、内容和期限等关键因素的认知，主要来自金融机构的解读。但对于金融机构而言，作为信息的提供者，本身处于信息优势地位，加之并不需要对金融消费者可能面临的潜在风险和巨大损失承担责任，当金融机构出售较高风险的金融产品时，可能刻意隐瞒其产品或者服务存在的风险、特性等关键信息，故意夸大产品收益，从而实现交易目的。[②] 据统计，仅 2019 年全年，四川省保护消费者权益委员会共受理消费者投诉 39, 409 件，其中涉嫌金融服务或产品虚假宣传问题 2186 件，主要集中于保险及银行理财产品投资领域，相较于 2018 年增长 1. 4% 。[③] 2020 年 4 月，中国银行“原油宝”遭受严重的穿仓风险，这与此前的“稳赚不赔”“保本收益”宣传大相径庭。类似案件的增加导致金融消费者对市场的信心逐步减退，最终将会造成“劣币驱逐良币”的恶性发展。

第二，金融业的天然垄断性。由于金融市场资源分布不均衡，往往造成金融竞争垄断难题。通常而言，金融机构呈现规模化态势，资本实力雄厚且集中分布，这种优势能够形成集聚的规模效应，提高市场的准入门槛，导致市场进入的专业性、能动性随之增强，金融机构取得垄断性地位，金融消费者居于被动状态，金融资源的平衡性逐渐丧失。[④] 早在 2006 年，在未经过听证程序征求消费者意见的情况下，交通银行针对在 ATM 跨行查询账户行为开启收费模式，随后工、农、建几大国有银行紧随其后，这种价格卡特尔行为主要源于我国银行业的垄断地位。诚然，天然的垄断地位有利于金

① 参见冯冠华、司翼、高飞：《信息不对称条件下金融科技监管动态博弈模型研究》，载《财经科学》2020 年第 4 期。

② 参见王成吉：《金融产品拓展链的风险积累与控制》，载《统计与决策》2018 年第 11 期。

③ 参见吉雪娇：《四川 2019 年受理消费者投诉 39409 件　保险、金融服务投诉比例提升》，载金融投资网 2020 年 3 月 11 日，https://www.jrtzb.com.cn/350bx/202003/57508716.html。

④ 参见刘昌明、李慧明：《世界金融危机与国际秩序转型》，山东大学出版社 2015 年版，第 211 页。

融机构抢占先机,利用格式合同、密闭信息等手段获取利益,金融消费者的权益岌岌可危。因此,在尊重金融市场自由化运作的同时,还需要国家通过经济手段、法律手段打破这种不平衡性,对金融机构和消费者予以合理定位,尽可能减少垄断,提高交易对等性。

第三,金融消费者的认知偏差。金融市场的运作具有高度复杂性与专业性,消费者的心理认知往往会在金融交易过程中不断变化。一是消费者容易过度自信、盲目乐观。对自身能力的盲目乐观估计,容易导致消费者将失败归于环境,而成功归于实力。① 二是启发式偏差。当面对复杂的金融投资决策时,对专业、繁多的信息准确判断已然不现实,消费者容易受到过往交易经验的启发,依赖经验决策。② 但金融投资的复杂性决定了经验决策并非总是科学的,对关键信息的遗漏也会导致经验决策的失败。三是“羊群效应”。当市场存在利好信息,大部分消费者容易追随市场大众的脚步蜂拥而入,这种盲目的从众心理极易导致某一交易部位的崩溃,进而传染其他市场,引爆系统性危机。

金融市场天然的垄断性为信息不对称提供了必要的基础,二者合力影响着金融消费者的市场认知,加之金融机构利益至上的理念,进一步引导并加剧了消费者的认知偏差。这也是金融市场自我调节失灵的重要原因,也是导致金融脆弱性以及阻碍包容性金融增长的根源。是故,对金融消费者的保护尤为重要。可以说,整个金融市场法律规范体系的一个核心诉求即是金融消费者权益保护,有必要将其上升为金融市场法律规范体系创新的基本原则,这将有助于我们更好地理解、把握金融市场的运行规律。更重要的是,以金融消费者权益保护为基本原则,还将推动金融稳定与包容性金融增长,其具体的传导机理如下。

(一)对金融稳定的传导

首先,保护金融消费者的交易安全,提供了对金融机构进行市场约束的力量,防止他们进行高风险的投资行为。对金融机构的市场约束指利益相关者由于对自身利益的关注,对金融机构的日常经营开展不同程度的监督,

---

① 参见王骏飞:《互联网金融消费者权益保护路径探究》,载《人民论坛》2019 年第 25 期。

② 参见叶德珠:《消费者认知偏差与信用卡产业政策优化》,载《商业研究》2009 年第 6 期。

包括对金融机构合规程度、风险状况、投资部位等的监督。① 利益相关者会根据所掌握的信息，以及对信息判断的程度采取一定的措施，这种措施对金融机构的经营投资具有约束作用，有助于管理落后、不稳健的金融机构及时退出市场。这是一种外部治理机制。通常而言，金融机构的投资决策决定了风险和利润，而且资本充足率决定了抵御风险的能力。不同的金融消费者具有不同的风险偏好，也会据此判断投资风险状况，对金融机构的资金量、价格和投资方式进行选择，督促金融机构在风险负外部性最小的情形下实现利润最大化。

其次，保护金融消费者交易公平权有利于督促金融机构向消费者提供合适的产品或服务。次贷危机爆发的主要原因之一便是放贷机构对借款人的欺诈。一些放贷机构无视金融消费者的权益，使用各种可调整利率按揭贷款吸引消费者。这种贷款在初期收取较低利率，但后期利率将会重新计算，利率上升导致借款人还款压力剧增，违约风险持续存在。② 另外，金融创新发展孕育了各种新型投资产品，次贷证券化即是其中之一。金融机构在销售这些新型产品时，通常会隐藏背后的投资风险。尽管次贷证券化可以改善放贷人的资产质量、分散信息风险，但无论如何不能改变高杠杆、低稳定性的转化风险。③ 所以，法律禁止金融机构欺诈与误导消费者，并配以惩罚机制，将降低金融消费者违约概率，防止大规模违约导致的金融不稳定性。

最后，保护消费者的知情权有助于提高消费者风险识别和克服非理性投资的能力。如前所述，金融产品具有高度复杂性与专业性，大量的金融产品需要依赖专业化的数据模型予以支撑，除机构投资者以外，大部分消费者往往缺乏对复杂金融产品风险的辨识能力。相较于金融机构，消费者在资金实力、技术设备等方面均处于劣势地位，信息不对称极易导致投资失败，

---

① 参见于春敏：《金融消费者保护研究：以权利倾斜配置为视角》，上海财经大学出版社 2017 年版，第 52 页。

② 参见潘文彪、路洲臣：《次贷危机后十年国际金融监管改革：成果、趋势与我国应对之策》，载《国际经济合作》2018 年第 11 期。

③ 参见于春敏：《金融消费者保护研究：以权利倾斜配置为视角》，上海财经大学出版社 2017 年版，第 68 页。

并埋下高风险的种子。另外,尽管金融消费者对自身的金融状况了解甚多,但由于自身的非理性,仍然无法准确评估其风险承担能力,在金融机构的劝诱下作出错误投资决策并不少见。如此一来,风险将时刻隐藏在系统内部,金融稳定无从谈起。因而,对金融机构合理的信息披露要求是必要的,这也是金融安全与稳定的制度化保障。

(二)对金融包容性增长的传导

一方面,保障金融消费者的合法权益,维护了金融市场的客观公平,提振了消费者对金融市场的信心,有利于降低金融排斥。在金融市场法律规范体系中,通过对金融机构的制度约束和对消费者权益受损赔偿保障,既提升了消费者金融服务的满意度,减少了消费者对金融风险的隐忧,也增进了消费者对金融体系的信心,这将有利于金融机构吸引更多的客户进入金融市场。另外,那些禁止金融机构歧视性服务的条款,以及促进金融机构向弱势群体提供金融服务的要求,对减少条件排斥和营销排斥等现象无疑发挥了重要作用,增进了金融包容程度。①

另一方面,提高信息透明度不仅有助于保护金融消费者知情权,也将增进消费者理性选择金融产品的机会,从提高金融服务效率的层面促进金融包容性增长。信息不对称是金融消费者投资受损的主要原因。特别是结构化产品加深了消费者对市场信息的获取、解读难度。通过法律提高金融市场信息透明度,将会增加消费者对产品或者信息的了解程度,帮助其理性地作出投资决策,降低金融市场的专业性、复杂性门槛,加大消费者使用金融服务的机会。同时,也有助于刺激金融机构间的竞争,丰富金融产品,提升服务质量,提高金融消费者的金融可获得性,吸引更多的消费者进入市场。

第三节　中国金融市场法律治理的规范配置的具体完善

金融市场法律治理是现代经济“神经中枢”的“安全阀门”,加强金融市

---

① 参见张晓燕、王晓婷、沈沛龙:《金融包容理念下的中国银行监管研究》,载《经济问题》2016 年第 5 期。

场法律治理是维护国家经济安全的重要保障。中国金融市场法律治理历经几十年的成长，虽然当前的规范配置对我国金融市场的安全稳定起到了积极保障作用，但是也暴露出一定的问题，探求我国金融市场规范配置的完善之路，是我国当前防范系统性金融风险的现实要求，也是金融市场法律治理变革的终极目标。

一、防范系统性金融风险宏观层面的规范配置的具体完善

（一）金融市场法律治理主体的协调机制的具体完善

1. 立法推动形成"中央管控、地方主导"的金融监管格局

长期以来，缺乏协调的金融监管机制一方面抑制了金融市场的发展，另一方面也是金融风险治理失败的主要缘由。外部立法的缺失或不足则又加剧这一现象。因此，提高金融监管效率、强化风险管控能力的一个首要前提是理顺央地金融监管边界，通过立法授权推动建立"中央管控、地方主导"的金融监管体系。

综上所述，由于中央未全面赋予地方金融监管权，地方在履行金融监管权时，监管的行政地位未充分明确，中央金融监管专业能力也未能充分发挥，难以有效发挥对金融风险的实时管控作用。在借鉴英美等发达国家金融模式的基础上，建议在《中国人民银行法》《证券法》《保险法》等法律中，授权地方成立专门的金融监督管理局，具体由地方政府组织成立，加挂地方金融工作局牌子，并且增加"地方金融监督管理局以金融监管职能为主、金融工作为辅，二者相互隔离，具有客观、独立的监管地位"等条款，提高地方金融监管局在持续监管中的法律地位。在具体的操作层面，待市级地方金融监管局运行成熟之后，在区级层面试点并逐步推广设立区级地方金融监管局。区级地方金融监管局对市级负责，而非对属地区政府负责，强化年度考核、人事任命，从而确保区级政府完成市级统一布置的监管任务。由市级对区级进行分类管理，年度考核达到一定水平以上的区，可以承接市级转授权业务，且可以视产业发展底子和金融服务业发展现状，向市级审批加挂金融工作局牌子；年度考核在一定水平以下的区，由市级收回监管权或接管。

此外，为解决各监管主体协调不充分、各自为政的问题，立法应当授权地方金融监管局与地方工商、税务、公安等横向部门合作，建立日常监

管信息沟通共享机制,对存在风险、涉嫌违法违规的地方金融机构,从各部门自身职能角度,开展联合监管、联合惩戒,及时发现地方金融机构经营不合规问题,及时阻止金融风险滋生蔓延,降低非法集资和非法金融活动事件发生频率。例如,地方金融机构营业执照办理后,地方市场监督管理部门有责任定期将企业信息反馈至市地方金融监管局。市地方金融监管局定期将地方金融机构名单,报送至"一行两会"在上海的分支机构备案,提请予以外围监测。金融监管体系具体流程见图4-1。

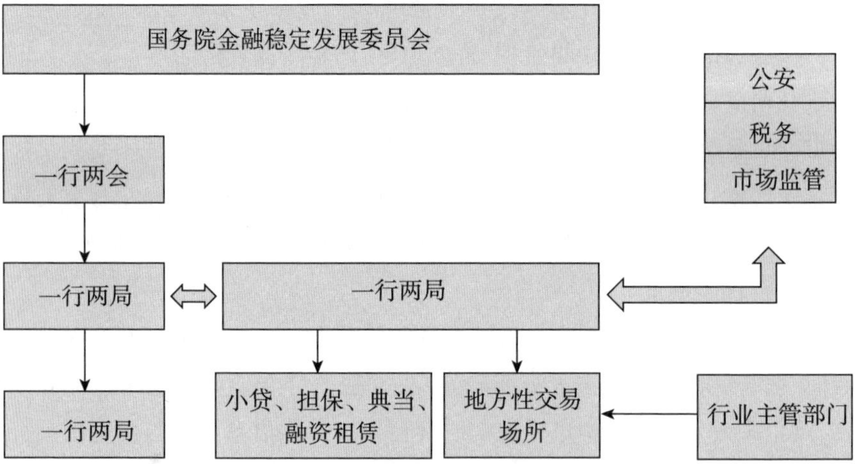

图4-1 金融监管体系流程

当然,地方金融监管权的行使必须建立在法律明确授权的基础之上,否则即为"无源之水、无本之木"。地方金融监管立法的缺失使地方金融监管缺乏权源基础,长期的柔性监管措施使地方金融监管名存实亡。英美等国家的金融监管制度,均通过国家或地方政府的立法得以实现,美国先后颁布《格拉斯—斯蒂格尔法案》(1933年)、《金融服务现代化法案》(1999年),推动了金融监管向新混业经营模式的改革。因此,有必要以金融市场基本法的形式授权地方人大代表机构结合实际情况制定"地方金融监督管理条例"的权力,加快推动确立地方金融立法程序,界定地方金融行业范围,赋予地方金融监管局针对地方金融机构的监管权、行政处罚权,并赋予其制定事前、事中、事后监管细则的权限,真正发挥地方金融监管部门"第一线"守门作用,形成央地相互协调、配合的金融监管体系。

2. 加强外部立法激励,提高交易所、行业协会、中介机构等非政府组织在持续监管中的作用力

第一,以立法形式确立证券交易所独立的"一线监管者"地位。长期以来,国家政策性保护是维护资本市场稳定安全的主要手段。然而,行政主导下的市场监管难以适应经济金融风险的多样化发展,证券交易所作为距离市场最近的监管者,更容易发挥证券市场的一线监管者作用。例如,在万家文化高溢价收购事件中,隆麟网络和快屏网络的预估增值率均超过近20倍,上海证券交易所在发现该收购异常后,以轮番问询的方式,要求万家文化对收购计划中的盈利预期、交易作价、主营业务等方面进行详细说明和披露,有效阻止了本次异常收购,避免了金融风险的滋生。① 更为关键的是,相较于证券行政监管部门,证券交易所运行更加市场化,往往配备较为先进的风险监测技术系统,2017年5月,上海证券交易所利用其高代监察系统迅速监测到厦门北八道集团股价异动,及时配合证券监管部门查处对倒交易、拉抬股价等操纵市场行为。②

因此,有必要提高证券交易所的监管地位,通过顶层设计,在新一轮的《证券法》修改中对证券交易所的一线监管以及强自律监管地位予以明确,赋予证券交易所制定包括业务规则等的各类规则的权力,明晰交易所业务规则在司法实践当中的法律效力,保障证券交易所拥有监管证券市场风险的实质权力和地位。而且,为提高证券交易所权力运行的可实现性,避免证券行政监管部门的不当干预,建议在《证券法》中赋予交易所独立的人事安排权,虽然《证券交易所管理办法》规定理事会作为最高决策机构,但是在总经理及副总经理由行政部门任命的情况下,理事会仍然难以有效发挥对交易所高管人员的监督作用。此外,依据《证券法》,我国证券交易所对于被监管主体的传统惩戒手段仅包括通报批评和公开谴责等方式,与其一线监管的责任并不匹配。虽然《证券交易所管理办法》扩展了这一权力范围,将惩罚性违约金、限制交易权限、取消会员资格等纳入其中,但《证券交易

① 参见梁嘉瑀:《证券市场风险研究及存在问题》,载《商业经济》2020年第4期。

② 参见王学凯、樊继达:《系统性金融风险:内在逻辑、形成机制与防范策略》,载《中共中央党校(国家行政学院)学报》2020年第6期。

所管理办法》仅作为部门规章,导致证券交易所独立实施惩戒的法律基础严重不足,对于证券交易所塑造独立的一线监管者地位并非长久之策。因而,有必要以《证券法》等基本法律形式完善对证券交易所的授权,而针对证券市场中的新风险、新问题的具体治理,则以授权交易所制定、修改业务规则等形式予以应对,以此提高证券市场风险监管的有效性。

第二,切实加强金融市场中行业协会的督导作用。一般而言,行业协会自律权的来源有三:因契约而产生,因法律直接授权而产生,因行政授权而产生。考虑我国实际,有必要加强和完善立法,通过法律授予证券业协会更多的自律权,建议在《商业银行法》《保险法》中明确银行业协会、保险业协会自律监管的地位,并且赋予行业协会规则制定的权力以及对会员及其从业人员的惩戒权力,从顶层设计的角度肯定行业协会在金融监管体系中的角色定位。同时,为了激励各类行业协会主动行使监督权力,一方面要在立法中疏导行业协会履行监管职能的通道,以证券业为例,我国的证券业协会对证券业纠纷仅具有调解的权力,而且起到的作用很小。我国应该在证券业协会建立起仲裁解决纠纷的机制,以发挥证券业协会仲裁纠纷所具有的专业性、低成本的优点。因此,建议在《证券法》中赋予证券业协会仲裁的权力,该项权力由证券业协会内设的仲裁委员会行使。同时为确保会员的争议能够通过仲裁裁决,应该制定强制协会会员接受仲裁的条款。另一方面还要完善对金融业协会的履职行权监督立法,设置相应的绩效考核制度,对于监督不力而引发风险问题的协会负责人,立法应当设置相应的惩戒规则。

第三,促进中介机构对金融机构的第三方监管。金融市场的稳定发展需要多方面力量共同维护,中介机构监管也是其中的重要环节。目前,我国针对中介机构的自律监管散见于不同的立法文件当中,例如,在 2019 年修订的《证券法》中,会计师事务所、律师事务所、保荐机构等中介机构共被提及 181 次。除此之外,《注册会计师法》《首次公开发行股票并上市管理办法》等法律规章中均对中介机构的持续监管作出明确规定。然而,由于委托代理关系在利益链的扭曲下畸形化,以及声誉机制不健全、违法成本低廉等原因,我国资本市场中介机构的"看门人"角色不断偏离。因此,不断完善立法对中介机构监管的激励与规制实有必要。一方面,从美国的立法实践来看，在安然、安信达等事件爆发后，《萨班斯—奥克斯利法》《多德—弗兰克法案》等陆续建立、巩固了中介机构的监管框架，其中最重要的措施即是发挥声誉机制的约束功能。资本市场的“看门人”机制是否能够正常运转，往往是以声誉约束的作用力为前置要件。研究结果显示，市场份额占比高、声誉影响较好的投资银行可以显著降低 IPO 的抑价程度。① 因此，建议以立法或行政规章的形式，加快完善声誉约束机制，建立一套完整、科学的中介机构征信系统，具体由主要负责的机构收集、公布中介机构的违规处罚情况，并且根据上述信息，采用评级方法对不同中介机构做出信用评价，激励中介机构合规运行，切实发挥其持续监管功能。另一方面，违法成本低廉也是中介机构市场混乱、监管怠惰的重要原因，虽然《证券法》第 182 条规定，保荐人有虚假记载、误导性陈述、重大遗漏等情形的，监管部门要给予警告、没收业务收入并处业务收入 1～10 倍的罚款，然而，据学者统计，实践中大多数案件中监管部门仅处以业务收入1～2倍罚款。② 在 2013 年万福生科的案件中，虽然平安证券作为保荐人设置了投资者保护相关的专项基金，但是最终仍要向万福生科追偿，该项支出并没有成为平安证券的直接性损失。是故，规范中介机构的责任承担体系必须提高其违法成本，除了提高违法处罚金额外，建议在《证券法》《保险法》中还应增加“牵头责任”条款，由服务于同一公司的某一中介部门对其他中介部门出具的文件真实性稽核，并根据稽核结果做出判断结论，一旦其他中介部门出具的文件出现问题，牵头中介机构应当承担连带责任，以此提高中介监管的有效性，帮助“看门人”角色理性回归。

（二）货币政策与财政政策的协调机制的具体完善

国务院金融稳定发展委员会的成立，虽然为货币政策与财政政策在协调配合防控系统性金融风险方面奠定了坚实的机制基础，但发生系统性金融风险时，财政政策与货币政策协调运行的长效机制仍需得到完善。具体而言：

---

① 参见应千伟、张怡、刘劲松：《保荐人声誉的关联效应——来自中国证券市场的经验证据》，载《经济与管理研究》2016 年第 11 期。

② 参见柳叶：《看门人机制失灵：证券中介机构监管问题研究》，载《河北金融》2018 年第 9 期。

第一,加强宏观三大政策接口的配合。财政与货币政策之间主要有三大政策接口,即财政盈余、外汇储备、公开市场操作中的国债,三者需要共同发力,协调配合。具体而言,一是共同管理财政盈余。财政盈余不仅仅是财政政策问题,同时也与货币政策联系紧密。若将财政盈余托管于央行,效果等于收紧现有的流动性;若托管在银行体系,则可投放更多的流动性。因此,财政与货币部门之间要加强协调,共同管理好财政盈余,以实现既定的宏观调控目标。二是维护央行对外汇储备管理独立性。央行对外汇储备管理的独立性与财政政策同样息息相关。若动用外汇储备充当国有银行资本,一方面由于外汇储备资产并在银行体系资产负债表中,不易监管,相当于错用外汇储备作为了资本;①另一方面,若央行在负责国有银行体制改革过程中与财政部门不协调,就等同于二次结汇,容易导致货币超发现象出现。② 目前,大多数国家的外汇储备均由中央银行管理,日、英、美情况特殊,归属于财政部门。③ 不过,这是由美、英、日三国的特殊性而决定的,我国当前不可照搬照抄,应立足于国情和现实进行抉择。从理论上讲,外汇储备由谁管理,怎么管理,一是取决于一国是否须倚重汇率政策,二是取决于谁负责制定和实施汇率政策。中国的汇率政策重在强调流动性,不需要依靠外汇操作来实现丰厚的盈利,因为高收益代表高风险,投资黑石的失败就是一个典型的反例,因此应该选择由央行管理,维持国际收支平衡的目标与职责,财政部不应过多干预。④ 三是加强央行利用国债进行公开市场操作。国债通常是公开市场操作的主要对象,而我国用于公开市场操作的除国债外,还有相当规模的短期、中期、长期央行票据。尽管央行票据可以使央行在货币政策工具灵活性上得以加强,但却会失去和财政政策配合的种种机会。因此,丰富国债的品种和数量,更多使用国债进行公开市场操作比单纯使用央行票据更加有力。近年来,债券市场规模和层次的加强,也使央行与

---

① 参见王利辉:《中国货币政策工具规则问题研究》,中国金融出版社2020年版,第35页。

② 参见潘敏、张新平:《供给侧结构性改革下的积极财政政策效果——兼论货币政策锚的选择》,载《经济学动态》2021年第3期。

③ 参见李成威、景婉博:《财政政策与货币政策的有效协同模式:赤字货币化》,载《经济与管理评论》2021年第2期。

④ 参见王旭祥:《货币政策与财政政策协调配合:理论与中国经验》,上海人民出版社2011年版,第139页。

国家财政部之间多了更多互动,财政政策与货币政策的联系与相互影响也更加紧密。

第二,丰富财政与货币政策部门联动协作机制。近年来,央行与财政部之间的部门联动沟通较以往在时间上更加频繁,在联动领域更加广泛,在协作过程中更加深入,这对经济以及其他政治、社会、民生等方面有很多益处。但未来还需进一步丰富财政与货币政策部门的联动机制,重点可以放在以下职能方面:一是央行为主,财政部为辅,加强在货币政策制定与执行层面的联动。一方面,财政部对央行制定货币政策提供全方位、准确的数据支持。央行的货币政策司会根据我国的经济发展状况,研究并提出相应的政策工具,拟定具体的货币政策,逐步完善货币政策的调控体系。而我国财务发展的基本状况来自财政部每年所做的统计和具体的数据,相应的政策工具又会服务于财政部的政策。因此,货币政策司需要大多数财政部门的配合,财政部需要向货币政策司提供准确的数据,并反馈财政政策具体执行效果。另一方面,需要尽力保证央行在货币政策委员会中的专业性,财政部不应做过多干涉,尽量起到查漏补缺的作用;保证央行在货币政策执行过程中的独立客观性,避免出现财政风险金融化。二是加强央行和财政部在国有资产管理方面的配合。央行的金融稳定局负责协调、稳定中国的金融市场,并根据社会经济运营状况变化设计金融工具服务于金融市场的发展,而财政部的金融司则负责国有资产的基础管理,由此可见,二者在金融资产尤其是国有资产的管理和使用方面存在一定的共性,因此,财政部的金融司和央行的金融市场司、金融稳定局应该加强关于金融市场尤其是涉及国有资产相关金融事务的联动协作。三是以财政部为主,央行为辅共同制定会计和准入制度。财政部会计司主要负责管理和统筹我国的会计工作,而央行会计财务司主要负责关于金融方面的会计和准入制度等,加强国家之间的经济学术交流等。因此,央行会计财务司的基础制度需要和财务部的会计制度相联系,统一对会计制度进行扎实推进。

第三,完善财政与货币政策协同运用的重点方向与具体措施。我国过往宽松的货币政策制定,很多时候是通过超发货币进行的,确实可以在一定程度上缓解严峻的经济形势,但同时有可能引发通货膨胀等一系列的问题。为避免此类问题的发生,从现阶段来讲,在政府具体实施措施方面,货币与财政政策协调与配合应该从以下重点来进行：一是改革税制，相互协调减税降费。新时代下中国大力减税降费，降低实体经济融资成本和税收负担，尤其是解决优质小微企业、民营企业税负太重、融资难的问题。从实际执行情况来看，财政与货币政策之间协同合力的实际效果并不好，例如，实践中经常出现政府上半年的税收增长率还要高于经济增长率的情况，不符合减轻企业税负的要求。这要求财政部与央行在解决自身问题的同时，在具体措施上协调配合共同完成减税降费的既定目标。[①] 从财政政策而言，加大减免税负的力度，尤其是国家重点发展的新兴产业和关乎国计民生的核心支柱产业，同时央行要控制好各行业的利率，重点保障国家重点发展的实体经济行业，包括提供融资便利和更低的融资成本。[②] 二是共同配合控制房价，防范房地产市场的系统性风险。财政政策与货币政策需要协调配合，建立房地产长效机制，防范房地产市场的系统性风险。三是协调配合处理地方债务，共同促进地方理性投资。需要财政政策与货币政策协调配合，共同处理好地方政府债务问题，降低财政杠杆率，减少不合理的投资。财政政策的具体措施要保证能够清理偿还地方债务，整顿投融资平台以及地方政府债、城投债合理发行。央行要鉴定去杠杆的实施力度，提前判断地方政府债务问题，主动配合财政部将大小债务危机化解。

第四，完善央行财务核算机制与利润上缴制度。无论是财政政策抑或货币政策，其在应对与处置系统性风险中所产生的成本将由国家负担，而国家作为全体人民的代议集合体，消耗的是纳税人的资源。[③] 因此，严格意义上，这些成本的最终承担者是全体纳税人。虽然相较于财政政策，货币政策的运用会更加简便高效，且成本损失不具有明显性，但长期而言，仍会对金融经济体系产生负面影响。是故，加强财政政策与货币政策成本收益都归于纳税人的理念十分必要。为此，应当改革央行的财务核算机制，在准确计量成本损失与收益的基础上，完善央行上缴利润的制度。建议尽快修改

---

① 参见王利辉：《中国货币政策工具规则问题研究》，中国金融出版社2020年版，第82页。

② 参见刘秀光：《货币政策与财政政策配合的中国实践及经验》，载《金融理论探索》2020年第1期。

③ 参见寇明婷、杨海珍、杨晓光：《金融危机的政府救助与国际协调》，载《管理评论》2019年第10期。

《中国人民银行财务管理制度》,遵循国际惯例,根据公允价值计量资产负债,建立利润前集体损失准备金制度,以准确计量央行在风险处置中的收益与成本。同时,为了避免央行货币政策在处置风险中的滥用,严格的内外部监督机制必不可少。例如,通过审计、纪检监察等途径监督央行财务核算,推动央行货币政策执行效率,努力降低政策执行成本。此外,央行在系统性风险处置中的巨额成本导致当前我国央行利润上缴存在多种不确定性,有必要严格执行利润上缴制度,国家财政依据自身益损情况,尽快处置央行在风险处理中产生的成本与损失,确保央行利润及时足额缴纳。

(三)货币政策与宏观审慎政策的协调机制的具体完善

当前,金融创新的大力发展使经济周期与金融周期不断背离,金融市场治理主体对于系统性风险的识别能力难以适应风险的快速变化。为此,2017 年中国人民银行在《2016 年第四季度中国货币政策执行报告》中提出探索"货币政策 + 宏观审慎政策"双支柱的金融调控框架,以此实现保持经济增长与维护金融稳定的双重目标。虽然二者协同配合产生了积极意义,但也存在一些体制机制方面的细微问题,为了更好地实现风险管控,有必要进一步完善二者的协同合作机制,具体而言:

第一,坚持和完善集中协调性的组织架构。根据《中国人民银行法》,央行负有履行货币政策的职能,但是在执导货币政策的同时,并不能紧盯着物价水平和经济增长水平,还需要对宏观经济金融形势作出整体性的分析与预判,尤其要根据经济金融风险的爆发程度,关注货币政策调整对宏观稳定的影响。在不干扰经济金融稳定的前提下,根据物价走势以及经济发展目标及时调整货币政策。为此,建议修改《中国人民银行法》,明确货币政策的执导目标为"维护金融稳定、稳定物价和促进经济增长",明确授予货币政策维护金融稳定的合法性基础,为货币政策与宏观审慎政策协调配合、共同防控系统性金融风险提供立法依据。此外,由于宏观审慎政策与货币政策被统归于央行不同的部门,为了防止二者执行中的互相干扰,建议以立法形式确立两个部门之间的独立性。例如,宏观审慎监管部门和货币政策部门在开展工作时要分别进行,分别建立报告制定与提交的工作流程,针对具体的工作职责设立有区分的问责机制。同时,避免不同部门的成员存在身份重叠现象,建立两部门之间的定期沟通机制,避免负面溢出效应。

第二,进一步促进贷款利率“两轨合一轨”。疏通货币政策传导机制是当前以及未来一段时间我国货币政策的重心。其中,促进“两轨合一轨”工作是重中之重。未来应进一步利用宏观审慎政策促进提高贷款市场报价利率(Loan Prime Rate,LPR)的市场化程度,提高利率传导效率。具体措施包括:(1)进一步敦促各银行落实以LPR为浮动利率贷款的定价基准政策,并尝试将LPR运用的覆盖比例纳入宏观审慎评估;(2)进一步提高报价的银行数量和期限品种,并纳入宏观审慎评估体系(Macro Prudencial Assessment,MPA)考核;(3)继续推动房地产金融宏观审慎政策与LPR挂钩等。

第三,规则的制定应当重点关注货币政策和宏观审慎政策的非预期共振效应。宏观审慎政策有助于改善货币政策利率渠道和信贷渠道的传导有效性,形成政策共振。未来应加强政策协调性管理和预期管理,避免政策共振的负外部性。具体建议包括:(1)提高宏观审慎政策参数的稳定性,若确需调整应征求货币政策制定部门意见;(2)在纳入新的监管指标之前,充分评估对行业的影响;(3)重点监测商业银行流动性覆盖率、广义信贷增速变化等指标变化。

第四,制定进一步加强不同宏观情景下的宏观审慎政策和货币政策的协调性的规则。宏观审慎政策周期和货币政策可能出现不同步的情景,使货币政策效果具有不确定性。宏观审慎政策和货币政策应协调补充,灵活应对不同的宏观情景。制定规则的具体建议如下:(1)当经济衰退压力较大,且局部信用收缩严重时,应同时使用宽松的货币政策并配合逆周期的宏观审慎政策;(2)当经济有一定下行压力,但价格体系相对稳定的情况下,应保持宏观审慎、货币政策的稳定,同时利用货币政策维持经济增速保持在合理期间;(3)当房地产等经济局部出现过热迹象同时整体运行平稳,可以使用宏观审慎政策进行调节、使用货币政策保持定力;(4)当宏观经济整体过热,应收紧货币政策并配合宏观审慎政策,防止系统性风险。

(四)宏观审慎监管与微观审慎监管协调机制的具体完善

随着金融机构间业务联动性的不断增强,市场参与者决策和行为的趋同性日益明显,单个金融机构,尤其是系统重要性金融机构的风险很可能引发金融系统整体的失衡。因此,需要宏观审慎政策主体与微观审慎政策主体密切配合。当前，部分国家，如英国、爱尔兰等，都已建立起宏观审慎监管与微观审慎监管的协调配合机制，开启了金融市场的综合监管模式。① 我国目前也正在探索建立宏观审慎监管与微观审慎监管的合作机制，但相关的尝试仍存在领导主体缺失、运行不畅等问题，因而有必要进行改进。具体而言：

第一，建立以国务院金融稳定发展委员会为核心的审慎监管协调机制。虽然根据《中国人民银行法》的授权，中国人民银行具备维护金融稳定、防范与化解系统性金融风险的职能，同时，作为最后贷款人，与证监会、银保监会也有着相当的联系，但也正是由于其同属于监管主体，很难保障客观中立地行使监管协调的领导职能。当前，我国已经建立国务院金融稳定发展委员会，虽然在成立之初，该委员会的办公室设立于中国人民银行内部，但从其职能来看，国务院金融稳定发展委员会负责统筹协调金融监管事项，协调货币政策、金融政策、财政政策和产业政策等；分析研判国内国际金融形势，做好系统性金融风险的应对工作。由此可以看出，金融稳定发展委员会与中国人民银行并非隶属关系，二者是各自独立的。因而，由金融稳定发展委员会领导监管协调机制是可行的。建议加快制定出台"金融稳定发展委员会工作条例"，以法规形式明确其作为宏观审慎监管与微观审慎监管协调配合机制的领导机构，并细化其职责内容。例如，在各监管主体之间领导建立联席会议机制，定期组织各监管主体开展监管交流；对"影子银行"等混业业态的监管工作实施业务指导与监督；对重大突发性风险有权建立紧急处置机制；对不同监管主体制定的政策文件之间的冲突进行审查，如存在冲突情形，有权作出协调统筹；等等。

第二，建立针对宏观审慎监管与微观审慎监管协调合作的激励与约束机制。金融监管的协调机制不仅要在监管主体与监管对象之间体现激励相容，还要在不同监管主体之间同时体现。据此，可以加快建立金融监管主体监管效率督导考评制度。该项职能应当由国务院金融稳定发展委员会承担，其具体的内容包括：一是国务院金融稳定发展委员会基于防范系统性金

① 参见胡真、彭建刚、黎灵芝：《微观审慎监管与宏观审慎监管的协调性研究——基于对商业银行稳健性的影响分析》，载《南方金融》2014 年第 10 期。

融风险、维护金融市场稳定的目标，有权向各审慎监管主体提出监管建议，审慎监管主体应当依照具体建议及时开展监管合作，定期将合作情况向国务院金融稳定发展委员会报告；二是各审慎监管主体每半年应当向国务院金融稳定发展委员会提交监管有效性报告，报告内容应当包含监管尽职情况以及监管合作情况，并由国务院金融稳定发展委员会对上述报告进行综合评估，评估结果作为政绩考量的重要标准。此外，还应当建立与之相匹配的监督与约束机制，对于监管不尽职的部门领导人，国务院金融稳定发展委员会有权对其开展问责。同时，针对监管合作联席会议的开展情况以联系会议纪要的形式进行确定，纪要形成的文件内容对各审慎监管主体均具有约束力，如果某一主体不按照纪要文件内容充分合作，国务院金融稳定发展委员会同样有权对其开展问责。

第三，加快建立与完善金融信息共享、协调机制。建立与完善金融信息共享机制，一方面将提高金融市场治理效率，减少冗杂信息充盈市场的情况，对风险监测具有一定的良性效果；①另一方面也将降低不同治理主体对信息采集的成本，以及金融市场参与主体的合规披露成本，提高金融市场效率。② 我国目前对金融信息共享、协调机制的立法的重视程度不够，因而可以从以下几个方面明确未来的立法方向。首先，具体完善中央银行与其他监管机构之间的信息协调机制。我国《银行业监督管理法》第 6 条规定："国务院银行业监督管理机构应当和中国人民银行、国务院其他金融监督管理机构建立监督管理信息共享机制。"但是并没有进一步的细化规定，未来立法时应充实有关内容，可以考虑建立其他监管机构与中国人民银行之间的信息定期送达制度。例如，针对某一治理主体在特定时间搜集到的风险信息以及由其监管的金融机构的关键运营信息，应当及时送往其他治理主体处，实现信息的共享与沟通。其次，提高各金融监管机构之间的协调与合作。《中共中央关于制定国民经济和社会发展第十三个五年规划的建议》提出，我国要改革与完善适应现代金融市场发展的金融监管架构。从

---

① 参见李红权、杜晓薇、何敏园：《我国系统性金融风险的基本特征及其治理机制》，载《上海立信会计金融学院学报》2018 年第 6 期。

② 参见肖韵：《我国金融监管协调制度的完善研究——以法律规制为视角》，载《宏观经济研究》2017 年第 6 期。

目前来看,应当确立金融稳定发展委员会在协调信息共享方面的地位,由其定期召开部门联席会议,各审慎监管主体可以在联席会议上提出自己的信息需求,国务院金融稳定发展委员会应当协调相关主体,对这些信息需求予以最大限度的满足。同时,还应在大的监管目标一致的前提下,按照混业监管的模式,由金融稳定发展委员会统一金融机构披露信息的原则,统一金融机构披露信息的标准、分类和格式。最后,加强金融监管机构与财政部门、审计部门的协调工作。财政部门作为全国会计行政主管机关,更多负责银行有关会计事项的审批,如银行呆账、坏账的核销和固定资产的折旧、报废等,审计部门从国有资产安全与效益的角度,则更加关注银行的合规经营、税收缴纳等问题。建立金融监管机构与财政部门与审计部门的信息共享机制,将有助于更加全面掌握金融市场的风险情况,符合"早预防、早发现、早处理"的风险管理理念。

二、防范系统性金融风险微观层面的规范配置的具体完善

(一)金融市场准入的规范配置的具体完善

1.金融机构准入性规范的完善

金融机构准入性管理是保证新设金融机构未来稳健经营的基础,也是保证整个金融体系安全的前提。这样的制度设计避免了没有足够资本实力和经营能力的金融机构进入市场,对金融市场稳定形成潜在风险。是故,完善金融机构准入性规范对我国金融市场法律治理工作意义重大。由于我国当下的金融机构准入性规范存有缺漏,我们可以在借鉴国际先进立法经验的同时,从以下几个方面具体完善:

第一,建立以杠杆比率为核心的资本金双层混合动态准入性框架。由于我国目前的金融机构入市标准设置仍然存在"刚性与弹性不足"的问题,导致大量不合格的金融机构涌入市场,这些金融机构的风险管理能力较低,极易因风险累积出现破产,危及金融市场的其他机构和交易部位。据统计,2011～2016年,我国金融机构从3691家增长至10,171家,其中非银行金融机构增长尤为迅猛。从资产规模来看,我国五大类金融机构的总资产规模从2010～2016年平均每年增长24万亿元,年均增速高

达24%。[①] 在市场中金融机构数量快速增长的背景下,有必要建立与完善更为安全的市场准入审核机制,防止因个别不合格机构破产触发整个市场的系统性风险。当下,无论是《商业银行法》《证券法》《保险法》《信托法》,还是各类行政法规或部门规章,在金融机构市场准入标准的设定方面均存在刚性与弹性问题,不符合我国金融机构对于高杠杆、风险收益的依赖特性。因此,建议在我国《商业银行法》《证券法》《保险法》《信托法》中确立以杠杆比率为核心的资本金双层混合动态准入性框架。

具言之,将金融机构设立准入的资本金要求分为两层,第一层为核心资产与总资产比例,即杠杆率,该比例不低于4%,杠杆率是法律规定的最低标准;第二层为风险加权资本金要求,此时可以参考《巴塞尔资本协议Ⅲ》关于资本充足率的要求,将其比例设置为不低于8%。[②] 在实践中,金融机构应当遵守资本金要求,同时也可以根据自身实际情况决定适当的资本水平。换言之,法定的资本金要求是最低标准,但金融机构有确定更高资本水平的权利。杠杆率是资本金要求的法定指标与核心,是风险加权资本金要求的前提与基础,风险加权资本金要求是在达到杠杆率要求的基础上,治理主体对金融机构提出的进一步要求,属于辅助性指标。采取这一方案的优势之一是可以在一定程度上避免监管套利,这是因为在杠杆率下,资产不依风险分类。在杠杆率达标的前提下,金融市场治理主体进一步审核金融机构的风险加权资本金要求,一来可以获取金融机构的风险资产规模、附属资本数量、内部模型适当等定性定量信息,二来也可以跟上国际先进立法实践的步伐,符合国际惯例。

第二,在规范中确立有效监管原则。有效监管原则并非凭空而起,《巴塞尔协议Ⅲ》确立了金融市场有效监管原则,要求在金融机构准入设立过程中,要明确界定已经获得牌照并接受监管的各类机构的业务范围,发照机

---

① 参见朱振鑫:《金融监管强化将加速行业向大型机构集中》,载搜狐网2018年5月4日,https://www.sohu.com/a/230340866_115362。

② 参见黎四奇:《我国银行法律制度改革与完善研究》,武汉大学出版社2013年版,第163~164页。

关必须有权指定发照标准并拒绝一切不符合标准的申请。① 在发照审核过程中,应当重点审查金融机构所有权结构、董事与高级管理人员资质、经营计划以及内部控制等核心要素。尽管对比这些规定,目前我国各类金融机构市场准入性规范的量化指标已经达到国际标准,但质性指标仍待提升。例如,《商业银行法》《外资银行管理条例》对银行业机构均设置了资本充足率的要求,试图与国际标准相接轨,但是对于银行内部的所有权结构、经营计划以及内部控制等方面欠缺相应的考量。再如,根据《证券投资基金法》第89条、第90条以及《私募证券投资基金业务管理暂行办法(征求意见稿)》第6条、第8条,私募基金管理人的成立应当满足一定的“实缴资本”与“管理资产规模”标准,但是对其内部风险控制机制未做要求,如此一来对防范风险机构进入市场的助益并不大。证券投资基金业协会的官方统计显示,仅2018年上半年,失联的私募基金机构数量高达161家,相较于2017年,同比上涨70%。这些失联机构中,近35%的机构存在欺诈行为,96%的机构内部风险管理机制不健全。因此,确立有效监管理念,有助于提高准入性规则制定的风险防范意识,发挥好准入管理作为金融市场第一道防线的功能性作用。

第三,建立金融机构分级牌照制度。分级牌照制度最早是从银行业开始实施的,由于其对风险的抵御效果较好,分级牌照制度也可以适用于其他类型的金融机构。所谓分级牌照制度是指根据金融机构不同的资本充足率、内部控制程度、管理人的专业性以及市场的具体影响力等因素,分发不同等级的金融牌照,适用差别化的市场准入及持续监管要求。② 当前,我国金融市场的牌照管理制度主要搭建于《商业银行法》《证券法》《保险法》《信托法》《证券投资基金法》《银行业监督管理法》等法制框架上,具体由《金融许可证管理办法》、《外资银行管理条例》、《非银行支付机构网络支付业务管理办法》和其他各类别金融机构准入性管理办法等规章,以及其他具体准入事项的规范性文件完善。然而,目前的金融牌照制度框架存在一

---

① 参见韦博洋:《巴塞尔协议Ⅲ流动性监管的有效性——基于中国商业银行的研究》,知识产权出版社2019年版,第47页。

② 参见黎四奇:《我国银行法律制度改革与完善研究》,武汉大学出版社2013年版,第179页。

定的问题,从牌照转换通道来看,《商业银行法》《证券法》《保险法》《信托法》《金融许可证管理办法》中涉及金融牌照的规范均有关于颁发、更换、吊销等事项,而对于不同金融牌照之间的转换通道没有关注,这在一定程度上限制了各金融业务领域的发展空间,使得不同机构之间的竞争与联动被迫绑定,造成金融市场"发展极限"的治理措施与金融业内生规律产生严重的冲突与矛盾。此外,现有的牌照管理体系严重固化了分业经营的格局,具有一定的"狭窄性"。例如,根据《商业银行法》第 43 条,商业银行在境内从事信托投资和证券经营业务,以及向非自用不动产投资或者向非银行金融机构和企业投资的行为受到限制,但是作为"理性经济人",对高收益的追逐使各银行在没有证券、信托、保险牌照的情况下,纷纷寻求监管套利之路,即将表内业务表外化,造成当下理财产品、信托产品等类"影子银行"业务泛滥发展的局面。

针对上述问题,我国急需改变当前的金融牌照管理框架,建立金融分级牌照制度,在提高金融市场效率的同时,防止"影子银行"、行业趋同等发展为市场带来风险。以金融产品或者服务趋同化为例,建立金融分级牌照制度将有利于提高金融市场产品或者服务的创新能力。目前,我国商业银行市场逐渐形成以"个人理财、消费信贷、信用卡、贸易融资"等业务为主要盈利点的固化格局,缺乏专业细致的业务定位。据统计,各大商业银行的企业贷款占比信贷总额均在 75% 以上,个体信贷结构主要以住房按揭为主,五大理财产品多达 10,000 多款,总额超 50,000 亿元,且在设计理念、产品结构、风险标准、收益率等方面高度一致。① 上述局面容易引发银行市场的恶性竞争事件。例如,2018 年,伴随大额存单利率的调整,多家商业银行利率上浮高达 55%,②上演了一场激烈的揽储大战,虽然揽储大战的背后有着商业银行流动性紧缺的无奈,但是这种无序的恶性竞争行为,可能促使银行投资更高风险、更高收益的项目,加剧银行业资金脱实向虚的程度,严重威胁金融市场的稳定发展。金融分级牌照的应用将有助于激励银行市场产品与

---

① 参见《必须解决中国商业银行九大趋同问题》,载中国银行业协会 2010 年 5 月 24 日,https://www.china-cba.net/Index/show/catid/76/id/5685.html。

② 参见莫开伟:《商业银行应防止存款利率上浮幅度引发揽存大战》,载搜狐网 2018 年 4 月 30 日,https://www.sohu.com/a/229973344_637086。

服务创新,缓解银行融资压力。

此外,金融机构分级颁发牌照参考的因素众多,市场规模、资本金充足率等是重要考量因素。如前所述,大型金融机构往往涉及十分复杂的交易部位,与之相关联的金融机构、企业往往更多,其风险性也相对较高,分级牌照制度将贯彻"区分监管"的治理原则,对规模较大的金融机构实行重点监管。对于小型金融机构,由于其规模限制,交易部位的风险暴露不大,在准入管理以及后续运营管理中可以适当放松,这也将节约监管成本,符合金融治理成本—效益理念。

分级牌照制度在国际金融市场占据重要地位。例如,1971 年新加坡开始对银行业实施分级牌照制度,把银行业金融机构分为三类:全面银行、限制银行和离岸银行。全面银行可以从事《新加坡银行法》规定的所有业务;限制银行只能有限制地开展零售银行业务,但在新加坡只能设立一家分行,且不能从非银行客户吸收低于 25 万新元的存款;[①]离岸银行不得设立分行,不能从事吸收新加坡本地储蓄存款的业务,且在本币存贷款业务方面设有严格限制。[②] 这一机制确保了新加坡商业银行的金融效率,也避免了银行业出现集中度过高、垄断的现象,整体上提高了银行业风险管理水平。

因此,根据我国金融市场的发展现状,一方面应在《商业银行法》《证券法》《保险法》《信托法》等法制框架中确立分级牌照的基本框架,以此作为金融市场治理的重要手段。具言之,按照风险管理水平、业务经营范围、市场服务能力以及金融创新能力等重要指标,设立四级金融牌照,即全面牌照、专业牌照、限制牌照以及特殊牌照。全面牌照是指金融机构可以在本行业领域从事所有业务,不受空间和时间的限制,但要接受最严格的准入监督要求。专业牌照是指在本行业规模相对较小,但有自身特色,与其他机构经营业务、战略定位不同的金融机构,专营某方面的业务市场。例如,单纯经营对公业务或公开市场业务等。限制牌照是指金融机构经营的范围或者服务地区受到限制。例如,对银行业领域的区域性银行可以颁发地域限制牌照。特殊牌照是指金融机构的经营范围将受到政策指定,服务对象和地区

---

① 参见肖沂:《金融市场与金融机构》,南开大学出版社 2008 年版,第 203 页。

② 参见肖沂:《金融市场与金融机构》,南开大学出版社 2008 年版,第 203 页。

特定。我国农村金融市场长期处于资源匮乏的状态，可以在农村金融领域实施特殊金融牌照，专门服务农村金融市场，这将在一定程度上缓解我国非正规金融与正规金融的矛盾冲突关系。另一方面应制定“金融机构牌照管理办法”和其他各类别金融机构业务管理办法等规章，以及其他具体准入事项的规范性文件，具体明确不同牌照的申请条件、审核备案程序、业务范围，对特定经济、社会区域的金融机构适当设置限制规定，防止不同规模的机构在特定范围内争夺有限资源，以及小型机构向大型机构的业务、产品、服务“看齐”，避免不同牌照的过度竞争，维护金融市场健康发展。

2. 金融产品准入性规范的完善

金融科技的进步提高了金融生产力发展，表现之一即为金融创新程度加深，市场上充斥着各种新的金融产品，这些产品的设计往往较为复杂，风险程度相对较高。例如，金融衍生工具可以根据参与者所要求的时间、杠杆比率、风险等级、价格等参数的不同进行设计、组合，这就使金融衍生工具的结构复杂，具有相对较高的不确定性，可能会在某一时间影响交易者的现金流，其内蕴的风险不容易被金融消费者所掌握。① 是故，金融市场的准入性管理不仅要包括金融机构主体，还要严格把控不同类型的金融产品进入市场，防止过高风险产品进入市场，威胁金融稳定运行。对于我国金融产品准入性规范的完善，应当重点关注以下几个方面：

第一，根据风险决定金融产品的结构设计。有鉴于金融产品的复杂性、风险隐蔽性，对金融产品的设计管理要注重与传统风险管理指标相结合，尤其关注金融创新产品可能带来的风险，从源头上有效避免各种创新行为的无限变异，也能倒逼金融机构的产品创新发展与风险防范有机结合起来，重视风险，增强风险抵御能力。具体而言，建议在《商业银行法》《证券法》《保险法》《信托法》中增加对金融产品设计的限制条款，金融机构在设计金融产品的结构时，要符合一定标准的风险控制要求、内部控制要求、信息披露要求。另外，增加对产品设计的风险审查条款，具体的审查指标设置应当包括杠杆率、流动性、信用阈值等内容。

---

① 参见马其家主编：《我国场外金融衍生品交易风险监管制度的构建》，知识产权出版社2016年版，第52页。

与此同时，根据各行业金融产品风险的不同，进一步规范具体的产品结构。建议修改《商业银行理财业务监督管理办法》《银行业金融机构衍生产品交易业务管理暂行办法》《保险资产管理产品管理暂行办法》《证券投资基金管理公司管理办法》等规范，增加对不同风险等级的金融产品结构设置的限制条款，还可以督促金融机构建立关于"金融产品风险组合销售规范"等内部自律规则。具体而言，对于低风险、流动性强的产品，在产品设计方面可以允许管理人给予金融消费者保底的承诺，并且允许自由赎回。即使是在委托和信托的模式下，此种性质的保底也是允许的。但是这种保底并非无条件保底，应当配备相应的制裁机制，即如果提前赎回，需要支付一定比例的利息。相应地，高风险产品应当绝对禁止管理人给予金融消费者保本承诺，因为违背市场规律的保底承诺在风险来临之时，不可能得到任何兑现。高风险的产品和低流动性的产品应当禁止自由赎回。中风险的产品可以给金融机构的管理人提供更多产品设计和盈利的空间，这也是专家理财的优越性所在。①

第二，构建与完善金融产品的"监管沙盒测试"制度。监管沙盒是一种为金融创新产品或服务提供较少束缚的"试验田"。在严监管和防控金融风险的背景下，我国对于充满创新色彩的金融科技产业风险治理趋于僵化，很难追上金融创新的步伐，导致金融治理往往成为危机爆发后的事后注脚，从我国对于 P2P 网贷行业的"先发展—平台暴雷—然后规范—最后清退"的运作逻辑可见一斑。同时，严治理态势下非正规金融机构和金融科技初创企业的创新活动范围越来越小，不断深化的互联网金融行业合规整顿运动，使金融科技创新企业不得不在夹缝中求生存。面对创新受到压抑，部分监管机构、行业从业人员和专家学者，纷纷倡导引进监管沙盒制度，为我国金融创新设置容错空间。

虽然我国在 2017 年已经引入监管沙盒机制，但目前仍处于试点阶段，体系化的制度建设尚未实现。在具体的制度构建与完善过程中，首先需要明晰沙盒监管的效力来源，确保沙盒监管机构取得合法授权。域外实践均系"制度先行，试验后至"，仅因法律体系与监管体制不同而有所差异。如

① 参见刘红忠、卢华编著：《金融市场与机构》，复旦大学出版社 2019 年版，第 87 页。

英国、澳大利亚、新加坡和我国香港特区主要依靠监管机构颁布的系列政策文件确立沙盒监管机制，而我国台湾地区则以暂时性的“法律规定”模式固定沙盒监管机制，将“金融科技创新试验条例”作为金融科技创新实验的“基本法”。①

考虑沙盒监管属于金融科技的试验型监管，并非“金融基本制度”，不属于《立法法》第8条规定的必须制定法律的事项，同时考虑通过全国人大及其常委会的立法成本比较高而且时间跨度较长，不必选用狭义上的法律作为沙盒监管法律制度的表现形式。况且“法律不喜欢富于变化的现实，过于变动的现实情况不利于法律规则的沉淀”，②偏好稳定的法律与快速变化的金融科技并不匹配。因而我们建议参考近年来上海自贸区与雄安新区的授权立法模式，由全国人大及其常委会根据《立法法》第13条，授权国务院针对某一领域作出暂时调整实施有关法律规定的决定。由国务院就沙盒监管的具体事项制定行政法规，并可以考虑将“金融科技沙盒监管条例”作为相应行政法规的名称，具体内容可以包含沙盒监管的实施主体、适用对象、评价指标、退出机制、金融消费者保护措施、准入规则、落地机制等。③

由于监管沙盒作为金融产品市场准入规范体系建设的重要一环，评价指标的确立是其最核心的问题。是故，在制定与完善“金融科技沙盒监管条例”时，应当从风险管理的角度出发，将监管沙盒的评价指标体系分为三个部分，即出盒可行性、风险管理机制、消费者权益保护。出盒可行性指标是指是否具有出盒进入市场的可能性，也就是在退出沙盒阶段后，能否满足市场及监管的要求。结合监管沙盒与金融科技的特点，主要是监管规则冲突程度与产品系统稳定性，其中产品系统稳定性在于，金融产品受到风险冲击后的表现程度，是否存在产品的内在不稳定性。风险管理指标是实验的重点评价对象。其二级指标有操作风险、市场风险、信用风险、法律风险四

---

① 参见刘帆：《金融科技时代沙盒监管法律制度研究》，西南政法大学2019年硕士学位论文，第54~55页。

② 参见游伟：《寻求法的稳定性与社会变动性的统一》，载《政治与法律》1998年第6期。

③ 参见刘帆：《金融科技时代沙盒监管法律制度研究》，西南政法大学2019年硕士学位论文，第55页。

种。其中,市场风险是指由于基础资产的市场价格波动而造成的风险。[①] 信用风险是指由于信用违约而造成损失的风险。[②] 消费者权益保护指标包含了消费者受益明显项,其目标在于发掘产品的盈利功能。退出机制是为了有完善的退出止损机制,在面临市场风险之时,消费者能够及时止损。承诺保证金是指金融机构主体有相当的保证金,以弥补消费者不合理的损失。通过对上述指标的综合评价,计算出某一金融产品或服务的各项权重,治理主体将依据产品评价权重对其做出准入管理。

当然,除了评价指标这一核心要素外,还需讨论的关键立法问题包括监管沙盒的管理机构以及试验结束的退出机制等。对于前者而言,出于金融风险统一防控部署的需要,加之金融混业经营的现状,由我国金融稳定委员会下设部门专门管理,负责监管沙盒的运行、合规审核、维护等工作,避免多头治理情形下的扯皮推诿。至于退出机制,应当重点完善参与试验的金融消费者的退出管理,督促金融机构建立“金融科技创新风险试验的内部规范”,当产品或服务的试验导致消费者造成损失时,要有合理的赔偿机制。

第三,加紧出台“复杂性金融产品强制许可管理办法”。金融创新的推陈出新,使金融产品越发复杂化;高深的计算方式,跨市场、多重结构的特性,加之基础资产或工具的价格多动性,增加了金融产品对市场的风险性与不确定性,也为金融投机与监管套利提供了契机。[③] 更为关键的是,金融市场治理主体对于这些金融创新并没有足够的技术手段与相应的知识去进行了解,导致现有的治理规则对金融创新可能引起的风险难以实现有效管控。典型代表则是2015年股灾中的分级基金、对冲基金、股指期货等对市场的严重风险套利,由于监管者对于这些产品可能引发的风险缺乏充分的技术手段进行监测和预警,更无法采取有效的监控措施,最终成为股灾爆发与加

---

① 参见吴婷婷、项如意:《系统性金融风险防控:国别经验与政策启示》,载《金融理论与实践》2020年第11期。

② 参见李硕、侯晓辉:《流动性风险、信用风险与商业银行流动性创造》,载《经济经纬》2020年第4期。

③ 参见刘丹丹:《金融科技创新背景下我国金融产品干预制度设计研究——基于金融消费权益保护视角》,载《西南金融》2020年第3期。

剧的重大原因。根据数次金融危机的经验总结,复杂金融产品往往是系统性风险的重要源头,减少这种风险的最有效措施之一即在产品入市之前进行审慎筛选、核查,降低风险性较高的金融产品进入市场的可能性,这也是建立复杂金融产品强制许可制度的目的所在。

由于金融市场基本法律制定程序较为复杂,有鉴于我国目前金融创新市场乱象丛生,为解决当务之急,可以考虑先由金融稳定发展委员会牵头,由中国人民银行、银保监会、证监会共同参与制定一部"复杂金融产品强制许可管理办法"。当然,"复杂金融产品强制许可管理办法"的制定的首要问题即是复杂金融产品的界定问题。2008 年国际金融危机之后,结构化金融产品的风险不断暴露并被广泛认识,国际社会纷纷寻求将复杂金融产品纳入监管的路径。国际证监会组织(International Organization of Securities Commissions,IOSCO)在《复杂金融产品分销的适当性要求》中,从消费者保护的角度出发,将复杂金融产品定义为拥有复杂条款、特征,且风险具有隐蔽性,普通消费者对此难以认识,包括结构性工具、抵押支持证券、抵押债务证券、资产支持证券以及其他衍生工具。[①] 我国香港特别行政区在 2009 年颁布《网上分销及投资咨询平台指引》,其对复杂金融产品的定义与 IOSCO 几乎一致。[②] 我国台湾地区在"银行业办理外汇业务管理办法"中指出,复杂金融产品是具有结算或比价期数超过三期且隐含卖出选择权特性的衍生金融商品。但该定义对复杂金融产品的范围界定过于狭窄,结构化金融产品以及复杂金融产品并不在其中。目前,由于我国在《证券法》等各金融行业的基本法律中均没有对复杂金融产品的定性解释,我们可以借鉴上述各地区、组织的定义,将复杂金融产品定义为:具有复杂性与不确定性,难以被金融消费者理解,且市场风险、信用风险、流动性风险等明显高于简单金融产品的商品。

---

① See *Suitability Requirements With Respect to the Distribution of Complex Financial Products*, IOSCO(2013), https://www.iosco.org/library/pubdocs/pdf/IOSCOPD400.pdf.

② 参见证券及期货检查委员会:《网上分销及投资者咨询平台指引》,载香港证券及期货监察委员会网 2019 年 7 月, https://sc.sfc.hk/gb/www.sfc.hk/web/TC/faqs/intemediaries/supervision/guidelines-on-online-distribution-and-advisory-platforms/guidelines-on-online-distribution-and-advisory-platforms.html。

除了概念性界定外,"复杂金融产品强制许可管理办法"还需要明确复杂金融产品的强制许可标准。首先,复杂金融产品入市应当对金融经济的发展具有良性促进作用,如果仅为了金融机构借此实施监管套利、隐藏其举债经营的事实,甚至是把它当作实现金融投机的工具,则应当严禁该产品进入市场。为此,金融机构应说明该复杂金融产品面向的潜在消费者范围,以及对潜在消费者可能带来的利益,更重要的是,证明该产品入市后经济效益将大于可能引发的系统性风险灾难。其次,由于新产品金融市场需要组织运营,因而申请机构的经营能力以及风险管理也是许可准入的重要考量因素。具体而言,金融机构应当具备运行该产品的组织能力,包括有经验且专业的管理人员、与之相适应的技术设备。另外,还应当有完善的风险管理系统,防止复杂金融产品入市带来市场混乱。最后,复杂性金融产品由于其风险较高,与之匹配的收益也高,往往成为金融机构扩大其市场规模、影响整个金融市场的工具,导致金融机构成为"大而不倒"的系统重要性机构,①所以有必要在许可管理过程中,增加对复杂性金融产品可能引发的系统性影响进行评估,避免成为高风险市场的培植器。

第四,完善金融机构内部对产品开发的风险管理机制,加强外部制度激励。提高金融机构对产品设计环节的自我约束意识,是防范金融创新风险的治本之策。例如,在金融衍生产品设计过程中,如果金融机构能够在杠杆使用以及基础商品、利率、汇率、期限、合约规格等复合标准方面有所限制,对金融衍生品的市场风险的控制难度也将有所降低。② 因此,完善金融机构内部对产品开发的风险管理机制,一是要加强产品设计风控部门的建设,逐步确立"产品风险质量评估—产品风险监督检查—产品风险信息沟通传递—产品风险报告决策"这样一个循环往复的规范过程,提高金融产品设计风险的及时发现能力;二是要明确产品创新的"风险底线"原则,通过确立产品的杠杆性、流动性以及资产复合等的原则性指导,既可以防止金融机构过度使用信用工具、结构性工具,设计高风险产品,也可以保护金融创新

---

① 参见周德洋:《复杂金融产品的监管挑战》,载《中国金融》2020 年第 7 期。

② 参见陈希凤、毛泽强:《数字金融产品与服务的风险特征、监管挑战及目标工具》,载《西南金融》2020 年第 9 期。

的积极性不受打击；三是建立金融机构产品创新的会计揭示制度，具体涉及产品的设计、经营、管理、效能等方面，由此控制和防范创新产品可能发生的风险；四是要充分发挥产品创新的内部设计作用，加强对创新产品的垂直审计，促进序时审计与后续检查相结合，以及内审环节由事后审计向事前审计、事中审计发展。①

当然，内部风控机制的完善还需要外部制度的合理激励。外部制度的有效实行可以大幅强化金融机构内部对产品风险的意识，提高其风险管理水平。所以，建议在《商业银行法》《证券法》《保险法》《信托法》等法律中，增加对金融机构产品开发的内部风险管理的激励条款。例如，对于产品开发风险内控机制健全的金融机构，给予一定程度的税收优惠或享受相应的市场优惠政策；再如，明确金融机构相关负责人的产品风险责任，将制度的落实分派到个人，保证制度激励的有效性。除立法激励外，行业自律组织的交易规则也可以发挥类似的功能。例如，证券交易所是各类金融产品交易的组织者和市场管理者，在遵循特定规则的基础上，监督市场中各参与主体的业务操作，保障证券市场的稳健性，对控制金融衍生品等复杂金融产品的风险发挥着相当的作用。因此，可以修改《上海证券交易所交易规则》《深圳证券交易所交易规则》，调整保证金比例，根据不同金融机构资本实力建立差异化的持仓限额，鼓励套期保值，严厉打击金融市场投机行为，倒逼金融机构积极主动开展产品开发工作的自查自纠，降低高风险、复杂金融产品进入市场系统的可能性。

（二）企业债务法律治理的规范配置的具体完善

金融危机之后，信贷繁荣推动了市场投资热情高涨，但随之而来的问题是，我国企业债务危机越发突出，已严重影响到金融机构的资产质量。配合国家顶层设计对防范系统性金融风险的要求，相关的立法也应当在治理企业债务层面发挥更重要的作用，因此，针对我国目前有关企业债务法律治理中的不完善，可以从以下几个方面进行补足：

第一，加快出台“非金融企业债务重组实施办法”，为企业债务风险化

---

① 参见邓建军：《后危机时代：中小金融机构产品创新的会计风险控制》，载《国际金融》2009 年第 12 期。

解提供立法支持。当企业出现流动性危机时,应当遵循"能救则救"的原则,通过债务重整盘活企业资金链,防止企业破产引发更大的震荡。① 但现行金融监管政策限制了企业债务重组的运用空间,因而改革完善的第一步应当是放宽金融监管对债务重组的限制。例如,实施灵活的以物抵债期限以及宽松的处置贷款展期期限等。此外,从目前来看,我国政府针对债务重组的实践十分丰富,也积累了很多的经验,可以由国务院指定相关牵头部门,以行政法规的形式出台"非金融企业债务重组实施办法",为企业债务重组提供立法依据的同时,提高债务重组的成功率。一方面要明确企业债务重组的实体条件和具体程序。对于运营效率暂时低下且营收暂不乐观的企业,以及陷入财务危机的企业,应当由地方部门组织协调开展债务重组程序,尤其对符合国家战略发展要求以及优质新型行业的企业,应当予以特别重视。债务重组程序的开展应当遵循程序法定原则,防止管理人在重组程序中被利益俘获,从而侵害债权人利益。另一方面还要明确与完善债转股、以物抵债、修改债务条件等债务重组方式,为企业纾困、盘活不良资产、实现债权人与企业双赢局面提供支持。而且,也可以参考《美国破产法》的经验,将债转股与破产重整程序进行有机融合,通过银行参与危机企业运营保障金融债权还本付息,并在合适的时点予以退出,改善银行资产的流动性,防范系统性金融风险。

第二,增加债权人委员会的立法供给,疏通债权人委员会参与债务重组的通道。现行立法过度偏重对债务人的拯救,导致债权人的合法权利得不到有效保护,最终致使市场投资信心萎靡不振,动摇了金融市场的安定性。值得欣慰的是,债权公平清偿的立法价值并没有被摒弃,故债权人参与企业债务危机救治仍然具有正当性。② 建议在立法中明确债权人委员会在债务重组、破产重整中的地位,并且着重协调债权人委员会成员之间以及债权人委员会与管理人之间的关系,切实保护债权人利益。由于直接融资市场的天然不足,我国企业融资主要是以间接融资为主,商业银行作为主要的债权

---

① 参见殷朝华、谷继建:《温州企业债务危机:强产权、弱制度研究》,载《企业经济》2012年第8期。

② 参见鲍长生:《新常态视域下企业债务危机形成的机理、症结与治理研究》,载《华东经济管理》2017年第7期。

人,其在债权人委员会中占有一席之地,[①]但是对于那些零散的债权人,受制于资金与能力,加之债权规模相对较小,往往在债务处置中不占优势。为了避免银行等大型债权人对小额债权人的利益侵蚀,可以在立法中参照《公司法》的规定思路,在区分不同情况的前提下,采取"债权多数决"和"一人一权"相结合的表决方式。[②] 另外,管理人作为企业债务危机救治的重要负责人和执行人,不可避免地会涉及与债权人的利益冲突。为了防止管理人肆意专断,侵害债权人利益,立法应当赋予债权人委员会实质参与的权利。例如,设置企业债务危机救治报告机制,要求管理人就救治计划向债权委员会报告。同时,由债权人委员会集体表决是否同意计划实施。除了报告机制,立法还应当赋予债权人委员会对管理人的实质监督权。当管理人对企业债务重组计划的实施存在失职或利益侵占时,债权人委员会可以通过表决形式罢免管理人职务。

第三,完善律师对企业债务融资工具的法律尽职调查的制度供给。在企业举债融资过程中,需要律师出具法律意见书和法律报告书,但现行立法规定过于简单,无法充分发挥律师在资本市场的"看门人"作用。因此,建议增加相关的立法供给,加快出台"律师事务所从事非金融企业债务融资业务管理办法",规范律师对企业举债融资的尽职调查程序。具体而言,一是要完善工作流程,律师事务所内部要针对拟融资企业建立完整的项目管理机制,通过尽职调查所取得的文件、资料应当分类归档,完善资料查阅机制以及律所内部审核及风险、质量控制机制。二是要明确法律尽职调查的内容,重点应放置于对发行人合法性以及存在的法律风险方面,关于法律风险的内涵应当包括注册或备案金额、容措资金的用途、企业内部治理情况、业务运营情况、受限资产情况、重大资产重组情况、信用风险情况等,需要说明的是,在业务运营情况中,应当重点审查企业的成长性、财务稳定性、销售情况、未来现金流的稳定程度等内容。[③] 防止本身具

① 参见宋艳慧:《金融债权人委员会制度法治化》,载《中国金融》2019年第20期。

② 参见朱美秀、张丹:《企业金融债务重组面临的法律约束与改进路径——兼论"僵尸企业"债务重组问题》,载《金融监管研究》2017年第10期。

③ 参见柴善明、张彬彬:《规范非金融企业债务融资工具法律尽职调查的若干建议——基于对短期融资券的实证考察》,载《浙江金融》2016年第10期。

有经营风险的企业持续不合理融资，为资本市场带来不稳定因素。三是设置惩罚性规则。如果律所在出具法律意见书或法律报告时存在虚假陈述、误导性记载或重大遗漏情形，应当视严重程度给予警告、罚款、暂停执业或吊销执照等处分。

（三）地方政府债务法律治理的规范配置的具体完善

2009年，我国新增城投公司超过900家，城投公司背负的带息负债规模同比增长100%。[①] 2015年以后地方政府集中到期，而地方政府融资平台的资产与负债端期限与收益倒挂，导致地方政府偿债压力较大。[②] 为了缓解这一问题，中央政府启动三年的地方政府债务置换，随着该项工作的推进，2017年年底地方政府债务成为债券市场上规模最大的债券品种，以商业银行为代表的金融中介机构持有92%的地方政府债券。[③] 无论在债券一级市场还是二级市场上，地方政府债券的利率与地方政府的债务风险都呈正相关关系，表现在地方政府偿债压力越大，地方政府债券利率越高，债券价格越低。在影响地方政府偿债能力的各项因素中，土地出让等财政收入发挥着重要作用，地方政府债券的偿债资金非常依赖土地出让收入。2013年国家审计署公布的《全国政府性债务审计结果》表明，截至2012年年末，总计有11个省（直辖市）、316个地级市政府和1396个县级（县级市）政府计划利用土地相关财政收入作为偿债资金来源，以土地出让收入作为偿债资金的债务总额占全部政府负有责任债务总额的比重为37.23%。[④] 根据金融数据和分析工具服务商Wind的数据，2017年年底23个省和直辖市中有17个省、直辖市的土地出让收入偿债规模比重超过30%，占所有23个样本的比例为74%，其中有5个省（直辖市）的比重超过了50%，占全部样本的比例为26%。地方政府土地出让收入波动会影响其偿债能力，从而会影

---

① 参见夏诗园、郑联盛：《地方政府债务治理——基于国家治理体系现代化的视角》，载《经济体制改革》2020年第5期。

② 参见陈进、熊莉：《地方政府债务管理模式、风险评估与路径选择》，载《学习与实践》2020年第8期。

③ 参见王国平、李永刚：《复杂情境下我国地方政府债务风险的影响因素与内在逻辑——基于平台违约案例的fsQCA分析》，载《南京社会科学》2020年第10期。

④ 参见审计署：《全国政府性债务审计结果》，载中央人民政府网，http://www.gov.cn/gzdt/2013-12/30/content_2557187.htm。

响地方政府债券的利率和价格。由于地方政府债券的投资者集中在商业银行为代表的金融中介机构,地方政府债券的价格波动会影响金融中介机构的资产负债表和净资本,地方政府债务风险通过地方政府债券转移到金融系统。2018 年 5 月,"健全系统性金融风险防范体系"专题协商会在北京召开,会议指出由于地方政府债务融资形式多样化、债务信息透明度不足,地方政府债务风险较高,管控地方政府债务规模无序扩大化成为当前防范与化解系统性金融风险的重要课题。① 因此,有必要加快完善地方政府债务相关的法律制度,防范债务风险。

1. 以立法形式规范地方政府融资方式

在对地方政府融资主体制度进行构建之后,需要进一步探讨地方政府可以采取的融资方式。从国际经验来看,政府融资主要有两种方式,一是发行政府债券,二是向银行等金融机构进行贷款,前者为主要的融资方式。② 地方政府倾向采取何种方式进行融资,与一个国家的经济发展水平,尤其是金融和资本市场的发育程度息息相关。③ 从我国地方政府目前的融资现状看,地方政府通过投融资平台向银行等金融机构借款是最主要的方式,其本身存在很多矛盾和问题,包括加剧了系统性金融风险发生的可能性。目前的政策规定实际上已经明确了未来我国地方政府主要依靠发行债券的方式进行融资。但是,基于我国目前银行贷款在地方政府融资总量中的比重占一半以上的现状,即使地方投融资平台的数量和功能受到严格限制,地方政府也难以在短期内摆脱对银行贷款的需求和依赖。同时,PPP 模式作为地方政府融资模式的创新,具备高效率、高质量的特点,在公共基础设施建设中发挥了重要作用。④ 所以,立法应当将我国地方政府融资方式严格限制在"以发行债券为主,银行贷款、PPP 融资为辅"的框架内,防止地方政府

---

① 参见《全国政协"健全系统性金融风险防范体系"专题协商会发言摘登》,载《人民政协报》2018 年 5 月 16 日第 3 版。

② 参见谢保鹏:《基于土地财政的地方政府债务规模与风险研究》,中国农业出版社 2019 年版,第 88 ~ 91 页。

③ 参见谢保鹏:《基于土地财政的地方政府债务规模与风险研究》,中国农业出版社 2019 年版,第 88 页。

④ 参见李帅:《新〈预算法〉语境下我国地方政府债务面临的困境与疏解》,中国政法大学出版社 2019 年版,第 163 页。

"隐性"债务规模无节制地扩大。

2. 加快建立与完善地方政府信用评级制度

第一,确定统一的评级标准。财政部应该拟定地方政府信用评级标准,对于各项指标及其比重进行限定,防止不同的评级机构采用不同的评级标准造成评级结果的差异,更防止评级机构人为选择不同的标准或调整其比重而操纵评级结果的现象发生。美国作为市场化高度发达的国家,在信用评级标准方面虽然没有联邦或州的干预,但各大评级机构基本上都采用了与最大的评级机构——穆迪公司相一致的思路和方式,在客观上也保证了信用评级标准的一致性或类似性。① 信用评级指标选取应当以地方经济发展水平为基础,与地方的财政能力相匹配,同时兼顾地方财政收入的灵活性及政府理财水平。

第二,改革评级机构选任程序,采取多选抽签制。现行的由地方财政部门单方面决定评级机构的做法,使评价主体和被评价主体的关联性过强,二者之间容易发生利益勾连。对此,应当改革评级机构的选任程序,剥夺财政部门单方面的决定权,只允许其有建议权,且有权建议评级机构的机关不限于财政部门,人大及其常委会也应当有权推荐评级机构。地方政府应当在市场中选择专业能力强、信用好的评级机构建立评级机构动态名录,由人大或政府在该名录中选择机构进行推荐,推荐采用差额制,再从候选的评级机构中通过抽签的形式确定最终的选择。这样既赋予了人大对评级机构进行民主选择的建议权,又防止由特定的机关提前确定评级机构产生黑箱操作。此外,还可以在选择评级机构的同时聘任另一评级机构进行评级,即用"双评制"的方式防止地方政府"绑架"评级机构。

第三,建立行业协会进行自律监管及同行业监督机制。近些年来,行业协会的自律能力越来越受到人们的重视。相对于政府监管来讲,行业协会自律没有那么强的拘束力,但行业协会自律同时拥有着政府监管所不能比拟的专业性。建议组建地方证券评级协会,对所有的评级机构进行管理,评级机构违反法律法规的,行业协会可以以自己的名义向相关地方政府出具意见函要求予以惩戒;评级机构工作人员违法违规的,行业协会可以剥夺其

① 参见高明:《地方政府信用评级的国际比较研究》,载《征信》2019 年第 1 期。

从业资格。此外,还应当鼓励行业成员之间相互监督,这也是构建良好的地方债券市场的需要。美国金融危机之后,为了保障债券投资者等金融消费者,在新出台的法律中规定了罚没款分成制度,即任何主体向政府提供举报有金融违法行为并查证属实的,举报者可以获得罚没款 10% ~30% 的分成,此为金融监管向市场借力的典范。① 我国可以借鉴此制度,对于评级机构间的相互举报,查证属实的,可以对举报者给予奖励。

第四,建立特定情况下对评级机构的连带求偿制度。目前财政部的规定中,只有对评级机构违法违规行为的信用罚和刑罚依据,即采用负面名单公示制惩罚其评级机构的信用,或者在其涉嫌犯罪时追究刑事责任,但对于民事求偿责任并没有规定。信用评级的本质就是对政府还款能力的评判,而投资者正是基于评级机构作出的正面评价才购买了地方债券,因此从这个层面来说,评级机构实际上是对地方债券的信用进行了保证背书。如果评级机构由于故意或者重大过失造成了评级失准,引发投资人的损失(如地方政府破产或者违约),应当赋予投资人对评级机构的连带追偿权。而在具体的求偿诉讼中,应当采用举证责任倒置的制度,即作为原告的投资人没有义务证明评级机构存在故意或者重大过失,评级机构需要自行证明自身的评级行为不存在瑕疵。通过连带求偿制度的设立,可以使评级机构与评级结果产生利益上的联系,倒逼其审慎评级,防止或减少违法违规行为的发生。

3.加强地方政府债务信息披露制度的构建与完善,防范地方政府债务风险向金融系统传导蔓延

我国地方政府债务信息披露制度建设存在不足,有必要从以下几个方面加快完善相关立法,推动地方政府财政透明以及债务信息公开,防范金融风险在黑暗中滋长、蔓延。

一是要提高政府信息公开立法层次,明确政府财政信息与国家秘密的界限。地方政府财政信息是政府信息的核心,在当前的政府信息公开环境下,应该从系统上完善政府信息公开制度,从而促进财政信息的公开。就制度层面来看,我国政府信息公开最大的问题是立法层级太低,当前调整政府

① 参见刘陈杰:《地方政府债务与金融稳定研究》,中国金融出版社 2020 年版,第 37 页。

信息公开的“根本大法”是国务院颁布的《政府信息公开条例》。对比国外，我国的立法层级太低，权威性不够，建议由全国人大常委会制定“政府信息公开法”，提高地方政府财政信息监管的层级与权威性。

二是要加快健全地方政府融资平台的信息披露制度。《预算法》第35条规定，除了省、自治区、直辖市政府外，其他地方各级政府不得以任何形式举借债务。但是随着地方政府事权与财权不平衡的问题越发突出，仅靠财政转移支付难以为继。2009年，中国人民银行与原银监会联合发布《关于进一步加强信贷结构调整　促进国民经济平稳较快发展的指导意见》，支持有条件的地方政府可以组建投融资平台，拓宽政府投资项目的融资渠道。据统计，2018年年底，全国地方政府融资平台数量高达9303家，2017～2018年，这些地方融资平台通过债券市场举债规模高达4.21万亿元，而占比2/1的银行贷款以及信托融资并未包含在内。[①] 地方融资平台融措资金依赖银行、信托等金融系统，因此其安危关乎整个金融体系的健康与健全。但目前来看，由于我国对地方政府债务的信息披露制度建设不完备，有关融资平台的风险披露未得到充分重视。因此，对其开展信息披露监管也是防范系统性金融风险的当务之急。

有学者认为，地方融资平台是介于上市公司与政府之间的一类特殊主体。[②] 这一说法也是较为客观、准确的，为我们提供了一种思路：在完善地方政府融资平台的信息披露制度的过程中，可以从上市公司信息披露以及政府信息公开等制度出发，参照披露对象、披露内容、披露时间、披露渠道、披露罚则、其他保障机制的成熟体系，高效、快速建立针对融资平台的信息披露体系。例如，在具体的制度设计中，针对融资平台的财务数据公开，根据《上市公司信息披露管理办法》第14条，上市公司年度报告应披露主要会计数据和财务指标以及财务会计报告和审计报告全文，有鉴于融资平台对经济金融系统的重要性，其至少也要在年度报告中披露主要会计数据和财务指标以及财务会计报告和审计报告全文。同时，融资平台作为各地公

① 参见聂无逸：《防控地方融资平台债务隐患》，载《中国金融》2019年第18期。

② 参见李经纬、吴永敏：《中国地方政府融资平台的债务重构与风险治理》，载《新金融》2014年第11期。

益性国企,不具有剩余价值收益权,可以参照《政府信息公开条例》第 9 条,在合理范围内公开与平台年度财务数据相关的决算及预算信息。在融资平台运转信息披露方面,虽然平台公司所承接的建设工程项目大多为政府预算内规划建设的项目,已经在国土、环评等政府内部经过多轮论证和审批,但是地方基础设施建设往往属于大型工程,涉及环节多且复杂,容易出现财务资金类风险。《政府信息公开条例》第 20 条第(十)项规定,政府应公开重大建设项目的批准和实施情况,《上市公司信息披露管理办法》第 14 条也规定了上市公司应披露报告期内重大事件及对公司的影响。以此类比,对于大型基建项目,如果可以披露融资平台为此项目建设的具体资金流向,则更有利于同时监督地方基础设施建设的风险问题。

4. 健全地方债务偿还制度

债务资金偿还制度在整个地方政府融资机制中地位非常重要,起到了债务风险安全阀和阻隔器的作用。因此,应当加强对债务资金偿还制度的法治化建构,加快构建与完善地方政府债务资金偿还制度。

一方面,对于债务资金偿还的来源,《国务院关于加强地方政府性债务管理的意见》规定,用一般公共预算收入偿还地方政府一般债券,用政府性基金或专项收入偿还专项债券。这是对偿债资金的来源的原则性和方向性规定,而较为体系化的偿债资金来源制度应当包含以下几个方面:一是概括性地规定地方政府债务偿还资金应纳入政府预算管理,强化债务偿还的可计划性及管控力度。二是以政府债券的种类为标准,分别规范偿债资金来源,对于债券融资用于公益性项目的,应以一般性的财政收入为偿还资金来源;对于有一定收益的项目,应主要依靠自身收益偿还,以财政性资金作为补充;对于非公益性项目,应当以项目自身产生的收益进行偿还。三是建立完善的政府债务偿还准备金或基金制度。地方政府的财政主管部门以及各举债单位,每年应按债务余额的一定比例设立专门的偿债准备金或基金,专户专用,作为债务偿还的保障制度。

另一方面,严格落实债务偿还责任机制,根据“谁融资,谁偿还;谁担保,谁负责”的原则,明确规定具体使用债务资金的地方政府负有偿债责任。要明确中央政府对地方政府债务的不兜底、不买单原则,以防止出现道德风险。[①] 以规范化合约的形式明确融资双方的权利、义务、责任，并以法律的形式予以确认。各级地方政府要根据实际情况，建立健全债务违约的应急机制和处置机制。在处置机制的建立中，要依靠市场力量，强化市场约束。在地方政府债务面临违约风险时，应当首先控制规模、压缩成本、处置资产以及引入社会资本等渠道筹集资金化解风险。中央政府在地方政府确实面临困难，无法自行偿还债务的时候，要及时启动债务风险应急处置预案，必要时可采取上级财政接管下级财政的方式，切实化解债务风险，落实终身责任制。

（四）“影子银行”法律治理的规范配置的具体完善

“影子银行”的治理问题，是一个系统性、宽口径、多维度的问题，必须从顶层设计到具体操作规则等方面提出适宜的治理路径。完善“影子银行”的法律治理，应当遵循以下思路，一是逐步建立针对“影子银行”体系的全覆盖式的规模测度、常态化跟踪和预警机制，完善金融基础设施建设，有效防范“影子银行”的交叉性、传染性风险，杜绝发生系统性和区域性金融风险，保证金融系统整体稳健运行；二是遵循分类监管、重点监管的原则，对单一类型“影子银行”业务的风险逐一排查和摸底，进而维护单个金融市场的稳定；三是要呵护适度的金融创新，避免执法过程中的“一刀切”现象，保存我国金融市场的活力和竞争力，提高金融资源的配置效率。具体而言：

第一，提高针对“影子银行”的立法层级，完善法律监管体系。如前所述，针对“影子银行”的法律规范大多以国务院、中央部委、省级人民政府颁行的部门规章或者其他规范性文件为主，大多以通知、暂行规定、办法等形式下发，法律位阶较低。鉴于此，应当着力提高立法层级，在对我国“影子银行”体系突出存在的问题和潜在风险进行分析和研判的基础上，以法律或者行政法规的形式进行立法，明确监管主体，厘定中央和地方政府在监管权能上的划分、监管的职责和权限，信息披露的要件、风险监测机制、风险应急处置方式以及相应的罚则，减少监管真空和监管重叠，提高法律威慑力和约束力，规范“影子银行”市场的业务和产品，规制过度创新以及监管套利、空转套利和关联套利等行为。

---

① 参见刘陈杰：《地方政府债务与金融稳定研究》，中国金融出版社 2020 年版，第 76 页。

第二,以立法形式突出中央银行在“影子银行”治理中的统筹地位。从美欧等国家的监管改革实践来看,其共同的趋向是将“影子银行”治理的权力进行集中整合,统一赋予中央银行,同时加强中央银行在宏观审慎管理中的地位。之所以突出中央银行在宏观审慎管理中的作用,是由于宏观审慎管理的目标和中央银行的法定职责具有内在一致性,即都是为了完善宏观调控体系、维护金融稳定、防范和化解金融风险、履行最后贷款人职责以及维护支付清算系统等。在宏观审慎管理工作的探索方面,中国人民银行已经有所行动:自 2016 年起,人民银行正式推出“宏观审慎评估体系”(MPA),由中国人民银行货币政策司具体负责。MPA 的评估对象包括商业银行、村镇银行、外资银行、财务公司、金融租赁公司以及信托投资公司等。MPA 的核心是资本充足率,但更关注广义信贷相对增速。总之,人民银行致力构建的 MPA 对于我国宏观审慎管理框架的建立具有重要的推动作用。下一步,可以考虑在《中国人民银行法》中进一步明确人民银行在构建宏观审慎管理体系中的具体职责范围。同时,也应当明确其他相关部门,比如银保监会、证监会以及外汇管理局等部门在宏观审慎管理体系中的作用,使其与人民银行相互配合,协调一致,担起宏观审慎管理的职责,实现信息共享和工具协调,共同完成实施宏观审慎管理,加强对“影子银行”体系的监测,维护金融稳定的目标。

第三,对“影子银行”规模进行测度,强化风险监测,完善信息披露机制。目前,关于“影子银行”的体系构成并没有严谨、统一的界定,国务院办公厅发布的《关于加强影子银行监管有关问题的通知》(以下简称《107 号文》)作为当前我国“影子银行”监管的“纲领性文件”,也只是对“影子银行”简单划分为三类,即不持有金融牌照、完全无监管的信用中介机构;不持有金融牌照,存在监管不足的信用中介机构;机构持有金融牌照,但存在监管不足或规避监管的业务。我国“影子银行”体系的构成是对“影子银行”进行测度的基础,有必要尽快在法律、行政法规中厘清并完善统计和监测机制,引导治理主体及时监测、汇总和发布“影子银行”的总体规模、体系特点和最新发展动态,以便从横向与社会融资规模进行比对,测度整体风险情况;同时,针对“影子银行”潜在的风险,及时进行预警,防止发生系统性风险和区域性风险。此外,《107 号文》针对“影子银行”的信息披露机制存在缺漏,“影子银行”信息披露标准模糊,可进一步增加“公开金融市场和金融业务的参与机构、衍生品种类以及投资者的信息”条款,降低因为信息不对称和道德风险所引发的问题与风险,同时也可以在一定程度上避免过度金融创新的发生。

第四,针对不同类别的“影子银行”,在规则设计时应当注重差异化、动态化的治理措施配置。在金融机构类“影子银行”方面,继续强化“一行两会”对归口“影子银行”业务的监管。例如,针对银行利用理财资金投资非标资产,加强并表管理,控制表外融资规模。当前,银行表外理财业务增长迅速,金融风险较为突出:表现之一是,表外理财底层资产的投向主要包括信贷、债券等资产,发挥着信用扩张作用,如果增长过快会积累系统性风险,不利于“去杠杆”要求的体现与落实;[①]表现之二是,目前表外理财虽名为“表外”,但资金来源在一定程度上存在“刚性兑付”问题,当风险暴露后,银行不得不在资产负债表内化解,这样一来就无法真正实现风险的隔离。[②]鉴于此,应当引导金融机构更为审慎经营,进一步加强对表外理财业务的宏观审慎评估。特别是应当考虑将银行的表外理财纳入人民银行主导的MPA广义信贷指标,合理引导金融机构加强对表外业务风险的管理,具有可行性的监管措施为,将银行表外理财资产扣除现金和存款后的余额纳入广义信贷体系,继续以余额的同比增速为量化指标实施考核。另外,进一步规范银信合作、银证合作以及同业代付等同业业务,弥补《关于规范金融机构同业业务的通知》规定的不足,建议在规则的制定中,明确信托公司、证券公司、基金子公司以及交易对手银行计提相应拨备和资本标准,强化对资产证券化、售后回购及其他表外融资业务的审慎管理,以银行传统表内信贷业务的标准监管其经营的表外业务,严格杜绝商业银行在从事同业业务时,承诺产品到期时支付全部本金和收益或者为第三方金融机构提供隐性担保,承担实质性风险等情况的发生,最终减少金融机构类“影子银行”监管套利的空间和可能性。

---

① 参见吴俊霖:《影子银行、资本监管压力与银行稳健性》,载《金融监管研究》2019年第1期。

② 参见郭潇蔓:《不同金融环境下影子银行对系统流动性风险的影响》,载《经济问题探索》2020年第10期。

在准金融机构“影子银行”方面，目前准金融机构行业存在的违法违规的行为较多，突出表现在非法集资、超范围经营等问题。根据《融资租赁企业监督管理办法》《典当行业监管规定》《关于非金融机构合格投资人进入银行间债券市场有关事项的通知》《关于非金融机构合格投资人债券交易有关事项的公告》等，具有放贷资格的准金融机构只有小额贷款公司和典当行，但是在实务中，融资租赁公司、融资性担保公司也普遍存在违规发放贷款的行为，严重扰乱了市场金融秩序，甚至可能引发区域性风险。[①] 由于缺乏稳定的资金来源，从银行获得授信又受到监管的限制和约束，因此，部分准金融机构为了扩大资金源，以“高息揽储”等方式非法向不特定公众吸收存款或者以其他方式变相吸收存款，涉嫌非法集资。[②] 鉴于此，监管重点应当放在从源头上治理准金融机构超范围经营和违法获取信贷资金方面。商务部和省级人民政府作为准金融机构的主要监管部门，应当对其归口监管的机构进行系统摸排和调查，针对突出存在的问题，进一步制定行政规章及实施细则，同时加大执法监督力度，规范准金融机构的经营活动，斩断违法获取信贷资金的渠道。此外，针对地方性金融资产交易所的监管，目前为止仍没有明确的法律法规，同时也没有明确获得中央金融监管部门或者法律法规授权的地方政府部门的监管，鉴于其从事非标金融资产交易活动，为部分金融机构进行套利行为提供了通道，因此必须予以明确和有效的监管。具体而言，应当制定作为监管依据的法律法规或者部门性规章，明确地方金融资产交易所的法律属性，明确业务的“负面清单”，厘清业务边界；可以考虑授权省级地方政府对金融资产交易所进行监管；构建以透明度监管为核心，覆盖市场准入、交易规范、过程监管、公司治理、市场退出机制以及投资者保护的监管体系，在呵护金融创新的同时，防控系统性金融风险，促进金融市场平稳发展。

在民间金融类“影子银行”方面，从法律层面对民间金融进行界定，尽快颁布“放贷人条例”，明确其法律属性和业务范围。同时，立法应当明确

---

① 参见郭娜、彭玉婷、冯立：《影子银行、金融风险与宏观审慎监管有效性》，载《当代经济科学》2021 年第 2 期。

② 参见王喆、张明：《金融去杠杆背景下中国影子银行体系的风险研究》，载《金融监管研究》2018 年第 12 期。

治理措施的目标,打击执法"一刀切"的情形,规范治理主体引导民间金融从地下走到地上,实现阳光发展。尽快建立民间借贷监管中心,赋予符合法定条件的民间金融组织法人资格,实行有限责任制。在此方面,温州民间融资改革试点积累了丰富的经验,值得参考和借鉴。从全国范围而言,建议由银保监会牵头与各地政府尽快进行沟通与合作,建立民间借贷监管中心,对资金的规模、用途和利率进行全覆盖式监测,为有关部门制定宏观政策提供数据支持。对于民间金融类"影子银行"普遍存在的超范围经营以及参与非法集资等问题,应当在立法中继续秉持"底线思维",即不得自融、设立资金池,不得从事非法吸收公众存款、集资诈骗等非法集资类活动以及非法经营类活动。同时,针对民间金融类"影子银行"存在的金融风险,应当建立应急机制,强化金融风险处置预案和司法介入,利用司法手段打击借"金融创新"之名从事"庞氏骗局"或者非法集资之实的行为,建立和完善风险暴露后的损失分担机制,防止金融风险蔓延和交叉传染,维护金融稳定。

(五)房地产金融法律治理的规范配置的具体完善

第一,改变土地征收与征用制度。具体而言,一是要完善《土地管理法》和《土地管理法实施条例》中的征地程序,政府必须依法行政。只有建立严格的法制程序,为政府与被征收征用者之间建立一种稳定的制度安排,同时保障行为的合法性和被征者之间的合法权益,才能促进社会和谐与稳定。[①] 为促进我国经济和社会的可持续发展,实现科学发展观的要求,地方政府要依法行政,加强对房地产及其相关行业、产业的客观、公正、独立的调控。二是规范土地征收行为,在立法中对土地征收征用引入市场化机制。只有变征地为买地,实行平等的市场交易行为,才可能实现土地资源和社会经济的可持续性发展。三是加强金融监管,治理平台贷款。地方政府依赖土地财政,建立了数量众多的平台公司并用以融资,积聚了金融风险。只有加强金融监管,对平台贷款逐步进行清理、整顿,做到市场经济用市场经济的手段、政府的公共支出用政府的财源,才能真正使政府承担其自身的真实

① 参见昌忠泽:《房地产泡沫、金融危机与中国宏观经济政策的调整》,吉林大学出版社2018年版,第181页。

的公共职能,减少不必要的市场干预,消除地方政府对土地财政和房地产业的依赖,破解房地产泡沫膨胀的根源。①

第二,完善房地产税收法制,抑制投机炒房。我国现行税收法制大多是通过政府部门授权立法,虽然一定程度上可以保障我国税收工作的顺利进行,但部门立法的局限性,决定了当前税收相关法制不健全,立法层次不高,加之立法与行政归于一体,不能保障立法过程中的去部门化利益。在当前房地产税制改革的大背景下,一方面,要将包括房地产税在内的税收立法权收归全国人大及其常委会,以防止房地产税收改革利益部门化。另一方面,我国房地产市场保有成本过低,特别是保有阶段发生的房地产价格上涨归属保有者,拉大了贫富差距,鼓励了投资投机需求。因此,有必要丰富我国房地产税种,增加物业税、遗产税、赠与税等的实施,提高房屋持有者的持有成本,打击投机需求。

第三,严守房地产企业资金检测和融资管理的规则,利用货币政策工具加强对房地产泡沫形成机制的管制,加快利率市场化改革,控制资产泡沫形成的资金基础。近年来,相关部门相继出台房地产企业的资金检测和融资管理的规则,②防范系统性金融风险的爆发。资产泡沫的形成,很大部分是由于资金的推动,要加强资产泡沫形成机制的管制,就要控制资产泡沫形成的资金基础,在控制货币供应量的同时,还要通过运用中央银行的传统金融工具——存款准备金、再贷款、再贴现等货币政策工具加大对全社会信贷总量的控制,并通过加强项目最低资本金的管理和房地产抵押贷款首付比例管理,综合性地全面控制资产泡沫形成的资金基础,防范和控制房地产泡沫有可能对我国经济金融体系带来的系统性风险。此外,我们要加强利率市场化机制改革,促进资金价格的合理形成和资金的合理分配。只有加快资

---

① 参见朱羿锟、黄斌腾:《抑制房地产泡沫的法律对策探索》,载《法学论坛》2005 年第 4 期。

② 2020 年 8 月 20 日,住房城乡建设部、人民银行在北京召开重点房地产企业座谈会,会议上,明确了重点房地产企业资金监测和融资管理规则,被称为“三道红线”。该政策于 2021 年 1 月 1 日起全行业全面推行。“三道红线”包括房企剔除预收款后的资产负债率不得大于 70%;房企的净负债率不得大于 100%;房企的“现金短债比”小于 1。此外,拿地销售比是否过高、经营性现金流情况两个方面也将作为监管机构考察的重要指标。参见《房地产行业的“三道红线”》,载东方财富网,http://caifuhao.eastmoney.com/news/20200830130344877864890。

金利率市场化形成机制的形成，才可以通过市场机制作用正确配置资金，防范房地产泡沫，避免过剩产能形成。

第四，改变信贷核算体系，防范信贷风险，遏制道德风险。由于在公允价值会计核算体系下，房地产等固定资产贷款对于作为贷款人的商业银行等金融机构而言，贷款的利息收入体现为当期利润，商业银行等金融机构有扩张贷款的冲动并伴随道德风险，刺激了信贷风险的可能发生。① 相关金融机构的一些所谓“职业经理人”会基于其短期利益、为满足短期内的考核指标要求，对相关金融机构的短期经营和短期表现进行相应的操作，形成短期经营文化，不顾将来可能发生的各种不良资产形成和金融危机的发生，造成金融机构的亏损甚至破产。②

为了防止商业银行等金融机构扩大信贷规模的冲动，遏制道德风险，必须把信贷项目的将来的资产质量与商业银行等金融机构的长期发展挂勾，而不是短视地与当期相连对房地产等一年期以上的中长期贷款的核算方式要加以改变，使商业银行等金融机构的长期发展与商业银行等金融机构的职业经理人的长期职业生涯挂勾，并对相关工作人员的收入进行控制，使其收入与信贷资产的长期风险挂勾，避免其短视行为给金融市场和国民经济发展带来冲击。

建议修改《企业会计准则第 14 号——收入(2017)》的核算体系，对于商业银行等金融机构发放的一年期以上贷款，在借款人归还全部贷款之前所支付的利息收入，商业银行等金融机构作为递延利息收入记账，不体现为当期收入；当部分归还贷款本金时，根据已经归还的贷款本金在全部贷款本金中所占的比例将递延利息收入转为当期利息收入，直到全部本金回收完毕。这样，商业银行等金融机构的财务效益将真正与借款人今后的还本付息情况挂勾，可有效减少相关工作人员的短视行为，防范道德风险，避免房地产泡沫的迅速膨胀。

---

① 参见梁秋霞：《房地产市场泡沫、羊群效应及空间扩散》，经济科学出版社 2018 年版，第 225 页。

② 参见彭建刚、许李欣、彭安：《〈多德—弗兰克法案〉影响了美国房地产金融市场吗?》，载《湖南大学学报(社会科学版)》2019 年第 1 期。

(六)系统性金融机构监管的规范配置的具体完善

金融领域的风险极具传染性,大型金融机构的破产会使市场参与者的信心严重受损,全局性的挤兑风潮不可避免,就连原本健康的金融机构也会被卷入其中,最终导致整个金融市场的瘫痪。因此,加快完善对系统重要性金融机构的监管制度十分重要,其紧密关乎我国金融市场的健康、稳健运行。针对我国目前的系统重要性金融机构监管制度存在的问题,我们可以从以下几个方面来具体完善:

首先,完善系统重要性金融机构的评估方法。对系统重要性金融机构的评估识别是对其持续监管的前置条件。虽然我国在《关于完善系统重要性金融机构规制的指导意见》《商业银行贷款损失准备管理办法》《商业银行资本管理办法(试行)》《中国银行业实施新监管标准的指导意见》中已经基本确立了系统重要性金融机构的评估方法,但是有鉴于系统重要性金融机构对金融经济发展的实际影响能力,对其评估方法的设置并不能一成不变,而需要随着金融经济环境的改变与时俱进。另外,《关于完善系统重要性金融机构规制的指导意见》要求从"规模、关联度、复杂性、可替代性"等指标对金融机构的系统重要性进行识别,可以看出这 4 项指标主要是评估金融机构财务困境对金融经济的潜在影响,但其设置缺乏考虑金融机构财务困境的脆弱性,也即评估财务困境对金融机构产生的影响,以及在陷入实质性财务困境时,金融机构可能如何应对。同时,上述指标的设置也存在开放性不足的问题,这就容易导致在金融市场环境发生变化时指标的效用性难以被发挥,因而建议在《关于完善系统重要性金融机构规制的指导意见》中增加评估金融机构财务困境的脆弱性指标,如杠杆率、流动性风险、期限错配以及现有合规审查等,并且还应当增加授权条款,由金融稳定发展委员会依据市场环境变化及时修订指标内容,提高指标设置的开放性和灵活性。

除此之外,根据《关于完善系统重要性金融机构规制的指导意见》第 7 条,"规模、关联度、复杂性、可替代性"属于定性分析指标,但仅有定性分析尚不足矣,定性分析仅可以帮助我们对金融机构做大致了解,此时需要以定量分析作出补充,以数据形式提高对金融机构的更细微、直观认识。因此,我们拟对《关于完善系统重要性金融机构规制的指导意见》做定量分析的立法补充,具体而言:

一是要选择系统重要性金融机构的评估指标,结合巴塞尔委员会以及金融稳定理事会此前的国际标准,在根据我国银行、证券、保险行业的现实发展情况,我们可以将“资产总额”“与其他金融机构结算量”“复杂金融资产”“金融负债”“结算清算业务量”“代理委托业务量”作为定量分析的评估指标。

二是采用熵值法为各个指标赋予权重。在信息论中,通常使用熵来判断某一事物未来存在的不确定性的程度,这种关系表现为熵值与不确定性大小成正比,当所使用的数据量也即关键信息数量越多,不确定性越小,熵值也就越小。如果我们将这一原理置入权重赋值过程,可以用此来判断各项指标的离散程度,如果这一值越大,则该指标对最后结果的影响也将越大,应当被赋予更大的权重。

将熵值法具体应用于对我国系统重要性金融机构评估指标赋权时,可以先以 i 标识金融机构,用 j 标识系统重要性评估指标,另 X_{ij} 表示第 i 个金融机构第 j 个评估指标的原始指标值,其中 $i \in [1,m]$, $j \in [1,n]$。将需要检测的样本数量标记为 m,系统重要性评估体系包括 6 个指标,因此$n=6$。

为了统一数量级,令 $Y_{ij} = \dfrac{X_{ij} - \min X_j}{\max X_j - \min X_j}$,$Y_{ij} \in [0,1]$;对数据进行标准处理,即 $Y'_{ij} = \dfrac{Y_{ij} - \overline{Y}_j}{\sigma_j}$,其中 $\overline{Y}_j$ 为第 j 向指标的均值,σ_j 为第 j 向指标的标准差。由于熵运算包含对数运算,要求指标均为整数,因此做如下变换:$Z_{ij} = Y'_{ij} + l$,其中 $l = \text{int}(\min(Y'_{ij}))+1$,int(　)表示数值向下取整最为接近的整数。

测算在第 j 个指标下,第 i 个金融机构的指标值总和中所占的比重:

$$P_{ij} = \frac{Z_{ij}}{\sum_{i=1}^{m} Z_{ij}} (j = 1,2,3,\cdots,n)$$

然后,计算第 j 个指标的熵值:

$$e_j = \frac{\sum_{i=1}^{m} P_{ij} 1n P_{ij}}{1n(m)} (e_j \geqslant 0, j = 1,2,3,\cdots,n)$$

根据熵值的定义可知,熵值越小,指标值的离散程度越大,所包含对评估有价值的信息量也就越大。将第 j 项指标的差异系数定为 $d_j = 1 - e_j$,d_j 越大表明指标值之间的差异越大,对综合评估的作用也就越大,应该被赋予更大的权重。具体地,第 j 项指标的权重可通过以下公式计算:

$$W_j = \frac{d_j}{\sum_{j=1}^{n} d_j}(j = 1,2,3,\cdots,n)$$

其次,丰富与增加宏观审慎的资本规制工具。宏观审慎的资本规制旨在控制受到冲击的系统重要性金融机构的资产负债表过度收缩所带来的社会成本。[①] 当危机来临时,金融机构将倾向于承担过高的债务水平,因为短期债务是一种比股票更便宜的融资形式。金融机构可以从中获得廉价债务融资的好处,但它们并没有将其所有成本内在化。[②] 无论是贱卖效应还是信贷紧缩都意味着金融机构有过于强烈的激励措施:(1)在危机发生时缩小资产而不是进行资本重组;(2)在危机发生之前以薄弱的资本缓冲运作,从而提高了爆发危机和整个系统资产负债表收缩的可能性。[③] 因此,宏观审慎的资本规制旨在平衡这两种趋势。规制机构需要关注所有的渠道,通过这些渠道,减少金融机构可能造成的损害。是故丰富与增加宏观审慎的资本规制工具是必要的,具体而言包括:

一是随时间调整的资本要求。对于资产负债表收缩问题,直觉上颇具吸引力的回应是,转向一种要求资本金随时间变化的制度,即要求金融机构在繁荣时期维持高于低迷时期的资本金与资产比率。在这样的规制下,金融机构可以在不利冲击来袭时提取缓冲,并在减少资产缩水的压力下继续运营。有学者认为,时变资本要求是一种最优方案,既考虑了保护投资者利益的微观审慎目标,也考虑了在衰退期间维持金融信用的宏观审慎目标。这一制度的挑战是,在衰退时期,规制资本要求往往不是对金融机构的最终

① 参见张宝:《宏观审慎监管下的系统性资本要求研究——基于系统重要性金融机构的视角》,载《经济体制改革》2012 年第 3 期。

② 参见解正山:《系统重要性金融机构监管法律问题研究》,中国政法大学出版社 2017 年版,第 205 页。

③ 参见解正山:《系统重要性金融机构监管法律问题研究》,中国政法大学出版社 2017 年版,第 206 页。

约束。[①] 相反,随着金融机构资产风险的上升,市场可能会对其施加比治理主体更严格的要求,拒绝为资金不足的机构提供资金。这种模式意味着,要实现资本比率随时间变化的规制要求,繁荣时期的最低限度必须人人超过萧条时期市场施加的标准。

二是高质量的资本要求。传统上,治理主体最关注的资本指标是一级资本总额与风险加权资产的比率。除普通股外,一级资本总额还包括优先股。因此,股本和优先股对满足资本要求的计算方式是相同的。从微观审慎的角度来看,这是可行的。当银行等金融机构倒闭时,想要避免存款保险机构的损失,只要普通股东和优先股股东的优先级严格低于存款保险机构的债权,这些资本就能提供所需的损失吸收缓冲。然而,在金融危机之后,许多投资者和治理主体讨论了银行等金融机构资本基础的"质量",以及普通股如何成为一种比优先股"更高质量"的资本形式。[②] 尽管从微观审慎的亏损吸收角度很难理解这种区别,但从宏观审慎的角度来看,这种区别是本质性的。宏观审慎不关注静态的破产场景,而更多地关注于让陷入困境的机构能够动态地进行资本重组,并保持持续经营。[③] 与优先股相比,普通股对资本重组过程更为友好,因为普通股的级别较低,在上述债务负担处理上问题较少。[④] 所以考虑在立法中提高普通股在资产中所占的比重。

三是或有资本。或有资本规制假定债权人的收益是固定的,不会随着公司盈利能力的提高而增加受益,但可能会因公司破产而受到损害,当债权人更清楚地认识到其承担了公司破产的风险,他们将成为防止过度冒险的良好监督者。[⑤] 为了将更多的风险分配给债权人,这种规制要求金融机构发行某种证券,在财务状况恶化的特定条件下可自动转换为股权。而债权人为了降低这些条件发生的可能性,会对金融机构施加更严格的贷款条件。

---

① 参见宋科、李振:《宏观审慎政策、杠杆率与银行风险承担》,载《金融监管研究》2019 年第 10 期。

② 参见徐海霞:《货币政策与宏观审慎监管协调问题的研究进展》,载《经济问题探索》2018 年第 11 期。

③ 参见刘红忠、卢华编著:《金融市场与机构》,复旦大学出版社 2019 年版,第 218 页。

④ 参见薛前强:《论股东利益异质化的私法衡平——以美国优先股司法实践为视角》,载《西南政法大学学报》2019 年第 6 期。

⑤ 参见马广奇:《资本市场博弈论》,上海财经大学出版社 2006 年版,第 90 页。

事实上是通过合同限制冒险行为,使管理层和投资者的利益保持一致。[①]因此,可将或有资本规制视为通过或有工具预先安排资本重组。一般而言,有两大类或有资本工具。第一种被称为“或有可转换债权”。这是一种银行发行的债务证券,当银行的规制资本或股票价值低于某一个固定的阈值时,此类证券自动转换为股权。第二种类型的或有资本是“资本保险”,它是银行购买的一种保险,当银行处于不利状态时获得回报。为了解决人们对保险公司违约的担忧,保单将被全额抵押。也就是说,保险公司将把保单的全部金额预先存入一个保险箱。或有资本与改革高管薪酬制度之间有着密切的联系,如要求金融机构保留关键员工的奖金。[②] 例如,建议将每位高级管理人员的相当一部分薪酬保留数年,且此类的薪酬必须是现金的形式。如果公司倒闭或得到政府的特别援助,管理人员将丧失他们的薪酬。从结构上讲,这种制度改进提议类似于资本保险计划,其关键区别在于它要求公司管理人员成为保险提供者,不仅创造了额外的或有资本缓冲,还有助于改善公司内部的激励机制,使关键员工的命运与纳税人和其他债权人的命运保持一致,改变传统上“正面我赢,反面你输”的冒险激励机制。

再次,在资本监管的基础上,推进系统重要性银行的监管与国际标准接轨。资本监管是对金融机构实施审慎监管的核心内容,对确保单个机构稳健经营,维护金融体系稳健运行有着十分重要的意义。目前,针对系统重要性银行的监管,我国也在努力与《巴塞尔协议》确定的标准相衔接。例如,对系统重要性银行施以附加资本规定。而对于金融稳定理事会提出的全球系统重要性银行总损失吸收能力的要求,尚未出台相关的政策。尽管作为新兴市场国家,我国享有推后 6 年实施的优惠政策,但需要注意的是按照豁免要求,如果在此期间内我国非政府债券(不含政策银行债)规模占 GDP 的比例超过 55%,则需要在突破日后 3 年内达到国际标准。[③] 根据中国人民银行的统计数据,截至 2019 年年末,我国非政府债券规模 36.2 万亿元,

---

① 参见国家外汇管理局江苏省分局资本项目处课题组、陈国宁:《跨境资本流动的价格型宏观审慎监管工具研究》,载《金融纵横》2017 年第 1 期。

② 参见郭桂霞、于丽洁:《或有资本与银行风险承担——基于中国商业银行数据的实证研究》,载《财经论丛》2020 年第 2 期。

③ 参见秦菊香主编:《中央银行与金融监管》,高等教育出版社 2019 年版,第 90 页。

扣除我国政策性银行债11.3万亿元后，占2016年GDP的39%，而2018年年末这一比例为33%。该比例逐年上升，并呈现加速增长趋势，监管机构应该早做安排。[①] 特别是，由于《全球系统重要性银行总损失吸收能力条款》要求债务资本占风险加权资产的比重不得低于其资本最低要求的33%，这对于存款占比高、以利息收入为主的我国银行影响较大，现行负债结构和经营模式将难以全面适应《全球系统重要性银行总损失吸收能力条款》的监管导向，未来需要发行大量债券，这对我国债券市场会带来一定的冲击。

根据金融稳定理事会的相关要求，符合总损失吸收能力要求的债务工具的偿还顺序要在一般债权之后。同时，满足该受偿顺序的方式有三种，一是法律规定，即通过《中国人民银行法》《商业银行法》《证券法》等国家立法的形式，明确某种债券具有后偿性；二是结构规定，即通过不从事实际业务的非运营集团公司发行高级债，因集团无其他负债，故其发行的高级债具有天然后偿性；三是合同规定，即通过债券发行协议等明确此类债券的受偿顺序在一般债权之后，明确吸收损失的进行减计或转股的触发条件。[②] 从我国目前的实际情况来看，采用合同约定相关合格债务工具的做法最为可行，但需要加快完善有关债务性资本工具转股条款的法律制度。例如，修改《商业银行资本管理办法》或者出台"加快推进商业银行资本工具创新的意见"等规范性文件，在原有优先股或减计型二级资本债券的基础上增加资本工具种类，为无固定期限资本债券、转股型二级资本债券、含定期转股条款资本债券和总损失吸收能力债务工具等资本工具疏通合规路径。同时，四家全球系统重要性银行未来发债需求数量巨大，应当优化债券发行的核准制度，提高发债筹集资本的速度和效率，逐步扩大债券市场投资规模。

在资本监管的基础上，根据《全球系统重要性银行总损失吸收能力条款》的要求，研究制定对系统重要性银行风险治理机制、数据加总和风险报

① 参见刘硕：《我国系统重要性金融机构监管问题研究》，载《山西财经大学学报》2020年第S1期。

② 参见李凌、宋剑奇：《中国银行业实施巴塞尔协议Ⅲ资本监管的实证研究》，中央编译出版社2017年版，第109页。

告等领域的配套制度。银行数据加总、管理和风险报告的能力与银行的风险计量和风险管理水平密切相关，也是进行风险管理决策的重要依据和前提，系统重要性银行要不断完善信息系统，提高数据收集、分析、管理的能力和效率。

最后，规范系统重要性金融机构的公司治理。市场经济总是存在不确定性，而不确定性必然带来风险，这点在金融领域表现得更为突出，金融机构只有不断地“强身健体”才能从容地面对各种突发情况，良好的公司治理与风险管理是金融机构稳健运行的基础，也是一切监管措施的基础。[①] 因此，金融市场治理主体应该密切关注系统重要性金融机构日常的经营活动，并加强监管与指引，可以考虑从以下几方面入手：一是建立并加强责任追究制度。加大对金融机构经营活动过失者与风险活动相关责任人的处罚力度，加强对系统重要性金融机构董事与高管人员任职资格的审查，并严格监督与检查其董事会的尽职情况。二是改革并完善管理层薪酬制度。监督系统重要性金融机构调整其高级管理人员的激励措施与薪酬机制，切断经营者报酬与公司短期利益的直接挂钩，建立经营管理者利益与公司长远健康稳健发展之间的息息相关的制度。实践表明，众多系统重要性金融机构管理层的经营目标已经偏离了企业长期绩效最大化的原则，而是追求短期盈利最大化，使金融机构暴露在巨大的风险之中。因此，要监督系统重要性金融机构调整其管理层的激励机制与薪酬制度，切断经营者报酬与公司短期利益的直接联系。在改革薪酬制度做法上，《美国金融改革法案》授予金融机构股东对于高管层薪酬安排以及“黄金降落伞”制度的非约束性投票权；[②]英国金融服务局于2010 年年初出台新规，对于年薪超过100 万英镑的金融机构职员，其总薪酬的60% 必须在之后的 3 年内递延支付。[③] 三是深化现场检查与非现场检查监管机制。一方面要强化对系统重要性金融机构

---

① 参见张晓燕、何德旭：《系统重要性银行监管框架设计：基于金融包容视角》，载《甘肃社会科学》2017 年第 1 期。

② 参见[美]H. 大卫 · 科茨：《金融监管与合规》，邹亚生等译，中国金融出版社 2018 年版，第 175 页。

③ 参见朱南军、谢丽燕、邓博文：《系统重要性金融机构：国际监管实践与中国金融改革》，载《贵州财经大学学报》2019 年第 4 期。

的非现场监管，加强趋势分析与风险监测，尽早发现风险隐患，做到预警高效率、反馈迅速；另一方面还要加大对系统重要性金融机构现场检查的力度，确保掌握金融机构运营管理与风险暴露的真实情况，做到纠偏及时、控制有力。

（七）金融市场风险识别与预警机制的具体完善

金融预警机制的理论基础是“前馈控制理论”①。具言之，是在尊重事物发展变化的内在规律的基础上，密切关注其发展趋势，有针对性地提前采取一定措施，推动事物朝着有利的一面前进，或者防止其向不利的一面发展。与反馈控制相比，前馈控制具有以下优势：（1）前馈控制具有操作上的便利性，其对所依据信息时效性要求较低，历史信息是其主要的判断依据。反馈控制由于具有实时性质，对信息的质量、时效要求较高，在操作上比前馈控制复杂得多。② （2）相对于风险管理而言，前馈控制更具实用性。这是因为前馈控制是对历史数据分析后预测事物未来可能存在的不确定性，具有防患于未然的性质，对及时消除潜在风险因素具有重要意义。③ 事实上，每一次金融危机都是长期潜伏的危机因素的总爆发。通过建立健全金融预警机制，一方面，通过对金融市场运行态势的实时监测，可以及时发现潜在的风险因素，并据此适时采取治理措施，一定程度上有助于降低市场危机发生的概率；另一方面，由于金融预警机制的前馈控制性，将激励金融市场治理主体提前采取各类预防性措施，如此一来，即使危机依然爆发，市场整体对危机的应对能力也会有所增强，有助于减轻危机的负面效应。④ 此外，金融危机往往是与特定的国家或经济体特殊的制度有着密切的关系，现有对金融危机预警系统的研究范式，少有对其进行制度层面的考察，当一项措施难以上升到制度层面时，其有效性将大打折扣。

虽然我国目前已经在《银行业监督管理法》《商业银行风险预警操作指引》《商业银行市场风险管理指引》中对风险预警做出了一定的制度安排，

---

① 参见董小君：《金融风险预警机制研究》，经济管理出版社2004年版，第178页。

② 参见王小霞：《中国金融风险预警研究》，中国社会科学出版社2015年版，第102页。

③ 参见王小霞：《中国金融风险预警研究》，中国社会科学出版社2015年版，第102页。

④ 参见孙天琦、武岳、刘宏玉：《金融秩序与行为监管——构建金融业行为监管与消费者保护体系》，中国金融出版社2019年版，第16页。

但这些制度内容并不完善。例如,指标设定不科学、预警流程不完整,也没有形成体系化的预警机制,在实践中并没有真正发挥对系统性金融风险前馈控制作用。因此,我们建议加快系统性金融风险预警的立法建设进程。考虑到目前在这一方面的制度与实践尚且存在不成熟、疑难问题较多的情况,应当由国家金融稳定发展委员会会同中国人民银行、证监会、银保监会、国家统计局等部门,先行制定出台"系统性金融风险管理与预警暂行办法",针对我国当下及未来可能面临的金融市场风险跟踪监测,在经历实践的反复检验后,待时机成熟,可以将其吸纳至法律层面。以下,我们将对"系统性金融风险管理与预警暂行办法"开展制度层面的探讨,为加快健全我国金融风险预警机制提供参考。

1. 确立金融风险定性预警分析的原则与方法

哲学上量变到质变的过程,延伸向方法论就是定量与定性两种分析方法。在金融市场风险预警机制的构建中,对金融风险的性质和数量的观察、分析,是研判风险的两个基本着眼点。一般而言,对风险的量化认识,可以获得更为直观、精确的结果。但法学等社会科学领域并非自然科学那样,客观的数字不能说明所有问题。设计价值、意识等主观层面的风险认识,往往难以量化。是故,对金融风险进行定性预警分析就显得非常必要。

具体而言,在确立系统性金融风险定性预警分析之时,首先要明确定性预警分析的基本原则,包括:(1)适时性原则。金融体系是一个完整的生态系统,推动其运转的因素多种多样,且这些因素往往处于不断变化之中,由此为金融体系带来的不确定性因素也不同。例如,20 世纪 50 年代国际投机资本对金融市场的隐患远比现在更小。① 因而,风险预警机制应当遵循适时原则,针对影响金融稳定的因素的变化,根据其历史数据,及时判断分析市场中的潜在不确定因素,相应地调整风险治理措施。(2)系统性原则。金融市场运行的每一个环节、每一项具体的业务都可能带来一种或多种风险。有的金融风险容易识别,有的则不易被察觉,对其中任何一个环节的忽略,都可能导致金融预警监测的失败。因此,注重金融经济各个环节、各项

① 参见王妍、王继红:《金融摩擦、货币政策传导与系统性金融风险——影子银行风险承担角度的研究》,载《金融经济学研究》2019 年第 4 期。

业务的紧密联系是十分必要的。(3)准确性原则。对系统性金融风险的定性预警分析,一方面,要准确识别各风险的具体类型、风险的存在部位和风险源头,否则会致使后续的分析工作误入歧途;另一方面,对风险程度的判断与分析要力求准确,因为对风险程度的估计偏差过大,既可能导致风险治理资源的浪费,也可能导致风险管理的失败,提高风险蔓延的速度。因此,在定性预警分析过程中,要达到实时分析、系统分析、准确分析的要求,提高其有效性与可靠性。

另外,建立多样化的分析方法对构建金融风险定性预警分析机制也是必要的。定性预警的分析方法并非固定不变,其具有灵活性、多样性。具体而言,定性预警分析方法可以包括:(1)专家调查法。在实践中,组织金融经济、法学等不同领域的专家,运用其专业知识和实践经验,根据金融市场实时面临的内外环境,通过直观的观察与归纳,对金融市场过去和现在的状况、变化发展过程进行综合分析,对金融市场可能存在的风险问题以报告形式提交相关部门。[①] (2)管理评分法。管理评分法最早是由美国布莱恩·莱斯特(Brian Lester)提出,其主张由金融市场各行业治理主体依照具体的风险指标,分别对本行业一定时间的风险因素进行打分并做具体分析,由统一的协调部门进行汇总以及最后决策,根据实际分数与标准值的差值,设立相应的风险预警信号。但该方法受制于金融治理主体政绩要求的影响,需要建立相应的监督与责任机制。[②] (3)"阶段症状"分析法。金融是现代经济的核心,金融风险反映了制度变迁中的风险积累,并推动着金融制度朝着适应经济制度的方向发展,从而也表现出阶段性的发展特征。金融风险的阶段性是判定风险性质、采取防范与化解措施必须考虑的重要因素,在不同的金融发展时期,金融风险具有时代性的诱因、特征和表现形式,反映出特定时期金融运行的深层次矛盾。[③] 因此,莱瑞·D. 索德奎斯特(Larry D. Soderquist)最早提出了对金融风险采取"阶段症状"分析法,根据金融在市

---

① 参见董小君:《金融风险预警机制研究》,经济管理出版社2004年版,第155页。

② See Zhang Man, *Rural Banks Risk Characterization and Risk Early Warning*, Management Science and Engineering, Vol. 7. No. 4, p. 74 – 78(2013).

③ 参见杨华、徐荣梅:《金融风险的社会化防范与化解研究　社会分工协作控制金融风险的理论与方法》,中国金融出版社2002年版,第64~66页。

场的不同发展阶段,将金融风险预警病症分为几个阶段,在具体阶段下开展定性分析。[①] (4)风险分解分析法。这是指将复杂的金融风险分解为多个组成要素,逐一判断其风险引爆概率以及潜在的威胁。具体过程为:先将金融风险分解为经济风险、市场风险、技术风险、资源风险、信用风险、流动性风险以及人员与环境风险等不同要素,然后对每一种风险作进一步分析判断。[②]

2. 建立金融风险预警的指标体系

金融风险的累积程度可以根据一系列的经济和金融指标来衡量,因而确立相应的衡量指标体系是构建与完善金融风险预警机制的重要步骤。实践中,引发金融系统不稳定的因素多种多样,这些因素的影响力度也因金融市场的发展程度、发展规模、结构水平、周期性以及治理主体的干预力度不同而各有差异。[③] 在具体选择适合我国金融市场的预警指标时,一是要借鉴先进立法的有益经验,尽可能与国际标准接轨。例如,《巴塞尔协议》的风险指标具有普遍适用性,且其中的部分指标的选取具有较强的针对性,相较于我国《商业银行市场风险管理指引》所设置的指标而言,其对当年还本付息额、外汇储备、外资金融机构对国内金融机构的持股比例等衡量可能引发大型危机的因素给予了更多关注。因而,可以在设置我国风险预警指标体系时,对指标计算的口径、数据的选取和体系结构吸取《巴塞尔协议》的有益部分,如此一来,也有助于指标选择的国际化,这对优化我国风险预警机制有很大助益。二是要提高指标对我国金融市场的运行态势的反映能力。换言之,指标的设置能充分体现我国金融市场波动情势,符合我国金融体系的运行规律。三是指标之间应当具有互补性。某一项指标仅能反映金融市场的部分波动情势,并不具备整体意义,只有综合运用才能发挥指标对风险预警的协同效力。例如,通过对短期国际资本/国际资本流入总量以及国际热钱/一国金融机构信贷总量的综合考量才能准确考察出国际游资对

---

① See Ali Serhan Koyuncugil & Nermin Ozgulbas, *Financial Early Warning System Model and Data Mining Application For Risk Detection*, Expert Systems With Applications, Vol. 16, No. 1, p. 6238 – 6253 (2012).

② 参见孙军:《大数据时代互联网金融风险预警及监管研究》,载《时代金融》2018 年第 30 期。

③ 参见周皓、陈湘鹏、何碧清:《中国系统性金融风险测度分析与政策建议》,载《清华金融评论》2018 年第 5 期。

一国金融系统稳定的冲击程度。因此，金融风险预警指标体系中的诸指标之间要相互联系、密切配合，组成科学的有机整体。只有风险预警指标之间互补缺漏，才能客观全面地反映金融风险状况，真正实现前馈控制的功能性效力。

3. 完善金融风险预警的组织机制，构建内部信息系统

金融风险预警的组织机制是预警工作开展的重要基础，它将直接影响风险预警监测的设计、实施乃至最终的效果。2017 年 7 月，第五次全国金融工作会议指出，中国人民银行宏观审慎管理与系统性风险防范的职能意义重大，对其进行强化的一个重要方面是健全风险监测与早期干预机制，将积极主动地防范与化解系统性金融风险置于首要位置，提高防范的科学性，尽可能做到“早识别、早预警、早发现、早处置”。笔者认为，尽管中国人民银行负责“货币政策 + 宏观审慎管理”的职能，由其督领金融风险预警工作似乎是合逻辑的演绎，然而，随着金融深化发展，金融混业经营不断加深，金融领域的风险不再是单一品种、单一行业风险，风险也呈现复杂化、混业化，其涉及保险、证券、银行、基金等不同领域。以互联网金融为例，2014 年红岭创投等网贷平台陆续推出股权资金募集、众筹融资等服务，将线上网贷业务与筹资类业务相结合；①2016 年平安金融集团旗下的平安担保公司为平安陆金所网贷平台的借贷业务提供担保，形成了担保业务与网贷业务融合的新模式，②此后，网贷业务与保理业务（礼德财富）、网贷业务与票据贴现业务（招财宝、民生易贷）融合模式也不断被开发并持续泛滥，这些混业经营模式虽然符合市场庞大的投融资需求，但也大大增加了系统性金融风险跨界传染的可能性，更为监管当局辨识系统性金融风险带来了阻碍。

与此同时，金融风险预警是一项极其庞大的工作，需要由独立于传统监管主体的新主体来统领协调。虽然我国《银行业监督管理法》第 27 条规定国务院银行业监督管理机构具体负责风险预警机制的建立，但受限于其职能范围与独立性，并不适合作为统领协调主体。笔者认为，金融预警工作的

---

① 参见毕扶摇、黄瑞：《英国金融监管机制对我国互联网金融市场行为标准化管理的启示》，载《当代经济》2019 年第 8 期。

② 参见叶文辉：《网络借贷平台风险与监管研究——对近期 P2P 平台集中爆发风险事件的思考》，载《金融发展评论》2019 年第 4 期。

负责机构应当为国务院金融稳定发展委员会。在具体操作上,应当确立国务院金融稳定发展委员会的统领地位,由银保监会、证监会、审计署、统计局共同参与,在坚持系统组织、统一标准以及分级监测的基础上,形成国家金融风险预警组织机制,负责对国内金融风险的监测与分析,并对相关预警结果向有关部门和机构反馈报告。

另外,如前所述,金融风险类型多样且总是交织在一起,其形成机理及原因错综复杂,除了必要的组织保障外,还需要强有力的信息系统支持。当前,我国金融市场治理中的信息管理遵循分类原则,其效用的发挥难以满足金融风险预警系统的需求,对其支持力度有限,与巴塞尔委员会确立的“准确、有意义、及时且具有透明度”的标准相差甚远,不利于金融风险预警工作的日常开展。因此,建立以国务院金融稳定发展委员会为协调主体的预警信息系统十分必要。具体来说,一是预警信息系统必须能够成为风险预警和业务分析的前提条件。信息系统必须能够支持一系列风险管理活动的顺利开展,为量化分析提供坚实的基础支持。[①] 二是信息系统要具有完善的信息传导机制。该机制应当保证金融预警工作系统内部的信息渠道畅通。例如,某一治理主体掌握的信息流向其他治理主体的渠道通畅,而且还要确立信息流通的责任机制,负责传递信息的人员应当对其失职行为承担法律责任,由此提高信息传递的效率。

(八)金融市场危机处理机制的具体完善

1. 完善存款保险制度

1997 年亚洲金融危机之后,我国在防范和化解金融风险方面做了大量的工作,如财政拨款充实四大国有银行的资本金、加强银行内部风险控制机制、改善货币政策决策机制等一系列措施,[②]这尽管大大降低了我国金融体系的系统性风险,但是,我国金融体系内仍然存在严重金融风险的潜在隐患。商业银行的信用危机、流动性危机仍然客观地存在,这是由于社会融资结构中间接融资比重过大,无法发挥直接融资转移和消散风险的功能。据

---

① 参见孟祥松、王淑华、吴蔚编著:《经济全球化背景下国际贸易与金融发展研究》,吉林大学出版社 2015 年版,第 207 页。

② 参见刘惠好、焦文妞:《金融强监管对银行个体风险影响的实证研究》,载《金融监管研究》2019 年第 10 期。

统计,目前我国包括各类贷款在内的间接融资占总社会融资规模高达87.7%,另外包括非金融企业境内股票和企业债券在内的直接融资占比为12.3%。[①] 截至2019年8月,我国中小企业通过银行间接融资的比重高达82%,另外的18%也涵盖大量通过民间借贷市场且未纳入社会融资规模统计范围的间接融资。[②] 上述现象使金融风险不断在银行业积聚,部分城市和农村信用社正面临自有资金和备付金不足、不良贷款比例偏高等风险。存款保险制度对维护一国金融体系的稳定有着非常积极的作用。存款保险制度不仅是金融市场法律治理的重要技术手段,也是处理金融机构经营失败、防范风险蔓延传染的减震器,对保护存款人的利益、防范和化解局部金融风险起着重要作用。《存款保险条例》的颁行让这一重要的风险减震器穿透纸背成为现实,这也标志着我国金融市场风险治理能力的一大进步。尽管目前《存款保险条例》在参保范围、偿付机制、风险处置等方面还存在不足,但其在稳定金融市场整体信心方面,仍然扮演着不可或缺的角色。加快对存款保险制度的完善工作,将是金融市场法律治理变革的重要任务之一。于此,笔者的建议如下:

第一,扩大存款保险的参保主体范围。目前,我国存款保险基金主要面向于吸收存款的银行类金融机构,这一范围的确定与《存款保险条例》出台时的经济社会发展情况相符合。但是,随着金融经济创新发展,互联网科技日渐成熟,互联网与金融的结合成为当下金融市场最大的变化之一,各类第三方支付平台、各种互联网金融公司纷纷涌现,甚至已经开始在社会居民的日常生活中扮演着不可或缺的角色。互联网金融是指各类传统金融机构借助移动支付、云计算、社交网络、搜索引擎、应用程序等所提供的信贷、融资、理财、支付等一系列金融服务模式,其主要包括第三支付平台、互联网融资平台以及互联网理财、信贷等形态。[③]

---

① 参见盛朝迅:《中美比较视角下我国制造业发展存在的问题及对策》,载《湖北大学学报(哲学社会科学版)》2020年第3期。

② 该数据由国务院发展研究中心产业经济研究部部长赵昌文同志在2019年11月25日"2019资本市场服务中小企业国际研讨会"上指出。

③ 参见尹振涛:《互联网金融监管的法治化思考:必要性、路径及实施》,载《社会科学家》2019年第10期。

这些新型的互联网金融产品集信贷、存款、理财等金融服务于一身,可以说与传统的银行服务模式几乎一致。具体而言,从存款方面来看,互联网金融也有传统银行的存款功能,而且,其所存款项通过购买相应的理财产品也会获得一定的收益,而这一收益有可能高于银行存款利率。当投资者继续资金周转或日常消费时,可以随时从中支取金额,可以说,互联网金融产品在存款功能方面与传统银行的活期存款并无差异,且更具有灵活性。从贷款方面来看,传统的银行贷款业务主要是银行将货币在一定时间段借出,获取利息收入的资产业务,其具有期限性和收取利率的特征。而这两方面在互联网金融贷款业务中也存在。相较于传统商业银行的信用贷款而言,互联网金融贷款增加了广大居民的贷款可获得性,提高了生活消费便利度,越来越成为金融市场不可缺少的重要金融工具。通过将互联网金融与传统银行的存款及贷款等基本功能相比较,二者无疑具有同质性,而且,由于互联网金融在监管上的漏洞,容易引发金融风险,影响金融市场的信用基础。[①] 因此,有必要将互联网金融机构也纳入存款保险的参保范围,维护金融市场稳定发展。

第二,明确及时偿付机制的触发条件,提高偿付效率。我国《存款保险条例》第 19 条规定在银行出现被接管和撤销时,存款人有权向存款保险基金管理人申请偿付存款。但有关接管和撤销的进一步规定至今未明。因此,为了提高偿付效率,明确偿付机制的处罚条件,保护存款人利益,首先,要具体明确存款保险管理机构接管问题银行的条件,如明确何种情况下由存款保险机构接管问题银行,在银保监会接管问题银行的情形下,是否会影响存款人要求偿付的权利;其次,要明确存款保险管理架构清算被撤销投保机构的条件,即何种情况下由银保监会清算,何种情况下由存款保险机构清算,清算的启动条件为何以及是否影响存款人的利益等;最后,还要尽快建立存款人信息统计系统,采集并合并统一存款人在所有存款投保机构的信息。这将有助于存款保险管理机构尽快确定偿付对象范围和应收到的存款偿付额度。

此外,为了提高存款偿付的效率,《存款保险条例》的修改还应推动被

---

① 参见张成虎、刘杰:《互联网金融创新与金融监管的动态演化博弈》,载《贵州社会科学》2020 年第 1 期。

动偿付向主动偿付转变，以更好地发挥存款保险维护市场信心、降低系统性风险的作用。对此，有必要完善存款保险偿付机制的通知方式与通知内容。例如，增加通过公共媒体发布偿付信息的渠道，在通知时，要求通知内容应当涵盖如下信息：(1)存款人获得赔付的时间、地点、方式；(2)存款人获得赔付前所需提供的信息；(3)存款保险管理机构是否可以提前偿付或者中期付款；(4)是否存在有存款人损失资金的现象；等等。

第三，完善风险快速处置机制。要实现问题银行的市场化退出，有必要充分发挥存款保险基金管理机构在风险处置中的主导作用。由银保监会处置问题银行时，资产回收的资金与处置资金的缺口往往由纳税人承担，而以存款保险机构作为处置问题银行的主导机构，其资金来源将是各银行缴纳的保险款项，有助于在提高风险处置效率的同时，降低道德风险。因此，提高存款保险基金管理机构在风险处置中的自主权十分必要。一方面，应在《存款保险条例》中明确赋予存款保险机构对问题银行的接管、重组和清算权力，并在此基础上，进一步明确存款保险基金与银保监会各自职能的不同，避免二者在处置问题银行的执行中产生职权重叠。另一方面，要丰富存款保险基金管理机构的风险处置手段。从实践中来看，我国目前的处置方式仅包括并购式(1996 年贵阳清镇红枫城市信用社支付危机案、1999 年汕头商业银行支付危机案)、接管式(1998 年永安财产保险公司接管案、2019 年包商银行接管案)、关闭式(1998 年海南发展银行案、1999 年广东国民信托撤销案、1999 年广东国际信托投资公司破产案)，处置效果较不理想，对公共财政资源损耗较大。因而在具体的处置过程中，可以借鉴英国和美国的做法，就问题银行的类型和发生问题的具体情况的不同，采取更为有效的解决方法，包括但不限于采取过桥银行、经营救助方式处置问题银行。另外，还需明确存款保险基金管理机构采取收购与承接、过桥银行、经营救助与直接偿付等方式的标准。应结合问题银行的规模、系统重要性、资产质量以及具体的法律要求，制定综合性的、定性与定量相结合的处置方式的选择条件。最后，要完善存款保险基金管理机构进行风险处置的实施细则。例如，明确对问题银行停止接管或者延期接管的条件；明确有风险处置导致存款保险基金管理机构出现资金短缺时，存款保险基金管理机构补充基金的处罚条件与融资渠道①;等等。

第四,建立存款保险基金管理机构与其他金融市场治理主体的协调机制。加强存款保险基金管理机构与其他金融市场治理主体的统筹协调,应充分发挥国务院金融稳定发展委员会在金融市场法律治理中的统筹作用,明确各金融市场治理主体在干预问题银行、处置问题银行时的任务分工,避免出现监督管理的真空地带,减少监管内容的重叠,同时杜绝出现不一致的情况。对于各监管机构之间已经出现的职能重叠问题,应该进行重新细分。当其他金融市场治理主体处置问题银行时,应当保障存款保险基金管理机构参与并获取相关信息的权利,以便存款保险基金管理机构能做出充分准备,应对风险事件发生的可能性,及时向存款人传递银行风险信息。

2. 完善最后贷款人制度

第一,建立以信贷资产为主的中央银行抵押品管理机制。为了维护中央银行资产安全和防范交易对手道德风险,中央银行在向金融机构提供流动性时,要求借款人提供足额合规抵押品是较为普遍的做法。虽然《银行业监督管理法》《中国人民银行紧急贷款管理暂行办法》规定金融机构再贷款需要按照《担保法》提供合格的担保,但是从实践角度来看,各大金融机构为了获取贷款,往往使用自身的贷款客户做担保,甚至借助地方政府的行政指令要求其他金融机构提供担保,使担保形同虚设,一旦担保机构出现流动性危机,整个偿付链条将出现断裂,引发更大范围的系统性风险。而且,由于我国金融市场起步较晚,在市场治理方面经验不足,金融市场主体类型多样,各金融机构的经营能力参差不齐,经营失败导致引发市场风险的可能性较大。因此,有必要借鉴发达经济体在中央银行抵押品方面的治理经验,建立以信贷资产为主的中央银行抵押品管理机制。具体内容包括以下几个方面。

(1)扩展抵押品范围。从我国金融市场发展情况来看,现阶段有价债券等市场化资产供给充足。2019 年年末,我国债券总量约 45.3 万亿元,其中国债等高级债券占比超过 75%。但是,债券持有量在金融机构和地区之

---

① 参见陶士贵、刘睿辰:《存款保险制度能否促进金融稳定?——基于国际经验的实证分析》,载《黑龙江社会科学》2017 年第 2 期。

间存在分布不均衡的现象。[①] 这些债券主要集中在资金实力雄厚,流动性较强的大型银行机构,而资金实力较弱、流动性较小的中小型金融机构持有总量较少。尤其是中西部地区的金融机构,在债券持有方面相对较为匮乏。如果中央银行要求抵押品仅仅从高信用评级的债券向下拓展,空间较为受限,大多数中小金融机构和中小企业难以受益,这也不符合金融市场法律治理的“平衡利益相关者利益”的原则。如果我国流动性供求波动较大,抵押品供求的上述结构性矛盾可能会凸显。与此相对应的是,2019 年年末我国商业银行信贷资产总规模高达 200 万亿元人民币,远超国债、央行票据等债券总量,[②]而且增长速度较快,因而建议通过立法推动建立以信贷资产为主的中央银行抵押品池,将会有效扩增抵押品规模,提高再贷款效率。

(2)建立抵押品评估体系,明确抵押品估值方式。抵押品评估体系的确立要求在中央银行内部建立评级体系,这是防范抵押品违约风险的重要保障。从我国实际出发,由于我国金融市场参与主体数量众多,企业征信系统尚不完善,短期内由中央银行建立企业信用评级体系存在较大难度,因此可以参考欧元体系信用评估框架中内部信用评级体系的做法,由中国人民银行及各分行建立中央银行抵押品评级体系,负责制定抵押品评级标准。同时,还要推动建立抵押品信用评级体系的检验机制,审核分支行抵押评级体系,确保中央银行抵押品评级体系的质量。[③] 另外,在对抵押品评级之后,需要对信贷资产作价估值:一方面可以按照对贷款的评级打折计算调整后的价值,以覆盖风险;另一方面也可以估算现金流和折现率,按照现金流量价值确定信贷资产价值。

(3)建立抵押品风险控制措施。中国人民银行可以根据信贷资产的种类、剩余期限、利率结构、股指方式、评级确定折扣率。出于信贷政策的导向

---

① 参见冯果、张阳:《债券市场国际化的结构困局及其治道突破》,载《社会科学战线》2020 年第 3 期。

② 参见马树才、华夏、韩云虹:《地方政府债务影响金融风险的传导机制——基于房地产市场和商业银行视角的研究》,载《金融论坛》2020 年第 4 期。

③ 参见温红梅、姚凤阁、娄凌燕主编:《金融风险管理》(第 4 版),东北财经大学出版社 2018 年版,第 121 页。

性要求,中国人民银行要据此完善资产折扣率确定程序。① 对于那些符合政策导向的信贷资产,应当确定较低的折扣率。此外,如果某项信贷资产质量较差或者期限较长,那么其折扣率也应较高;如果经过特定程序评估后认为某项信贷资产质量尚佳,评级结果乐观,则其折扣率也将变低。通过各种方式控制信贷资产的折扣率,由此降低抵押品本身可能带来的风险。

第二,明确最后贷款人救助启动条件。当系统性金融风险被引爆之时,金融市场将持续陷入低迷,金融机构普遍遭遇流动性危机,在危机迅速蔓延的情形下,所有金融机构出于恐慌而拒绝向其他机构提供流动性支持,此时,中央银行需要阻断恐慌蔓延,为金融市场提供充足的流动性。但中央银行对金融机构的流动性救助,应当有相应的启动条件,我们这里将其描述为"三步走"。具体为:第一步,初步判断金融机构类别。在金融危机时期,对于所有金融机构出现的普遍流动性问题,中央银行都应当予以流动性支持。但这里需要注意的是,中央银行的流动性支持不仅包括存款类金融机构,还应当从控制系统性风险的角度出发,将流动性供给对象扩大为持有广义信用货币的所有金融机构,包括货币基金、证券公司、保险公司等金融机构法人。第二步,判断风险类型。中央银行作为最后贷款人提供救助时,应当判断金融机构的风险是否为流动性风险。此时,中央银行依然需要将能否提供符合条件的抵押品作为救助的判断标准。如果金融机构在扩大抵押品担保范围的前提下,依然无法提供符合条件的抵押品,中央银行可以视其具有严重的偿债风险,至于是否能够获得救助,需要进一步对问题金融机构进行深入判断。第三步,深入判断金融机构类型。这一步主要是从系统性角度出发,从金融机构的投资部位、交易对手、市场规模等方面,综合判断其是否为系统重要性金融机构。对于陷入危机的系统重要性金融机构,给予充足的流动性供给是十分必要的,这将关系金融市场的稳定发展。而对于非系统性金融机构,要积极发挥存款保险基金的作用,严格控制政府救助成本,这也符合"平衡政府救助与市场自助"的金融市场法律治理变革的基本要求。

---

① 参见高士亮、谷昭亚、徐仲昆、谢金静:《我国信贷资产抵押备案制度再解读》,载《征信》2016年第1期。

第三,完善最后贷款人救助方式。金融危机期间,中央银行要从维护金融体系稳定的角度出发,防止市场信心崩溃,采取可操作性强的措施,针对不同的救助对象,给予多元化的救助方式,灵活组合各类工具发挥叠加效应。同时还要注重发挥市场机制的作用,增强中央银行化解金融风险的灵活性,提高其危机处理能力,尽量减少基础货币投放面对通货膨胀产生的不利影响。具体来说,面对金融市场的危机时刻,首先要放宽抵押品的范围,将抵押品范围扩展到所有信用等级的中央政府代发的地方政府债券、同业存单,主体信用评级和债券信用评级 A 级以上的企业债券和中期票据、主体信用评级为 A 级以上的短期融资债券和超短期融资券等,有效发挥最后贷款人对市场的救助作用。其次,适当延长救助期限,应当根据金融机构的流动性需求,以及金融市场信心恢复和金融体系信用链条恢复的程度,确定流动性供给的期限长度。例如,丰富金融危机期间流动性救助工具的期限档次,具体确立七天、十四天、一个月、三个月、六个月、一年等不同档位,满足各类金融机构的流动性需求。最后,建立适当的利率水平。一是要严格控制惩罚性利率水平,在金融危机期间,流动性萎缩导致货币市场同业拆借利率水平高企,中央银行应当引导市场利率下行,而不是抑制金融机构用中央银行资金逃离得益,①因而过高水平的惩罚性利率不适宜。虽然最后贷款人的救助资金利率水平应高于政策目标利率,体现一定的惩罚性,但是与政策目的利率的差距不宜过高。二是建立多档位的利率水平。依据多元化流动性救助工具的多层次期限档次,以及使用工具的对象,确定多层次的利率水平,满足金融市场流动性需求。

第四,完善最后贷款人的退出机制。目前,《中国人民银行法》《中国人民银行紧急贷款管理暂行办法》对于最后贷款人的退出机制并无规定,但是当最后贷款人救助任务完成,金融市场信用基础逐渐恢复时,救助政策应当平稳退出,尽量减少对市场机制的干预和对冲货币供给的过度投放。因此,建议在《中国人民银行法》后续的完善过程中,首先应当明确最后贷款人退出时机,例如要根据宏观经济的恢复程度,经济增长指标的变化及时调

---

① 参见吴奇志:《金融危机治理研究:基于各治理者行为的经济分析》,上海财经大学出版社 2014 年版,第 15 页。

整,同时,还要检视货币市场流动性和交易对手风险的利差,以此衡量货币市场的流动性状况是否已经恢复到健康水平。当然,除了退出时机,还要明确具体的退出方式,既要包括缩减流动性供给、收回流动性投放、降低存款类金融机构准备金水平等数量型工具,也要包括提高政策利率水平等价格型工具,其关键在于收缩中央银行的资产负债表,控制货币供应量,以及做好中央银行资产的风险管理。

(九)问题金融机构退出机制的具体完善

从1997年1月关闭中国农村信托投资公司开始,我国已经有包括商业银行、城乡信用合作社、信托投资公司在内的数十家金融机构因严重资不抵债、违法违规经营、资产质量低下、连续亏损、不能支付到期债务、救助无望等原因,被中国人民银行依法撤销关闭,有的已进入破产清算程序。但我国目前关于问题金融机构市场退出的制度建设尚处于“真空”状态,现有的案例多是采取行政措施,依靠行政力量。尽管《企业破产法》《公司法》《中国人民银行法》《商业银行法》等部门法已经对金融机构破产有部分的制度安排,但是这些规定较为分散,以原则性规定为主,不具备现实操作性,这不仅使我国金融制度体系在结构上残缺不全,而且与金融稳健运行的要求不相称。问题金融机构市场退出是一项政策性、法律性、外部性很强的准市场行为,在具体实施当中,这种退出行为具有很大的利益关联性,涉及众多的市场参与主体的利益衡平问题,也对金融市场稳定与否造成重大影响。①加之金融交易的复杂性与专业性,金融机构退出市场的问题变得更为复杂和专业,因而问题金融机构市场退出在客观层面上要求以缜密的法律体系作为准据和支撑。纵观国际立法实践,针对问题金融机构退出市场的问题,各国一般都会制定专门性的法律制度。例如,美国的《联邦储备法》《联邦破产法》,日本的《金融破产法》《金融机构再生法》《金融机构再生紧急措施法》,等等。根据我国金融改革的进展和金融机构的发展现状,为了适应金融市场的全面开放,有必要考虑制定一部综合性的“问题金融机构退出法”。在立法的过程中,可以借鉴和吸收国外先进的立法经验,结合我国金

---

① 参见庞继英、张健华等:《金融机构市场退出问题研究》,中国金融出版社2008年版,第262页。

融市场运行的现状,在充分考虑金融机构经营方式和社会作用的特殊性的基础上,协调"问题金融机构退出法"与《公司法》《企业破产法》等的关系。①

建立综合性的"问题金融机构退出法"将对提高我国金融市场效率、维护经济安全大有助益。具体来说,一是可以减轻问题金融机构退出市场的负外部性,降低其对金融稳定的影响力度,防止个别风险出现高度传染与蔓延,引发大规模的金融动荡;二是保障金融消费者的利益,特别是那些实力不足、风险承受能力较差的金融消费者的利益;三是体现市场"劣币驱逐良币"的内在发展规律,为金融机构审慎经营提供制度激励,警示金融机构注意提高其风险管理水平和风险防范意识,从而形成一种良性循环模式。从长远的角度来看,减少金融机构的经营失败现象,维护金融市场安定发展。

具体而言,"问题金融机构退出法"应当重点关注以下问题:

第一,建立与完善问题金融机构退出市场的决策机制,降低退市的风险溢出效应。问题金融机构退出市场,一来是金融生态环境的自然规律决定的;二来也是为了防止个别高风险金融机构发生挤兑、倒闭或破产导致金融市场不稳健,引发信用、经济和社会危机。② 因而,一方面要建立风险处置的搭桥机制或缓冲机制,在时间上为各方正确决策创造一定的条件。金融机构风险一旦暴露,对市场的影响是极其重大的,往往在时间上具有紧迫性,要求有关金融市场治理主体迅速做出风险处置安排,但是涉及金融机构的去留问题,应当十分谨慎。这也就要求在金融机构出现经营问题时,要在一定时间内维持其连续经营的状态,为监管部门观察市场对该金融机构风险的反映情况、审慎选择市场退出方式争取时间,也为高风险金融机构的股东以及其他有意竞购该金融机构的公司决策提供冷静分析时间。通过设置搭桥金融机构,继续向特定危机金融机构授予临时性的特许经营权,提高金融机构退出市场的处置效率。③ 例如,美国联邦存款保险公司根据《银行公

---

① 参见庞继英、张健华等:《金融机构市场退出问题研究》,中国金融出版社2008年版,第79页。

② 参见庞继英、张健华等:《金融机构市场退出问题研究》,中国金融出版社2008年版,第149页。

③ 参见阎维杰:《金融机构市场退出研究》,中国金融出版社2006年版,第82页。

平竞争法案》获得的搭桥银行,是处置濒临倒闭的大型银行的重要工具。①另一方面,在具体的决策程序设计上,应当体现金融市场法律治理变革的"平衡利益相关者利益"的原则,充分重视各利益相关方的参与权利,做好决策协调工作。例如,在金融机构面临突发市场风险的情形下,金融市场治理主体应与原股东、意向并购方、债权人、职工等进行沟通,结合时下金融经济的基本形式,指导有关主体协商并购以及权利义务划分问题;再如,针对需要行政撤销实现退出的金融机构,金融市场治理主体要谨慎决策,重点协调金融机构撤销与债权人和职工之间的利益关系,制定合理审慎的撤销方案。

第二,重点关注问题金融机构破产规则的构建问题。金融机构因为经营失败或市场风险而走向破产,对金融市场的影响是极其重大的。这种重大性具体表现为:一是金融市场恐慌下的信贷收缩效应,大型金融机构的破产往往会引起金融市场恐慌,在恐慌氛围中,各大金融机构为保全自身大量收紧信贷,造成大规模的信用收缩,严重影响了市场经济运行。例如,在亚洲金融危机期间,金融机构倒闭现象严重,直接引发市场信贷过度收缩。②在东京证券交易所上市的101家银行,其贷款余额在截至1997年9月末的半年内减少63,700亿日元,另外,根据1998年10月日本银行公布的数字,全国银行的贷款平均月较上一年同期减少2.7%,为该项目统计以来减幅最大的一年。③ 二是金融机构破产令银行股价及相关股票大幅度下跌,在1997年日本大规模金融机构破产期间,城市银行股价在1000日元以上者仅剩东京三菱银行和往友银行两家。④ 三是金融机构破产导致大量存款转移,挤兑风险和流动性风险大幅度增加。可以看出,金融机构破产对金融经济体系的破坏性巨大。因此,在立法过程中,要重点关注金融机构的破产问题,完善金融机构破产退出市场的法律规则。具体而言:

---

① 参见黎四奇:《问题金融机构市场退出的基本范畴分析》,载《财经理论与实践》2013年第6期。

② 参见张雪强:《银行业金融机构市场退出法律制度研究》,法律出版社2014年版,第42页。

③ 参见阎维杰:《金融机构市场退出研究》,中国金融出版社2006年版,第67页。

④ 参见宋国友:《后金融危机时代的全球经济治理:困境及超越》,载《社会科学》2015年第1期。

一是要根据审慎破产原则，明确问题金融机构破产界限。金融机构不同于一般企业，对其破产申请要持非常谨慎的态度，除非出现严重的支付风险、资不抵债情形，而且经过政府、股东、金融同业救助也无效的，债权人又不愿意和解的；或者被行政关闭后，发现其财产不足以清偿债务，且债权人不同意调解的，方能进入破产程序。① 另外，还要根据破产倒闭对社会经济的影响情况，给予金融市场治理主体一定的自由裁量空间，提高金融机构破产启动的安全性。

二是要建立与完善金融机构破产重整规则，发挥破产重整对金融风险的抑制功能。金融风险具有高度复杂性，其远不同于一般的经济风险，更不能机械地以"择优劣汰"的清算程序来进行完全清理。完善的破产重整程序将为处理金融机构破产的负外部性找到一种合适的制度安排，促使金融机构的债权债务调整，由消极变为积极，由自发走向自觉。② 因此，在具体的规则设计时，我们既要考虑金融经济的现实情况，还要以之前规定的不足为镜鉴，例如，针对债务人或债权人提交的破产重整申请，要以金融市场治理主体的书面同意为前提，防止道德风险影响破产重整的效果；再如，对于破产重整计划应当实行三重审核机制，先由金融市场治理主体审核，再由破产监督人和债权人会议审核，最后由人民法院予以裁定批准，提高破产重整计划的科学性和可行性。

三是要完善破产管理机构，保护债权人利益。现有的《企业破产法》的破产管理机构仅有债权人会议和清算组，其权力和责任的设置也不够充分，因此在我国大量的破产案件中，对破产财产的管理和监督力度较弱，导致破产程序中频频出现对债权人利益损害的事件。金融机构破产往往涉及的债权主体数量相当大，因而有必要增加破产监督人，由独立的专家团队以及债权人共同构成，设立破产管理人、破产监督人和债权人会议三足鼎立的管理机构局面，由上述三种组织形式共同形成破产管理的权力机构，互相制约、互相监督，防止债权人利益遭受侵蚀。

四是要建立金融机构破产保全机制，防范金融机构破产欺诈。对金融

① 参见苏洁澈：《金融监管机构在金融机构破产中的角色》，载《江汉论坛》2019 年第 5 期。

② 参见汪世虎主编：《金融机构破产制度研究》，法律出版社 2014 年版，第 93 页。

机构破产设立保全规则，是为了保障破产程序开始后，破产财产不再减少，保障债权人的公平受偿，也是防范破产欺诈的重要措施。通过设立破产保全规则，杜绝任何形式的个别清偿和个别执行，避免金融机构借破产之机转移财产、逃避债务，引发其他的市场风险。[①] 因此，要明确破产保全的生效时间以及使用范围，同时要建立破产保全的救济机制，提高破产清算的安全性。

第三，建立与完善问题金融机构退出市场过程中的资产处置规则，优化资产处置策略。资产处置是指有权主体依法对金融资产进行的价值变现和价值提升的活动。[②] 由于金融机构资产种类纷繁复杂，所涉及的金额巨大，加之金融机构由于经营失败或严重违规，财务状况恶化，其资产多属于不良资产，权属不清、盈利能力和变现能力较差，因此，有必要建立退市金融机构的资产处置规则。在规则的具体设计过程中，首先要关注影响不良资产处置成效的三个因素：一是不良资产的质量，二是资产处置的运作效率，三是处置不良资产时的外部经济环境。[③] 由于受各种因素的影响，市场信息不对称总是存在，很难实现金融资产纯粹市场定价和回收价值最大化，因而在资产处置的规则设定中，要注意避免"一刀切"的现象。应当根据各项资产的实际情况，合理制定相关资产的处置方案，尽量维护和提升债券资产价值，选择合适的方式和时机处置变现，以较小的成本实现资产处置效益最大化。[④] 同时，要充分发挥中介机构或专业咨询机构的力量，以立法的形式确立他们在金融机构资产处置当中的地位、权利、义务。实践证明，引入专门的国内或国外投资银行来协助处置不良资产是一个行之有效的措施，像高盛（Goldman Sachs）、摩根大通（JPMorgan Chase & Co.）、德意志银行（Deutsche Bank）等国外知名的投资银行都有专门的机构、丰富的经验和人

---

① 参见丁邦开、洪庚明等：《金融信用法律环境论》，东南大学出版社2006年版，第464～467页。

② 参见汪世虎主编：《金融机构破产制度研究》，法律出版社2014年版，第165页。

③ 参见洪艳蓉：《资产证券化与不良资产处置——中国的实践与反思》，载《证券市场导报》2018年第12期。

④ 庞继英、张健华等：《金融机构市场退出问题研究》，中国金融出版社2008年版，第113页。

才从事不良资产处置工作。① 除此之外,还要创新处置方式,提高金融资产的利用率。金融资产分布很广,基本涉及整个经济的各方面,处置不良资产时会面临种种内在与外在的约束,影响处置的进程和有效性。所以,在具体的处置方式设定上,要转变过去单纯的收包处置思维,向综合服务思维转变。提高处置方式的灵活性,如推进债转股以及资产证券化等模式。这两种模式对提高不良资产的流动性有很大的助益,而且还能吸引更多投资者参与资产处置,建立不良资产的价格发现机制,已经成为国际上处理不良金融资产的有效手段。还可以建立统一的不良资产转让交易平台,鼓励产业基金、信托公司、私人投资者等各类投资主体积极参与进来,提高不良资产处置的透明度与效率,尽可能降低金融机构退出市场的风险效应。

第四,明确问题金融机构市场退出的问责规则。《金融业发展和改革"十一五"规划》中提到,要规范金融业市场退出机制,选择适合国情的金融企业市场退出模式,建立市场退出问责机制,防范道德风险。② 当某一金融机构经营失败走向退出市场之路时,其也为金融市场的稳定运行带来了高度的压力,如果该金融机构具有系统重要性,那么可能从根本上动摇金融市场基础,对金融市场的负面影响极为深刻,并且这种影响具有长期性,短时间内难以消除。不仅如此,这种问题金融机构大部分都存在违规经营、管理人不善尽勤勉义务的情形。因此,明确问责规则,要求有权主体对退市金融机构的负责人与管理人员依法问责,本着"谁的责任谁来承担的"原则,开展过错认定,对有经营过错的责任主体视过错等级采取惩罚措施,打击金融犯罪,防范道德风险。在具体的规则设计过程中,要明确问责主体、问责事由、问责程序。另外,为了保证被问责人的申辩和申诉权利,还应当建立相应的救济机制。目前,世界各国都在逐步建立金融机构退出市场的问责机制,例如,美国《多德—弗兰克法案》即规定,当出现重大事故或经营风险,银行行长、总经理、首席执行官须引咎辞职,并对其任职资格进行限制,以便约束其职业生涯。除了金融机构高级管理人作为风险控制的第一责任人

---

① 参见张雪强:《银行业金融机构市场退出法律制度研究》,法律出版社 2014 年版,第 105 页。

② 参见《金融业发展和改革"十一五"规划》,载中国人民银行 2009 年 7 月 7 日,http://www.pbc.gov.cn/。

被追责外,固定收益部门的负责人作为直接责任人也要遭到责任追究。① 这样的追责机制也为其他仍在经营中的金融机构树立了警戒,一定程度上,激励其负责人善尽勤勉义务,提高稳健经营与效率经营能力。

本章小结

当前,我国金融经济正处于"增长速度换挡期、结构调整'阵痛期'、前期刺激政策消化期"的三期叠加状态,金融市场自身改革和发展的内在风险正不断暴露,并威胁着宏观经济金融的健康发展;加之全球新冠肺炎疫情对金融经济的冲击效应,我国当前的系统性金融风险呈现不断累积和加剧的趋势。我国目前金融市场法律治理的规范体系,仍然存在不完整、可操作性一般、创新性不足等问题,难以满足"守住不发生系统性金融风险的底线"的制度有效性需求。因此,创新中国金融市场法律治理的规范体系,提高金融市场对系统性风险的防范能力,成为当前我国金融市场法律治理变革的首要任务。

党的十八届五中全会指出,协调是金融持续健康发展的内在要求。协调发展理念作为一种新的社会发展观和价值观,是具有整体性、结构性、功能优化性的稳态。金融市场法律治理的规范配置应当遵循协调发展理念,这是一种针对规范体系内众多要素的综合协调、整体协调,同时也是一种动态长远的协调及优化的协调,其目的不仅是使各种法律主体、法律关系之间相对平衡,更重要的是优化要素组合,使金融市场治理的规范体系整体效益最大化。在金融法律规范配置的过程中,协调发展这一最根本要求将衍生出金融监管与金融创新之协调,政府救市与市场自救之协调,权力配置与责任配置之协调,货币政策、财政政策及金融监管之协调,宏观审慎监管与微观审慎监管之协调,正规金融与非正规金融之协调等六项基本要求。在金融市场法律治理的规范配置过程中,这六项基本要求符合我国金融市场治

---

① 参见庞继英、张健华等:《金融机构市场退出问题研究》,中国金融出版社 2008 年版,第 152 页。

理需求，共同构成规范配置优化的检验标准。

遵循结构金融法的思路，系统性金融风险的法律治理应当突出金融结构的核心地位。这就要求我们在对系统性金融风险进行法律治理的过程中，应当从宏观与微观两个层面展开。宏观层面立足于金融结构与经济结构的全局视角，以更广阔的视野开展结构性调整与治理，而微观层面立足于经济金融的要素禀赋结构，通过深入结构内部关注微观风险。基于此，检视我国当前金融市场法律治理的规范配置，在宏观层面，由于我国在金融组织体系、金融市场体系、金融监管体系以及金融资源配置体系的顶层设计中存在不协调、不充分的问题，经济金融体系的结构性矛盾突出，最终体现在金融市场治理主体的不协调、货币政策与财政政策的不协调、货币政策与宏观审慎政策的不协调，以及宏观审慎监管与微观审慎监管的不协调等方面。在微观层面，在金融市场准入制度方面，还存在刚性与弹性不足的根本问题；在企业债务治理方面，对债务重组、债权人委员会的立法供给不足，律所等中介组织对企业债务融资的尽职调查还需外部立法的进一步约束；在“影子银行”治理方面，当前的监管规则过于注重微观审慎监管，而相应地缺少宏观审慎管理措施；在系统性金融机构监管方面，我国关于系统性金融机构的识别机制以及宏观审慎监管的资本规制工具不健全，加之资本监管的规定不足，导致我国系统性金融机构的风险暴露隐患较大；在金融市场风险预警方面，当前我国宏观风险监测机制尚不健全，难以及时掌握系统性金融风险的生成与暴露情况，不利于风险防控的总体布局；在金融市场危机处置方面，最后贷款人的担保机制等核心内容缺失，存款保险制度在风险处置、偿付机制以及参保范围等方面尚不完整；在问题金融机构退出机制方面，相关规范没有形成完整的体系，欠缺对退出方式、标准、范围、程序等内容的具体规定，使我国现有的金融市场规范体系不足以应对潜在的市场风险。

根据结构金融法治理论的内涵延伸，现代金融市场的法律治理应当通过法律的理性导向，充分动员金融法的各子部门法，以其独特的部门法实施机理，对实际金融结构进行科学的法律调制，以最少干预式的姿态，引导和保障经济体的实际金融结构向最优金融结构理性回归，发挥最优金融结构在金融发展和金融风险治理中的中介作用，推动金融供给侧结构性改革和金融市场持续深化，增进金融结构与实体经济发展的和谐互动，从而持续释放金融服务实体经济的最大动能,实现金融公平、金融安全及金融效率价值的纳什均衡,促进市场利益的多方共赢,最终实现有效治理系统性金融风险的目标。基于此,循导着结构金融法治的理论进路与价值依归,我们提炼出五项指导防范系统性金融风险规范配置的基本原则,即"增强金融服务实体经济能力原则""平衡利益相关者利益原则""金融市场有限干预原则""促进金融稳定发展原则""保护金融消费者利益原则"。

鉴于此,探求我国金融市场规范配置的完善之路,成为我国当前防范系统性金融风险的现实要求,也是金融市场法律治理变革的终极目标。在防范系统性金融风险的宏观层面,首先要积极推动形成"中央管控、地方主导"的金融监管格局,并且加强外部立法激励,提高交易所、行业协会、中介机构等非政府组织在持续监管中的作用力。在货币政策与财政政策的协调机制方面,一是要加强财政盈余、外汇储备、公开市场操作中的国债等三大政策接口的配合。二是要丰富财政与货币政策部门联动协作机制,在不同调控情形下实现政策职能的最优组合,完善财政与货币政策协同运用的重点方向与具体措施。三是要改革央行财务核算机制与利润上缴制度,加强财政政策与货币政策成本收益归于纳税人的理念。在货币政策与宏观审慎政策的协调机制方面,既要坚持和完善集中协调性的组织架构,保持货币政策与宏观审慎政策职能部门的各自独立性,还要加强不同宏观情景下的宏观审慎政策和货币政策的协调性。在宏观审慎监管与微观审慎监管协调机制方面,要发挥国务院金融稳定发展委员会对审慎监管的协调作用,同时为了保障机制运转的有效性,有必要建立监管合作的激励与约束机制。

在防范系统性金融风险的微观层面,在金融市场准入性规范方面,由于目前我国金融消费者准入相关制度大致已建立,并且正逐步走向成熟阶段,对完善金融市场准入规范的探讨就聚焦于金融机构准入与金融产品准入两个方面,既要建立以杠杆比率为核心的资本金双层混合动态准入性框架、完善分级牌照制度,将问题机构阻隔于市场大门之外,又要不断完善监管沙箱科技的应用制度、出台"复杂性金融产品强制许可管理办法",防范金融创新产品风险外溢,把好金融市场的准入关。在企业债务治理方面,一是要加快出台"非金融企业债务重组实施办法",为企业债务风险化解提供立法支持。二是要增加债权人委员会的立法供给,疏通债权人委员会参与债务重组的通道。三是针对律师对企业债务融资工具的法律尽职调查应设立激励与约束机制，提高律所中介机构在防范债务风险中的作用。在地方政府债务治理方面，有必要以立法的形式规范地方政府债务融资方式，同时，加快建立与完善地方政府信用评级制度，做好事前风险防范工作。在“影子银行”治理方面，由于当前关于“影子银行”治理的规范多以通知、暂行规定、办法等形式呈现，适用效力存在不确定性，有必要以立法形式完善“影子银行”风险监测与业务监管体系，同时，要突出中央银行在“影子银行”治理中的统筹地位，提高“影子银行”法律治理的有效性。在房地产金融治理方面，首先要改变土地征收与征用制度，打破地方政府对土地财政的依赖局面，从根源上为房地产行业“降温”。此外，还要利用房地产税收工具以及货币政策工具加强对房地产泡沫形成机制的管制。在系统性金融机构监管方面，既要完善系统重要性金融机构的评估方法，又要丰富宏观审慎的资本规制工具，推进系统重要性金融监管标准与国际标准接轨，同时，从公司治理的角度，立法要引导系统重要性金融机构建立完善的公司治理机制，推动系统重要性金融机构合规运行。在金融市场风险预警方面，完备的风险预警体系应当包括明确的组织机制、科学的预警模型以及适当的反馈机制，从而为治理主体更加准确地掌握风险来源及其变化等信息提供便利，并基于此判断风险的具体类型与所处状态，提高风险治理能力。在金融市场危机处理方面，我国存款保险基金不仅面向于吸收存款的银行类金融机构开放，还需要面向第三支付平台、互联网融资平台以及互联网理财、信贷等新型金融业态开放。在市场治理方面，有必要借鉴发达经济体在中央银行抵押品方面的治理经验，建立以信贷资产为主的中央银行抵押品管理机制，还需明确最后贷款人救助的具体方式、启动条件以及退出机制，在实现风险治理目标的同时，防范道德风险弥散。在问题金融机构退出法方面，有必要建立综合性的“金融市场退出法”，减轻问题金融机构退出市场的负外部性，降低其对金融稳定的影响力度，防止个别风险出现高度传染与蔓延，引发大规模的金融动荡。

第五章　防范系统性金融风险的法律治理创新效果评估机制的建设

面对金融业蕴藏的系统性风险，自 2016 年 4 月国务院办公厅印发《互联网金融风险专项整治工作实施方案的通知》、启动互联网金融整治工作以来，国务院与相关金融监管部门针对金融市场各个领域展开了轰轰烈烈的治理工作，进入持续的“金融监管年”。伴随金融市场治理创新各项重大政策和制度的深化改革，用于引领和指导各部门工作的实施效果评估之必要性和紧迫性充分彰显。建立完善防范系统性金融风险的法律治理创新的效果评估机制，不但有助于从整体上考察我国金融市场法律治理创新的进展程度和阶段性特征，及时发现我国金融市场法律治理创新推进中存在的主要问题；而且能够进一步增强各相应主体贯彻落实我国金融市场法律治理创新改革工作的责任感和使命感，继而形成全国上下职能部门重视改革实施、强调落实实效的工作导向。

第一节　防范系统性金融风险的法律治理创新效果评估的内涵及重要意义

一、防范系统性金融风险的法律治理创新效果评估的内涵

效果评估乃一个广义的复合性概念,其在不同场域因评估对象的不同而呈现出差异性内涵。如在教学语境下,教学效果评估是指学校通过对教师教学过程的评价考核,将反馈信息提供给教师,从而使教学各要素的相互作用、相互依存状态达致最优;①在医院管理培训场景下,效果评估是指在培训过程中,根据培训的要求和宗旨,采用相关评估指标和评估方法,进而考察和检验培训效果。②

尽管不同场域下效果评估的概念界定有所差异,但从实质内涵看,效果评估的概念主要包括以下四项构成要素:一是效果评估主体。一般而言,相关立法机构、政府部门以及行业专家等主体可以共同评估实质效果。二是效果评估的对象。唯有厘定明确的评估对象,方能准确界定评估的目标。三是效果评估的方法。采用丰富而又科学合理的评估方法有助于提升评估结果的客观性与准确性,因而选择适当的效果评估方法尤为关键。四是效果评估的目的。在法律语境下,效果评估涵射立法、执法等诸多维度。综合以上四要素,效果评估概念可以简单界定为:某一政策、立法、执法实施与落实一段时间后,效果评估主体以效果评估目的为核心,以社会经济发展需求为出发点,依照相关流程和标准,对相关技术、文本、实施效果等情况进行跟踪、调查与评价,③进而生成评估报告以促进政策、立法、执法等及时修改与完善。

---

①　参见于长英、徐玉梅:《基于柯氏模型的高校教师教学效果评估机制探索》,载《山东高等教育》2015 年第 11 期。

②　参见姜振家、杨武、洪伟、张岩:《医院管理培训效果评估机制构建研究》,载《齐鲁医学杂志》2012 年第 2 期。

③　参见张玫瑰:《地方立法评估问题分析与研究》,载《公民与法(法学版)》2009 年第 10 期。

理解防范系统性金融风险的法律治理创新的效果评估概念的关键在于理解评估对象的特定性。评估对象的选择将对评估的内容、程序、标准甚至评估的指标体系设计等产生直接影响。具体地讲,金融市场法律治理创新指向动态和静态两个层面,前者指金融市场法律治理的模式和手段创新,后者指金融市场法律治理规范体系创新。比如,在互联网金融创新法律治理创新效果评估语境下,评估的对象则体现在以下两方面:一是法律治理模式与手段层面,如近年来金融监管机构所采取的“运动型”法律治理模式、“政府中心规制”模式等;①二是法律治理规范层面,如《互联网金融风险专项整治工作实施方案》《关于促进互联网金融健康发展的指导意见》《互联网保险业务监管暂行办法》《非银行支付机构网络支付业务管理办法》等专门出台的针对互联网金融进行治理的法律法规。此外,“防范系统性金融风险”背景也为金融市场法律治理创新的效果评估注入了新内容和新要求,即评估对象应重点限缩在以“守住不发生系统性金融风险的底线”为目标的金融市场法律治理创新。

由此,防范系统性金融风险的法律治理创新的效果评估指的是,效果评估主体以当前金融市场法律治理模式和手段创新、规范体系创新为对象,以优化金融市场法律治理创新为目的,结合经济社会发展要求,按照与“守住不发生系统性金融风险的底线”时代要求相协调的标准和程序,对治理模式和手段的实施效果、立法技术和内容等情况进行跟踪、调查与评价,进而生成评估报告以提出对金融市场法律治理创新的修正方案。

二、防范系统性金融风险的法律治理创新效果评估的重要意义

第一,金融市场法律治理创新的效果评估是贯彻“守住不发生系统性金融风险的底线”任务的必然要求。金融是国家重要的核心竞争力,党中央高度重视防控金融风险、保障金融安全。党的十九大要求:“深化金融体制改革,增强金融服务实体经济能力,提高直接融资比重,促进多层次资本市场健康发展。健全货币政策和宏观审慎政策双支柱调控框架,深化利率

① 参见潘静:《从政府中心规制到社会共治:互联网金融治理的新视野》,载《法律科学》2018 年第 1 期。

和汇率市场化改革。健全金融监管体系，守住不发生系统性金融风险的底线。”这是习近平新时代中国特色社会主义思想在金融领域的根本要求，是金融发展一般规律与我国金融改革实践探索相结合的科学部署，是指导金融改革发展稳定的行动指南，是做好新时代金融工作的根本遵循。[①] 其中，金融市场系统性风险的生成与防范，同法律治理传统模式与手段、法律规范体系的不足紧密相关。因此，金融市场法律治理创新的效果评估必须以“守住不发生系统性金融风险的底线”任务为标准，评判金融市场治理创新的优劣。

第二，防范系统性金融风险的法律治理创新的效果评估有助于提高金融市场法律治理规范体系创新的质量和水平。虽然立法者在立法过程中会尽可能地制定出完善的法律法规，但鉴于立法固有的滞后性，加之社会不断发展变化、立法者本身存在局限等因素，一部分已制定的法律法规会逐渐呈现出实用性、有效性不足的情形，不再适应社会发展的需要。尤其是在金融领域，发展变化尤为快速。主要表现为：金融业务不断创新，综合化趋势明显；兼并重组推进跨国金融机构的发展，促使金融机构组织形式多样化，经营管理手段不断革新；技术含量更高，系统性风险更大；等等。[②] 现实的社会变化对法律法规及其立法者带来挑战，急需一套完善的制度设计来应对，以克服立法局限性，解决已有法律法规存在的问题。对此，建立健全防范系统性金融风险的法律治理创新的效果评估制度，能够及时发现问题，从而采取有针对性的法律完善措施。

具体而言，防范系统性金融风险的法律治理创新的完善路径主要包括以下几种：

一是立法保留。通过防范系统性金融风险的法律治理创新的效果评估了解到金融市场法律治理相关法律规范合法合理，可操作性强，不违背宪法与上位法，社会主体对该立法的满意度高，实践中取得的效果也很明显，而且有继续发挥作用的必要。在这样的情形下，立法机关可以对金融市场法

---

① 参见周小川：《守住不发生系统性金融风险的底线》，载《中国金融家》2017 年第 12 期。
② 参见朱慈蕴：《论金融中介机构的社会责任——从应对和防范危机的长效机制出发》，载《清华法学》2010 年第 1 期。

律治理相关法律规范予以保留，继续适用。

二是立法修改。通过防范系统性金融风险的法律治理创新的效果评估，立法机关了解金融市场法律治理相关法律规范的实施中存在的一些问题。如法律法规不合理、操作性不强、有与宪法或上位法相冲突的条款等，这些都属于立法技术或立法主体对事物的认识问题。针对这些问题，立法机关启动法律修改的程序，完善金融市场法律治理相关法律规范，以更好地发挥作用。以金融市场基础设施法律规范为例，金融市场基础设施安全、高效的运行，对于畅通货币政策传导机制、加速社会资金周转、优化金融资源配置、维护金融稳定、促进经济增长具有重要意义。反之，金融市场基础设施出现纰漏，可能引致系统性金融风险的发生。2014 年我国相关金融管理部门第一次联合对不同金融市场的基础设施实施集中评估，①评估对象包括中国外汇交易中心、中国人民银行清算总中心、中国证券登记结算有限公司、上海期货交易所等多家金融市场基础设施，遗憾的是，至今并没有对外公布评估结果。从国际货币基金组织和世界银行的外部评估来看，我国金融市场基础设施的功能发挥和实际操作还不完全符合国际清算银行的支付结算体系委员会（Committee on Payment and Settlement Systems，CPSS）和 IOSCO 于 2012 年联合颁布的《金融市场基础设施原则》（PFMI）要求，原因之一就在于金融市场基础设施的相关法律制度不健全。②

三是立法废止，即完全终止立法的适用，终结金融市场法律治理相关法律规范的使命。立法废止主要有两种情形：一是法律的立法意图、立法目的已经实现，历史任务已经完成，没有再继续存在的必要，成为一种摆设，因此需要加以废止；二是社会情势发生重大变化或已证明该立法存在严重缺陷，立法修改已经无法满足这种需要，只有制定新的立法加以替代，在这种情形下金融市场法律治理相关法律规范只有终止。例如，近几年保险资金

---

① 参见 2014 年中国人民银行办公厅、中国证券监督管理委员会办公厅联合发布《关于开展金融市场基础设施评估工作的通知》。

② 参见国际货币基金组织、世界银行编著：《关于中国遵守〈证券结算系统和中央对手方建议〉详细评估报告》，中国人民银行、中国证券监督管理委员会译，中国金融出版社 2012 年版，第 48 页。

频繁举牌,引发了公众对保险行业的质疑。尤其是自 2018 年 10 月中国银行保险监督管理委员会发声鼓励险资投资优质上市公司"纾困"股票质押风险以来,险资举牌呈增多趋势。仅从 2018 年 10 月至 2019 年 6 月,险资举牌就共计 9 次。① 面对险资举牌的乱象,原保监会出台了一系列监管政策弥补制度漏洞,其中最受瞩目的即为 2018 年 1 月发布的《保险资金运用管理办法》,与之相伴的即为原保监会 2010 年 7 月 30 日发布的《保险资金运用管理暂行办法》、2014 年 4 月 4 日发布的《中国保险监督管理委员会关于修改〈保险资金运用管理暂行办法〉的决定》同时废止。

第三,防范系统性金融风险的法律治理创新的效果评估有助于优化法律治理的模式和方法。尽管在国际金融危机、互联网金融、科技金融等诸多重要发展节点,我国金融监管部门持续深入探索有针对性的法律治理模式与方法,积累了不少经验。然而,整体而言,我国尚未走向金融市场法律治理的统一、协调和相对稳定的应然状态;在治理手段上对部门法视角下实施机制的创新和软硬法视角下公私协同机制的创新的摸索亦有待加强。面对这样一种困境,积极开展防范系统性金融风险的法律治理创新的效果评估活动,有利于进一步修正金融市场法律治理的模式与方法,不断强化金融市场法律治理的实施效果。

此外,我国一直致力于打造"阳光政府",在这过程中最基本的措施就是政府信息公开化。政府信息公开可以直观地了解政府的各种动态变化,政务信息公开的及时性、全面性、权威性,既是防范系统性金融风险的法律治理创新的效果评估之重要内容,又是影响评估效果的重要因素。无论是社会公众,还是专门的评估研究团队,获取相关金融监管机构法律治理实施效果信息的重要途径即为各类媒体,媒体报道有关金融监管机构法律治理实施效果信息的前提则是政务信息公开。② 在此过程中,为确保取得充分的信息材料,获得客观、公正、全面的评估效果,必须要求各金融监管机构最大限度地进行政务信息公开。无疑,防范系统性金融风险的法律治理创

① 参见刘敬元、邓雄鹰:《大型险企唱主角,险资 9 个月 9 次举牌上市公司》,载新华网,http://www.xinhuanet.com/ fortune/2019-06/26/c_1210170307.htm。

② 参见王凯伟:《依法行政监督实施效果评估及其改进对策研究》,湘潭大学出版社 2017 年版,第 5 页。

新的效果评估有利于政府信息的公开透明,为打造"阳光政府"和"透明政府"奠定良好的基础。

第四,防范系统性金融风险的法律治理创新的效果评估有助于推进民主法治建设,提升公民守法意识。民主法治建设是我国依法治国的核心。民主法治建设的重要旨趣为在立法过程中充分听取民意,将群众意见反映到立法决策中。防范系统性金融风险的法律治理创新的效果评估正是开门立法的一项重要举措。利益相关者对法律法规的认知和遵守程度,是评估一项法律实施效果的重要指标,因此,防范系统性金融风险的法律治理创新的效果评估需要将金融监管部门、金融机构、行业协会、投资者等各方利益相关者以主体身份纳入其中。

此外,防范系统性金融风险的法律治理创新的效果评估有助于提高金融机构等利益相关者的法律意识。法律意识的内涵丰富,涵盖了主体对自身权利与义务的认识,对法本身性质与功能的认识,对法律的解释与评价,对法律的遵守与执行等。防范系统性金融风险的法律治理创新的效果评估,使银行、证券公司、保险公司等金融机构以及投资者有机会参与到评估过程之中,对立法的目的、宗旨、过程进行学习,深入了解现有法律规范的制度设计,表达自己的看法,与立法者之间进行良性互动,从而由被动遵守的相对人转化为主动谏言的主人翁,提升个人法律意识。

第二节　防范系统性金融风险的法律治理创新效果评估主体及权力安排

一、防范系统性金融风险的法律治理创新效果评估的主体

金融市场法律治理创新本身就是民主参与和利益平衡的结果。对于防范系统性金融风险背景下金融市场法律治理创新的效果评估主体的范围,经济学的"利益相关者理论"可以提供理论上的支持。"利益相关者"对应的英文是"stakeholder",于 1963 年由斯坦福大学的一个研究小组最早提出,是指"那些没有其支持,组织就无法生存的群体",这类群体包括但不限

于股东、债权人、员工、顾客、供货商和社会。[①] 也有学者将其翻译为“相关利益人”“利害关系人”“利害相关者”。利益相关者理论的基本主张是，除股东利益之外，公司运营还需将其他利益相关者的权益考虑在内。将利益相关者理论应用到金融市场法律治理创新的效果评估中，其优势就在于：[②] (1)信息的全面性、真实性。事实上，每个独立个体因立场不同，其看待相同问题亦有不同视角。若在金融市场法律治理创新的效果评估中仅仅考虑相关立法机关、金融监管机构的建议，难免失之偏颇。而给予利益相关者参与讨论相关立法、执法模式和手段的机会，将使我们对于防范系统性金融风险背景下金融市场法律治理创新的效果评估对象具有更为全面、周延的认识。(2)目标管理性。防范系统性金融风险的法律治理创新的效果评估机制的首要任务即为明确评估目标。明确、具体的评估目标为科学、客观的评估结果提供了评价标尺。(3)结果应用性。将利益相关者理论运用于金融市场法律治理创新的效果评估中，有助于产生各方主体皆能接受的完善建议，进而提升防范系统性金融风险的法律治理创新的效果评估结果的可接受性和可应用性。

与金融市场法律治理创新相关联的主体也是金融市场法律治理创新的效果评估的关联主体，不仅包括金融市场的各种利益相关者，也扩及整个社会有机体。我们认为，防范系统性金融风险的法律治理创新的效果评估的利益相关者应是能够影响金融市场法律治理创新机制，以及受影响的人或团体。根据此概念，金融市场法律治理创新的效果评估的利益相关者涵盖了规范制定机关、规范实施机关、金融监管机构、司法机关、行业组织、媒体、社会公众、金融机构自身等。

一般而言，金融市场法律治理创新的效果评估的主体可以分为三类：启动主体、实施主体和参与主体。启动主体与实施主体往往重合，要么为规范制定机关及其内设机构，要么为负责执法的金融监管机构，且允许评估实施主体委托高等院校、社会评估机构、行业协会及其他有关单位等第三方机构

---

① 参见刘丹：《利益相关者与公司治理法律制度研究》，中国人民公安大学出版社2005年版，第38页。

② 参见汪全胜：《立法后评估的“利益相关者”模式》，载《法治研究》2010年第1期。

进行部分事项或者全部事项的评估。参与主体主要指社会公众或者其他受评估事项直接或间接影响者。按照实施主体、参与主体与受托实施主体的区分,防范系统性金融风险的法律治理创新的效果评估的实施主体主要为规范体系内各单行法涉及的制定者或者实施者,而从类型化评估的角度出发,防范系统性金融风险的法律治理创新的效果评估可以由全国人大或全国人大常委会,或者国务院各主管部门联合启动并实施,同样也可委托第三方机构负责部分或全部评估事项。防范系统性金融风险的法律治理创新的效果评估的受托实施主体主要为高等院校、行业协会、社会评估机构等第三方机构。防范系统性金融风险的法律治理创新的效果评估的参与主体主要为金融机构本身(包括股东、员工、客户等)、投资者、社会公众、媒体等。当然实施主体与参与主体之间或有交叉,在一定意义上都属于广泛的参与主体。具体分布如图 5 – 1 所示。

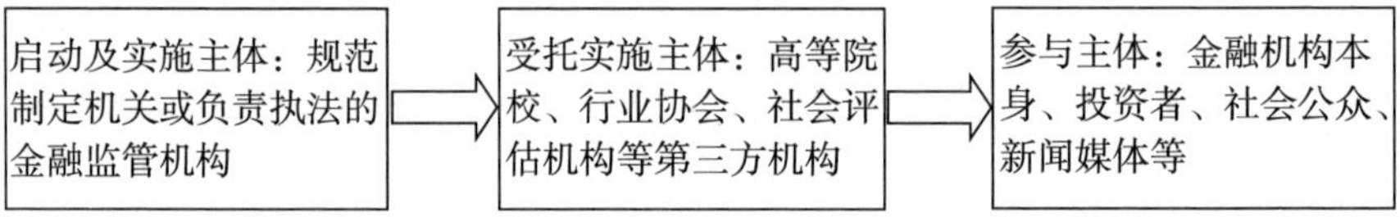

图 5 – 1　防范系统性金融风险的法律治理创新的效果评估主体

从国外实践来看,金融市场法律治理创新的效果评估的法定主体主要是政府专门成立的独立评估机构。例如,美国的"国家绩效评议委员会",专门对联邦政府的政策制定框架和政策绩效进行评价;[①]日本的"行政评价局",负责对内阁和政府部门的各项政策进行全面深入的绩效评价,同时对政府部门已进行的政策评价实施再评价。[②] 但是,我们并不能照搬国外模式。根据我国目前社会发展状况,我们认为,应当建立由立法部门或国务院金融稳定发展委员会、中国人民银行、银行保险监管委员会、证券监管委员会等部门牵头,社会各方利益相关者一起配合和参与的评估主体模式。理

① See John Kamensky, *The U. S. Reform Experience*: *The National Performance Review*, Presentation Notes, Plenary Session Conference on Civil Service Systems in Comparative Perspectives Indiana University Bloomington (Apr. 6, 1997), https://govinfo. library. unt. edu/npr/library/papers/bkgrd/kamensky. html.

② 参见江利红:《日本行政法学基础理论》,知识产权出版社 2008 年版,第 47 页。

由如下：[①]第一，当下我国正在进行政治体制改革，成立专门机构进行防范系统性金融风险背景下中国金融市场法律治理创新的效果评估工作不具有可行性。第二，防范系统性金融风险背景下中国金融市场法律治理创新的效果评估之特殊性有三：一是波及范围广。其不仅涉及金融机构自身及其内部员工、股东，还涉及客户及其所在的社区乃至整个社会有机体。二是专业性强。这不仅指金融机构本身运作的专业性，也指金融市场法律治理创新的效果评估具体实施事项的专业性。三是评估事项复杂。其既涉及金融机构与市场、社会、国家的微妙关系，也包括国内立法与国际立法衔接与互动的问题。因而，防范系统性金融风险背景下中国金融市场法律治理创新的效果评估应实行多元化效果评估主体模式。

为更清晰地展现防范系统性金融风险的法律治理创新的效果评估主体构成，试举以“包商银行被接管”事件为代表的金融机构风险法律治理案例。自2017年起，包商银行的不良贷款率已经至少为3.25%，高于同期全国城商行不良率1.5%的平均水平。而在拨备覆盖率以及贷款拨备覆盖率上，也都低于监管要求，风险抵御能力下降严重，亟须补充一级资本。由此，2019年5月24日，中国人民银行正式发布公告，开始为期一年接管包商银行，委托建设银行托管包商银行业务。[②] 历史上，中国人民银行、银行保险监督管理委员会接管银行情况并不多见。此次接管包商银行，对于日后监管机构处置金融机构信用风险以及基于传导效应引发的系统性金融风险具有重大的示范作用。为评估该事件中法律治理的效果及影响，可以组成由中国人民银行、银行保险监督管理委员会联合牵头启动，建设银行、高等院校、中国银行业协会以及其他独立评估组织配合，包商银行的股东、管理层、债权人、客户共同参与的评估主体组织架构。

二、防范系统性金融风险的法律治理创新效果评估主体的权力安排

我们认为，防范系统性金融风险的法律治理创新的效果评估主体具有

---

① 参见马发明、赵遵国：《开展立法后评估的几个问题》，载《人大研究》2009年第1期。

② 参见《中国人民银行　中国银行保险监督管理委员会关于接管包商银行股份有限公司的公告》，载中国人民银行网2019年5月24日，http://www.pbc.gov.cn/goutongjiaoliu/113456/113469/3834025/index.html。

如下的职责和权限。

第一，启动主体的职责和权限。具体包括：①

（1）决定是否对金融市场法律治理创新相关立法、实践模式、方法等启动评估；

（2）对内任命负责进行评估工作的人员，分配评估任务；对外也可以委托评估；

（3）拥有评估活动的权威发言权和最终解释权；

（4）主导评估活动运行的各个环节；

（5）提供评估活动中所需的各项保障；

（6）监督整个评估活动的运行。

同时，建议防范系统性金融风险的法律治理创新的效果评估启动采取依职权启动和依申请启动相结合的形式。其中，防范系统性金融风险的法律治理创新的效果评估依职权启动是指"评估启动主体依据一定的职权主动、积极地启动效果评估程序的行为"②。依职权启动具有主动、快捷等特点，该方式尤其适合以金融市场法律治理创新法律规范为评估对象的相关评估活动。

以近几年我国地方出台的金融监管条例为例。2019 年 5 月，中央印发关于打好防范化解金融风险攻坚战相关文件，要求各地强化属地金融监管和风险处置责任，强化地方金融监管力量，并赋予必要的监管手段。为此，2019～2020 年，四川省、浙江省、天津市、上海市等金融创新活跃地的政府先后出台了《四川省地方金融监督管理条例》《浙江省地方金融条例》《天津市地方金融监督管理条例》《上海市地方金融监督管理条例》等地方金融监管法律规范，为促进金融创新和防范系统性金融风险提供制度保障。③ 由于金融市场瞬息万变，金融违规手段隐秘复杂，相关金融监管条例难以及时囊括和回应所有问题。故此，从合理性的角度出发，应该由相应评估主体，

---

① 参见任尔昕等：《地方立法质量跟踪评估制度研究》，北京大学出版社 2011 年版，第 229 页。

② 吉敏丽、李浩栋：《论地方立法质量跟踪评估的启动机制》，载《云南大学学报（法学版）》2011 年第 5 期。

③ 参见《四川省地方金融监督管理条例》《天津市地方金融监督管理条例》《上海市地方金融监督管理条例》《浙江省地方金融条例》等。

如浙江、四川等省人大法制委员会、省人大财政经济委员会、省地方金融监督管理局、省证监局、省银保监局等根据实际需要及时启动法律治理效果评估活动,审视地方金融监管条例存在的不合理、不合法的问题,进而不断修正与完善金融市场法律治理创新立法。

防范系统性金融风险的法律治理创新的效果评估依申请启动,是指评估启动主体依照申请人的申请而作出对相关法律法规进行评估决定的行为。由于我国效果评估机制刚刚起步,发展还不够成熟,故而绝大多数效果评估为依职权启动,依循相关立法机关、执法机关的决定和指示启动相应评估程序。需要注意的是,尽管依职权启动的效果评估启动模式具有极大的便捷性,但是其可能忽视一些问题,导致理应得到完善的法律规范、治理范式没有得到及时纠正,如此将有悖于公正、客观、民主的金融市场法律治理创新的效果评估要求。

鉴于此,我国金融市场法律治理创新的效果评估应构建依职权启动和依申请启动相协调的启动主体模式,确保在评估程序的第一个环节——评估启动环节的工作能够科学合理地进行,为接下来的各评估环节的工作顺利开展奠定一个良好的基础。

第二,实施主体的职责和权限。具体包括:

(1)收集金融市场法律治理创新的效果评估的相关信息;

(2)对相关信息进行整理和分析;

(3)形成评估结论,撰写评估报告;

(4)公布最终的评估报告。

第三,参与主体的职责和权限。在防范系统性金融风险的法律治理创新的效果评估过程中,银行、证券公司、保险公司等金融机构及其员工、投资者与消费者、专家学者、大众传媒、司法机关等相关主体皆应参与其中。与金融市场活动紧密相关的金融机构及其员工、投资者与消费者等主体参与毋庸置疑,下面我们主要考察一下防范系统性金融风险的法律治理创新的效果评估中引入大众传媒、司法机关、专家学者参与的优点。

(1)大众传媒。大众传媒是指拥有读者、观众或听众的新闻传播媒体,即报刊、期刊、新闻社、广播电台、电视台和网站等。“大众传媒具有及时性、公众性和公开性等特点,因其广泛的影响力而被誉为‘第四权力'，它不仅是传递法律法规的'传声筒'，而且也是表达公众意愿和要求的窗口。"[①]大众传媒根据其自身特点，对法律法规的实效和存在的问题进行有声（电台）评估、可视（电视）评估和文字（报纸、杂志）评估，随着网络时代的到来，能够及时表达媒体自身及社会、公众对立法、执法的观点，缩短效果评估的时间。[②] 金融机构的效益如何在很大程度上取决于其声誉。以证券市场为例，"认证中介理论"认为，面对证券市场存在的信息不对称问题，企业在上市过程中聘请中介机构的目的乃通过借由中介机构的声誉来向投资者传达其股票价格与企业的内部信息质量是相一致的。故而中介机构的声誉越高，与之相关的 IPO 企业信息披露质量越能得到投资者的信任。[③]换言之，中介机构所富有的声誉和经验本身即可向潜在投资者传递证券的投资价值信息。基于声誉的约束，中介机构原则上会严格履行职责，以期建立良好的声誉资本从而获得发行人和投资者的信赖。[④] 由此，大众传媒在防范系统性金融风险的法律治理创新的效果评估中起着举足轻重的作用。

（2）司法机关。司法机关作为法律适用的主体，在保障法律实施方面具有重要作用。司法机关在处理有关金融纠纷案件的过程中，对防范系统性金融风险背景下金融市场法律治理创新法律规范的适用有着深刻的理解，并在此过程中取得相关资料和数据，由此决定了防范系统性金融风险的法律治理创新的效果评估引入司法机关的重要性。例如，2018 年 1 月 19 日，华安证券股份有限公司作为华安理财安兴 23 号定向资产管理计划管理人，向安徽省高级人民法院提起诉讼，起诉被告蒋某明违反《华安证券股份有限公司股票质押式回购交易业务协议》，要求被告蒋某明清偿融资本金、支付期内利息、违约金等近 8 亿元人民币。[⑤] 资管计划的资金来源复杂，牵

---

① 谢吉晨：《政府绩效评估的"主体资格"探微》，载《理论导刊》2007 年第 3 期。

② 参见谢忠华：《立法后评估制度研究》，武汉大学 2014 年博士学位论文。

③ See Booth J. R., Smith II. R. L. Capital Raising, *Underwriting and the Certification Hypothesis*, Journal of Financial Economics, Vol. 15, No. 1(1986).

④ 参见刘志云、史欣媛：《论证券市场中介机构"看门人"角色的理性归位》，载《现代法学》2017 年第 4 期。

⑤ 参见《华安证券关于公司（代资产管理计划）涉及诉讼的进展公告》，载新浪财经 2019 年 9 月 20 日，http://vip.stock.finance.sina.com.cn/corp/view/vCB_AllBulletinDetail.php?gather=1&id=5654868。

涉银行业、保险业、信托业等众多领域，其在适用中极容易交叉传染，进而导致系统性风险。法官在定分止争的过程中，会对其中法律治理的法律规范、治理模式和手段进行充分研究，因而在对资管计划法律治理效果进行评估时，有必要将处理该案的安徽省高级人民法院纳入评估参与人体系，使评估结果更加专业、客观。

（3）专家学者。随着金融市场发展的日新月异，金融立法的内容更加专业化，并不断向科技因素更多、更加复杂化的方向发展，其已经超过一般立法者的能力范围，立法者难以对金融市场法律治理创新立法的内容有一个全面、清晰、透彻的了解和把握。而相关领域的专家学者，如金融法、金融学、管理学、经济学等领域的专家学者拥有深厚的理论功底和丰富的实践经验，他们提出的观点更具专业性和科学性，从而进一步补全信息，扩充防范系统性金融风险的法律治理创新的效果评估主体的知识结构。同时，专家学者通常秉持着学术良知对金融市场法律治理创新立法和实践治理范式进行评估，不涉及相关部门利益，故而其评估结果往往更为客观和公正。

第三节　防范系统性金融风险的法律治理创新效果评估的标准及指标体系的设计

一、防范系统性金融风险的法律治理创新效果评估的标准

效果评估标准是衡量立法或执法效果的标尺，它既是评估工作的出发点，也是顺利开展评估工作的基础工具。[①] 它具体指“在效果评估过程中，由评估主体设定，用以了解评估对象的客观状态，检验评估对象所包含的内容的客观评价指标”[②]。至今，部分学者已对效果评估标准进行了深入的探究，在其分类方面提出了不少见解，其中不乏一些较为典型的观点。一是将

---

① 参见何卫东：《环境立法后评估定量分析方法探讨》，载《上海环境科学》2011年第10期。

② 陈振凤：《中国反倾销政策效果评估方法及实证研究》，中国财政经济出版社2018年版，第24页。

效果评估指标体系划分为四大维度：[①]（1）法律规范或执法范式自身维度，是指以法律规范或执法范式本身为视角，以法律规范或执法范式的内容要求、逻辑要求、技术要求为标准，从而确立的评估范围；（2）法律规范或执法范式的经济影响维度，主要是分析法律规范或执法范式对经济生活的影响，能否节约成本、能否促进经济发展，是评估法律规范或执法范式的重要标准；（3）法律规范或执法范式的社会影响维度，是根据法律规范或执法范式在社会中产生的影响和效果的角度确定的评估范围；（4）法律规范或执法范式的环境影响维度，是从法律规范或执法范式对环境产生的影响的角度来确定的评估范围。二是着重于效能的"七大标准"理论，即效能、效率、充分性、适当性、公平性、反应度和执行能力等。[②] 三是强调法理性的"八大标准"理论：合法性、合理性、技术性、时效性、专业性、协调性、成本效益、社会认同等。[③]

上述研究为确定防范系统性金融风险的法律治理创新的效果评估标准提供了重要的理论依据和参考对象。我们认为，效果评估标准的选取没有固定模式，具体选择可以根据效果评估对象的客观状态、评估目标、政策背景等条件而定。为避免不同标准下的具体指标有所重叠，且囊括对金融市场法律治理规范体系的静态评估和治理模式、手段的动态效果评估，我们认为，防范系统性金融风险的法律治理创新的效果评估标准可以包括三类标准：法理标准、价值标准以及实践标准。其中，法理标准是指用法的一般标准来评价金融市场法律治理创新规范体系和治理模式、手段的优劣。[④] 价值标准是评估主体在效果评估过程中所秉持的准则，承载着评估主体的价值追求与个人信念。[⑤] 金融市场法律治理创新规范体系和治理模式、手段应当恪守人们

---

① 参见王凯伟：《依法行政监督实施效果评估及其改进对策研究》，湘潭大学出版社 2017 年版，第 21 页。

② 参见侯迎忠：《突发事件中政府新闻发布效果评估体系建构》，人民出版社 2017 年版，第 28 页。

③ 参见刘平等：《地方立法后评估制度研究》，载《政府法制研究》2008 年第 4 期。

④ 参见任尔昕、王铖：《浅议地方立法质量跟踪评估标准之构建》，载《人大研究》2011 年第 6 期。

⑤ 参见张润泽：《形式、事实和价值：公共政策评估标准的三个维度》，载《湖南社会科学》2010 年第 3 期。

普遍认同的价值准则，从而使立法、执法彰显出公平正义、自由安全等理念。而“防范系统性金融风险”亦应成为金融市场法律治理创新的价值追求，成为金融市场法律治理创新效果评估的核心价值标准。实践标准是指具有效力的金融市场法律治理创新规范体系以及治理模式、手段在实际社会生活中的现实影响，[①]具体体现在金融安全、金融效率、金融公平等三个维度。这主要建基于金融法“三足定理”，即以金融危机治乱循环为现实背景，建立起以金融监管部门、金融机构和金融消费者为主体，以金融安全、金融效率和金融公平为核心价值立场的金融市场治理多方博弈模型，通过赋能金融消费者参与金融市场治理，寻求金融市场治理的三元价值理念的平衡。[②]

可以说，效果评估的一般标准与防范系统性金融风险的法律治理创新的效果评估标准一脉相承，前者更为抽象化，后者更具倾向性且事实上更为关注实效性问题，最终目的是优化金融市场的法律治理。

二、防范系统性金融风险的法律治理创新效果评估的指标体系设计

防范系统性金融风险的法律治理创新的效果评估的指标体系是指，用来进行效果评估工作，由多个互相联系、逻辑层次分明、各部分权重设置明晰的统计指标形成的有机指标体系。[③] 在制定金融市场法律治理创新的效果评估的指标体系时，必须考虑各方面的因素，客观全面地反映金融市场法律治理创新规范体系和治理模式、方法实施的效果。具言之，防范系统性金融风险的法律治理创新的效果评估的指标体系在设定时应考虑如下因素：

第一，体现“防范系统性金融风险”的要求。习近平总书记指出，“防范化解金融风险特别是防止发生系统性金融风险，是金融工作的根本性任务”。[④] 风险与金融相伴而生，随着我国金融业发展壮大，风险种类增多，复杂性增强，风险后果也更加严重。我国当前金融市场的系统性风险主要表现在金融市场基础设施建设不健全、实体经济低迷引发的非金融企业债务

---

① 参见张文显主编：《法理学》，高等教育出版社2004年版，第263页。

② 参见冯果、袁康：《社会变迁视野下的金融法理论与实践》，北京大学出版社2013年版，第23~24页。

③ 参见袁曙宏主编：《立法后评估工作指南》，中国法制出版社2013年版，第53~54页。

④ 参见习近平总书记在2019年2月主持中共中央政治局第十三次集体学习中的讲话。

违约风险、融资结构失衡导致的银行部门风险、财政收入增速下降超过预算支出的扩大带来的地方政府债务风险、房地产市场大规模挤占社会融资所形成泡沫风险的金融化、互联网金融的野蛮生长和运动式监管所积聚的系统性金融风险、类似新冠肺炎疫情的重大突发公共事件引发的系统性金融风险等方面。由此,对金融风险法律治理的效果评估应切实按照习近平总书记的要求,把主动防范化解系统性金融风险放在更加重要的位置,严格遵循"防范系统性金融风险"的基本要求和理念。

第二,结合评估工作的可操作性和具体目的。在建立防范系统性金融风险的法律治理创新的效果评估指标体系时,应当尽量将各方面因素皆考虑在内,比如进行调查评估的客观条件是否具备,进行定量和定性分析的可行程度等,力求实现指标项目内涵明确、表述简洁、重点突出。① 此外,目的决定手段,效果评估的目的决定着需要采用的具体指标。防范系统性金融风险的法律治理创新的效果评估的根本目的在于检验当前法律规范的质量和治理模式、手段的优劣,从而制定出具体方案,进一步修正相关规范与执法范式。是故,防范系统性金融风险的法律治理创新的效果评估的指标体系的设定亦应以实现上述目的为宗旨,选取有实质性意义的指标。

第三,应当具有科学性。在构建防范系统性金融风险的法律治理创新效果评估的指标体系过程中,应以科学的目标、多元的主体、明确的对象、合理的指标、适当的方法、明确的步骤以及健全的制度等准确地反映出行政监督及其发展的客观规律,找出金融市场法律治理创新的效果评估的主要影响因素及其内在联系,并科学地评估金融市场法律治理创新效果的整体质量。② 具体而言,防范系统性金融风险的法律治理创新的效果评估的指标体系之科学性表现在:一是评估指标体系的科学性。金融市场法律治理创新的效果评估的指标体系构建是评估的关键,评估的指标体系不仅是分解评估目标的基本依据,还是选择评估方法的基本前提,更是评判评估结论是否可靠的标准。二是评估指标构建的科学性。科学的评估指标的构建要

① 参见何卫东:《环境立法后评估定量分析方法探讨》,载《上海环境科学》2011 年第 10 期。

② 参见王凯伟:《依法行政监督实施效果评估及其改进对策研究》,湘潭大学出版社 2017 年版,第 32 页。

坚持科学的指标维度设定方法、科学的指标选取方法、正确的指标构建流程，通过逐步分解与逐层分析厘清金融市场法律治理创新效果的影响因素、评估目标、评估指标、指标权重等内容，进而构建起比较科学、合理的指标体系。

第四，应当具有动态性。防范系统性金融风险的法律治理创新效果评估的指标体系的动态性要求：一方面，指标设计须隐含一些动态性的指标。众所周知，评估的重要目标之一就是以金融市场法律治理创新效果评估的前瞻性保障评估工作的持续进展与评估的持续反馈。要根据社会发展的可能趋势设计评估指标。指标的设计要具有超前性、动态性、持续性和一定的预见性，从而保障评估工作的持续性。另一方面，金融市场法律治理创新效果评估的指标体系要注重创新。具体指在保障金融市场法律治理创新效果评估的指标体系相对稳定性的基础上坚持与时俱进的原则，在不断创新的基础上保障该体系能跟上时代的发展需要，解决时代发展需要解决的问题。因此，金融市场法律治理创新效果评估的指标体系的设定不仅要从金融市场法律治理创新效果的现状出发，分析发展规律及其实施效果，并且预测金融市场法律治理创新的未来发展趋势，从而确保金融市场法律治理创新效果评估的指标体系的动态性。

以此为基础，可以建构出防范系统性金融风险的法律治理创新效果评估指标体系的基本框架，如表 5－1 所示。

表 5－1　防范系统性金融风险的法律治理创新效果评估的指标体系的基本框架

基本标准	一级指标	二级指标
法理标准	合法性	(1)防范系统性金融风险的法律治理的文本规范、治理模式和手段等是否符合宪法； (2)防范系统性金融风险的法律治理的文本规范、治理模式和手段等是否与上位法冲突或不一致； (3)防范系统性金融风险的法律治理的文本规范、治理模式和手段等是否与其他法律法规相矛盾； (4)防范系统性金融风险的法律治理的文本规范、治理模式和手段等的立法主体、实施主体是否为法定主体； (5)防范系统性金融风险的法律治理的文本规范、治理模式和手段等的立法主体、实施主体是否有相应的权限； (6)防范系统性金融风险的法律治理的文本规范、治理模式和手段等的立法程序、实施程序是否合法、规范； (7)其他

续表

基本标准	一级指标	二级指标
法理标准	合理性	(1)防范系统性金融风险的法律治理的文本规范、治理模式和手段等是否立足于公平公正,尊重人格和保障人权; (2)防范系统性金融风险的法律治理的文本规范、治理模式和手段等的具体内容是否合理; (3)其他
	协调性	(1)防范系统性金融风险的法律治理的文本规范本身的行为模式与后果模式设置是否对应、完整; (2)防范系统性金融风险的法律治理的文本规范之间是否冲突; (3)防范系统性金融风险的法律治理的文本规范与国际规则之间是否实现了互动; (4)防范系统性金融风险的法律治理的模式是否妥当协调政府与市场的关系; (5)防范系统性金融风险的法律治理的模式是否强调中央与地方监管权的协调配合; (6)防范系统性金融风险的法律治理的手段是否强调部门法机制的协同创新; (7)防范系统性金融风险的法律治理的手段是否强调软硬法机制的协同创新; (8)其他
	科学性	(1)防范系统性金融风险的法律治理的文本规范、治理模式和手段等是否适应时代需要; (2)防范系统性金融风险的法律治理的文本规范、治理模式和手段等是否符合人民意愿; (3)防范系统性金融风险的法律治理的文本规范、治理模式和手段等是否解决实际问题; (4)其他
	可操作性	(1)防范系统性金融风险的法律治理的文本规范的文字表述是否简明、易懂、准确、规范,法的术语、概念、范畴是否严谨、统一、无歧义; (2)防范系统性金融风险的法律治理的文本规范的标点符号的用法是否准确、规范; (3)防范系统性金融风险的法律治理的文本规范的数字的表述是否准确、规范; (4)防范系统性金融风险的法律治理的文本规范的各类条款,包括定义、适用范围、权利与义务、奖励与惩罚、授权等条款表述是否适当、准确和规范; (5)防范系统性金融风险的法律治理的模式和手段是否形成文本规范; (6)防范系统性金融风险的法律治理的协同主体是否形成谅解备忘录或其他合同文书; (7)其他

续表

基本标准	一级指标	二级指标
价值标准	方针政策	(1)防范系统性金融风险的法律治理的文本规范、治理模式和手段等是否符合“守住不发生系统性金融风险的底线”、社会主义和谐社会构建等国家方针政策的要求; (2)其他
	利益取向	(1)防范系统性金融风险的法律治理的文本规范、治理模式和手段等是否体现了公平正义、民主法治、自由平等等理念; (2)防范系统性金融风险的法律治理的文本规范、治理模式和手段等是否有利于维护弱势群体的合法权益; (3)其他
	成本与效益	(1)防范系统性金融风险的法律治理的文本规范的立法成本是否低于效益; (2)防范系统性金融风险的法律治理的治理模式和手段等的执法成本是否低于执法效益; (3)防范系统性金融风险的法律治理的守法成本是否低于守法效益; (4)其他
实践标准	安全性	(1)防范系统性金融风险的法律治理的文本规范是否有助于维护金融安全; (2)防范系统性金融风险的法律治理的治理模式和手段是否有助于维护金融安全; (3)其他
	效率性	(1)防范系统性金融风险的法律治理的文本规范是否有助于促进金融效率; (2)防范系统性金融风险的法律治理的治理模式和手段是否有助于促进金融效率; (3)其他
	公平性	(1)防范系统性金融风险的法律治理的文本规范是否有助于确保金融公平; (2)防范系统性金融风险的法律治理的治理模式和手段是否有助于确保金融公平; (3)其他

如表 5－1 所示,防范系统性金融风险的法律治理创新效果评估的指标体系可由 3 个标准,11 个一级指标和 47 个二级指标组成。

首先,在法理标准类别下,可具体细分为合法性、合理性、协调性、科学性和可操作性五个一级指标。其中,合法性指标主要考察防范系统性金融风险的法律治理文本规范和治理模式、手段的制定内容是否与宪法或其他上位法相抵触,立法、实施主体是否合法,制定程序是否合法。基于此,可以对防范系统性金融风险的法律治理效果评估合法性指标细分为如下二级指标:防范系统性金融风险的法律治理的文本规范、治理模式和手段等是否符合宪法;防范系统性金融风险的法律治理的文本规范、治理模式和手段等是否与上位法冲突或不一致;防范系统性金融风险的法律治理的文本规范、治理模式和手段等是否与其他法律法规相矛盾;防范系统性金融风险的法律治理的文本规范、治理模式和手段等的立法主体、实施主体是否为法定主体;防范系统性金融风险的法律治理的文本规范、治理模式和手段等的立法主体、实施主体是否有相应的权限;防范系统性金融风险的法律治理的文本规范、治理模式和手段等的立法程序、实施程序是否合法、规范等。

合理性指标可以弥补合法性指标的不足,具体而言,就是指立法或执法的合理化,即立法或执法合规律性、合科学性、合逻辑性的一种状态。基于此,可以对防范系统性金融风险的法律治理效果评估合理性指标细分为如下二级指标:防范系统性金融风险的法律治理的文本规范、治理模式和手段等是否立足于公平公正,尊重人格和保障人权;防范系统性金融风险的法律治理的文本规范、治理模式和手段等的具体内容是否合理等。

协调性指标主要是指法律条文的文本规范之间、条文之间、法规与其他法规之间是否协调,执法实践是否注重协同创新。基于此,可以对防范系统性金融风险的法律治理效果评估协调性指标细分为如下二级指标:防范系统性金融风险的法律治理的文本规范本身的行为模式与后果模式设置是否对应、完整;防范系统性金融风险的法律治理的文本规范之间是否冲突;防范系统性金融风险的法律治理的文本规范与国际规则之间是否实现了互动;防范系统性金融风险的法律治理的模式是否妥当协调政府与市场的关系;防范系统性金融风险的法律治理的模式是否强调中央与地方监管权的协调配合;防范系统性金融风险的法律治理的手段是否强调部门法机制的协同创新;防范系统性金融风险的法律治理的手段是否强调软硬法机制的协同创新等。

科学性指标是指法律规范和治理模式、手段的设计是否符合时代要求、人民意愿与现实诉求。基于此,可以对防范系统性金融风险的法律治理效果评估科学性指标细分为如下二级指标:防范系统性金融风险的法律治理的文本规范、治理模式和手段等是否适应时代需要；防范系统性金融风险的法律治理的文本规范、治理模式和手段等是否符合人民意愿；防范系统性金融风险的法律治理的文本规范、治理模式和手段等是否解决实际问题等。

可操作性指标是指法律规则、治理模式或手段的设计能够得到具体执行、遵守，其取决于法律规则、治理模式或手段设计的合理、周详、协调等。基于此，可以对防范系统性金融风险的法律治理效果评估可操作性指标细分为如下二级指标：防范系统性金融风险的法律治理的文本规范的文字表述是否简明、易懂、准确、规范，法的术语、概念、范畴是否严谨、统一、无歧义；防范系统性金融风险的法律治理的文本规范的标点符号的用法是否准确、规范；防范系统性金融风险的法律治理的文本规范的数字的表述是否准确、规范；防范系统性金融风险的法律治理的文本规范的各类条款，包括定义条款、适用范围条款、权利条款、义务条款、奖励与惩罚条款、授权条款等表述是否适当、准确和规范；防范系统性金融风险的法律治理的模式和手段是否形成文本规范；防范系统性金融风险的法律治理的协同主体是否形成谅解备忘录或其他合同文书等。[①]

其次，在价值标准类别下，可具体细分为方针政策、利益取向、成本与效益三个一级指标。其中，方针政策指标主要检测防范系统性金融风险的法律治理的文本规范、治理模式和手段等是否符合“守住不发生系统性金融风险的底线”、社会主义和谐社会构建等国家方针政策的要求。利益取向指标主要检测防范系统性金融风险的法律治理的文本规范、治理模式和手段等是否体现了公平正义、民主法治、自由平等等理念，是否有利于维护弱势群体的合法权益。成本与收益指标主要结合成本—收益效果评估分析方法来运用，主要是对金融市场法律治理的文本规范、治理模式和手段可能对经济、环境等各方面的影响所产生的成本与收益进行分析，并对其未来可能产生的总成本、总收益与净收益进行评估。[②] 在具体指标的设定上，主要包

---

① 参见刘毅：《环境保护地方立法后评估指标体系研究》，载《清华法治论衡》2016 年第 00 期。

② 参见任尔昕等：《地方立法质量跟踪评估制度研究》，北京大学出版社 2011 年版，第 194 页。

括防范系统性金融风险的法律治理的文本规范的立法成本是否低于效益;防范系统性金融风险的法律治理的治理模式和手段等的执法成本是否低于执法效益;防范系统性金融风险的法律治理的守法成本是否低于守法效益等。

最后,在实践标准类别下,可具体细分为安全性、效率性、公平性三个一级指标。这一标准的设计旨在检测当前的防范系统性金融风险的法律治理的文本规范和治理模式、手段是否有助于维护金融安全、促进金融效率和确保金融公平。基于此,可以对防范系统性金融风险的法律治理效果评估实践标准细分为如下二级指标:防范系统性金融风险的法律治理的文本规范是否有助于维护金融安全;防范系统性金融风险的法律治理的治理模式和手段是否有助于维护金融安全;防范系统性金融风险的法律治理的文本规范是否有助于促进金融效率;防范系统性金融风险的法律治理的治理模式和手段是否有助于促进金融效率;防范系统性金融风险的法律治理的文本规范是否有助于确保金融公平;防范系统性金融风险的法律治理的治理模式和手段是否有助于确保金融公平等。

三、防范系统性金融风险的法律治理创新效果评估指标的量化

(一)防范系统性金融风险的法律治理创新效果评估指标的综合权重

在防范系统性金融风险的法律治理创新效果评估指标体系中,由于每个指标具有不同的内涵、功能以及适用场域,故而其对于金融市场法律治理创新效果评估结果的影响也有所差异,由此也决定了不同指标应该设置符合其自身重要程度的权重。具言之,防范系统性金融风险的法律治理创新效果评估指标权重是指在金融市场法律治理创新效果评估标准体系中,"各个指标在赋予分值时所占的比重,确定指标权重的相应依据是该指标所蕴含内容的重要程度"①。

确定防范系统性金融风险的法律治理创新效果评估指标权重应遵循如下原则:

一是独立性。防范系统性金融风险的法律治理创新效果评估指标不能

---

① 任尔昕等:《地方立法质量跟踪评估制度研究》,北京大学出版社2011年版,第156页。

由其他指标替代。换言之,该指标的内涵和作用独一无二,与其他指标的内容不会构成重复。防范系统性金融风险的法律治理创新效果评估其中一项指标被其他指标替代的可能性越小,其独立性愈强。

二是综合性。防范系统性金融风险的法律治理创新效果评估指标具有较大的信息量,此类指标对于金融市场法律治理创新效果评估具有重要作用。

三是系统性。在防范系统性金融风险的法律治理创新效果评估指标体系中,每个指标对于整个系统而言皆有其各自的作用。故而在明确防范系统性金融风险的法律治理创新效果评估指标的权重时,应该从整体出发,以实现整体利益最大化为宗旨,系统性地考察不同指标之间的相互作用和影响,而不能仅仅依循个人的主观偏好。

四是可测性和可信度。可测性指的是,根据防范系统性金融风险的法律治理创新效果评估指标的可测程度来确定权重。可信度指的是,防范系统性金融风险的法律治理创新效果评估指标所反映的情况与客观现象之间存在差距的尺度。若相应的误差较小,则可信度较大;反之,若相应的误差较大,则可信度较小。

五是导向性。当确定防范系统性金融风险的法律治理创新效果评估各个指标分配权数时,也需要根据实践需要进行主观调整。譬如,在不同阶段,中央政策对于金融市场法律治理创新有着不同的侧重点,故而防范系统性金融风险的法律治理创新效果评估主体可以根据相应政策和工作目标适当增加或减小相应指标的权重。

关于防范系统性金融风险的法律治理创新效果评估指标权重的确定方法,目前主要包括专家决策咨询法、多元统计分析法、模糊方程求解法、主成分分析法等方法。其中,专家决策咨询法主观性较强;多元统计分析法过于死板,只能得出综合指标的权重,却无法得出单个因子的权重;模糊方程求解需预先给定各样本的优劣顺序,条件严格,局限性明显。[①] 在此我们主要采取的研究方法是主成分分析法。相比于其他方法,主成分分析法的主

---

① 参见牟杰、杨诚虎:《公共政策评估:理论与方法》,中国社会科学出版社2006年版,第248页。

要优势在于：第一，尽可能地避免了专家排序打分法的主观性；第二，由于衡量防范系统性金融风险的法律治理创新效果的二级和三级指标较多，主成分分析法能够做到用几个代表性强的综合指标替代多个原始指标，这样不仅可以消除各指标不同量纲的影响，也可以消除由各指标之间相关性带来的信息重叠。我们采取主成分分析法的主要步骤如下：①

第一，将 n 个样本由 P 个指标（$X_{i1}, X_{i2}, \cdots, X_{ip}$）表示，则原始数据构成一个 $n \times P$ 维的矩阵，进而得到标准化矩阵 $Z=(Z_{ij})$。

第二，求 Z 的相关阵 $RR=(r_{ij})p \times p$，求相关阵的特征值 $\lambda 1 \geqslant \lambda 2 \geqslant \cdots \geqslant \lambda p \geqslant 0$ 和对应的特征向量。

第三，按主成分法提取公因子。一般根据累计贡献率 $\sum_{j=1}^{k} \lambda_j / \sum_{j=1}^{p} \lambda_j \geqslant 80\%$，提取前 R 个主成分为公因子。

第四，分别对各组变量进行主成分分析。由于各组内的变量极其相关，故只取第一主成分，求出各组第一主成分的得分 $C_j(j=1,2,\cdots,k)$。

第五，通过上述步骤把 P 个变量指标分成 k 个组，以各组的第一主成分得分 $C_j(j=1,2,\cdots,k)$ 为各组的得分，以因子旋转后各因子的方差贡献为权重 $W_j=\dfrac{\lambda_j^{`}}{\sum_{j=1}^{k} \lambda_j^{`}}(j=1,2,\cdots k)$，建立综合评价模型 $F_i=\sum_{j=1}^{k} W_j C_j,(i=1,2,\cdots,n)$，根据各评价单元综合得分 F_i 的多少进行排序，从而进行主成分分析。

（二）防范系统性金融风险的法律治理创新效果评估指标的计分

在对防范系统性金融风险的法律治理创新效果评估指标的权重设计后，就需要对各项指标进行计分，统计各项指标分值得出最终结论。防范系统性金融风险的法律治理创新效果评估指标计算步骤主要分为两个阶段：第一阶段是收集评估所需的各项数据和信息。按照各项评估指标要素确定是仅仅收集样本还是收集全部资料，确定评估信息的类型和来源，确定获取评估信息的日期等。第二阶段就是对收集的数据和信息进行加工处理，依

① 参见侯文：《对应用主成分法进行综合评价的探讨》，载《数理统计与管理》2006 年第 2 期。

据指标要素的权重，将各项信息数据换算为一定的分值，以百分制展示最终评估结果。

对于防范系统性金融风险的法律治理创新效果评估各个指标分值的计算，可以将每个指标的实际分值和评估标准值进行比较，根据指标实际值的高低，按照规定的计分方法将其转化为相应的评估分值。按照规定的防范系统性金融风险的法律治理创新效果评估标准，每项指标的标准值可分为优秀、良好、一般、较低、较差五个档次，达到优秀值为满分，指标的实际值越接近优秀值，该指标的得分就越高；反之，该指标的得分就越低。因此，防范系统性金融风险的法律治理创新效果评估指标的计分过程就是对各项指标分别打分，之后将各项打分相加得出最终评估结果，得分最高为满分 100 分，最低分为 0 分。为了评估能充分体现各项防范系统性金融风险的法律治理创新效果评估指标在上一级指标中的地位和作用，我们可以将每一级的指标都设置为满分 100 分，在加总的时候根据每项指标在评估标准体系中的权重确定最后的分值。[①] 用公式可以表示为：

总分 = 法理标准得分 + 价值标准得分 + 实践标准得分

基本标准得分 = ∑(指标要素得分 × 各指标对应的权重)

指标要素得分 = ∑(下一级指标得分 × 各指标对应的权重)

第四节　防范系统性金融风险的法律治理创新效果评估的方法、互动关系以及检验

一、防范系统性金融风险的法律治理创新效果评估的方法及互动关系

评估方法可以从两个层面上理解。一是在宏观层面，法学方法通常分为价值分析方法、实证分析方法和社会分析方法三种，[②]在此基础上，以效果评估的运行机制、实际诉求为出发点，效果评估方法可以划分为：定性分

① 参见任尔昕等：《地方立法质量跟踪评估制度研究》，北京大学出版社 2011 年版，第 159 页。

② 参见沈宗灵：《现代西方法理学》，北京大学出版社 1992 年版，第 353 页。

析方法与定量分析方法；自我评估方法体系与第三方评估方法体系；“伪评估”方法、正式评估方法与决策理论评估方法。二是在微观层面，由于视角的多样性可以造就许多种不同方法的表述方式，为了使方法论的体系变得更为直观和清晰，效果评估方法可摆脱不同的分类方式，被划分为更为微观的具体方法，包括数学分析方法、利益分析方法、系统分析方法、比较分析法、典型个案分析法和社会实证评估方法。

依据不同的标准，防范系统性金融风险的法律治理创新效果评估方法可以被划归为不同的范畴。同一种方法可能会同时属于不同的类别，同一类别的方法之间也存在着密切联系，在具体的实践应用中不是非此即彼、相互冲突的，而是相互配合、相互衔接的，这样才能保证评估结果的准确性和真实性。客观地讲，防范系统性金融风险的法律治理创新效果评估方法各有优劣，以广泛应用的社会实证评估方法中的问卷调查法为例，其优势在于，问卷提问方式更为灵活，调查对象范围更广，操作程序简单方便，由此决定了该种方式能够确保所获信息的客观性和及时性。其劣势在于，问卷调查方式难以顾及所有利益相关者的需求，难以保证所有调查对象皆能认真、仔细回答问题，使得回收结果缺乏有效性。又如，比较分析法往往忽视法律规范得以存在的社会基础，其始终将法律看作一个独立、自治的系统，从而过分强调法律规范内部的逻辑一致性，以致陷入教条主义的藩篱。[①] 鉴于此，有必要在防范系统性金融风险的法律治理创新效果评估中使用多元化的评估方法，使各方法相互配合，共同致力于检验防范系统性金融风险的法律治理创新质量并寻找解决方案。

防范系统性金融风险的法律治理创新效果评估应当根据效果评估的价值目标、所处阶段、所拥有的评估数据、立法与执法资源以及立法者与执法者的实际情况，统筹选择评估方法。具体到金融市场法律治理创新效果评估中，整合“守住不发生系统性金融风险的底线”要求、效果评估的一般评估方法、金融市场法律治理创新的特点，金融市场法律治理创新效果评估的方法的互动关系如图 5－2 所示：

---

① 参见陈瑜：《行政规章自我评价法律机制》，吉林大学 2014 年博士学位论文，第 74 页。

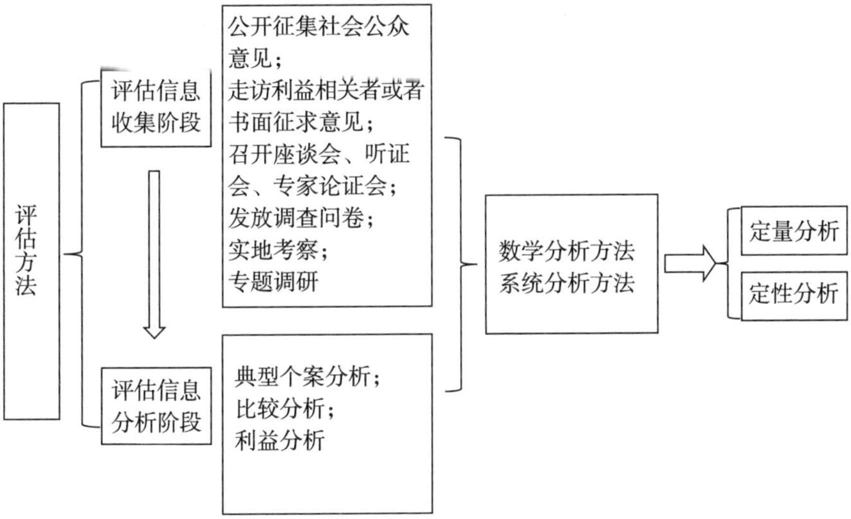

图 5－2　金融市场法律治理创新效果评估的方法及其互动关系

防范系统性金融风险的法律治理创新效果评估活动主要包括三个阶段：启动和准备阶段、实施阶段和回应阶段。其中实施阶段又可进一步区别为评估信息收集阶段和评估信息分析阶段。

首先，在防范系统性金融风险的法律治理创新效果评估信息收集阶段，主要通过运用社会实证调查分析方法来收集相关信息资料。社会调查不仅是开展实证研究的最基本的方法，也是效果评估活动必不可少的方法之一。在此阶段中，防范系统性金融风险的法律治理创新效果评估主体主要通过综合运用各种社会调查手段来开展实证研究，常见的手段包括走访、召开座谈会、问卷调查、专题调研等。其中，召开座谈会、听证会、专家论证会方法的运用十分关键。获取公正客观的数据信息是得到科学、公正的评估结果之前提，故而在信息收集阶段，多元化地采用专家论证会、座谈会、听证会等方法尤为关键。①

专家论证会，是指“通过召集一定数量的专家一起开会或一起工作，从

① 参见吉敏丽、袁晓杰：《论地方立法质量跟踪评估的方法——以甘肃省地方立法为实证的分析》，载《西部法学评论》2011 年第 4 期。

而对某个问题共同作出判断并开发出解决问题的方案"①。由于防范系统性金融风险的法律治理创新涉及金融学、经济学、管理学、法学等多学科，故而在评估过程中，吸纳一定数量的专家学者共同论证研讨相关立法是否合理合法显得尤为必要，如此方能充分发挥集体智慧。具言之，我们可以邀请高校、研究机构、行业组织、社会团体中的有关专家组成专家组，集体召开研讨会对防范系统性金融风险的法律治理创新进行共同论证和探讨，从而为后续防范系统性金融风险的法律治理创新的优化提供合理建议。诚然，专家论证会方法不乏一些缺点，如意见的代表性不够、专家人数有限等，但是，上述缺陷不会对信息的收集造成重大影响，故而在防范系统性金融风险的法律治理创新效果评估中可作为核心方法予以引用。

听证会方法，是指对于涉及经济社会发展重要问题的相关立法，相关评估主体通过召开质辩会议，直面社会公众的意见。该种方法有助于提升社会公众的认同感，因为申请参加听证会的社会公众经过批准，可以陈述人或者旁观者的身份参加听证会，并有权平等地发表意见，和专家学者等人展开辩论。金融市场法律治理创新中涉及国家、监管者、金融机构、股东、消费者与投资者等各方利益，而听证会秉持平等民主原则，通过公共沟通渠道听取社会公众建议，平衡不同主体之间的利益冲突，化解社会纠纷，无疑是一种科学、民主、合理的金融市场法律治理创新效果评估方法。

其次，在防范系统性金融风险的法律治理创新效果评估信息分析阶段，主要通过运用典型个案分析法、比较分析法和利益分析方法来分析相关信息资料。资料信息的分析是评估组对整合后的信息运用一系列科学的方法进行论证研究，旨在为得出评估结论提供充分依据的行为过程。典型个案分析法是指通过研究金融市场法律治理创新后对某些利益相关者的主要影响案例，分析金融市场法律治理创新的实际效果并对其质量进行反思；比较分析法是指将收集到的金融市场法律治理创新前后的相关信息资料进行整理分组，采用各种对比分析的方法对无立法前和有立法后社会效果、立法预期与法律现实绩效、实施效果的正反方面，以及同一领域相关法规等进行分析，进而得出评估结果；利益分析方法是马克思主义最主要的方法论之一，

① 张金马主编：《公共政策分析：概念·过程·方法》，人民出版社2004年版，第551页。

也是一个庞大的体系，包含成本—效益分析方法、效用分析方法以及供给—需求方法。成本—效益分析方法是通过比较项目的全部成本和效益来评估项目价值的一种方法。[①] 具体到防范系统性金融风险的法律治理创新效果评估中，该方法旨在将金融市场法律治理创新可能发生的成本与效益归纳起来，利用数量分析方法来计算成本与效益的比值，从而判断该立法是否科学、合理。[②] 效用分析方法的中心思想是：如果一项政策或者立法实际上并未付诸实施，那么任何技术上的严密性和技巧性都不会为其实际价值增彩。简言之，成本效用高低是通过成本效用量的公式来衡量的，它反映了单位效用量所支付的成本代价，当不同投资方案的成本相等时，以效用量高的方案为优，它是利用效用价值的理论和方法对风险和收益进行比较，从而进行决策的方法。严格地讲，在适用成本—效益分析方法的同时，防范系统性金融风险的法律治理创新效果评估机制就已经把供给—需求方法作为自身体系中的一个重要内容来看待了，因为无论是对效益还是效用的讨论，实际上都是在把防范系统性金融风险的法律治理创新活动"市场化"和"商品化"之后的工作。[③] 可以说，典型个案分析法、比较分析法和利益分析方法在防范系统性金融风险的法律治理创新效果评估的资料信息分析阶段起到了重要作用。

再次，无论是防范系统性金融风险的法律治理创新效果评估信息收集阶段抑或信息分析阶段，数学分析方法和系统分析方法皆发挥了重要作用。在西方经济学中，数学分析方法的核心在于通过运用数学方法来阐释经济学理论，其中包括模型方法、实验方法和准实验方法。系统分析方法主要将问题视为一个整体系统，相应地综观分析系统要素，以提出相关解决建议，具体包括头脑风暴法、德尔菲分析法、辩论分析法以及元评估方法等。其主要利用相对科学的研究手段，对防范系统性金融风险的法律治理创新的宗旨、费用、功能等问题展开调研，通过对相关信息进行搜集与分析来提出多

---

① 参见许乃中、曾维华：《火电行业节能减排技术综合评价方法研究》，载《环境科学与技术》2014年第5期。

② 参见刘智、任向炜：《基于全寿命周期理论的建设项目造价控制》，载《市政技术》2012年第S1期。

③ 参见汪全胜等：《立法后评估研究》，人民出版社2012年版，第301页。

种解决方案,随后进行建模和试验,以探索最优方案,从而为防范系统性金融风险的法律治理创新的优化提出可靠的依据。①

最后,一切效果评估方法最终都归结为定量分析与定性分析,防范系统性金融风险的法律治理创新效果评估方法同样如此。从本质上看,定量分析就是依据统计数据,建立数学模型,并借助各种精良的运算工具,依循数学模型相关规律运算出待评估对象的各项指标及其数值的一种方法。定性分析则是主要依据分析者的直觉、经验、抽象逻辑思维与伦理价值观等,通过观察所选分析对象以前和当下的情况,对被分析对象的特质、变化规律、发展趋势进行评判的一种方法。定性分析和定量分析相互配合、相互补充。其中,定性分析是定量分析的前置要件,背离定性分析的定量分析毫无意义;定量分析对于定性分析而言同样重要,因为定量分析所提供的精准信息可以反过来促使定性分析更为准确,得出更为周延、深刻的金融市场法律治理创新评估结论。②

二、防范系统性金融风险的法律治理创新效果评估方法的运用检验

(一)成本—效益分析法在金融市场法律治理创新效果评估中的具体操作模式

成本—效益分析方法在经济分析方法中处于重要地位。经济分析方法发轫于西方国家,特别是在美国得到广泛运用。无论何种立法、政策皆有一定的付出成本,如立法机关运行成本、程序性活动成本、立法监督成本、执法成本、司法成本、守法成本、违法成本等。法律政策实施后所创收的社会利益、经济利益等即为立法效益。通过将成本和效益相比较,可以判断出法律政策是否需要修改。若法律政策成本高于法律政策效益,就需要及时修改或废止法律政策;若法律政策成本低于法律政策效益,就急需法律政策的实施。③

---

① 参见魏敏:《信息系统工程建设经验浅谈》,载《河北企业》2012 年第 12 期。

② 参见吉敏丽、袁晓杰:《论地方立法质量跟踪评估的方法——以甘肃省地方立法为实证的分析》,载《西部法学评论》2011 年第 4 期。

③ 参见吉敏丽、袁晓杰:《论地方立法质量跟踪评估的方法——以甘肃省地方立法为实证的分析》,载《西部法学评论》2011 年第 4 期。

在具体操作上，成本—效益分析方法应针对防范系统性金融风险的法律治理创新不同维度，将成本与效益划分为不同的评估指标，将所有涉及的要素量化为相应数据，通过分析得出评估结论。具体模型如表5－2所示。

表5－2 成本—效益分析方法在金融市场法律治理创新效果评估中的结构模型

成本—效益分析	考量要素	事实理由
成本	防范系统性金融风险的法律治理创新立法成本	通过综合运用“公开征集社会公众意见、召开座谈会、听证会、专家论证会、发放调查问卷、实地考察、专题调研”等社会实证调查方法来搜集信息并形成相应事实理由
	防范系统性金融风险的法律治理创新执法成本	
	防范系统性金融风险的法律治理创新司法成本	
	防范系统性金融风险的法律治理创新社会成本	
效益	防范系统性金融风险的法律治理创新经济效益	
	防范系统性金融风险的法律治理创新社会效益	
	防范系统性金融风险的法律治理创新文化效益	

在数据量化对比上，可以采用净现值法（“B－C”）。净现值法的计算公式为：①

$$NPV = \sum_{n=1}^{n} \frac{B_n - C_n}{(1+r)^n}$$

其中，收益流 $B_n = B_1 + B_2 + B_3 + \cdots + B_{n-1}$；

成本流 $C_n = C_1 + C_2 + C_3 + \cdots + C_{n-1}$。

按照“B－C”法，只有当 $B > C$ 时，经济上才是可行的。按照“B/C”法，$BCr > 1$ 或 $BCr = 1$ 时，法律治理投入是可取的；$BCr < 1$ 时，法律治理投入不可取。

以为支持上市公司纾困化险而相继推出的“债转股”政策②效果评估为例。效果评估主体可以综合运用“公开征集社会公众意见、召开座谈会、听证会、专家论证会、发放调查问卷、实地考察、专题调研”等社会实

---

① 参见任尔昕：《地方立法质量跟踪评估制度研究》，北京大学出版社2011年版，第242页。

② 目前推出的“债转股”政策文件主要包括《国务院关于积极稳妥降低企业杠杆率的意见》《关于市场化银行债权转股权的指导意见》《关于适当调整地方资产管理公司有关政策的函》《市场化银行债权转股权专项债权发行指引》《关于保险业支持实体经济发展的指导意见》《关于钢铁煤炭行业化解过剩产能金融债权债务问题的若干意见》等。

证调查方法,搜索与整理有关相应“债转股”政策的立法成本、执法成本、司法成本、社会成本和经济效益、社会效益、文化效益等相关信息,并借助净现值法计算公式,评估相应“债转股”政策的效果是否良好,可否继续推行。

值得注意的是,一直以来,成本—效益分析方法在中国的应用备受争议,原因在于其同样具有实证分析方法所具有的功利主义思想缺陷。所以,在坚持成本—效益分析方法时一定要注意处理好其与人类基本价值的关系,即在追求社会效益的同时,要以不违背公平正义等基本价值为准则,这也是方法伦理性的基本要求。①

(二)比较分析法在金融市场法律治理创新效果评估中的具体操作模式

比较分析方法旨在从水平、速度、结构和效益等不同维度比较和评判相关立法、执法的规范质量以及运行的效果。一是水平比较。具体比较法律规范或执法模式、手段在实施前后的各方面绩效总和,描述变化规律。二是速度比较。主要对比考察法律规范或执法模式、手段实施前后两个不同时间所对应的实效。三是结构比较。主要考察法律规范各个条文之间的结构安排是否合理。四是效益比较。主要分析法律规范或执法模式、手段实施前后所带来的经济效益、社会效益、生态效益的相应变化。

就比较分析的分类应用方法来说,典型如分组比较法、平行比较法、利益比较法、动态比较法等。其中,分组比较法主要依循涉及的不同指标,将相关评估对象归类到各自小组中,分别进行统计和比较来获取评估结论;平行比较法是在相同地区,比较法律规范实施前后产生的不同效益;利益比较法主要强调比较分析法律规范的实施效益;动态比较法是主要通过比较评估对象在不同时点所产生的实效变化趋势进而获得结论的一种方法。总结起来,上述不同类型的比较分析方法主要强调从立法、执法预期与其所产生的实效出发,对比法律规范或执法模式、手段产生的积

① 参见吉敏丽、袁晓杰:《论地方立法质量跟踪评估的方法——以甘肃省地方立法为实证的分析》,载《西部法学评论》2011年第4期。

极效应和消极影响，以及对比纵向的法律规范的合法性和合理性，得出评估结论。①

从上述分析可知，比较分析方法主要包括两个维度，即纵向的上位法与下位法间的合法性、合理性之比较与横向的法律规范或执法模式、手段实施前后的比较。其中纵向比较方法简单清晰，主要在于准确理解横向比较方法。横向比较分析方法应用较为广泛的主要有折射对比分析、简单前后对比分析和实验性对比分析。② 投射对比分析主要通过社会现象预测相应的发展趋势，但该方法难以周延地收集所有相关信息，准确性较差。简单前后对比分析法主要比较分析法律规范实施前后产生的效益。简单前后对比分析法周延地考虑了时间、地点等相关因素，使结果更为全面准确。实验性对比方法旨在通过比较实验组和控制组之间的差异，来提升结果的科学性与客观性。不过，实验性对比方法只有在确保实验组与对照组的条件影响较广泛深远的时候，才能得出明显的结果。

具体到金融市场法律治理创新效果评估中，以防范财政收入下降速度超过预算支出的扩大带来的地方政府债务风险板块为例。近些年，我国财政收入增速持续维持在个位数，且呈现逐年下降的趋势，低于同期经济增长速度。然而，财政预算支出的增长速度在全面深化改革、脱贫攻坚战、环境保护攻坚战等压力下，增长速度远超财政收入的增速。中央政府预设的安全赤字率由 3.0% 到 2020 年提高到 3.6% 以上，地方政府显性和隐性债务已经达到一定规模。③ 根据金融风险理论，地方政府债务风险可以通过内部因素和外部因素触发系统性金融风险。对内部因素而言，一方面，信息不对称和资产价格非市场化波动会导致金融脆弱性，进而引发系统性金融风险；另一方面，地方政府主要面向金融机构发行债券，两者之间过度的业务关联和风险关联也容易触发系统性金融风险。④ 对外部因素而言，地方政

---

① 参见吉敏丽、袁晓杰：《论地方立法质量跟踪评估的方法——以甘肃省地方立法为实证的分析》，载《西部法学评论》2011 年第 4 期。

② 参见汪全胜：《法律绩效评估机制论》，北京大学出版社 2010 年版，第 183 ~ 186 页。

③ 参见樊旭：《明年赤字率回归 3%，化解地方隐性债务风险是重头戏》，载界面新闻 2020 年 12 月 26 日，https://www.jiemian.com/article/5455491.html。

④ See Oet, M. V., T. Bianco, D. Gramlich and J. Stephen, *SAFE: An Early Warning System for Systemic Banking Risk*, Journal of Banking and Finance, Vol. 37, No. 11 (2013).

府部门不断增加的投资支出使地方政府债务呈现顺周期特征，在中央政府隐性担保下，商业银行大量认购地方政府债务之后将该风险转化为金融风险，使商业银行成为地方政府债务扩张风险的最终载体，当其风险到达临界值时就容易触发系统性金融风险。[①] 为此，2014 年 8 月 31 日，第十二届全国人民代表大会常务委员会第十次会议通过了《关于修改〈预算法〉的决定》，广受关注的新预算法迎来“新生”。迄今，该法规已出台运行较长时期，从时间和实践的角度出发，采用简单前后对比分析法更为准确。具体步骤如下：

(1)比较《预算法》修改前后的效果，从水平、速度和效益(地方政府显性债务余额和杠杆率)方面得出结论作为法规运行实效评估的参考依据。对比分析结果可用如图 5－3 所示。

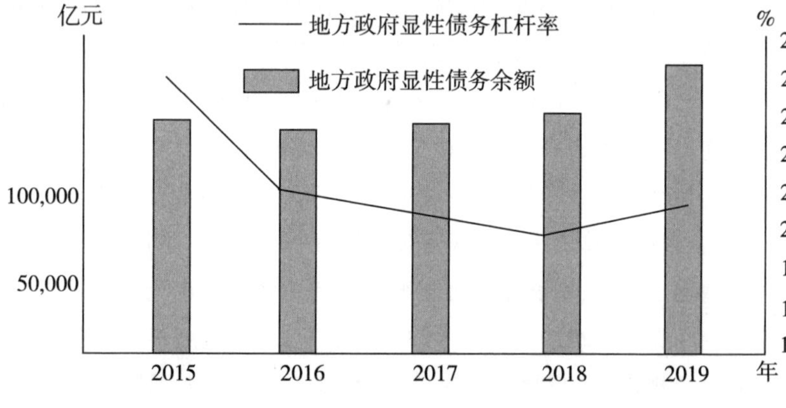

图 5－3　比较分析法在防范地方政府显性债务风险法律治理效果评估中的运用效果

资料来源：CSMAR 数据库和 Wind 数据库。

(2)采用持续动态比较方法，时刻关注未来趋势，从而在合适的时间评估《预算法》和其同位法、上位法是否协调，以及评估该法规对社会的回应程度。

(3)得出评估结论。

① 参见毛锐、刘楠楠、刘蓉：《地方政府债务扩张与系统性金融风险的触发机制》，载《中国工业经济》2018 年第 4 期。

（三）系统分析法在金融市场法律治理创新效果评估中的具体操作模式

系统分析法就其本质而言，乃结合事物的整体特点，根据整体与部分、整体与结构及层次，结构与功能、系统与环境等的相互联系和相互作用，探索最佳整体目标的分析方法。[①] 前文已述，该方法旨在从众多方案中通过综合比较，最终提出一条最优方案。

具体到金融市场法律治理创新效果评估中，可以采取头脑风暴法、德尔菲分析法等多种评估方法。头脑风暴法有助于让防范系统性金融风险的法律治理创新效果评估参与者充分发挥创造性思维，互相碰撞出思想风暴，从而得出更为准确的结论。其中，讨论程序对于头脑风暴法的顺利实施至关重要，因为自由、规范的讨论程序有助于确保讨论的有效性和准确性。头脑风暴法可以确保公众作出富有创造性的决策，从而得出科学的防范系统性金融风险的法律治理创新效果评估结论。

头脑风暴法的基本原则大致是：一是欢迎各抒己见，自由鸣放。创造一种自由的气氛，激发参加者提出各种有创造性的想法。二是追求数量。意见越多，产生好意见的可能性越大。三是研究完善方案。头脑风暴法赞许和鼓励参与者对其他人的意见进行考量、评析与完善。头脑风暴法实施的成本是很高的，这就需要金融市场法律治理创新效果评估参与者有较好的素质，即最好是金融法与经济学领域的专家学者以及从事过金融行业相关工作的专业人员。

德尔菲分析法，是指依据系统的程序，采用匿名发表意见的方式，即团队成员间不得互相讨论，不发生横向联系，只能与调查人员发生关系，以反复地填写问卷，以集结问卷填写人的共识及搜集各方意见，可用来构造团队沟通流程，应对复杂任务难题的管理技术。[②] 具体到防范系统性金融风险的法律治理创新效果评估中，其基本步骤如下：（1）组成专家小组。根据防范系统性金融风险的法律治理创新效果评估的知识范围，专家至少包括法

---

① 参见胡东芳：《论课程政策研究的系统分析框架》，载《江苏教育学院学报（社会科学版）》2001 年第 3 期。

② 参见齐洪亮：《公路自然灾害评价系统的研究》，长安大学 2011 年博士学位论文，第 23 页。

律学者、金融学与经济学学者、管理学学者、金融监管部门工作人员及其学者、金融机构工作人员及其学者等,以保证智囊充足。(2)将拟预测的相关问题、要求和背景发给专家学者,并咨询专家学者是否需要其他资料,并由专家学者进行书面答复。(3)专家学者根据提供的相关资料,作出预测,并附上预测的具体步骤和方法。(4)对于专家学者的预测意见进行整理并制作表格,再发回给各位专家学者,由专家学者在综合考量自己和其他学者意见的基础上修正意见。(5)对于专家学者的修改意见进行二次整理,然后再发回给专家学者,以进行进一步的修正。德尔菲分析法的核心为不断收集和发回专家意见,一般来说,该环节至少要历经3~4次。值得注意的是,发回的其他专家学者意见为匿名文件。上述过程应当进行多次,直至所有专家坚定自己想法不再改变。(6)梳理每位专家的意见。①

第五节 防范系统性金融风险的法律治理创新效果评估的程序及其制度设计

金融市场法律治理创新是新时期金融机构践行"守住不发生系统性金融风险的底线"要求的最直接且最重要的体现。金融市场法律治理创新及其效果评估必须贯彻"守住不发生系统性金融风险的底线"要求,才能更好地促进金融市场法律治理创新。评估主体、评估内容是实质层面上"守住不发生系统性金融风险的底线"要求在金融市场法律治理创新效果评估中的化身;评估方法与评估程序是形式层面上"守住不发生系统性金融风险的底线"要求在金融市场法律治理创新效果评估中的载体。像评估主体、评估内容、评估方法的设计须贯彻"守住不发生系统性金融风险的底线"要求一样,正是因为程序本身将效果评估的各项要素串联为一个统一且有机的整体,金融市场法律治理创新效果评估程序的设计更要以"守住不发生系统性金融风险的底线"要求为归宿。基于"守住不发生系统性金融风险

---

① 参见[美]威廉·N.邓恩:《公共政策分析导论》(第2版),谢明等译,中国人民大学出版社2002年版,第261~266页。

的底线”的要求,金融市场法律治理创新效果评估程序应当坚守以下原则:公众参与原则、程序公开原则、程序公正原则。只有遵循这些原则并贯彻“守住不发生系统性金融风险的底线”要求,金融市场法律治理创新效果评估活动才能被置于更为全景的社会监督之下并获取更为全面的信息,保证评估结论的公正性和客观性。

通常而言,一项完整的效果评估活动包括三个阶段:启动和准备阶段、实施阶段、回应阶段。结合金融市场法律治理创新现状,可以将三个阶段的具体步骤与要求描述如下。

一、防范系统性金融风险的法律治理创新效果评估的启动和准备阶段与制度设计

(一)确定防范系统性金融风险的法律治理创新效果评估对象和评估内容

防范系统性金融风险的法律治理创新效果评估对象的选择将直接影响评估内容、评估程序、评估标准或指标体系的设计。理论上通常将评估对象区分为三类:单一性评估、类型化评估与总体性评估。单一性评估是指效果评估主体每次只针对某一单行法或某一领域的执法行为进行评估;类型化评估是指对调整共同对象的不同单行法或不同领域的执法行为进行评估;总体性评估是指对我国法律体系、执法行为做总体、全面的评估。① 考虑国内不同单行法或领域中的金融市场法律治理创新规范或执法行为集合起来构成当前中国金融市场法律治理创新规范体系或执法范式,金融市场法律治理创新效果评估的对象宜以类型化评估为选择,即对国内同样规制金融市场法律治理创新的法律法规或执法行为的集合进行评估。

防范系统性金融风险的法律治理创新效果评估内容的确定一般是指评估实施主体按照评估目的,选取评估对象中具有价值的制度、条文、治理模式与手段等内容的过程。其中最关键的环节在于深入研究被评估的法律、法规、监管细则、行政处罚书等,选取其中对整个法律、法规、治理模式与手段实施效果有决定性影响的若干制度条文或监管细则,归纳整理,形成需要

---

① 参见汪全胜等:《立法后评估研究》,人民出版社2012年版,第118~119页。

评估的主要内容。[①] 以防范系统性金融风险的法律治理模式、手段创新效果为例，评估内容的确定包括如下步骤：第一，主要法律治理模式与手段的筛选。金融法领域系一个覆盖证券法、银行法、保险法、信托法等众多领域的集合体，针对每个领域的法律治理模式与手段皆因领域属性的不同而有所差异。因此，防范系统性金融风险的法律治理创新效果评估机构应结合不同领域分别评估，最后进行整合。第二，具体问题的形成。在主要领域确定后，评估内容已经形成了大致的方向，但对于具体评估而言还需要进一步细化。因此，防范系统性金融风险的法律治理创新效果评估主体应当对每一个拟被评估的法律治理模式与手段进行分析，将其转化为一个个具体的问题。如近几年针对互联网金融和资管计划等金融创新出台的"穿透式监管"理念与方式引发学界和实务界热议，当下"穿透式监管"推行的具体程序与实体内容是否有助于达到相应的治理效果、有无改进空间等，亟待作出相应评估。

（二）选择防范系统性金融风险的法律治理创新效果评估主体并作相应培训

前已述及，我国应当建立由立法部门或国务院金融稳定发展委员会、中国人民银行、银行保险监管委员会、证券监督管理委员会等部门牵头，社会各方利益相关者一起配合和参与的评估主体模式。

效果评估人员是指在评估工作机构的组织和指挥下，参与金融市场法律治理创新效果评估工作并在其中承担一定职能的工作人员，一般包括组织人员、调查人员、分析人员等。效果评估工作不同于其他评估工作的一个显著之处在于，需要对相关法律制度的实施效果进行评价进而提出提高制度建设质量的建议。该项工作不能简单地看作是调查获取数据或者是根据调查人群的评判来评价，而是一项比较综合的工作。更重要的是，防范系统性金融风险的法律治理具有较高的技术性和复杂性，需要对金融市场和相关法律有着较为深刻的理解。[②] 因此，必须对金融市场法律治理创新效果评估人员进行系统培训，让他们熟练地掌握评估所需要的方法，能够灵活地

① 参见袁曙宏主编：《立法后评估工作指南》，中国法制出版社 2013 年版，第 67 页。

② 参见袁曙宏主编：《立法后评估工作指南》，中国法制出版社 2013 年版，第 71 页。

运用访谈技巧,精确地鉴别有价值的信息。同时,还需要在调查过程中对调查人群进行适当地宣传,帮助他们正确理解有关法律制度和效果评估活动的重要意义。

第一,对组织人员的培训。组织人员是具体实施防范系统性金融风险的法律治理创新效果评估调查、访谈、数据整理和分析的负责人,对其培训的内容应当较为全面,除了要掌握调查方法外,还需要了解防范系统性金融风险的法律治理创新效果评估内容所涉及的法律制度、主管部门和管理相对人的双方情况、前期搜集获得的信息、评估需要的范围和规模以及需要注意的其他事项等。通过这些知识和信息的掌握,使防范系统性金融风险的法律治理创新效果评估组织人员能够制定详细的工作方案,合理安排工作时间,有效组织工作人员。

第二,对调查人员的培训。调查人员是具体负责深入实地调研,发放和回收调查问卷,现场访问被调查对象,与相关人群展开座谈的工作人员。他们是防范系统性金融风险的法律治理创新效果评估的最直接实施者,其工作质量高低直接影响金融市场法律治理创新效果评估质量。因此,在防范系统性金融风险的法律治理创新效果评估准备阶段,应当投入大量时间和精力对他们进行培训。具体有以下三个方面:一是对法律制度的了解。通过培训,应当使防范系统性金融风险的法律治理创新效果评估调查人员对金融市场法律治理创新法律规范的立法目的、主要制度、治理模式和手段等内容有一个较为全面的认识,对应当如何进行调查有一个直观的印象。二是对调查方法的掌握。主要是一些社会调查领域的专业方法,如抽样调查、访谈录入等。三是对调查技巧的训练。通过培训,使金融市场法律治理创新效果评估调查人员在调查时能够掌握一定的调查技巧,识别信息的真伪,避免引起被调查对象的反感。

第三,对分析人员的培训。分析人员是对防范系统性金融风险的法律治理创新效果评估调查获取的信息进行初步整理,运用科学的方法分析这类信息所反映的问题的专业人员。对分析人员的培训,目的在于使他们领会工作目的,掌握分析方法,从错综复杂的信息和数据中发现问题。同时,在培训过程中还需要特别强调一点,即分析只能就材料信息进行分析,不能带有主观意愿去取舍信息,更不可以直接产生最终结论,以避免影响防范系统性金融风险的法律治理创新效果评估的客观性。

(三)拟定防范系统性金融风险的法律治理创新效果评估方案

1.防范系统性金融风险的法律治理创新效果评估流程及时间安排

效果评估的流程及时间安排是效果评估工作的项目计划书,是评估工作机构和评估人员开展工作的重要指引,应当根据评估任务和评估目的的要求,将流程尽量细化并在每一步都附带时间要求。我们认为,防范系统性金融风险的法律治理创新效果评估工作可设计成如下流程(见图5-4)。

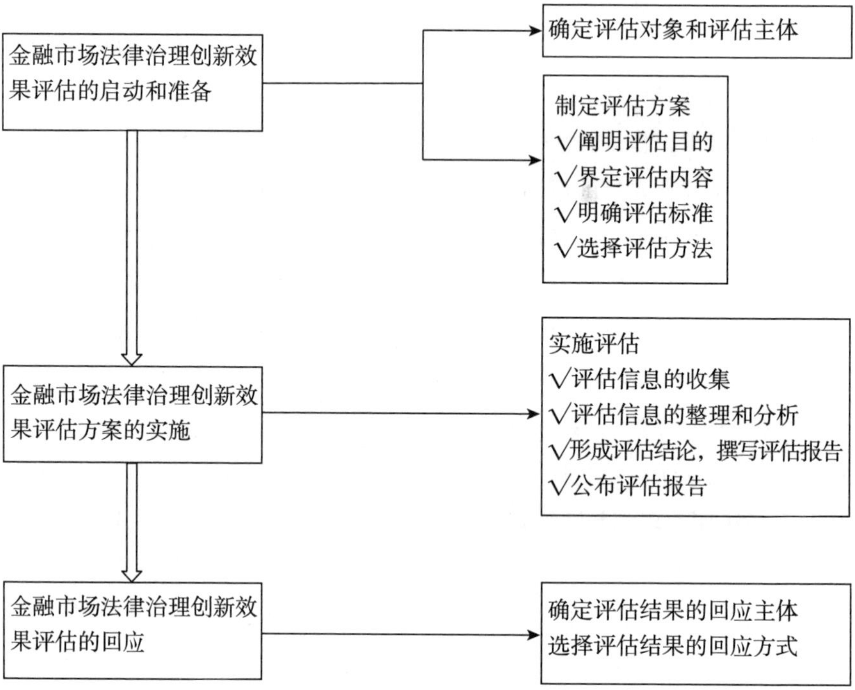

图5-4 防范系统性金融风险的法律治理创新效果评估的基本程序

2.防范系统性金融风险的法律治理创新效果评估的标准、指标体系和方法的选择与确定

第一,确定防范系统性金融风险的法律治理创新效果评估的标准。如前文所述,防范系统性金融风险的法律治理创新效果评估可以包括三类标准:法理标准、价值标准以及实践标准。其中,法理标准是指用法的一般标准来评价金融市场法律治理创新立法和执法质量的高低,主要包括被评估

的金融市场法律治理文本规范和治理模式、手段的立法、实施主体是否合法,制定程序是否合法,制定内容是否与宪法或其他上位法相抵触等;价值标准是评估主体在评估过程中所坚持、依据的倾向性准则和原则,反映了评估主体的信念、理想和价值追求;实践标准是指具有效力的金融市场法律治理创新规范体系以及治理模式、手段在实际社会生活中的现实影响,具体体现在金融安全、金融效率、金融公平等三个维度。具体内容详见金融市场法律治理创新效果评估的标准一节。

第二,根据防范系统性金融风险的法律治理创新的特殊性,确定仅仅适用于其自身的个性指标。如前文所述,我们认为,金融市场法律治理创新效果评估指标体系可由3个标准,11个一级指标和47个二级指标组成。

第三,确定防范系统性金融风险的法律治理创新效果评估方法。由于每种方法都各有其优缺点,因而有必要在金融市场法律治理创新效果评估中使用多元化的评估方法,使各方法相互配合,共同致力于检验金融市场法律治理创新立法与执法质量以及寻找解决方案。在防范系统性金融风险的法律治理创新效果评估信息收集阶段,评估主体主要应通过综合运用公开征集社会公众意见、走访利益相关者或者书面征求意见、召开座谈会、听证会、专家论证会、发放调查问卷、实地考察、专题调研等社会实证调查方法来搜集信息;在防范系统性金融风险的法律治理创新效果评估信息分析阶段,主要通过运用典型个案分析法、比较分析法和利益分析方法来分析相关信息资料;无论是评估信息收集阶段抑或评估信息分析阶段,都需要使用数学分析方法、系统分析方法以及定性分析与定量分析相结合的方法,并协调和平衡各个方法的运用。

3.防范系统性金融风险的法律治理创新效果评估的质量保证

效果评估的质量保证是指在效果评估工作中构建相应制度,用以保障评估各个环节、各种信息以及初步结论的真实有效,以体现效果评估价值的重要手段。这些制度设计主要针对的是评估实施过程中的方法、流程、标准和初步结论等内容,在评估方案中具有较强的针对性,特别是在如何避免调查失真和无效信息方面应当成为关注的重点。具言之,防范系统性金融风险的法律治理创新效果评估方案中有关质量保障的内容一般有以下三个方面:一是设定金融市场法律治理创新效果评估最小的调查范围和最低样本量。二是规定在金融市场法律治理创新效果评估调查过程中运用一定的纠错方式。该纠错方式的优势在于,能够通过简单的相互验证,查找出不符合调查统计要求的问卷或数据。例如,在防范系统性金融风险的法律治理创新效果评估调查问卷的设计过程中,特别设计一些相互矛盾的问题,如果金融市场法律治理创新效果评估被调查对象没有表达真实的想法,那么他在这类问题的回答上就会自相矛盾,从而将其从有效信息中剔除出去。三是由防范系统性金融风险的法律治理创新效果评估专家组成小组进行质量监督。在调查分析初步完成后,可以随机抽取一些专家组成第三方监督小组,分类对金融市场法律治理创新效果评估调查方式、调查信息以及调查结论进行论证,请他们客观地提出问题,并由防范系统性金融风险的法律治理创新效果评估工作机构最后决定是否有针对性地改进。

二、防范系统性金融风险的法律治理创新效果评估的实施阶段与制度设计

(一)防范系统性金融风险的法律治理创新效果评估资料信息的收集与整理

防范系统性金融风险的法律治理创新效果评估所需资料是指在评估过程中获取的相关现行法律、法规、规章实施效果等各方面的信息。防范系统性金融风险的法律治理创新效果评估资料收集工作的好坏直接关系评估结果的科学与否,进而,影响我们整个评估活动的质量和水平。因此,应该十分重视资料收集这一环节。

1. 资料信息收集的来源

金融市场法律治理创新效果评估应当广泛搜集各方资料,确保涉及金融机构、行业协会、公权力机构、新闻媒体、社会公众等方方面面信息。

第一,金融机构。金融机构可以说是金融市场法律治理创新最直接的利益相关者,金融市场法律治理创新立法与执法对金融机构的实践行为有着直接的影响。例如,2018 年 2 月 23 日,原保监会发布公告,鉴于安邦集团存在违反《保险法》规定的经营行为,可能严重危及公司偿付能力,依照《保险法》第 144 条规定,决定对安邦集团实施接管,接管期限一年,随后又延长一年。银保监会表示,实施接管以来,银保监会依法有序推动风险处置

工作。截至 2020 年 1 月，接管前安邦集团发行的中短存续期理财保险已全部兑付，未发生一起逾期和违约事件，保险消费者和各有关方面的合法权益得到切实保障。[①] 为评估防范系统性金融风险背景下对安邦集团风险治理的效果，相关评估主体可以对接管后安邦集团拆分新设的大家保险集团展开信息搜寻，查阅并对比大家保险集团的股东获益、员工待遇、债权人权利保护情况，以及内部颁布的有关防范系统性金融风险的内部规章、机制建设等情况，从而计算出对其法律治理创新法律治理的实际效果。

第二，行业协会。这里的行业协会主要是指对金融机构经营管理行为具有一定的约束作用的组织，如证券业协会、保险业协会、工会组织等。[②] 事实证明，国内行业协会对金融市场法律治理的关注程度和参与程度，对金融市场法律治理的效果有较大影响。通过查阅近些年行业协会发布指引、定期收集数据、发布排名、参与治理等情况，可以评估金融市场法律治理创新的效果。

第三，公权力机构。这里的公权力机构是指制定或实施被评估的金融市场法律治理创新相关立法或执法的国家机关。具体包括立法机关、执法机关和司法机关，这些机关拥有最全面、最权威的有关被评估对象的相关资料和信息。例如，在前文所述的安邦集团接管案件中，银保监会会同人民银行、证监会、外汇局等有关部门成立接管工作组，全面接管安邦集团经营管理。[③] 无疑，上述机关作为金融市场法律治理的细则制定机关和执法机关，对防控系统性金融风险的具体情况必定拥有权威、充分的了解，相应地，其也是效果评估资料收集的可靠来源之一。

第四，新闻媒体等第三方力量。随着经济社会的发展和人民素质的提升，以新闻媒体为代表的第三方监督力量，对国内金融机构健全防范系统性

---

① 参见金融时报：《银保监会：结束对安邦集团接管 1.5 万亿保险全部兑付》，载全景网，http://www.p5w.net/money/lczh/202002/t20200224_2381362.htm。

② 参见刘志云：《国内银行业践行社会责任的外部督促机制：问题与完善》，载《经济法论丛》2011 年第 2 期。

③ 参见金融时报：《银保监会：结束对安邦集团接管 1.5 万亿保险全部兑付》，载全景网，http://www.p5w.net/money/lczh/202002/t20200224_2381362.htm。

金融风险机制起到了很好的督促作用。[①] 因而，新闻媒体等第三方力量也可以为金融市场法律治理效果评估提供有益资料。

第五，社会公众。普通公众是社会成员的大多数，他们从根本上推动了金融市场的发展。我们的党和政府始终提倡一切为了群众，一切依靠群众，从群众中来，到群众中去的群众路线。从这个层面来讲，我们所立之法的本质是人民利益和意志的体现。因此，我们在进行防范系统性金融风险的法律治理创新效果评估时必须充分听取他们的感受和意见。应当注意的是，普通公众是一个范围很宽泛的概念，在具体的实践操作中，我们不可能面面俱到，因此，在资料的收集中我们要着重注意的是与金融市场法律治理创新有着密切联系的利益相关者，有针对性地搜集资料，提升效果评估的效率，节约成本。

2. 资料信息收集的方法和评估信息系统的建立

在金融市场法律治理创新效果评估中，收集资料信息的方法和手段有很多，经常采用的方法有：(1)实验法；(2)观察法；(3)调查法，如开会调查、问卷调查、个别访问等；(4)查阅资料法，如查阅政策运行记录等；(5)个案法，如典型分析。这些方法各有其特点和应用范围，使用时应互相配合，这样有利于确保所获取信息的准确性、广泛性和系统性。[②]

防范系统性金融风险的法律治理创新效果评估信息系统的建立有助于实现信息收集的制度化，信息传递的标准化，信息系统的系统化，信息形式的标准化，信息工作的秩序化和信息技术的现代化，能够最大限度地避免信息失真。英国在1982年的《财务管理方案》中就要求中央各部普遍建立管理信息系统，它“不仅能向最高层提供评估和控制所需的全面信息，而且能为下面各层主管提供做好工作所需的信息”[③]。具言之，完善防范系统性金融风险的法律治理创新效果评估的信息系统必须从以下几个方面着手：首先，要组建专门负责收集、加工金融市场法律治理创新效果评估信息的工作

---

① 参见刘志云：《国内银行业践行社会责任的外部督促机制：问题与完善》，载《经济法论丛》2011年第2期。

② 参见谢忠华：《立法后评估制度研究》，武汉大学2014年博士学位论文，第25页。

③ See Greenwood J. & Wilson D., *Public Administration in Britain Today*, London: Unwin Hyman, p. 128 – 134(1989).

团队，由其对有关政治、经济、社会等方面的金融市场法律治理创新效果评估对象信息进行及时的收集，编制信息库，为评估工作随时提供已收集信息查询，节约评估时间。① 其次，从防范系统性金融风险的法律治理创新效果评估的技术基础来看，“现代计算机和网络技术最大的优点是信息的共享和信息传输的高效率，这些技术优势给解决效果评估信息失真问题提供了良好的条件和技术保障。要充分利用电子计算机和现代通信技术，提高信息设备现代化和信息技术应用化程度，实现金融市场法律治理效果评估信息系统的现代化，评估信息传递的网络化，评估信息利用的高效化”②。最后，提高防范系统性金融风险的法律治理创新效果评估信息提供者的信息素质，包括其甄别、分辨信息的能力以及信息处理的能力等，强化提供信息者的信息责任意识，使其认识到信息提供的严肃性和正规性。③

3. 资料信息收集的整理

资料信息的整理是从收集阶段到分析阶段的一个很重要的中间过渡环节。通常，我们所收集起来的防范系统性金融风险的法律治理创新效果评估第一手资料信息都是杂乱无章的，没有形成一个正常的逻辑体系。因此，需要对这些零乱的资料信息按照评估者方面利用的形式加以汇总整理，并且通过整理鉴别剔除无用的、重复的以及虚假的金融市场法律治理创新效果评估资料信息；并分清主要的与次要的资料信息，为防范系统性金融风险的法律治理创新效果评估资料信息的分析工作打好基础。

其一，防范系统性金融风险的法律治理创新效果评估资料信息的分类整理。一是对防范系统性金融风险的法律治理创新效果评估资料信息进行一般的形式整理。这里所说的一般的形式整理，是指按照普遍的资料信息的内在要素结构和外在的表现方式进行分类整理，这种方式是一种轮廓上的粗线条的整理方式，目的是使无序的资料信息变为有序，容易使人一目了然。具体到防范系统性金融风险的法律治理创新效果评估工作中，评估主体可以按照金融市场风险的生成差异对信息资料进行分类，以便日后有针

① 参见王锡明：《地方立法后评估程序研究》，载《人大研究》2011 年第 10 期。

② 张创新、芦刚：《地方政府绩效评估信息失真的成因及其治理》，载《学术探索》2006 年第 6 期。

③ 参见王锡明：《地方立法后评估程序研究》，载《人大研究》2011 年第 10 期。

对性地进行数据分析。鉴于此,可以将信息资料分别划分到"影子银行"风险法律治理制度、地方政府债务风险法律治理制度等项下。二是按照法理标准、价值标准、实践标准,对资料信息进行深层次分类整理,这样可以有针对性地为接下来资料信息的分析工作做好铺垫。

其二,防范系统性金融风险的法律治理创新效果评估资料信息的鉴别。资料信息鉴别的过程实际上就是评估者基于评估目的对资料信息进行去粗存精、去伪存真的一个深加工的过程。通过这个过程剔除重复、无用、虚假的信息,进而保证防范系统性金融风险的法律治理创新效果评估资料信息的可靠性和实用性,这是实现资料信息利用价值的前提。一是防范系统性金融风险的法律治理创新效果评估资料信息的可靠性鉴别。可靠性亦称可信度,是指信息的真实性和准确性。信息的可靠性包括:信息人员收集到的原始信息是真实和准确的;信息人员为决策者所提供的经过加工的信息是真实的和准确的。① 我们对资料信息的分析和决策要建立在其真实可靠的基础之上。如果金融市场法律治理效果评估资料信息中掺杂着虚假成分,无论我们所运用的分析方法多么科学,参与金融市场法律治理效果评估分析人员的素质多高,都无法作出客观科学的评估结论。因此,在对金融市场法律治理效果评估资料信息进行分析决策之前应该对所收集到的资料信息进行可靠性鉴别。二是防范系统性金融风险的法律治理创新效果评估资料信息的适用性鉴别。简言之,资料信息的适用性就是指所收集到的资料信息对于评估者可以利用的程度,即资料信息的利用价值大小。

防范系统性金融风险的法律治理创新效果评估资料信息的可靠性是客观的,然而鉴别金融市场法律治理效果评估资料信息的适用性所掺杂的主观因素比较多,会受到各方面情况的制约。我们在适用性鉴别过程中要注意从资料信息的来源渠道、获取方法、具体适用目的等角度出发,判断资料信息的适用程度。资料信息的适用程度越高,针对性越强,在进行防范系统性金融风险的法律治理创新效果评估分析时就越容易得出科学客观的评估结论。相反,如果对防范系统性金融风险的法律治理创新效果评估资料信息的适用性不加以鉴别或者加以不科学的鉴别,都会导致大量的无用信息

---

① 参见彭知辉:《研究综述:信息与决策》,载《新世纪图书馆》2006 年第 5 期。

或可利用程度较低的资料信息,对防范系统性金融风险的法律治理创新效果评估分析工作造成一定程度上的困难和阻力。因此,防范系统性金融风险的法律治理创新效果评估工作人员应该对这一环节的工作给予充分的重视。

(二)防范系统性金融风险的法律治理创新效果评估分析模型的建立

在防范系统性金融风险的法律治理创新效果评估信息阶段,实施主体或者受托实施主体应当综合运用定性与定量分析方法,从法理标准、价值标准、实践标准等三个维度全面评估金融市场法律治理创新规范文本质量或治理模式、手段的实施效果,最终形成金融市场法律治理创新效果评估报告并按照相应要求公开。其中,可以通过数学模型来研究、分析和预测相应政策可能导致的社会效果。因此,我们认为,在实施阶段,防范系统性金融风险的法律治理创新效果评估分析小组可以运用如下模型对数据进行分析与评估。

1. 分类检验评估

将评估对象按类别分类,考虑变量可能存在的非正态分布的特点,为了尽可能保证检验的稳健性,我们将同时使用参数 t 检验和非参数 Kruskal-Wallis 来检验独立样本间的分布差异,判断不同评估对象类别的实施效果。如不同金融监管机构所进行的金融市场法律规范、治理模式和手段创新对相关公司运营(如金融机构)的最终效果是否有显著差异。

原假设H_0:多个独立样本来自的多个总体的分布无显著差异

2. 实施效果评估

为研究防范系统性金融风险背景下相关主体对法律治理创新的选择问题,首先建立代表证券监督管理委员会进行法律治理创新的效用函数如下所示:

$$U_i^1 = \beta_1^1 X_{i1} + \beta_2^1 X_{i2} + \cdots + \beta_n^1 X_{in} + \varepsilon_i^1 \qquad (5-1)$$

其中 $i = 1, \cdots, k$, U_i^1 为 i 证券监督管理委员会选择进行法律治理创新的效用, X_{in} 为 i 法律治理创新模式与手段、法律规范创新的第 n 个属性, ε_i^1 为随机干扰。则设 U_i^2 为 i 证券监督管理委员会未选择进行法律治理创新的效用,同理得:

$$U_i^2 = \beta_1^2 X_{i1} + \beta_2^2 X_{i2} + \cdots + \beta_n^2 X_{in} + \varepsilon_i^2 \quad (5-2)$$

考虑效用不可测，但假设证券监督管理委员会法律治理战略选择为 $\max(U_i^1, U_i^2)$，则(1)-(2)得：

$$U_i^1 - U_i^2 = (\beta_1^1 - \beta_1^2)X_{i1} + (\beta_2^1 - \beta_2^2)X_{i2} + \cdots + (\beta_n^1 - \beta_n^2)X_{in} + (\varepsilon_i^1 - \varepsilon_i^2) \quad (5-3)$$

在 Hausman 检验的基础上，从而建立如下固定效应面板数据模型：

$$Y_{it} = \beta_i X_{it} + \lambda_i + \mu_t + \varepsilon_{it} \quad (5-4)$$

其中，i 代表证券监督管理委员会，t 代表年份，被解释变量 Y_{it} 代表总资产报酬率 ROA，X_{it} 代表社会捐赠支出率、罚款支出率、环保费用支出率等指标，λ_i 和 μ_t 分别代表不随治理创新和不随年份变化的因素的影响，ε_{it} 为互相独立的随机扰动项。基于证券监督管理委员会层面的现实数据，运用上述模型进行实证检验，分析证券监督管理委员会进行法律治理创新的实施效果。

（三）防范系统性金融风险的法律治理创新效果评估报告的形成

防范系统性金融风险的法律治理创新效果评估报告初稿的起草是撰写报告的基础性工作，主要由评估工作机构独立完成，一般包括报告提纲的确定、资料的准备、单项分析报告的整理、报告初稿的撰写等环节。防范系统性金融风险的法律治理创新效果评估报告初稿应针对评估内容，结合法理标准、价值标准、实践标准，根据有关数据和初步分析结论，形成对法律法规、治理模式或手段等方面的评估意见。一般来说，防范系统性金融风险的法律治理创新效果评估报告主要涵盖以下四方面内容：①一是对金融市场法律治理创新情况的总结；二是对金融市场法律治理创新存在的问题及其成因的分析；三是对金融市场法律治理创新实施成本、效果的评价；四是对金融市场法律治理创新的内容、执行、修改和补充提出建议和意见。

防范系统性金融风险的法律治理创新效果评估报告送审稿是指在效果评估报告初稿的基础上进行修改完善，由评估工作机构将其送交效果评估实施主体审核，获得效果评估实施主体认可的效果评估报告。防范系统性金融风险的法律治理创新效果评估报告送审稿的形成是效果评估报告的加

---

① 参见王锡明：《地方立法后评估程序研究》，载《人大研究》2011 年第 10 期。

工环节，需要效果评估工作机构的组织者和评估工作人员高度重视、精心组织、密切配合，[①]对效果评估报告的初稿进行深入细致的分析，对存在的问题进行有针对性的修改。效果评估实施主体在审核过程中，发现效果评估报告初稿存在不符合评估要求的信息、数据以及一些不准确的结论等情况的，可以将问题指出并交由效果评估工作机构进行补充、修改，必要时可以对一些较为重大的问题进行补充调查分析。

防范系统性金融风险的法律治理创新效果评估报告的定稿是指经过一定的程序，由效果评估主体审核确定的效果评估正式报告，是撰写效果评估报告的最终环节。[②] 实践中，正式的防范系统性金融风险的法律治理创新效果评估报告的形成一般需要经过以下步骤：一是金融市场法律治理创新效果评估实施主体将效果评估报告送审稿送交效果评估启动主体审核；二是金融市场法律治理创新效果评估启动主体对于送交审核的效果评估报告有不同意见的，可由金融市场法律治理创新效果评估启动主体责成效果评估实施主体对评估报告进行修改；三是金融市场法律治理创新效果评估启动主体对修改完善后的效果评估报告最终确认，并形成正式的金融市场法律治理创新效果评估报告。

三、防范系统性金融风险的法律治理创新效果评估的回应阶段与制度设计

效果评估报告的回应阶段是效果评估程序的最后环节，但也是实现效果评估目的的关键。唯有对金融市场法律治理创新效果评估结果进行回应，金融市场法律治理创新效果评估方能发挥实质性作用。防范系统性金融风险的法律治理创新效果评估的目的在于完善金融市场法律治理创新立法和执法模式、手段。评估报告通常包括评估工作的基本情况、评估内容分析、评估结论和建议、其他需要说明的问题等内容。理论与规范梳理表明，由效果评估委员会撰写的评估报告具有法律效力。在经相关部门审核通过后，防范系统性金融风险的法律治理创新效果评估报告应当作为编制立法、

① 参见谢忠华：《立法后评估制度研究》，武汉大学2014年博士学位论文，第191页。
② 参见谢忠华：《立法后评估制度研究》，武汉大学2014年博士学位论文，第191页。

执法工作计划,修改、废止相应规范和改进执法工作的重要依据,且相关部门应当贯彻落实评估报告中的相应建议并予以反馈。由此,防范系统性金融风险的法律治理创新效果评估回应阶段的最终结果是形成一种回应法律关系。权利主体包括直接主体(组织者、实施者、参与者)与间接主体(立法者、执法者、司法主体、守法主体),可以为金融市场法律治理创新相关法规的制定者、执法者、金融机构自身、行业协会、社会公众等;义务主体则指向有关国家部门,可以为金融市场法律治理创新相关法规的制定机关、主管部门以及监管机构等。

最终,防范系统性金融风险的法律治理创新效果评估结论主要是对现行金融市场法律治理创新规范体系、治理模式与手段的"存""改""废""立"提出建议。"存"意味着现行金融市场法律治理创新规范体系、治理模式与手段在法理标准、价值标准、实践标准上不存在很大问题,能够妥当应对"守住不发生系统性金融风险的底线"要求提出的新挑战,可以继续沿用;"改"即修改,其意味着现行金融市场法律治理创新规范体系、治理模式与手段部分内容存在缺陷,但不至于危及整个规范体系、治理模式与手段的合法性、合理性等,需要适应"守住不发生系统性金融风险的底线"要求做出变动;"废"即废止,其意味着现行金融市场法律治理创新规范体系、治理模式与手段已经基本无法适应社会经济的发展需求,在法理标准、价值标准、实践标准等维度存在重大缺陷,应当予以废止;"立"意味着金融市场法律治理创新规范体系、治理模式与手段仍有其必要性,有必要随着新时期社会经济发展而发展以及应对"守住不发生系统性金融风险的底线"要求提出的新挑战,应当立足金融市场法律治理创新现实情况,吸收国家政策方针以及"守住不发生系统性金融风险的底线"提出的新要求,制定全新的金融市场法律治理创新规范体系、治理模式与手段。

第六节　防范系统性金融风险的法律治理创新效果评估报告与反馈机制

一、防范系统性金融风险的法律治理创新效果评估报告的设计

效果评估主体需要结合评估信息，依据一定的评估方法，形成评估报告。一般认为，防范系统性金融风险的法律治理创新效果评估报告是效果评估主体正式地向立法者、执法者或利益相关者阐明法律规范、治理模式与手段的实施效果状况、存在的问题以及有关法律规范、治理模式与手段立、改、废建议等全面法律绩效内容的报告。

（一）防范系统性金融风险的法律治理创新效果评估报告的形式

效果评估报告的表现形式有很多种，根据对绩效评估做过专门研究的美国学者西奥多·H. 波伊斯特（Theodore H. Poister）对美国效果评估报告的形式考察，效果评估频繁运用的形式包括“列表、图表和绘图”。① 根据我国近几年效果评估实践来看，基本形式有：（1）文本形式，即通过纯粹的文字表述效果评估报告的形式。文本形式逻辑清楚，表述明白，语言朴实，一般的接受主体都能够理解，是我国效果评估报告主体广泛接受的一种评估报告形式。（2）图表形式，即通过绘图或表格等方式表述效果评估报告的形式。图表方式将绩效信息用人们能够接受的图表表示出来，可以让人们非常容易地理解。（3）文本、图表混合式，即根据绩效数据的具体情形，确定表达绩效数据的具体方式，形成的文本与图表混合在一起的报告形式。

我们认为，防范系统性金融风险的法律治理创新效果评估报告应当采取文本与图表的混合形式。这种方式综合了文本形式与图表形式的优势，弥补了它们的不足。应当清楚的是，文本形式如果篇幅过长，重点不突出，也可能让接受主体难以接受。图表形式亦有其不足，可能对某些绩效信息进行粗线条的描述，对于想掌握具体的绩效信息的主体来说，可能无法

---

① 参见［美］西奥多·H. 波伊斯特：《公共与非营利组织绩效考评：方法与应用》，肖鸣政等译，中国人民大学出版社 2005 年版，第 124 页。

满足。

(二)防范系统性金融风险的法律治理创新效果评估报告的内容

具体地讲,防范系统性金融风险的法律治理创新效果评估报告内容可以包括如下几部分。

1. 围绕"守住不发生系统性金融风险的底线"要求,确定评估对象和评估目的

习近平总书记强调,要增强忧患意识,未雨绸缪,精准研判、妥善应对经济领域可能出现的重大风险。金融活,经济活;金融稳,经济稳。经济兴,金融兴;经济强,金融强。防范化解经济领域可能出现的重大风险,重点是防控金融风险。守住不发生系统性金融风险的底线,这是我国建设现代化经济体系、实现高质量发展的必然要求。① 传统上,立法与执法问题被看成是一种一次性解决的问题。事实上,立法与执法不应该是一次性而应该是一种动态的过程。因此,除了研究立法与执法原理、技术、完善等,研究效果评估机制亦至关重要。效果评估是立法与执法工作的延续,是对未来立法与执法的修改与进一步完善。建立一套效果评估指标与运作机制,在"守住不发生系统性金融风险的底线"要求的指引下,根据客观情况的变化,对国内立法与执法情况进行及时有效的评估以及反馈评估结果,"与时俱进"改进制度以及执法策略等,成为至关重要的一项工作。

在金融市场法律治理创新效果评估对象的确定上,建议日后评估主体可采取类型化评估方案。考虑国内不同单行法或领域中的金融市场法律治理创新规范或执法行为集合起来构成当前中国金融市场法律治理创新规范体系或执法范式,金融市场法律治理创新效果评估的对象宜以类型化评估为选择,对国内同样规制金融市场法律治理创新的法律法规或执法行为的集合进行评估。具体来说,评估主体可分别对"影子银行"风险法律治理制度、地方政府债务风险法律治理制度等相关制度进行针对性评估。

金融市场法律治理创新效果评估的最主要目的是以"守住不发生系统

---

① 参见《习近平总书记主持中共中央政治局第十三次集体学习》,载中新网,https://www.chinanews.com/gn/2019/02-23/8762908.shtml。

性金融风险的底线”要求为指导，以坚持以人民为中心为根本，通过效果评估，加强和改进金融市场法律治理创新工作，兼顾金融效率、金融安全和金融公平价值的实现。

2. 扎实做好前期准备，按照评估方案积极开展评估工作

第一，拟定防范系统性金融风险的法律治理创新效果评估工作方案。首先是防范系统性金融风险的法律治理创新效果评估流程及时间安排。防范系统性金融风险的法律治理创新效果评估流程主要包括效果评估的启动和准备、效果评估方案的实施以及效果评估的回应三个部分。防范系统性金融风险的法律治理创新效果评估主体应当合理安排评估时间，按时、高质地完成评估工作。其次是防范系统性金融风险的法律治理创新效果评估的标准、指标体系和方法的选择与确定。防范系统性金融风险的法律治理创新效果评估可以包括三类标准：法理标准、价值标准以及实践标准；根据防范系统性金融风险的法律治理创新的特殊性，确定仅仅适用于其自身的个性指标。建议防范系统性金融风险的法律治理创新效果评估指标体系由3个标准、11个一级指标和47个二级指标组成。评估信息收集阶段，评估主体主要应通过综合运用公开征集社会公众意见、走访利益相关者或者书面征求意见、召开座谈会、听证会、专家论证会、发放调查问卷、实地考察、专题调研等社会实证调查方法来收集信息；评估信息分析阶段，主要通过运用典型个案分析法、比较分析法和利益分析法来分析相关信息资料；无论是评估信息收集阶段抑或评估信息分析阶段，都需要使用数学分析方法、系统分析方法以及定性分析与定量分析相结合的方法。最后是防范系统性金融风险的法律治理创新效果评估的质量保证。防范系统性金融风险的法律治理创新效果评估方案中有关质量保障的内容一般有以下三个方面：一是设定金融市场法律治理创新效果评估最小的调查范围和最低样本量；二是规定在金融市场法律治理创新效果评估调查过程中采取一定的纠错方式；三是由金融市场法律治理创新效果评估专家组成小组进行质量监督。

第二，确定防范系统性金融风险的法律治理创新效果评估工作的原则，确保金融市场法律治理创新效果评估工作的客观、公正与科学性。建议防范系统性金融风险的法律治理创新效果评估工作遵循如下原则：首先，科学

分析原则。采取实地调研、文本研究、问卷调查等多种方式收集相关信息资料,密切结合定性分析和定量分析方法,并采用相关软件分析数据。其次,客观公正原则。应当由立法机关处于效果评估的核心地位,由监管机构协调配合,由专业评估机构进行科学运作。在运用具体分析方法展开防范系统性金融风险的法律治理创新效果评估工作过程中应当严格遵守程序,使得评估结论更为公正、客观。再次,注重实效原则。应提出具有针对性的问题进行评估并提出相应建议,选择具有重大影响、实践争议和可操作性的金融市场法律治理创新相关制度或治理模式、手段,以回应实践诉求为宗旨,根据评估目的设计相关调查问卷和评估内容。最后,公众参与原则。应当广泛吸纳社会公众,鼓励和引导利益相关者以及社会公众积极参加金融市场法律治理创新效果评估工作;进行广泛的问卷调查,针对专业机构和普通社会公众分别设计差异性内容的问卷;利用不同渠道积极搜集和整理第一手资料,充实金融市场法律治理创新效果评估数据库。

3.金融市场法律治理创新相关领域的评估情况

防范系统性金融风险的法律治理创新效果评估报告的该部分可以分为"影子银行"风险法律治理制度的评估情况、地方政府债务风险法律治理制度的评估情况等几大部分,每部分包含"立法或执法目标、实施情况、实施效果、存在的主要问题"等,从而构成整个报告的主体。

4.有关建议

防范系统性金融风险的法律治理创新效果评估制度设立的目的在于发现立法或执法本身存在的问题并加以完善。因此,报告的此部分为结论篇,也是报告的核心内容。该篇可以结合"守住不发生系统性金融风险的底线"要求,分别针对"影子银行"风险法律治理制度、地方政府债务风险法律治理制度等内容提出相应建议。

二、防范系统性金融风险的法律治理创新效果评估的反馈机制

(一)防范系统性金融风险的法律治理创新效果评估的反馈主体

防范系统性金融风险的法律治理创新效果评估报告最终形成后,应当由负责此次评估活动的责任主体和具体的实施主体将评估报告呈送相关机关。这里的"相关机关"是指有义务对评估报告所涉及的问题作出反应和

回答的机关。一般来说,包括与金融市场法律治理创新有关的立法机关、执法机关和司法机关。诸如国务院金融稳定发展委员会、中国人民银行、银行保险监督管理委员会、证券监督管理委员会等金融监管部门即为重要的反馈主体。值得注意的是,我们通常有一个误区,即仅仅强调评估结果与相关立法部门有关。虽然进行效果评估的主要目的之一是为金融市场法律治理创新立法的“存、改、废、立”提供重要依据,但由于效果评估是对金融市场法律治理创新进行的一次全面“体检”,不仅仅包含立法方面的问题,同时也有执法、司法方面的问题。因此,相应立法机关、执法机关、司法机关皆有义务对评估结果所涉及的各自职权范围内的问题积极地做出反应和回答。

（二）防范系统性金融风险的法律治理创新效果评估结果的应用

效果评估的目的不仅仅在于“了解法律法规、执法模式与手段实施后取得的成就”,更重要在于“发现法律法规、执法模式与手段在实施中的存在的问题,分析法律法规、执法模式与手段的合法性、操作性和针对性,从而得到科学客观的反馈信息,以便及时修改完善法律法规、执法模式与手段,更好地发挥法律法规、执法模式与手段的规范作用”①。对于防范系统性金融风险的法律治理创新效果评估报告,其得到回应的结果大致为如下三种:立法、执法模式与手段的创制、修改与补充和废止。

1. 防范系统性金融风险的法律治理创新效果评估结果回应之立法、执法模式与手段的创制

立法、执法模式与手段的创制,是指根据效果评估结论,需要制定其他新法或执法模式与手段,以确保对系统性金融风险的防范。例如,待我国经济社会发展相对成熟,有关金融市场法律治理积累了一定的经验,立法者、执法者的技术得到有效提升后,还需制定一部统一的“系统重要性金融机构管理法”或“系统性金融风险防范法”;“影子银行”对于金融体系带来的主要威胁是监管套利,而监管套利诱发系统性风险具有明显的消极影响。

① 汪全胜:《论法律绩效评估回应之法律修改》,载《河南省政法管理干部学院学报》2009年第1期。

为了有效规制“影子银行”监管套利行为，需引入原则导向监管模式。①

2. 防范系统性金融风险的法律治理创新效果评估结果回应之立法、执法模式与手段的创制的修改与补充

对防范系统性金融风险的法律治理创新效果评估结果回应之立法、执法模式与手段的创制的修改与补充也是完善金融市场法律治理的重要措施之一。

其中，防范系统性金融风险的法律治理创新需要修改的情形主要包括以下几种：一是在评估过程中发现被评估的金融市场法律治理创新立法或执法所调整的社会关系发生变化，应当对相关立法或执法作出适应性修改和补充。二是在评估过程中发现，原先金融市场法律治理创新立法或执法存在某种“先天不足”，因此对其进行修改和补充。例如，金融市场基础设施是金融市场不可或缺的稳定性工具已经逐渐成为理论界和实务界的共识。我国当前金融市场基础设施建设还很薄弱，多层次资本市场建设还不完善、注册制改革刚刚起步、场外非标交易市场缺乏配套的监管、统一的数据平台有待构建、金融科技测试与监管科技的运用还不完善等，这些问题都需要进一步解决。金融市场基础设施的漏洞为系统性金融风险的生成和传导创造了条件，因此亟须加强金融市场基础设施建设。三是在评估过程中发现被评估的金融市场法律治理创新立法或执法与上位法、同位阶立法或其他执法机关的监管模式、手段不协调，引发适用冲突时应当进行修改和补充。例如，金融市场法律治理模式必须走出“补丁式立法”和畸轻畸重的“专项整治”式执法的窠臼，走向金融市场法律治理的统一、协调和相对稳定的应然状态，治理手段上体现为实现部门法视角下实施机制的创新和软硬法视角下公私协同机制的创新。四是在评估过程中发现被评估的金融市场法律治理创新立法或执法不能实现金融公平、金融效率与金融安全三元价值的平衡，呼唤金融市场法律治理立法或执法模式或手段的变革。例如，近几年我国金融监管机构对 P2P 的治理以出清为目标、以退出为主要方向，尽管通过严守系统性风险底线确保了金融安全，却也压缩了金融创新的

① 参见鲁篱、潘静：《中国影子银行的监管套利与法律规制研究》，载《社会科学》2014 年第 2 期。

空间,金融效率价值难以实现。对此,适当调整我国互联网金融的治理目标、模式与手段乃未来的应然之选。

3. 防范系统性金融风险的法律治理创新效果评估结果回应之立法、执法模式与手段的废止

立法、执法的废止,是指立法或执法主体依循相应的权限和程序,变动相应立法或执法的实施,使其失去法的效力的活动。金融市场法律治理创新立法、执法模式与手段的废止也是金融市场法律治理创新完善活动的重要组成部分。

防范系统性金融风险的法律治理创新效果评估报告建议对金融市场法律治理创新立法或执法进行废止的事由及原因可以包含如下内容:一是经过评估后发现相关金融市场法律治理创新立法或执法模式、手段的实施效果极差,不符合"守住不发生系统性金融风险的底线"之要求。在评估后,如果得出的结论是该金融市场法律治理创新立法或执法模式、手段在实践中各方面的实施效果都非常差。例如,在对其金融公平、金融效率、金融安全等指标要素进行评估分析时发现,其都不达标并与当时的立法、执法目的相距甚远,修改和补充已经不能够解决问题时,我们就要考虑该被评估金融市场法律治理创新立法或执法模式、手段的存废问题。二是经过评估发现相关金融市场法律治理创新立法或执法模式、手段的调整对象已经消失。我们在评估过程中发现随着社会的发展,有些金融市场法律治理创新立法或执法模式、手段所调整的对象已经不复存在,这个时候就应该对金融市场法律治理创新立法或执法模式、手段予以废止。

第七节　防范系统性金融风险的法律治理创新效果评估的案例应用

通过前面几节的阐释,初步构建了防范系统性金融风险的法律治理创新的效果评估体系,具体明确了防范系统性金融风险的法律治理创新效果的评估主体及其权责、评估指标体系、评估方法与程序、评估报告与反馈机制等。在此基础上,有必要将构建的评估体系运用至防范系统性金融风险

的法律治理创新的具体实践中,以客观、科学地反思我国金融市场法律治理创新实践存在的问题并及时修正。近几年,我国对互联网金融和地方政府债务的法律治理正如火如荼地开展,尽管法律治理恰逢其时,但相关治理手段与模式等却饱受争议。本节试结合前文构建的评估体系,对互联网金融和地方政府债务的相关经典法律治理实践进行简要评估。

一、互联网金融法律治理的效果评估

(一)互联网金融的系统性风险剖析

以云计算、移动支付、大数据和区块链等为核心内容的互联网技术,在与传统金融产业融合后所形成的互联网金融业已变成我国金融市场格局中的重要力量,对金融格局及其发展趋势有着深刻影响。由互联网金融带来的交易扁平化、融资便利化和金融普惠化等特点,进一步扩大了金融交易的可能性边界,使更多曾经被传统金融机构忽视的投融资群体得到服务("长尾效应"的特征)。互联网金融降低了投融资者准入门槛,使小微企业的融资需求得到满足,有助于市场的公平定价。① 互联网金融内含的普惠、去中心化等本质,使之成为一种不同于商业银行间接融资和资本市场直接融资的第三种金融融资模式,即"互联网金融模式"。②

互联网金融乃传统金融与互联网技术融合的产物,故而由互联网所构筑的金融关系网络是互联网金融风险形成与社会放大所受制约的主要"嵌入的关系网络"。在此网络中,金融行为的嵌入内容、形式有着显著区别。互联网金融风险的形成与社会放大也表现出与普通金融风险相差异的特征,突出表现在风险社会放大成为系统性风险。③ 系统性风险的来源表现为:一是"太快速而不能倒"。金融业的迅猛发展进一步促进了金融领域内各个行业间的互动。此时在互联网技术支持下,公众将进一步依赖网络表达,进而酝酿金融风险。"网络媒体、即时通工具和社交网站因其交往性和

① See R. Alan, *Pricing Disclosuer: Crowdfunding's Curious Conundrum*, Entrepreneurial Business Law Journal, Vol. 7, No. 2(2012).

② 参见许多奇、唐士亚:《运动式监管向信息监管转化研究——基于对互联网金融风险专项整治行动的审视与展望》,载《证券法苑》2017 年第 4 期。

③ 参见许多奇:《互联网金融风险的社会特性与监管创新》,载《法学研究》2018 年第 5 期。

互动性,无疑成为风险的社会建构站。而每一个金融风险信息的网络接收者同时成为传递者,通过自身在网络上各种关系进行再传播的同时也参与了风险的网络社会建构过程,在不自觉中充当了风险放大的个人放大站。"[①]二是"太多连接而不能倒"。在互联网金融时代,小型且去中心化但发展迅猛的互联网金融可能引致比中心化的金融机构更大的风险,引发系统性风险的可能性更高。原因为,从社会网络分析的角度出发,互联网金融集合了众多金融参与者和产品交叉混同。互联网金融打破了地域限制,其中充斥着大量的私人交易和灰色资金池,地域限制就此消失。[②] 互联网金融市场融合了大量的小微参与者和产品,其本身具有"牵一发而动全身"的功能。任何一个环节的失败顺延复杂的网络连接点传递出去,不仅会对参与其中的主体产生消极影响,而且可能诱发更为严重的国际金融危机。[③]一言以蔽之,互联网金融在为投资者和机构提供更便利服务的同时,也正走向毁灭性危险边缘。[④]

(二)互联网金融的法律治理实践

自 2014 年以来,互联网金融领域中出现了大规模平台跑路、虚假借贷欺诈、违规自融自保等问题。如 2015 年至 2016 年发生的 e 租宝、泛亚、中晋等公司"暴雷""跑路"事件,引发了公众对互联网金融及"影子银行"问题的高度关注,推动着政府和公众对互联网金融本质及其监督的反思。2016 年起我国监管层加快了对互联网金融行业的清理整顿步伐。2016 年 10 月 13 日,国务院正式发布《互联网金融风险专项整治工作实施方案》,随后中国人民银行、原银监会、证监会、原保监会、原国家工商总局等部委相继跟进发布各自主管领域的专项整治工作实施方案,包括《P2P 网络借贷风险专项整治工作实施方案》《股权众筹风险专项整治工作实施方案》《互联网保险风险专项整治工作实施方案》《开展互联网金融广告及以投资理财

---

① 参见曾睿:《环境风险社会放大的网络生成与法律规制》,载《重庆邮电大学学报(社会科学版)》2015 年第 2 期。

② See David R. Johnson & David Post, *Law and Borders-The Rise of Law in Cyberspace*, Stanford Law Review, Vol. 48(1996).

③ See Brian R. Brown, *Chasing the Same Signals: How Black-Box Trading Influences Stock Markets from Wall Street to Shanghai*, Singapore: John Wiley & Sons, p. 7(2010).

④ 参见许多奇:《互联网金融风险的社会特性与监管创新》,载《法学研究》2018 年第 5 期。

名义从事金融活动风险专项整治工作实施方案》《通过互联网开展资产管理及跨界从事金融业务风险专项整治工作实施方案》《网络借贷信息中介机构业务活动管理暂行办法》《关于开展“现金贷”业务活动清理整顿工作的通知》《非银行支付机构风险专项整治工作实施方案》等，在全国范围内掀起了一场互联网金融的“整治风暴”。

至今，本次互联网金融领域“史上最严监管”专项行动确实给互联网金融领域的违法违规经营行为以重击，清除了大量违法违规的互联网金融平台。然而，此种专项整治的清盘式做法的消极影响也更为明显，即可能抑制金融创新，阻却金融市场的革新发展，乃至爆发系统性金融风险。例如，对于P2P网络借贷的专项整治，政府坚持“分类处置、以退为主”的整治策略，力争“能退尽退，应关尽关”。[①] 截至2020年3月31日，全国实际在运营P2P网络借贷机构139家，比2019年年初下降86%；借贷余额下降75%；出借人数下降80%；借款人数下降62%。机构数量、借贷规模及参与人数连续21个月下降。整治工作开展以来，累计已有近5000家机构退出。[②] 全国各地的P2P网贷平台基本清盘。

事实上，互联网金融的“运动式监管”具有强烈的“被动性、仓促性和整治结果的反弹性”，并未能从根本上防范系统性金融风险。为此，可以通过客观科学的治理效果评估体系对互联网金融的法律治理效果进行相应的检验与评估。

（三）互联网金融法律治理的效果评估

1. 评估对象

（1）互联网金融执法模式

总体来看，此次互联网金融法律治理遵循的是“一元单向分业协作”模式：在监管主体层面，以政府为绝对核心主体；在监管的组织架构层面，是政府规制下的自上而下、由政府向互联网平台、投资者、社会的单向一维架

---

① 参见彭阳：《全国人大代表徐诺金：彻底清理P2P网贷风险》，载中证网，http://www.cs.com.cn/xwzx/hg/202005/t20200526_6060445.html。

② 参见终白：《全国互金在营网贷仅剩139家 近5000家出局！存量风险处置面临四大挑战》，载金融界2020年4月26日，https://baijiahao.baidu.com/s?id=1664995535161840806&wfr=spider&for=pc。

构;在监管的运行机制层面,是分领域的分业整治;在区域间的关系层面,是“属地组织、条块结合、共同负责”的协作形式。

以P2P网贷行业的监管为例。首先,在此次互联网金融风险专项整治行动中,主导专项整治行动的主体主要是以中国人民银行、银保监会、公安部、地方金融办为代表的政府部门,而诸如互联网金融协会、新闻媒体等社会机构并未发挥其应有的社会治理功能;其次,政府与其他互联网金融治理主体之间的合作交流机制运行不畅,政府与互联网平台、金融消费者、社会之间的合作网络并未建立;再次,在“中央—地方”的合作层面,地方政府对网贷平台的登记备案有监管权,而银保监会则负责对平台的日常业务经营行为的监管。最后,金融分业监管体制是互联网金融风险专项整治的重要依托,根据监管对象来确定相应的监管主体。如银保监会统筹负责P2P网贷、互联网保险的专项整治;证监会是股权众筹专项整治的牵头部门;中国人民银行是支付机构风险专项整治工作牵头部门。

(2)互联网金融执法手段

2016年国务院办公厅发布的第一份互联网金融风险专项整治文件《关于印发互联网金融风险专项整治工作实施方案的通知》提出,对各类复杂的互联网金融产品采取“穿透式”监管方法,根据业务实质明确责任主体和责任内容,透过交易表面判定业务的本质属性。2016年3月25日中国互联网金融协会挂牌成立仪式上,潘功胜同志强调,互联网金融监管要实施穿透式监管,透过互联网金融产品的表面形态看清业务实质,将资金来源、中间环节与最终投向传统连接起来,按照“实质重于形式”的原则甄别业务性质,根据业务功能和法律属性寻找监管规则。① 此后,监管机构和行业协会的诸多部门规章和规范性文件中都出现了“穿透式监管”的表述。由此,“穿透式监管”这一概念自被提出以来,受到金融市场和监管规则的广泛青睐,互联网市场机构也纷纷顺应监管动态将穿透性要求作为自律性规范。

(3)互联网金融执法内容

一是在市场准入层面,所有金融业皆应“持牌经营”;二是在机构经营

① 参见潘功胜:《促进互联网金融持续健康发展——在中国互联网金融协会成立会议上的致辞》,载《金融电子化》2016年第5期。

层面，禁止互联网金融企业上市、在新三板市场挂牌；[1]三是在资金管理层面，2017年，深圳、上海等地要求P2P网贷平台资金第三方存管严格实行“存管属地化”管理；[2]四是在信息披露层面，以规范P2P网贷的《网络借贷信息中介机构业务活动信息披露指引》为例，该指引要求详细披露借款人收入及负债情况、还款来源、还款保障措施。

2. 评估主体

在此次互联网金融风险专项整治行动中，中国人民银行、银保监会、证监会、工信部、原工商总局、公安部、地方金融办为代表的政府部门主导了专项整治行动的进程，其对互联网金融蕴含的风险、痛点等情况有着深刻的理解，故而理应由上述部门牵头作为互联网金融法律治理效果评估的启动主体和实施主体。此外，部分被治理的具有代表性的互联网金融机构相关股东、员工、债权人、中国互联网金融协会、新闻媒体、司法机关、专家学者等皆应被纳入评估主体架构，作为互联网金融法律治理效果评估的主要参与人。

3. 评估过程

在评估信息的收集阶段，评估主体主要可以通过运用社会实证调查分析方法来收集相关信息资料；在评估信息的分析阶段，由于衡量防范系统性金融风险的法律治理创新效果的二级和三级指标较多，采用主成分分析法能够做到用几个代表性强的综合指标替代多个原始指标，这样不仅可以消除各指标不同量纲的影响，也可以消除由各指标之间相关性带来的信息重叠。其中，“实践标准”当属防范系统性金融风险的法律治理的最直观效果，其对评估的影响及其重要性不言而喻。因此，本节以实践标准为例，分析互联网金融法律治理是否满足实践标准。

(1)互联网金融执法模式的评估

从表面上看，“一元单向分业协作”的规制模式可以在短期内对市场风险作出控制。然而，一是我国银保监会、证监会在县级(包含县)以下行政

---

① 参见张末冬：《易纲：任何金融都要持牌经营监管会实现全覆盖》，载《金融时报》2017年9月23日。

② 参见孟俊莲：《互联网金融的治与乱：行业迎最严监管部分矫枉过正》，载新浪财经，https://finance.sina.cn/2017-07-29/detail-ifyinwmp0627124.d.html。

区域没有分支机构，上述部门难以切实起到监督作用，并且地方政府和银保监会、证监会及其分支机构之间尚未建立有效的信息沟通机制，难以保证良好的治理效果；二是一元单向政府规制存在执法资源不足、信息来源受限、事中查处失效等弊端，有些互联网金融企业利用上述不足长期违法违规运营，对互联网金融行业的健康发展造成重大损害；三是分业监管模式难以应对互联网金融跨行业、跨领域引发的系统性金融风险。上述三方面因素反映出当下我国互联网金融法律治理并未从长远上维护金融安全，即不符合"实践标准"中的"安全性"标准。

（2）互联网金融执法手段的评估

"'穿透式'监管不能彻底消除市场风险，但可以通过提示市场风险，使得投资者知晓并防范市场风险。"①但是，与行为主体、金融产品及交易结构相关的信息带有明显"私人信息"特质，而"穿透式"监管要求部分"私人信息"能够转化为"公开信息"。故而为防范监管机构对"私人信息"的非法侵害，应当准确界定"穿透"的合理边界。然而，当下我国并未构建明确、完整且可操作性强的穿透式监管规则体系，这将会在一定程度上侵犯互联网金融机构的私人信息，阻却互联网金融机构创新的动力。在此层面上，当下我国推行的"穿透式监管"执法手段不符合"实践标准"中的"效率性"标准。

（3）互联网金融执法内容的评估

一是在市场准入层面，应对互联网金融企业实行"持牌经营"。并未关注互联网金融市场主体的不同风险特质②在强调安全的同时却未能很好契合"实践标准"中的"效率性"标准。

二是在机构经营层面，禁止互联网金融企业上市、在新三板市场挂牌等，有可能催生更为隐秘的违法融资行为，进而影响金融安全，故而不符合"实践标准"中的"安全性"标准。

三是在资金管理层面，不少地方政府要求 P2P 网贷平台资金第三方存管严格实行"存管属地化"管理，这将提升网贷平台的经营成本和合规成

---

① 参见叶林、吴烨：《金融市场的"穿透式"监管论纲》，载《法学》2017 年第 12 期。

② 参见陈甦：《商法机制中政府与市场的功能定位》，载《中国法学》2014 年第 5 期。

本,①违反"实践标准"中的"效率性"标准。

四是在信息披露层面,一些政府要求P2P网贷平台应详细披露借款人收入及负债情况、还款来源、还款保障措施。事实上,详细的信息披露在P2P中并非必要,由于网贷市场中的投资者多为中小投资者,其对披露的信息的解读能力相对较小。因而对网贷行业设置繁重的信息披露义务并无必要,有可能会阻滞网贷行业的发展。无疑,对借款信息的详细披露将影响金融创新效率,故不符合"实践标准"中的"效率性"标准。

(四)互联网金融法律治理效果的结论

在"实践标准"中,"效率性"、"安全性"和"公平性"同等重要,因而它们的权重皆为1/3。而在上述评估过程中,互联网金融法律治理的模式、手段和相关内容对"效率性"、"安全性"和"公平性"皆有一项甚至两项标准的违反,因而互联网金融法律治理在"实践标准"项下的得分为0。结合效果评估分数计算的系列公式,即总分 = 法理标准得分 + 价值标准得分 + 实践标准得分,参照优秀、良好、一般、较低、较差的五个档次划分,最后可计算出当下我国互联网金融法律治理最多位于3/5档次的"一般"区间。而事实上我国互联网金融法律治理的模式、手段、内容不可能百分之百符合法理标准和价值标准,因为前述穿透式监管的立法规则缺失意味着违反"法理标准"中的"可操作性"标准、权利配置不合理意味着违反"法理标准"中的"协调性"标准、对"实践标准"中"安全性"标准的违反也意味着不符合"价值标准"中"守住不发生系统性金融风险的底线"的国家方针政策要求。

综上所述,防范系统性金融风险背景下我国互联网金融法律治理的效果低于3/5档次,位于"较低"或"较差"区间。为此,未来我国互联网金融法律治理的模式、手段和内容皆应作出调整,真正做到防范系统性金融风险。如对于市场准入内容的治理,应改变牌照监管理念,依据不同互联网金融业态的负外部性采取差异化的市场准入措施是更为科学的法治化进路,②即经济法只在互联网金融可能出现系统性风险的前提下才采取牌照

---

① 参见孟俊莲:《互联网金融的治与乱:行业迎最严监管部分矫枉过正》,载新浪财经,https://finance.sina.cn/2017-07-29/detail-ifyinwmp0627124.d.html。

② 参见邢会强:《经济法原理在金融法领域中的应用举隅》,载陈云良主编:《经济法论丛2018年第1期》,社会科学文献出版社2018年版,第212~224页。

管理等许可类的准入措施。对涉众性不强、风险识别难度不大、交易金额不高的私募类互联网金融业态，通过商法和诉讼机制即能够实现有效治理，守住不发生系统性金融风险底线，经济法不宜主动介入。

二、地方政府债务法律治理的效果评估

（一）地方政府债务的系统性风险剖析

我国地方政府债务产生发展的30多年，在很大程度上纾解了地方财力匮乏问题，在助力政府回应经济波动、自然灾害方面发挥了显著作用，同时帮助推进改善民生、城市改善、生态环境保护和地方经济社会持续发展。但是，地方政府债务也随之催生出一些棘手问题，成为引发系统性金融风险的重要因素。[①] 具体来讲，地方政府债务风险形成系统性金融风险的渠道主要体现在以下三方面：一是银行增持期限较长的地方政府债务会引发期限错配风险；二是地方政府债务会影响商业银行的流动性，在中央政府隐性担保率持续降低的形势下，金融部门购买的地方政府债券一直聚积，达到一定临界值时将引发系统性金融风险；三是若地方政府债务违约，将直接冲击金融部门，金融风险骤然上升。[②]

（二）地方政府债务的法律治理实践

2015年以前，法律尚未确认地方政府的举债权，依据行政法理论“法无明文授权即禁止”，地方政府不具有举借债务的权力和资格。然而，我国的情况是，地方政府无权举债现象持续增多。2015年《预算法》在我国的正式实施，为我国地方政府举债行为提供了法律导向；接着由财政部公布的一系列《地方政府一般债券预算管理办法》，使地方政府债务治理法治化进程迈出了关键性的一步；2016年，《地方政府性债务风险应急处置预案》出台，明确指出根据不同债务类型和不同地方的实际情况，因地制宜，制定当地政府债务风险应急处置方案；2020年8月3日，国务院令第729号公布修订后的《预算法实施条例》，自2020年10月1日起施行。这

① 参见魏巍：《我国地方政府债务影响分析》，载《当代经济》2016年第18期。

② 参见李玉龙：《地方政府债券、土地财政与系统性金融风险》，载《财经研究》2019年第9期。

次修订,是从制度层面贯彻落实党中央、国务院决策部署和《预算法》的重要举措,集中反映了近年来预算管理制度改革成果,彰显了预算管理制度改革方向。

然而,我国目前对地方政府债务的法律治理相对薄弱,防范系统性金融风险的任务依然任重道远。具体来讲,可以通过客观科学的治理效果评估体系对地方政府债务的法律治理效果进行相应的检验与评估。

(三)地方政府债务法律治理的效果评估

1. 评估对象

由于地方政府债务的法律治理主要依托于法律规范,故而效果评估也主要以《预算法》《地方政府一般债券预算管理办法》《地方政府性债务风险应急处置预案》《预算法实施条例》等一系列法律规范为评估对象。

2. 评估主体

在地方政府债务的法律治理中,国务院及其组成部门(财政部)、地方审计机关、地方金融办主导着地方政府债务法律治理的进程,其对地方政府债务蕴含的风险、痛点等情况有着深刻的理解,故而理应由上述部门牵头作为地方政府债务法律治理效果评估的启动主体和实施主体。此外,新闻媒体、司法机关、专家学者等皆应被纳入评估主体架构,作为地方政府债务法律治理效果评估的主要参与人。

3. 评估过程

在评估信息的收集阶段,评估主体主要可以通过运用社会实证调查分析方法来收集相关信息资料;在评估信息的分析阶段,由于衡量防范系统性金融风险的法律治理创新效果的二级和三级指标较多,采用主成分分析法能够做到用几个代表性强的综合指标替代多个原始指标,这样不仅可以消除各指标不同量纲的影响,也可以消除由各指标之间相关性带来的信息重叠。其中,对于地方政府债务法律治理的文本规范进行评估主要以"法理标准"为主,故而下文以"法理标准"为例,评析地方政府债务的法律治理效果。

第一,中央享有地方政府债务政策法规的单方制定权,合理性和协调性存疑。实践中,中央通常将自己置身事外,将相关责任下放地方。如《关于加强地方性政府债务管理的意见》规定,地方政府债券实行自发自偿、中央不救助原则。无疑,该规定的核心目的在于,"切割"中央与地方政府,有助于打造地方政府的财政主体地位。① 但事实上,地方财政主体的负责事项除了财政收入外,还包括财政支出。财政支出与事权相对应,根据通说,地方事权分为地方自治事项与中央委托事项。② 依据代理理论,中央委托事权所对应的支出责任理应归由中央承担,而实际上,支出责任与之并不匹配,地方政府负债中相当一部分用于履行中央委托事权。在尚未梳理清楚中央与地方财权与事权关系的前提下,前述地方政府债券发行权与偿还责任的制度安排是不恰当的。

第二,地方政府债务"借、用、还"主体不一致问题仍未得到根本解决,不符合协调性和可操作性要求。目前,中央只是规定省级政府具有债券发行权,市县政府的发债由省级政府代为执行。事实上,目前市县政府负债规模较省级政府更大。只授予省级政府发债权,尽管有助于抑制县市的发债冲动,但是省级政府与市县政府债务关系如何理顺也是问题。③

第三,发债规模缺乏细化及硬性控制指标,可操作性欠缺。相对于《预算法》,尽管《新增地方政府债务限额分配管理暂行办法》进一步细化与完善了地方政府债务规模控制制度,规定依据财力与风险情形综合考虑重大项目支出、地方融资需求等情况,作出相应测算,但规定相当模糊,原则性规定较多,不符合可操作性要求。④

第四,法律责任体系不健全,缺乏合理性和科学性。地方政府作为举债的决策者,理应承担法律责任。地方政府债务责任主要包括政府和官员责任两个维度。⑤《地方政府性债务风险应急处置预案》对这两种责任形式及其追究机制作出了相应规定,但却存在如下缺陷:一是责任主体层级不够,

---

① 参见洪小东:《"财""政""法":地方政府债务治理的三维架构——基于新中国成立七十年地方债务史的考察》,载《当代经济管理》2019 年第 9 期。

② 参见刘剑文、侯卓:《事权划分法治化的中国路径》,载《中国社会科学》2017 年第 2 期。

③ 参见金香爱、李岩峰:《我国地方政府债券发行法治化的路径选择——以新修订的〈预算法〉实施为背景》,载《金融理论与实践》2018 年第 12 期。

④ 参见杨松、张建:《中国地方政府债券金融风险的法律防控》,载《社会科学战线》2020 年第 3 期。

⑤ 参见冯果、罗昕:《我国地方债务治理的制度检讨与法治化改造》,载《证券市场导报》2019 年第 6 期。

如行政责任仅明确省级政府对市县政府及官员个人问责，而对省级政府及官员本身的责任则并未提及；二是责任形式不全面，如对进入财政重整程序的地方政府，并未规定政府财政责任，仅规定了个人责任；三是责任范围过窄，如投资决策失误、地方政府强制金融机构认购等行为未纳入问责体系之内。法律责任体系的不完善反映出地方政府债务法律治理合理性和科学性需强化。

一般而言，我国出台的相关法律法规在严格程序的约束下不会违反上位法以及与其他法律相冲突，因而合法性普遍满足。地方政府债务的法律治理相关规范便是如此，大体符合合法性要求，但却在一定程度上违反了占有相当比重的法理标准。

（四）地方政府债务法律治理效果的结论

在“法理标准”中，“合法性”、“合理性”、“协调性”、“科学性”和“可操作性”同等重要，因而它们的权重皆为1/5。而在上述评估过程中，地方政府债务法律治理的相关内容对“合理性”、“协调性”、“科学性”和“可操作性”皆有至少一项标准的违反，综合计算地方政府债务法律治理在“法理标准”项下的得分不超过2/7。结合效果评估分数计算的系列公式，即总分=法理标准得分+价值标准得分+实践标准得分，参照优秀、良好、一般、较低、较差的五个档次划分，最后可计算出当下我国地方政府债务法律治理最多位于2/5档次的“较低”区间。而事实上我国地方政府债务法律治理的文本规范不可能百分之百符合法理标准和价值标准。

综上所述，防范系统性金融风险背景下我国地方政府债务法律治理的效果低于2/5档次。为此，未来我国地方政府债务法律治理的文本规范应作出调整，真正做到防范系统性金融风险。如对于发债规模的硬性标准，可以结合本国情况借鉴域外经验。例如，《巴西财政责任法》明确规定，州政府债务率不得超过200%，市政府债务率不得超过120%，新增债务率不得超过18%；①美国纽约州规定，政府一般债务余额控制在应税房市值5年滚

---

① See Luiz Carlos Ribeiro Neduziak, Fernando Motta Correia, *The Allocation of Government Spending and Economic Growth: A Panel Data Study of Brazilian States*, https://www.scielo.br/scielo.php?script=sci_arttext&pid=S0034-76122017000400616&lng=p&nrm=iso&tlng=en, 2020-09-10.

动平均值的10%以内;①马萨诸塞州规定,一般政府债务还本付息总额不得超过财政支出的10%。② 上述经验值得分析与探讨。

本章小结

金融市场的发展总是与治理相伴而生,完善的金融市场法律治理机制对于防范金融风险和促进金融服务于实体经济具有关键作用。目前,我国金融市场法律治理取得了极大的成绩,但同时也存在一些不足之处。效果评估作为改进金融市场法律治理实施效果的重要环节,其作用不可小觑。"守住不发生系统性金融风险的底线"是习近平新时代中国特色社会主义思想在金融领域的根本要求,是做好新时代金融工作的根本遵循。为此,金融市场法律治理创新的效果评估必须以"守住不发生系统性金融风险的底线"任务为标准,评判金融市场法律治理创新的优劣。

"守住不发生系统性金融风险的底线"要求为金融市场法律治理创新效果评估内涵注入了新时代内容。结合金融市场法律治理创新效果评估的特性,我们认为,防范系统性金融风险的法律治理创新的效果评估指的是,效果评估主体以当前金融市场法律治理模式和手段创新、规范体系创新为对象,以优化金融市场法律治理创新为目的,结合经济社会发展要求,按照与"守住不发生系统性金融风险的底线"时代要求相协调的标准和程序,对治理模式和手段的实施效果、立法技术和内容等情况进行跟踪、调查与评价,进而生成评估报告以提出对金融市场法律治理创新的修正方案。

防范系统性金融风险的法律治理创新的效果评估主体包括启动主体、实施主体和参与主体,各主体具有不同的职责和权限。根据我国目前社会经济发展状况,我国金融市场法律治理创新的效果评估应当建立由立法部

① See New York (State) Treasurer's Office, https://snaccooperative.org/ark:/99166/w6k39x89#biography, 2020-09-10.

② See General Laws of Massachusetts, https://casetext.com/statute/general-laws-of-massachusetts/part-i-administration-of-the-government/title-ii-executive-and-administrative-officers-of-the-commonwealth/chapter-10-department-of-the-state-treasurer, 2020-09-10.

门或国务院金融稳定发展委员会、中国人民银行、银行保险监督管理委员会、证券监督管理委员会等部门牵头,社会各方利益相关者一起配合和参与的评估主体模式。

防范系统性金融风险的法律治理创新的效果评估标准可以包括三类:法理标准、价值标准以及实践标准。其中,法理标准是指用法的一般标准来评价金融市场法律治理创新立法和执法质量的高低,主要包括被评估的金融市场法律治理文本规范和治理模式、手段的立法、实施主体是否合法,制定程序是否合法,制定内容是否与宪法或其他上位法相抵触等;价值标准是评估主体在评估过程中所坚持、依据的倾向性准则和原则,反映了评估主体的信念、理想和价值追求;实践标准是指具有效力的金融市场法律治理创新规范体系以及治理模式、手段在实际社会生活中的现实影响,具体体现在金融安全、金融效率、金融公平三个维度。防范系统性金融风险的法律治理创新的效果评估指标在设定时应体现"守住不发生系统性金融风险的底线"的要求,并紧密结合评估工作的可操作性和具体目的。以此为基础,可以建构出由3个标准,11个一级指标和47个二级指标组成的防范系统性金融风险的法律治理创新的效果评估指标体系。同时,可以运用主成分分析法确定防范系统性金融风险的法律治理创新的效果评估指标权重,并对各项指标进行计分。

金融市场法律治理创新的效果评估应当根据效果评估的价值目标、所处阶段、所拥有的评估数据、立法资源以及立法者、执法者的实际情况,统筹选择评估方法。其中,在评估信息收集阶段,主要通过运用社会实证调查分析方法来收集相关信息资料;在评估信息分析阶段,主要通过运用典型个案分析法、比较分析法和利益分析方法来分析相关信息资料。在上述阶段,定性分析和定量分析、数学分析方法和系统分析方法皆发挥了重要作用。

防范系统性金融风险的法律治理创新的效果评估活动包括启动和准备阶段、实施阶段和回应阶段。其中,在启动和准备阶段,应以当前金融市场法律治理创新规范或执法行为为评估对象,以所有与金融市场法律治理创新相关的制度或执法行为为评估内容,应当建立由立法部门或国务院金融稳定发展委员会、中国人民银行、银行保险监督管理委员会、证券监督管理委员会等部门牵头,社会各方利益相关者一起配合和参与的评估主体模式,加强对金融市场法律治理创新效果评估人员的系统培训,拟定防范系统性金融风险的法律治理创新的效果评估方案。在实施阶段,应从金融机构、行业协会、公权力机构、新闻媒体等第三方力量、社会公众等多方主体收集和整理金融市场法律治理创新效果评估资料信息,完善防范系统性金融风险的法律治理创新的效果评估的信息系统。同时,建立防范系统性金融风险的法律治理创新的效果评估分析模型,以分析和预估金融市场法律治理创新的实施效果,最终形成防范系统性金融风险的法律治理创新的效果评估报告。在回应阶段,相关部门应当贯彻落实防范系统性金融风险的法律治理创新的效果评估报告中的相应建议并予以反馈,从而实现防范系统性金融风险的法律治理创新的效果评估的目的。

防范系统性金融风险的法律治理创新的效果评估报告应当采取文本与图表的混合形式,此种方式综合了文本形式与图表形式的优势,弥补了它们的不足之处。在内容层面,应围绕"守住不发生系统性金融风险的底线"要求确定评估对象和评估目的;扎实做好前期准备,按照评估方案积极开展评估工作;具体分析与金融市场法律治理创新相关的"制度目标、监管情况、存在的主要问题"等评估情况,进而提出相应完善建议。防范系统性金融风险的法律治理创新的效果评估报告最终形成后,相关立法机关、执法机关和司法机关皆有义务对评估结果所涉及的各自职权范围内的问题积极作出反应和回答,回应的方式主要有三种情况:金融市场法律治理创新立法或执法模式、手段的创制、修改与补充和废止。

结合前文构建的评估体系,可以对互联网金融和地方政府债务的相关经典法律治理实践进行简要评估。经分析,防范系统性金融风险背景下我国互联网金融法律治理的效果和地方政府债务法律治理的效果均有提升空间。为此,未来我国互联网金融、地方政府债务的法律治理之模式、手段和内容皆应作出相应调整,真正做到防范系统性金融风险。

主要参考文献

一、著作类

[1]常健:《金融稳定视阈下中央银行法律制度研究》,法律出版社2019年版。

[2]陈经伟:《金融法治与金融规制——转型时期逻辑与经济金融分析》,社会科学文献出版社2016年版。

[3]陈婉玲:《独立监管组织法律研究——以金融业分业监管为视角》,上海人民出版社2011年版。

[4]董树功、王力平:《金融危机的周期性问题探究》,西南财经大学出版社2019年版。

[5]董小君:《金融风险预警机制研究》,经济管理出版社2004年版。

[6]董小君:《金融危机博弈中的政治经济学》,人民出版社2019年版。

[7]杜宁等:《监管科技——人工智能与区块链应用之大道》,中国金融出版社2018年版。

[8]冯果、李安安:《收入分配改革的金融法进路》,法律出版社2016年版。

[9]郭金良:《系统重要性金融机构危机市场化处

置法律制度研究》,法律出版社 2016 年版。

[10]郭田勇主编:《金融监管学》(第 2 版),中国金融出版社 2009 年版。

[11]黄玮强:《金融关联网络结构、演化及系统性风险研究》,经济科学出版社 2018 年版。

[12]黎四奇:《我国银行法律制度改革与完善研究》,武汉大学出版社 2013 年版。

[13]李凌、宋剑奇:《中国银行业实施巴塞尔协议Ⅲ资本监管的实证研究》,中央编译出版社 2019 年版。

[14]李帅:《新〈预算法〉语境下我国地方政府债务面临的困境与疏解》,中国政法大学出版社 2019 年版。

[15]梁上上:《利益衡量论》,法律出版社 2016 年版。

[16]林毅夫:《解读中国经济》,北京大学出版社 2018 年版。

[17]林毅夫:《新结构经济学》(典藏版),北京大学出版社 2019 年版。

[18]刘陈杰:《地方政府债务与金融稳定研究》,中国金融出版社 2020 年版。

[19]刘丹:《利益相关者与公司治理法律制度研究》,中国人民公安大学出版社 2005 年版。

[20]刘润葵主编:《结构经济学》,四川科学技术出版社 1994 年版。

[21]楼建波:《金融商法的逻辑:现代金融交易对商法的冲击与改造》,中国法制出版社 2017 年版。

[22]卢祖送:《金融危机和金融监管》,经济日报出版社 2018 年版。

[23]马广奇:《资本市场博弈论》,上海财经大学出版社 2006 年版。

[24]马骏等:《金融危机的预警、传染和政策干预》,中国金融出版社 2019 年版。

[25]马其家主编:《我国场外金融衍生品交易风险监管制度的构建》,知识产权出版社 2016 年版。

[26]宁薛平:《经济转型前中国货币政策的汇率传导机制》,格致出版社 2019 年版。

[27]庞继英、张健华等:《金融机构市场退出问题研究》,中国金融出版

社 2008 年版。

[28]彭欢、邱冬阳:《新结构经济学框架下金融结构与经济增长关系研究》,经济科学出版社 2014 年版。

[29]漆多俊:《经济法基础理论》(第 5 版),法律出版社 2017 年版。

[30]秦菊香主编:《中央银行与金融监管》,高等教育出版社 2019 年版。

[31]沈朝晖:《证券法的权力分配》,北京大学出版社 2016 年版。

[32]沈宗灵:《现代西方法理学》,北京大学出版社 1992 年版。

[33]宋军:《我国金融治理体系改革探析》,中国金融出版社 2016 年版。

[34]孙阿凡:《房地产制度与税制改革衔接机制研究》,中国社会科学出版社 2018 年版。

[35]孙天琦、武岳、刘宏玉:《金融秩序与行为监管——构建金融业行为监管与消费者保护体系》,中国金融出版社 2019 年版。

[36]唐学敏、闻岳春:《金融机构关联性视角下的系统性金融风险研究》,吉林大学出版社 2020 年版。

[37]田娇、王擎:《资本监管与系统性金融风险传递研究——理论模型与实证分析》,经济科学出版社 2016 年版。

[38]王凯伟:《依法行政监督实施效果评估及其改进对策研究》,湘潭大学出版社 2017 年版。

[39]王利辉:《中国货币政策工具规则问题研究》,中国金融出版社 2020 年版。

[40]王铭利:《货币政策与金融结构的协调:基于社会融资规模视角的研究》,社会科学文献出版社 2016 年版。

[41]王小霞:《中国金融风险预警研究》,中国社会科学出版社 2015 年版。

[42]王旭祥:《货币政策与财政政策协调配合:理论与中国经验》,上海人民出版社 2011 年版。

[43]韦博洋:《巴塞尔协议Ⅲ流动性监管的有效性——基于中国商业银行的研究》,知识产权出版社 2018 年版。

[44]文婕:《金融风险与金融监管研究》,吉林人民出版社 2016 年版。

[45]谢平、邹传伟:《银行宏观审慎监管的基础理论研究》,中国金融出版社 2013 年版。

[46]解川波、张虎婴主编:《新中国货币政策与金融监管制度变迁》,西南财经大学出版社 2019 年版。

[47]解正山:《系统重要性金融机构监管法律问题研究》,中国政法大学出版社 2017 年版。

[48]邢会强:《走向规则的经济法原理》,法律出版社 2015 年版。

[49]杨凯生、杨燕青、聂庆平:《中国系统性金融风险预警与防范》,中信出版社 2021 年版。

[50]杨新兰:《基于风险视角的商业银行资本监管研究》,厦门大学出版社 2018 年版。

[51]尹雷:《最优金融结构:理论与实证研究》,中国金融出版社 2016 年版。

[52]于春敏:《金融消费者保护研究:以权利倾斜配置为视角》,上海财经大学出版社 2017 年版。

[53]臧敦刚:《金融系统性风险与宏观审慎监管研究》,四川大学出版社 2015 年版。

[54]张建伟:《法律、经济学与国家治理——法律经济学的治理范式与新经济法理学的崛起》,法律出版社 2008 年版。

[55]张守文:《分配危机与经济法规制》,北京大学出版社 2015 年版。

[56]郑彧、季奎明、曾大鹏:《金融市场基础设施的法律保护:现状、冲突与改进》,上海人民出版社 2018 年版。

[57][德]迪特玛尔·冯·德尔·普佛尔滕:《法哲学导论》,雷磊译,中国政法大学出版社 2017 年版。

[58][德]马蒂亚斯·耶施泰特:《法理论有什么用》,雷磊译,中国政法大学出版社 2017 年版。

[59][法]韦罗妮克·马尼耶主编:《金融危机背景下的上市公司治理——旨在更好地保护公司利益》,姜影译,法律出版社 2014 年版。

[60][荷]乔安妮·凯勒曼、[荷]雅各布·德汉、[荷]费姆克·德弗里

斯:《21 世纪金融监管》,张晓朴译,中信出版社 2016 年版。

[61][美]H. 大卫·科茨:《金融监管与合规》,邹亚生、马博雅、刘毓灵等译,中国金融出版社 2018 年版。

[62][美]道格拉斯·C. 诺思:《制度、制度变迁与经济绩效》,杭行译,格致出版社、上海三联书店、上海人民出版社 2014 年版。

[63][美]弗兰克·J. 法博齐、[美]弗朗哥·莫迪利亚尼:《资本市场:机构与工具》,汪涛、郭宁译,中国人民大学出版社 2015 年版。

[64][美]戈德·史密斯:《金融结构与经济发展》,中国社会科学出版社 1993 年版。

[65][美]加里·贝克、[美]罗纳德·科斯、[美]默顿·米勒等:《圆桌会议:展望法与经济学的未来》,载吴敬琏主编:《比较》(第 19 辑),中信出版社 2005 年版。

[66] Allen F. & D. Gale, *Comparing Financial Systems*, MIT Press, 2000.

[67] Ayers, I. & J. Braithwaite, *Responsive Regulation: Transcending the Deregulation Debate*, Oxford University Press, 1992.

[68] Brian B. R., *Chasing the Same Signals: How Black-Box Trading Influences Stock Markets from Wall Street to Shanghai*, John Wiley & Sons, 2010.

[69] Goldsmith & Raymond William, *Financial Structure and Development*, Yale University Press, 1969.

[70] Greenwood J. & D. Wilson, *Public Administration in Britain Today*, Unwin Hyman, 1989.

[71] McKinnon R. I., *Money and Capital in Economic Development*, D. C.: Brookings Institution Press, 1973.

[72] Shaw E. S., *Financial Deepening in Economic Development*, Oxford University Press, 1973.

[73] Merton, R. C. & Z. Bodie, *A Framework for Analyzing the Financial System*, Crane et al., The Global Financial System: A Functional Perspective, Harvard Business School Press.

[74] Stulz R., *Does Financial Structure Matter for Economic Growth: A Corporate Finance Perspective*, Asli Demirgüc-Kunt & Ross Levine, Financial

Structure and Economic Growth: A Cross-country Comparison of Banks, Markets, and Development, MIT Press, 2001.

二、论文类

[1]巴曙松、王璟怡、杜婧:《从微观审慎到宏观审慎:危机下的银行监管启示》,载《国际金融研究》2010年第5期。

[2]白雪、牛锋:《金融机构系统性风险贡献的测度、检验与监管》,载《山西财经大学学报》2018年第12期。

[3]鲍长生:《新常态视域下企业债务危机形成的机理、症结与治理研究》,载《华东经济管理》2017年第7期。

[4]陈斌彬:《论中央与地方金融监管权配置之优化——以地方性影子银行的监管为视角》,载《现代法学》2020年第1期。

[5]陈醇:《论金融法中的违约预防制度》,载《环球法律评论》2019年第2期。

[6]陈金钊:《"重大改革都要于法有据"的意义阐释》,载《甘肃理论学刊》2014年第5期。

[7]陈进、熊莉:《地方政府债务管理模式、风险评估与路径选择》,载《学习与实践》2020年第8期。

[8]陈青鹤:《财政与金融制度关系:内生逻辑、现实问题与定位》,载《沈阳师范大学学报(社会科学版)》2015年第5期。

[9]陈舜:《金融服务实体经济的理论分析与实践路径》,载《现代管理科学》2019年第9期。

[10]杜德冠、胡志浩:《系统性金融风险度量:一个文献综述》,载《金融与经济》2019年第2期。

[11]冯果:《金融法的"三足定理"及中国金融法制变革》,载《法学》2011年第9期。

[12]冯辉:《普惠金融视野下企业公平融资权的法律构造研究》,载《现代法学》2015年第1期。

[13]黄辉:《中国股权众筹的规制逻辑和模式选择》,载《现代法学》2018年第4期。

[14]黄亚捷:《租购并举、货币政策与房地产市场波动》,载《浙江金融》2020 年第 2 期。

[15]黄震、蒋松成:《监管沙盒与互联网金融监管》,载《中国金融》2017 年第 2 期。

[16]吉敏丽、李浩栋:《论地方立法质量跟踪评估的启动机制》,载《云南大学学报(法学版)》2011 年第 5 期。

[17]吉敏丽、袁晓杰:《论地方立法质量跟踪评估的方法——以甘肃省地方立法为实证的分析》,载《西部法学评论》2011 年第 4 期。

[18]季奎明:《商主体资格形成机制的革新》,载《中国法学》2019 年第 3 期。

[19]冀云阳:《新时代地方政府债务管理改革研究:从预算管理到绩效治理》,载《经济学家》2021 年第 2 期。

[20]贾丹:《我国银行体系脆弱性治理及银行危机防范策略》,载《经济论坛》2010 年第 7 期。

[21]李安安:《收入分配改革中的金融政策工具及其法律配置》,载《现代法学》2015 年第 1 期。

[22]李婧:《金融稳定视角下宏观审慎监管与货币政策协调制度研究》,载《国际经济法学刊》2020 年第 3 期。

[23]李俊生、姚东旻、李浩阳:《财政的货币效应——新市场财政学框架下的财政—央行"双主体"货币调控机制》,载《管理世界》2020 年第 6 期。

[24]李鹏:《中国式影子银行宏观审慎监管:现实挑战与框架改进》,载《经济学家》2019 年第 11 期。

[25]李双元、蒋新苗、蒋茂凝:《中国法律理念的现代化》,载《法学研究》1996 年第 3 期。

[26]廖凡:《全球金融治理的合法性困局及其应对》,载《法学研究》2020 年第 4 期。

[27]刘辉:《金融禀赋结构理论下金融法基本理念和基本原则的革新》,载《法律科学》2018 年第 5 期。

[28]刘立新、李鹏涛:《金融供给侧结构性改革与系统性金融风险的防范》,载《改革》2019 年第 6 期。

[29]卢代富:《经济法中的国家干预解读》,载《现代法学》2019年第4期。

[30]马骏、何晓贝:《货币政策与宏观审慎政策的协调》,载《金融研究》2019年第12期。

[31]沈伟:《中国的影子银行风险及规制工具选择》,载《中国法学》2014年第4期。

[32]宋科、李振:《宏观审慎政策、杠杆率与银行风险承担》,载《金融监管研究》2019年第10期。

[33]宋晓燕:《论有效金融监管制度之构建》,载《东方法学》2020年第2期。

[34]苏洁澈:《金融监管机构在金融机构破产中的角色》,载《江汉论坛》2019年第5期。

[35]苏治、方彤、尹力博:《中国虚拟经济与实体经济的关联性——基于规模和周期视角的实证研究》,载《中国社会科学》2017年第8期。

[36]王刚、高博:《影子银行监管框架研究——基于宏观审慎与微观审慎整合视角的分析》,载《经济法研究》2015年第1期。

[37]邢会强:《金融危机治乱循环与金融法的改进路径——金融法中"三足定理"的提出》,载《法学评论》2010年第5期。

[38]许多奇:《互联网金融风险的社会特性与监管创新》,载《法学研究》2018年第5期。

[39]杨东:《监管科技:金融科技的监管挑战与维度建构》,载《中国社会科学》2018年第5期。

[40]杨松、张建:《中国地方政府债券金融风险的法律防控》,载《社会科学战线》2020年第3期。

[41]郑彧:《论金融法下功能监管的分业基础》,载《清华法学》2020年第2期。

[42]Ali Serhan Koyuncugil & Nermin Ozgulbas, *Financial Early Warning System Model And Data Mining Application For Risk Detection*, Expert Systems With Applications, Vol. 16, No. 1(2012).

[43] Arner, D. & M. Taylor, *The Global Financial Crisis and the*

Financial Stability Board: Hardening the Soft Law of International Financial Regulation?, Universality of New South Wales Law Journal, Vol. 32, No. 2 (2009).

[44] Banerjee, A., *A Simple Model of Herd Behavior*, Quarterly Journal of Economics, Vol. 107 (1992).

[45] Bisias D. & M. Flood et al., *A Survey of Systemic Risk Analytics*, Annu. Rev. Financ. Econ., Vol. 6, No. 4 (2012).

[46] Brummer & Chris, *How International Financial Law Works (and How it Doesn't)*, Georgetown Law Review, Vol. 99, No. 2 (2010).

[47] Diamond P. & D. Dybvig, *The Political Economy of International Financial Regulation*, Indiana Law Review, Vol. 88, No. 6 (1983).

[48] Hyman P. Minsky, *Financial Instability Hypothesis*, Journal of Financial Stability, Vol. 21, No. 1 (1977).

[49] Kaufman G. Bank Failures, *Systemic Risk and Bank Regulation*, Cato Journal, Vol. 6, No. 1 (1996).

[50] Kindleberger G., *International Banking Regulation: Law, Policy and Practice*, Kluwer Law International, Vol. 76, No. 10 (2016).

[51] Billio M. et al., *Econometric Measures of Connectedness and Systemic Risk in the Finance and Insurance Sectors*, Journal of Financial Economics, Vol. 104, No. 3 (2012).

[52] Shleifer H., *Financial Innovation and Bank Growth: The Role of Institutional Environments*, North American Journal of Economics and Finance, Vol. 32, No. 1 (2020).

[53] Sinn H. W., *The Selection Principle and Market Failure in Systems Competition*, Journal of Public Economics (1997).

[54] Stephen J. Choi & A. C. Pritchard, *Behavioral Economics and the SEC*, Stanford Law Review, Vol. 56 (2003).

[55] Steven L. Schwarcz, *Regulating Complexity in Financial Markets*, Washington University Law Review, Vol. 87, No. 2 (2009).